河内将芳著

中世京都の民衆と社会

思文閣史学叢書

思文閣出版

中世京都の民衆と社会　目次

第二部　信仰と宗教

中世京都の民衆と社会

序――本書の課題――

前近代における都市とは何か、また前近代の京都とはどのような地域であり、そして都市であったのか。本書の出発点は、このような実に素朴な疑問からはじまったものである。とはいえ、この疑問は素朴であるだけに逆に事の本質を問うものであるといえ、したがって本書によってそのすべてが解決できるというわけでは決してない。むしろ、本書は、この疑問に相対するための実証レベルの予備的考察の集積といった様相が強くなるものと思われる。

本書が主に対象とするのは、中世、就中、戦国期や一六世紀、もしくは中近世移行期といった時代における諸事象である。周知のように、かつて中世史と近世史の間にはその方法論をはじめとして様々な断絶が強調されてきた。むろん、これは中世と近世に限られたわけではなく、他の時代でも同様の傾向が存在していたのだが、それが近年では断絶よりもむしろ連続の方に注視するようになってきた。移行期という文言自体、このような潮流の中で使われるようになってきたものであるが、その利点は、何よりも連続面に注目することによって逆に断絶面についても同時に検討を加えることが可能となったという点であろう。つまり、連続・断続の両面を総合的に理解することによって、各時代の特質をより際立たせることができるようになったのである。この点、本書では、移行期を通してどちらかというと中世京都の特質を探ることとなる。

ところで、一九八〇年代以降、都市をめぐる歴史的研究は、文献史学のみならず考古学、地理学、建築史学など隣接諸学の共同的研究によって大きく進展をみせたことはよく知られている。都市史という文言が使われるようになったのも、この動きと連動したものであり、この分野をリードしてきた気鋭の研究者集団によって刊行された論文集全三巻もまた『日本都市史入門』Ⅰ・Ⅱ・Ⅲ（高橋康夫・吉田伸之編、東京大学出版会、一九八九～一九九〇年）と題されたのである。この論集の特色は、ひとつにはその対象とする時代が主に中世・近世であった点にあるが、いまひとつの特色としては全三巻の分類が「空間」「町」「人」であった点である。つまり、この三つのキーワードこそが都市史の主な論点に他ならなかったのであるが、本書との関連でいえば、本書では、この中の「人」の部分、とりわけ個人というよりもその集団の考察にそのほとんどを費やすこととなろう。

その所以は、ひとつには、本書が立脚する文献史学における適性という点もあるが、今ひとつは、本書の関心が都市住人のうち、おそらく大部分を占めたであろう民衆の存在形態の解明にあるからである。もとより、民衆という文言もまた、中世には存在しないし、その身分規定も集団の多様性と連動して曖昧といわざるを得ないが、とりあえず本書では、都市住人のうち、武家・公家・寺社など中世国家を分有する諸領主・諸権力に類さない住民（もしくはその社会集団）を民衆ないしは都市民衆と呼ぶことにしたいと思う。また、民衆の存在形態に注目するということは、諸領主・諸権力の存在を無視し、ひたすら民衆の動向のみを追究することを意味するのではもちろんない。むしろ、中世京都においてはそれらとの関係性を無視して存在することはおよそ不可能であったというのが現実であろう。したがって、本書で注目したいのは、その現実を前にして民衆とその社会がいかに姿態を展開させたかその実態なのである。

この点、本書が対象とする中近世移行期京都の民衆と社会についてその研究史を繙いた時、議論の起点として存在するのが、戦後まもなく林屋辰三郎氏(1)によって提唱された、いわゆる「町衆」(まちしゅう)論であることについては大方の異論はなかろう。もちろん現在の研究水準においては、多くの点で再検討が迫られていること、またその議論自体が発表年次の一九五〇・六〇年代という時代性を背負っていることなども周知のことだが、ただそれでもなお現在の研究に繋がる主な論点がすでに提示されていたことには改めて留意する必要があると思われる。そこで、ここではこの「町衆」論が提示した主な論点を参照としながら当該期における課題についてその整理を行なっておきたいと思う（なお、個々の論点に関わる研究史については、各部各章で触れる）。

さて、林屋氏によれば、「町衆」とは、応仁・文明の乱を契機に都市生活の前面に進出し来った町に拠って地域的な集団生活をいとなむ人々の謂いであるという。ここでまず論点となるのが、「町衆」が拠って立つところの町という地縁的な共同体や社会集団についてであろう。先にも触れた都市史の論点のひとつである町の起点がここに存するのであるが、ただし、周知のように林屋氏は、この町を「まち」と読まれたため、これに対する実証的な議論がまずは巻き起こることとなる。それが、二面町―四面町―四丁町―両側町という「まち」から「ちょう」へのシェーマを披瀝して町を「ちょう」と読むべきことを詳細に跡付けた仲村研氏(2)の研究である。現在では、この仲村氏の理解が定説として、町は「ちょう」、「町衆」は「ちょうしゅう」「ちょうしゅ」とされるに至っているが、この仲村氏の研究を引き継ぐ形で町に関する研究はこの後、都市史の主流的研究として飛躍的な進歩をみせる。

もっとも、その初発は都市史というよりも身分制の議論からはじまったもので、その起点が、朝尾直弘氏(3)による町＝「地縁的・職業的身分共同体」という著名な定義である。この場合の町はもちろん近世京都におけるそれであり、朝尾氏は、この定義をもとに近世においては町が「町人」身分を規定したという議論を展開されるに至ったのであるが、これとほぼ同時期、吉田伸之氏(4)によって個別町の実証的研究も進められ、近世の個別町における家屋敷所持や役負担の平準性も明らかにされたのである。このようにして、現在に至る近世の町に対する基本的な理解が形づくられることとなったのであるが、ただしこの段階ではその前史である中世との連関については課題として残されることになったのである。

この連関について中世史側から真正面から取り組まれたのが、仁木宏氏(5)の研究である。氏は、朝尾氏のいう町＝「地縁的・職業的身分共同体」が戦国社会の中でどのようにして自律性をもちつつ生成してきたか、また権力もその動向にいかに対応し、その帰結として近世京都がいかに成立してゆくかということを活写するとともに従来の都市論において常に繰り返されてきた自治都市の「敗北」の問題についても修正を加えることに成功したのである。

現在のところ、この仁木氏の研究がひとつの到達点として考えられているが、ただしかし、戦国期に成立したとされる都市民衆による地縁的共同体・社会集団としての町は、決して個別・単独的に存在していたわけではない。むしろそれは、惣町―町組―町という、いわゆる重層構造をなして存在していたのであるが、氏が個別町の共同性や平準性を朝尾氏や吉田氏の議論を念頭において強調すればするほど逆に惣町以下の重層構造が孕む様々な階層性や格差に関する問題が浮かび上がってくることもまた自然のなりゆきといえる。

実際、成立期においてすでに親町（古町）と寄町・枝町（新町）の間に格差が存在していたことは紛れもない事実であるし、また、杉森哲也氏(6)による町組・町代に関する研究や菅原憲二氏(7)による冷泉町を中心とした個別町研究などによって明らかにされた、近世初頭における惣町・町組・町の機構・運営面における実態との連関も問題となろう。したがって、課題として必要なのは、これら階層性・格差の系譜を成立期にまで遡って実証的に跡付けるとともに近世初頭における状況といかに整合性をもたせるかという作業であろう。

なお、この点と関連して留意すべきは、近年、発表された桜井英治氏(8)による次のような指摘である。その指摘とはすなわち、自治の拠点としての町の意義を高く評価しつつも、町のもつ閉鎖性と都市の解放性との齟齬の問題や、また従来から自治組織として広く知られる伊勢山田の三方や堺の会合衆などと町との関連性の不明確さなどについてであるが、このことはおそらく京都においてもそのまま当てはまると思われる。実際、仁木氏もこの指摘を受けて、その著書『空間・公・共同体―中世都市から近世都市へ―』（青木書店、一九九七年）では、町の確立直前とされる一六世紀初頭にみえる上京・下京単位の都市民衆のまとまりを「ごく限られた有力者（土倉・酒屋などの有徳人）を中心とする不定型で、非日常的な人的ネットワークによって組織された人々の集団」と措定されるに至っているが、このことは、「町衆」論において「町衆」の指導的地位に立ったのが土倉衆（酒屋・土倉）であると指摘されたことを連想させるものといえる。

もっとも、すでに触れたように「町衆」論における町そのものの理解に問題があることからすれば、それをそのまま受け容れることはできないが、ただその視点を継承する必要性はあるものと思われる。なお、「町衆」論でいわれる土倉衆とは、座による日常品の独占営業によって資本を蓄積した富商層であるともされているが、この理解の当否については別としても、次の課題として浮上するのが、酒屋・土倉や座など、つまり職縁集団とその動態としての流通に関わる問題ということになろう。

まず、酒屋・土倉については、従来より徳政や土一揆、また室町幕府財政との関連で納銭方や公方御倉、さらには禁裏御倉などその機能面についての研究が蓄積されたことはよく知られている。例えば、戦前においては小野晃嗣氏[9]や奥野高広氏[10]、戦後においては桑山浩然氏[11]、新田英治氏[12]、脇田晴子氏[13]などの研究がその代表であるが、ところが、その一方で経営実態や存在形態など実態そのものについては思いのほか明らかになっておらず、その研究蓄積も十分とはいえないのが実状なのである。実際、酒屋については小野晃嗣氏の[14]、また土倉については須磨千穎氏[15]や下坂守氏[16]などがあげられるにすぎず、しかも、本書が対象とする時期において自覚的に議論されているのは中島圭一氏[17]ぐらいであるのが現状なのである。また、その集団についても、「山門気風の土蔵」や公方御倉・納銭方一衆など山門延暦寺や室町幕府によって編成されたものについては触れられることがあっても、それ以外に存在する集団の実態はもちろん、仁木氏や「町衆」論が関説するような集団についても実証的にほとんど検討が加えられてはこなかったのである。

また、座、とりわけ商工業座についても、京都に限定していえば依然として戦前からの小野晃嗣氏[18]や豊田武氏、[19]また戦後における脇田晴子氏[20]の研究といったいわば古典ともいうべき研究がいまだにその到達点とされている。とりわけ本書が対象とする時期に関して自覚的に議論を展開されているのは、脇田氏の研究がほぼ唯一といっても過言ではないであろう。氏が注目された点は二点あるが、そのひとつが座の階層分化、そしていまひとつがそれと連動して現れてくる物権化した座特権の移動という現象である。この議論は極めて重要であるにもかかわらず、ながく脇田氏以外に議論を展開された形跡はみられず、近年になってようやく桜井英治氏[21]による職人の経営独占と解体に関する研究や一連の商人研究に伴って再び光が当てられるようになったのである。とはいえ、桜井氏が扱われた職人は氏も指摘されるように座を形成することは稀であるし、また氏が議論を展開する商人や商人座の対象もまた京都以外であることを考えると、京都における研究蓄積や議論の不十分さは否めないものといえよう。

もとより、酒屋・土倉にしても、また商工業座にしても戦国期においてなお関係史料が乏しいという根本的な問題が今日の事態を招いた最大の要因ではあるが、それと関連して留意しておかねばならないのは、京都の場合、これらの存立と不可分である本所たる公家・寺社に関する実態研究の立ち遅れという点であろう。寺社に関しては、近年のいわゆる寺院史研究の影響によって研究蓄積が着実に積み重ねられてはいるものの、[22]寺院史研究そのものの対象がいまだ中世前期が中心であること、またその分析が宗教史的側面、とりわけ顕密仏教に比重が偏っていることもあって、商工業支配という点までは残念ながら十分に議論が展開されるに至っていないというのが実状である。一方、公家研究についても、史料刊行が進んだこともあって当該期に関しても進展がみられるようになってはいるが、(23)ここでもまた座役の収取形態など最も基本的な部分についても必ずしも明確になっていないというのが現状なのである。

確かに京都以外の地域においては、戦国期以降になると本所をもたない座の存在もみられるようにはなるが、諸権門膝下の京都においてはそのようなことは認め難く、むしろ相互依存という状況がその実態であったと考えられる。実際、脇田修氏(24)や播磨良紀氏(25)が検討されたように、京都における楽座、座の棄破の問題が本所による座役徴収の問題を抜きにしては議論できないことが何よりこのことを物語っており、そういう意味でも本所との関係性は常に不可欠な要素として考慮する必要があるのである。この点、地縁集団である町が、人的結合という点においていわば水平的な関係に光を当てることでかなりの部分が明らかになるのに対して、職縁集団である酒屋・土倉や座に関しては神人や供御人なども含めた垂直的な関係もともに考慮せねばならないのである。しかも、京都においては基本的に座の本所とならなかった武家権力によって結果的に楽座、座の棄破が実行されてゆくという事実をどのように理解するかは今もなお大きな問題として残されているのである。

もちろん以上のような商工業の実態に注目することは、かつては常識のように行なわれていた商工業の成熟度のみでもって都市性を議論しようとすることと同義では決してない。むしろ、町という地縁集団の生成とどのように職縁集団が交差していたのかを検討する必要があるのではないかと考えるのである。このことは、実は当該期京都において、町や酒屋・土倉、座などと並んで都市民衆の自律的な社会集団として高く評価されてきた、いわゆる法華一揆についてもいえると思われる。つまり、信仰や宗教を人的結合とする集団についての検討が次の課題となるのである。

この点、「町衆」論における信仰や宗教という議論では、法華一揆や法華信仰と並んで祇園祭（祇園会）の存在が高く評価されていることはよく知られている。したがって、都市民衆の信仰という点からいえば、この祇園祭を検討することが定石のようにも考えられるが、ただ本書においては祇園祭を正面から取り上げることは別の機会に譲りたいと思う。

それは、ひとつには「町衆」の祭礼とはいわれるものの、祭礼と町との関係以前に、顕密寺社たる祇園社やその本寺である山門延暦寺と都市民衆との関係を検討する必要があると考えるからである。この点については、脇田晴子氏[26]や瀬田勝哉氏[27]によって、南北朝・室町期における状況が解明されているが、ただ、先にも述べたように祇園社や山門そのものの実態に不明確な部分が多い以上、従来のように近世の状況をいわば遡及させて祭礼と町の関係を強調することには躊躇せざるを得ないのである。また、仮に祇園祭のような祭礼を検討するとしても、例えば、初期洛中洛外図において常に祇園祭の山鉾巡行・神輿渡御と対比して描かれる上京の御霊祭の剣鉾巡行・神輿渡御についても合わせて検討する必要があるといえよう。

ついでふたつには、近世以降はともかく、当該期において信仰と町が密接に結びついてしかもその地縁的結合を活性ならしめたのは、祇園祭ではなくむしろ盂蘭盆の時期に催された風流踊であると考えられるからである。しかも、この風流踊は、下京に限らず、上京や六町でもみられるなど地域的偏差がない点において普遍的であり、祇園祭以上にその検討が急務であると考えられるのである。

もちろん祇園祭の実態を解明することがこれからもなお重要な課題であることはいうまでもないが、町や酒屋・土倉、座と対比する自律的な社会集団を扱おうとする本書の目的からいえば、とりあえずは留保しておきたいと思う。そういう意味において本書では、法華一揆が町や酒屋・土倉、座と並んで公文書の宛所になるという点において、信仰や宗教に関しては法華信仰や教団としての法華宗に焦点を合わせてゆきたいと思う。

この分野についての研究史は、一言でいえば、「町衆」論が発表されて以降ひとり藤井學氏[28]がその研究を深化させてきた観があったといってよいであろう。ただし近年になって、西尾和美氏[29]や今谷明氏[30]によって、法華一揆と細川晴元政権との関係性が解明されるとともに都市民衆の自衛・自治という問題との一定の距離の必要性も議論され通説に対して修正を迫るようになったことは大きな成果といえる。ただとはいえ、西尾、今谷両氏の研究においては、人的結合としての信仰や宗教という側面については必ずしも研究が深化されたとはいえず、この点については、より自覚的に検討を加えることが必要と思われる。

また、実証研究においても、法華一揆以降の状況となると安土宗論などを除けばいまだ空白の部分も少なくなく、さらにいえば、中近世移行期における都市民衆と法華信仰、法華宗との関係についての全体的な見通しも、従来の仏教史が語る統一権力の弾圧対象として位置付けという通説が今なお強い影響力をもっているのである。これは、先にも触れた寺院史研究の対象が、黒田俊雄氏[31]が提唱したいわゆる「顕密体制」論を検証すべく顕密仏教や寺社勢力に集中していることとも無縁ではなく、しかもそれらの成果は当該期はおろか中世後期にまで十分ゆきわたっていないというのが現状なのである。もちろん宗門側からの研究も、例えば、糸久宝賢氏[32]によって門流に視点をおいた研究も発表されてはいるが、先の通説を含め検討すべき問題は多く残されているといわざるを得ないというのが実状なのである。

以上、本書との関連において課題とすべき論点について縷々述べてきたが、そのポイントをもう一度整理すると、おおよそ次の三点、すなわち都市民衆の人的結合（紐帯）としての地縁、職縁、信仰ということになろう。もちろんこれらは多分に質を異にし、また必ずしもそれのみによって集団が形成されていたわけではないが、ただ本書が対象とする時期において注目すべきは、いずれも公文書の宛所となる自律的な社会集団として結実し、しかもともに併存したという事実である。従来、かかる事実が知られていたにもかかわらず、その研究史がバランスよく交錯していないことからもわかるようにこれらを自覚的に関連付けて検討するような作業がほとんどなされてこなかったのである。実は、このこと自体が最も大きな問題であったともいえるのであるが、先に触れた桜井氏の指摘もまたこのことと通底するものといえよう。

この点において、「都市共同体の形成」に関わって「地縁的結合」と「職種別結合」の「構造的連関」を問題にした脇田晴子氏[33]の研究は先駆的なものとして注目せねばならない。ただしかし、祇園祭山鉾の経営をもって「「町」共同体」の成立・確立を南北朝・室町期においている点や「「町」共同体」を「定住座商工業者を町人とする相互連帯的地縁組織と考える」とされている点などは、現在の町研究からすれば実証的に検討の余地があろうし、また信仰に関わる部分について法華一揆にまったく触れられていない点についても再考の余地があると思われる。

したがって本書に課せられた課題とは、何よりも人的結合としての地縁、職縁、信仰が実際にいかに都市民衆の上に表出し交差したのか、その歴史的展開を具体的に検証してゆくことであろう。つまり、方法論としては、従来の共同体論・社会集団論の視角を受けつつもその人的結合の方により注視するというやり方である。もちろんこのような作業が容易でないことは想像がつくのではあるが、本書ではこの課題に少しでも迫るべくいくつかの考察を呈示しようと思う。冒頭で予備的考察の集積と述べた所以がここにあるが、具体的には、三つのポイントに照応すべく本書全体を「地縁と町」(第三部)「職縁と流通」(第一部)「信仰と宗教」(第二部)の三部に分かち、さらに各部をいくつかの章に分けて議論を展開してゆこうと思う。また、各部を構成する各章には、既発表論考を据えることとし、既発表という性格上、その独立性を保つためにも論旨を変更せずに補訂を加えることでなるべく全体が通るようにしようと思う。合わせて各章の発表以降の動向については、各章の最後に補註として関説したいと思う。

なお、先にも触れた都市史の論点である「空間」「町」「人」に即していえば、本書では、「人」を中心に「町」には関説することとなるが、「空間」については直接的に触れることはない。ただし、町が公権力によって都市の基礎単位として行政的にも認知される近世以前においては、都市の空間形成に最も影響を与えたもののひとつが「人」(本書では、民衆)の存在形態であり、またそれに規定された空間認識である可能性は高いと思われる。例えば、全体を囲繞する城壁や行政的な境界をもたない中世京都を、「洛中洛外」(＝都市部)としてそれを取り巻く「田舎」(＝農村部)と区分したのもまたその内外を行き来する「人」の認識に由来すると考えざるを得ないからである。この点は、桜井英治氏が中世における都市性に関連して「同時代人たちの空間認識」に注目していることとも通底しており、また、「都市は、その空間を舞台としてさまざまな役割を演じる人間の活動を通してのみ、都市でありうる」[34]とすれば、中世京都の都市性を考えるヒントになりうるのではないだろうか。

翻ってみれば、従来の京都研究は、京都の存在をあまりにも所与の都市として別格扱いしすぎてきた傾向は否めないものと思われる。もちろん京都が他の地域や都市とくらべて様々な点において特別な側面をもつことは間違いないが、逆にその特質を明らかにするためにも、今一度、中世京都の都市性やその歴史的段階を問う必要もあると思われる。その過程の中で、例えば、他の地域や都市が京都をどのように認識していたかというような他者性やまた網野善彦氏[35]の中世都市論によって注目された「公界」や「楽」的要素を検証することも必要かもしれない。もっとも本書においては、このような都市性そのものを論じるまでには至らないと思うが、本書が「人」、つまり民衆と社会を扱うことによって目指すところが奈辺にあるかを銘記しておくとともに、多様なる中世都市のひとつとして京都を比較史の対象としたいという姿勢も明示しておきたいと思う。

(1) 林屋辰三郎『中世文化の基調』(東京大学出版会、一九五三年)、同『町衆―京都における「市民」形成史―』

（中公新書、一九六四年）。

（2）秋山國三・仲村研『京都「町」の研究』（法政大学出版局、一九七五年）、仲村研「「町衆」について思うこと」（『京都市史編さん通信』一〇九号、一九七八年）、同「再び「町衆」について思うこと」（同上一二五号、一九七九年）、同「中世の町と町衆」（『月刊百科』二三三号、一九八二年）。なお、一連の町研究の出発点として秋山國三『近世京都町組発達史』（法政大学出版局、一九八〇年、『公同沿革史』上巻、一九四四年の改訂版）があることはいうまでもない。

（3）朝尾直弘『都市と近世社会を考える―信長・秀吉から綱吉まで―』（朝日新聞社、一九九五年）。

（4）吉田伸之『近世都市社会の身分構造』（東京大学出版会、一九九八年）。

（5）仁木宏「戦国・織田政権期京都における権力と町共同体―法の遵行と自律性をめぐって―」（『日本史研究』三一二号、一九八八年）、同「豊臣政権の京都支配と「洛中政道」」（『ヒストリア』一二三号、一九八九年）、同「中近世移行期の権力と都市民衆―京都における都市社会の構造変容―」（『日本史研究』三三一号、一九九〇年）。

（6）杉森哲也「近世京都における町代の成立について」（『史学雑誌』第九八編一〇号、一九八九年）、同「町組と町」（高橋康夫・吉田伸之編『日本都市史入門II　町』東京大学出版会、一九九〇年）。

（7）菅原憲二「近世初期町入用に関する一考察」（『千葉大学人文研究』二四号、一九九五年）、同「近世初期の町と町入用―天正―寛永期・京都冷泉町を中心に―」（京都町触研究会編『京都町触の研究』岩波書店、一九九六年）。

（8）桜井英治「湊・津・泊―都市自治の系譜―」（『朝日百科日本の歴史別冊　歴史を読みなおす6　平安京と水辺の都市、そして安土』一九九三年）。

（9）小野晃嗣『日本産業発達史の研究』（至文堂、一九四一年）。

（10）奥野高広「室町時代に於ける土倉の研究」（『史学雑誌』第四四編八号、一九三三年）、同『皇室御経済史の研究』（畝傍書房、一九四二年）。

（11）桑山浩然「室町幕府経済機構の一考察―納銭方・公方御倉の機能と成立―」（『史学雑誌』第七三編九号、一九六四年）。

（12）新田英治「室町時代の公家領における代官請負に関する一考察」（宝月圭吾先生還暦記念会編『日本社会経済史研究　中世編』吉川弘文館、一九六七年）。

(13) 脇田晴子『日本中世商業発達史の研究』(御茶の水書房、一九六九年)。
(14) 小野氏前掲書。
(15) 須磨千穎「土倉による荘園年貢収納の請負について―賀茂別雷神社の所領能登国土田庄の年貢収納に関する土倉野洲井の活動―」(『史学雑誌』第八〇編六号、一九七一年)、同「土倉の土地集積と徳政―賀茂別雷神社境内における土倉野洲井の土地所職買得をめぐって―」(『史学雑誌』第八〇編三号、一九七二年)。
(16) 下坂守「中世土倉論」(日本史研究会史料部会編『中世日本の歴史像』創元社、一九七八年)。
(17) 中島圭一「中世京都における土倉業の成立」(『史学雑誌』第一〇一編三号、一九九二年)、同「中世後期における土倉債権の安定性」(勝俣鎮夫編『中世人の生活世界』山川出版社、一九九六年)。
(18) 小野晃嗣『日本中世商業史の研究』(法政大学出版局、一九八九年)。
(19) 『座の研究　豊田武著作集第一巻』(吉川弘文館、一九八二年)。
(20) 脇田晴子氏前掲書。
(21) 桜井英治『日本中世の経済構造』(岩波書店、一九九六年)。
(22) 例えば、その方向性を示すものとしては、中世寺院史研究会編『中世寺院史の研究』上・下(法蔵館、一九八八年)参照。
(23) 例えば、まとまったものとしては、菅原正子『中世公家の経済と文化』(吉川弘文館、一九九八年)、本郷恵子『中世公家政権の研究』(東京大学出版会、一九九八年)参照。
(24) 脇田修『近世封建制成立史論―織豊政権の分析II―』(東京大学出版会、一九七七年)。
(25) 播磨良紀「楽座と城下町」(『ヒストリア』一一三号、一九八六年)。
(26) 脇田晴子「中世の祇園会―その成立と変質―」(『藝能史研究』四号、一九六四年)。
(27) 瀬田勝哉『洛中洛外の群像―失われた中世京都へ―』(平凡社、一九九四年)。
(28) 藤井學「西国を中心とした室町期法華教団の発展―その社会的基盤と法華一揆を中心として―」(『仏教史学』第六巻一号、一九六〇年)、同「近世初頭における京都町衆の法華信仰」(『史林』第四一巻六号、一九六二年)、同「法華一揆と「町組」」(京都市編『京都の歴史3　近世の胎動』学芸書林、一九六八年)、同「日蓮宗徒の活躍」(京都市編『京都の歴史4　桃山の開花』学芸書林、一九六九年)。

(29) 西尾和美「「町衆」論再検討の試み―天文法華一揆をめぐって―」(『日本史研究』二二九号、一九八一年)。
(30) 今谷明『天文法華の乱―武装する町衆―』(平凡社、一九八九年)。
(31) 黒田俊雄『日本中世の国家と宗教』(岩波書店、一九七五年)。
(32) 糸久宝賢『京都日蓮教団門流史の研究』(平楽寺書店、一九九〇年)。
(33) 脇田晴子『日本中世都市論』(東京大学出版会、一九八一年)。
(34) 福井憲彦「都市への社会史の眼差し」(『岩波講座現代社会学18　都市と都市化の社会学』一九九六年)。
(35) 網野善彦『日本中世都市の世界』(筑摩書房、一九九六年)。

(補註)　右に掲げた諸論考のうち、著書に収められているものについては、便宜上、著書を優先して記した。したがって、年紀が初出を表すとは必ずしも限らない。ただし、初出を含め詳細については、可能な限り各部各章において記しているので、そちらを参照願いたい。

第一部　職縁と流通

第一章　酒屋・土倉の存在形態

――角倉吉田を中心に――

はじめに

本章は、中世、洛外嵯峨の地にその本拠を構えていた酒屋・土倉である角倉（角蔵）吉田の実態を追究することによって、中世京都の酒屋・土倉の存在形態の一斑を明らかにしようとするものである。従来においてももちろん、酒屋・土倉を扱った研究の存在は数多く知られている。(1) ただしかし、それらの多くは、土一揆や徳政、もしくは室町幕府財政や皇室経済などとの関連において研究がなされてきたためであろうか、納銭方一衆や公方御倉、さらには禁裏御倉などといった酒屋・土倉のいわば機能面の解明につとめる一方で、経営実体などその存在形態そのものについては思いのほか無関心であったように思われるのである。

本章が角倉吉田という個別の酒屋・土倉を取り上げようとする所以もまた、この点を考慮してのことであるが、むろん、このような作業が今までに全くなされてこなかったというわけでは決してない。例えば、酒屋については小野晃嗣氏の、(2) また土倉については須磨千穎氏や(3)下坂守氏の(4)研究などが主なものとして知られてはいるが、それでもなおこれらは少数派に属し、さらなる研究の蓄積が必要とされているのである。

この点、中世の角倉吉田に関しては、すでに先行研究が存在していることはよく知られている。豊田武氏(5)や林屋辰三郎氏(6)の研究がそれらであるが、ただこの両氏に共通して問題とすべきと思われるのは、中世の酒屋・土倉、角倉吉田のいわば発展形態として角倉了以・素庵父子の存在を位置付けられている点であろう。しかし、これもまたよく知られているように中世の酒屋・土倉の多くが必ずしも貿易商人などに発展し得なかったという事実を顧みれば、両氏の研究にもおのずと検討の余地が知られるのである。肝要なのは、むしろ中世の酒屋・土倉としての角倉の実態を押さえた上でその限界と可能性を展望することにあるといえよう。

本章では以上のことを踏まえ、まず具体的な作業として、先学が看過したり、また取り上げられなかった史料を積極的にすくい上げ分析することを心がけてゆきたいと思う。(7)そして、それによって明らかとなった事実と今まで知られている事実とをすり合わせつつ中世の酒屋・土倉としての角倉像の再検討を試み、課題に迫ってゆきたいと思う。

ところで、中世京都の酒屋・土倉は兼業される場合が多く、また史料の上で併称されることも多かったのであるが、実は従来の研究においては、この両業を具体的に関連させて分析されたことはほとんどなかったといってよい。もちろん角倉吉田も同様で、とりわけ角倉の場合、酒屋としての実態については全く明らかとはなっていないのである。そこで、まずは酒屋角倉の検討から本章での作業をはじめることにしよう。

一　酒屋角倉について

角倉吉田の本拠地ともいうべき洛外嵯峨の地において酒屋の存在が確認されるのは、中世でも後期、南北朝期まで下がる。例えば、延文元年（正平一一年、一三五六）一二月二七日付室町将軍家御教書案(8)にみえる「寺辺敷地之酒屋土蔵」や康暦二年（天授六年、一三八〇）五月一二日付同文書案(9)にみえる「臨川寺領内土蔵酒屋」などがそれらである。しかし、これらはともに臨川寺領内に限定されるもので、嵯峨全域でその存在が確認できるようになるのは、降って応永三二年（一四二五）一一月一〇日付酒屋交名(10)にみえる一七カ所の酒屋が最初のものということになろう。ただし、この後しばらくはまとまった史料がみられず、したがって嵯峨の酒屋に再び光を当てようとすると、応仁・文明の乱後、つまり戦国期まで待たなければならないのである。

例えば、延徳二年（一四九〇）付将軍足利義材仰事条々(11)において「上様《（日野富子）》御料所」として登場する「嵯峨谷酒屋」などがそれであるが、この「上様御料所」の系譜をひくものであろうか、造酒正押小路氏（中原氏）が徴収する酒麹役（本司分）に関わる永正八年（一五一一）四月一七日付酒屋注文(12)では、「上下地下在所」「下京」など全体で八十余カ所の酒屋が記載されているにもかかわらず、「嵯峨之儀者、一向不存知候」と記されている。実際、永正一二年（一五一五）正月付造酒正役銭算用状(13)においても一カ所の酒屋の名も記載されておらず、戦国期嵯峨の酒屋が押小路氏にとってその把握外の存在となっていたことだけは間違いないようである。ところが、史料上、酒屋角倉が初見されるのもまたこの戦国期、永正一〇年（一五一三）のことである。

造酒正《（押小路）》師象朝臣申、酒麹役本司分事、去年御成敗之処、号有嵯峨酒屋吉田申之旨、各令難渋云々、太不可然、為厳重朝役之上者、任先例早速可致其沙汰、若猶為同篇者、可有異沙汰之由、所被仰出之状如件、

永正十

七月廿八日　　長俊《（諏訪）》（花押）

長秀《（松田）》（花押）

嵯峨西京諸酒屋中(14)

右の文書もまた従来の研究において看過されたもののひとつだが、角倉吉田はここで「嵯峨酒屋吉田」として登場し、押小路師象に対して酒麹役を難渋している様子が読み取れる。「号有嵯峨酒屋吉田申之旨」という文言か

表1　永禄五年の酒麹役相論に関する文書

年月日	番号	文書名	宛所	備考
(永禄5)7・5	一一三七	押小路家雑掌奉書草案	嵯峨上下并所々在々酒屋中	全文墨引
(永禄5)7・5	一一三八	押小路家雑掌奉書案	嵯峨并在々所々散々酒屋中	一一三七と同一紙、角蔵の記載あり
永禄5・7・5	①	押小路家雑掌奉書案	嵯峨角蔵并所々散々(在)酒屋中	
永禄5・7・10	②	押小路家雑掌奉書案	嵯峨酒屋吉田与二殿	
永禄5・7・12	一一四九	押小路師廉書状案	(宛所欠)	
(年月日未詳)	一一四七	押小路師廉書状案	(宛所欠)	一一四九と同内容
(永禄5)8・2	一一三四	押小路師廉書状案	松永弾正少弼殿御報	
(永禄5)8・2	一一四四	押小路師廉書状案	松永弾正少弼殿御報	折紙、一一三四とほぼ同内容
(永禄5)10・27	一一四一	押小路師廉書状案	松永弾正少弼殿御報	折紙
(永禄5)10・27	一一四二	押小路師廉書状案	松永弾正少弼殿御報	一一四一と同内容、8月2日を消して書きなおす
(年月日未詳)	一一四三	押小路師廉書状案	(宛所欠)	後欠
(年月日未詳)	一一四二裏文書	押小路師廉書状案	(宛所欠)	一一四三と同内容
	一一四七裏文書	押小路師廉書状案	(宛所欠)	
(永禄5)12・20	一一四〇	河野部高安書状	大外記殿参御報	折紙
(永禄5)12・22	一一四六	押小路師廉書状案	河野部主水祐殿	端裏書あり
(年月日未詳)	一一四八	押小路師廉書状案	人々御中	一一四六と同内容

註．番号欄の漢数字は『洛中西京白河等酒屋公役等一件文書』の文書番号、丸囲み数字は「小西康夫氏所蔵文書」を表す。

らは、角倉吉田による酒麹役難渋の所以と先の「上様御料所」との間に何らかの連関も想定されるが、残念ながら詳細な点はわからない。この後、大永八年（一五二八）頃になると、「すみのくらにて酒了」(15)というような記事が公家の日記にもみられるようになり、すでにこの当時、多くの人々にその酒が愛飲されていたことがわかるが、さらに永正期から天文期の間と考えられる文書には(16)、「角倉」が「禁裏御料所梅畑供御人」の「請酒商売」(17)、つまり酒の小売を「停止」しようとしたことがみえ、その活動がかなり活発化していたことが知られるのである。

ところで、酒麹役をめぐる押小路氏と角倉吉田との確執は、永禄五年（一五六二）に相論として再燃することとなる。この事実に関しては、かつて奥野高広氏がその論考の中で数行触れられたことがあるが、(18)近年、奥野氏がみられた史料（『洛中西京白河等酒屋公役一件文書』(19)）の一部と考えられるものが「小西康夫氏所蔵文書」(20)の中で発見され、京都市歴史資料館がその写真本と目録を作成するとともに一部を活字化している。表1は、この両文書をおおよその内容から整理して一覧表にしたものであるが、ここではこの相論を追うことによって酒屋角倉の実態を探ることにしよう。

造酒正役銭之事、此間之上使相違之儀候条、各被成其心得、此(当)上使厳密可渡沙汰、万一令不沙汰者、可被入催促之由、被仰出候也、(之状如件、)恐々謹言、

永禄五

七月五日　　　　本所家雑掌
　　　　　　　　　　利方(清水)（花押）

嵯峨角蔵并
所々散々(在)酒屋中(21)

永禄五年七月五日、押小路師廉は、右にみえるように「嵯峨角蔵并所々散々(在)酒屋中」に対して奉書でもって酒麹役を催促した。この酒麹役の内容とは、同年七月一〇日に「嵯峨酒屋吉田与二」に出された書状に(22)「自分棚、為面々、如御法、致其役」とあるように角倉吉田の醸造した酒を小売する「自分棚」、すなわち請酒屋に対しても課せられる役銭であった。しかし、この師廉の書状だけでは埒が明かなかったようで、七月一二日には、酒麹役を「唯三十疋にて相済之由曲事ニ候」との角倉吉田の非法、並びに角倉吉田を通じた「かい川(紙屋)より西御蔵役・しゅきく(酒麹)役・かうし(麹)役」の賦課を三好長慶政権の実力者松永久秀のもとへ訴えるに至るのである。(23)

これに対して角倉吉田は、松永方から師廉が預かった「御折紙」を呈示されてもそれを「返進付」、加えて

「従紙屋川西之儀、相定成来候由、申候様躰不存候との申事専一候」と、おそらくは永正期の状況に連続する形で紙屋川より西方の酒屋に対する酒麹役の賦課についても難渋したため、師廉は再度松永方に訴えをもち込むこととなる。[24]結局、これが効を奏したのか、一二月に入って久秀の家臣河野部高安が「嵯峨所々散在酒公事之儀」を久秀に伝える旨の書状を師廉に出し、[25]その後、「西方酒屋公事之儀、度々以折紙如申、嵯峨酒屋吉田与二方ニ申付候儀、無足候処ニ、此間七月分迄納来候」となって、角倉吉田は久秀の力を背景とした押小路氏によって酒麹役を賦課されるようになったものと推察される。[26]

相論の顛末はおおよそ以上のようなものであるが、ここで問題となるのは、自身の分はもとより紙屋川より西に存する酒屋の酒麹役（「西方酒屋公事」）までをなにゆえ、嵯峨酒屋である角倉吉田が押小路氏に催促されたのかという点であろう。実はその事情を窺うことのできる文書が「小西康夫氏所蔵文書」には残されている。

　請酒屋役銭出人数之引付
西京中ノ寺寿慶庵　　嵯峨　油等彦九郎タナ
西京中ノ寺　　　四条町十四屋ノタナ
北山鹿音(苑)寺門前　与一　嵯峨　角倉タナ
　　永禄七マテ御買、
同所　五郎衛門尉　嵯峨　角倉タナ
　　永禄七春まで御借、
北山等持院門前　孫三郎　一条惣野寺タナ
　　永禄八、十二月未進、
　　当年正、七未進也、

嵯峨油等・同伊安・同所水屋何も与次シタト申候、
嵯下河ハた　又六　伊安《水屋》タナ
西梅津　少□　嵯峨角蔵タナ
東梅津小西寺　中路伊豆与力ニテ不出□□
仁和寺トキハ　孫左衛門尉　嵯峨水屋タナ
永禄七マテ御買、
仁和寺之内等　コンカウ　四郎左衛門　嵯角タナ
ヤスイ藤三郎　角倉タナ　今ハ妙心寺門前ニ候、(27)

右は、永禄八年（一五六五）以降のものと考えられる請酒屋の注文であるが、これによれば、まず五カ所の「角倉タナ」、つまり角倉吉田の醸造した酒を直売する請酒屋の存在を確認できる。角倉吉田が酒の卸しも行なっていたことがこれによって知られるが、さらに「嵯峨油等・同伊安・同所水屋何も与次シタト申候」という文言からは、油等・伊安・水屋という嵯峨の醸造酒屋もまたその傘下にあったことが読み取れよう。

したがって、その「タナ」である「嵯峨　油等彦九郎タナ」「伊安《水屋》タナ」「嵯峨水屋タナ」もまた角倉吉田の系列下にあったということになるが、注目すべきは、それら「タナ」の在所が「西京」「北山」「梅津」「仁和寺」など、すべて紙屋川より西方である点である。なぜならば、これによって角倉吉田の酒屋経営が、嵯峨のみならず、紙屋川を境とした西方においても多数の醸造酒屋や請酒屋を傘下におく、広域かつ寡占的なものとして展開されていたことが判明するからである。

おそらくは、以上のような状況が背景としてあったがために、押小路師廉は、「西方酒屋公事」を角倉吉田に催促したものと考えられる。ちなみに、中世の酒屋に関する先駆的かつ網羅的な研究として知られる小野晃嗣氏(28)

の論考においても、すでに戦国期における醸造酒屋と請酒屋の関係については触れられるところではあるが、その実態についてはほとんど言及されていないことを考えると、この角倉吉田の事例は極めて貴重なものといえよう。もっとも、このような状況がいかにして成立したかその肝心な点については不明であり、また「請酒屋役銭出人数之引付」にみえる複数の酒屋と「嵯峨西京諸酒屋中」や「嵯峨角蔵并所々散〻(在)酒屋中」との関係もいまひとつ明確ではないが、ただ角倉吉田の酒屋経営が単独では成り立ち得ないこと、そのためにある一定の集団（上下関係がみられるが）が形成されていたことだけは間違いないものと思われる。

なお、押小路氏がこの時期に動き出したことや松永久秀にその訴えをもち込んだことを考慮に入れれば、永禄五年という、いわば室町幕府の解体的状況に当たっては、嵯峨の酒屋が帯びていた「上様御料所」に関わるある種の特権もまた有名無実となっていた可能性は高いものといえる。が、残念ながらこの後、角倉吉田と押小路氏との関係がいかに展開したかについては詳らかにすることはできない。

以上、ここでは今までほとんど明らかにされてこなかった酒屋角倉[29]についてその実態の一端に触れてきたが、このことを念頭に置きつつ、次に土倉角倉についても検討を加えてゆくことにしよう。

二　土倉角倉について

従来の研究においては、土倉角倉の初見は、『別本賦引付』[30]四にみえる天文四年（一五三五）三月二一日付「吉田宗臨・同因幡守申状」とされてきたが、次にみえるように嵯峨大覚寺より田地を買得した「吉田忠兵衛」[31]の存在からその初見は少なくとも永正期まで上がるものと思われる。実際、永正一四年（一五一七）付の『披露条々事』には、「嵯峨角蔵吉田与次」の名も見出すことができ、屋号ともいうべき「角倉」の名称もすでに永正期には存在していたことが確認できるのである。[32]

永代売渡田地之事
合壱所者 字者号西井関之内松原 四至方至指図在之、
右件田地者、為門跡公領御当知行無相違地也、雖然依有御用、直銭拾五貫文仁永代吉田忠兵衛尉御沽却之所実正也、殊今度御門跡継目御判御礼并香西(元長)時半済方御借物巳下為御返弁御契約之上者、雖有如何様子細、於此在所者、無相違作職共為進止可有知行者也、仍為後日沽券之状如件、
永正七庚午年六月六日
三上慶松代
吉秀判
井関法印
深慶同
聖無動院
□賢同

実は右のような大覚寺と角倉吉田の関係を窺うことのできる史料は、これ以外にもすでに知られている。例えば、角倉吉田宗家の伝来文書の一部と考えられる「田中光治氏所蔵文書」[33]所収のものなどがそれであるが、表2はそれらを中心に関連史料を編年に一覧表にしたものである。

嵯峨境内土倉中吉田与次・同意庵・同彦六郎・同与三・掘孫九郎申、対方々借遣要脚并散在田畠・山林地子銭等之事、為愛宕神用、帯　御代々御下知、被下証文之、以筋目只今被成御下知上者、此旨存知、至彼借銭者、速令返弁、於買徳分者、厳重可致其沙汰之由、被仰出候、為其折帋如件、
上野中務大輔
(元亀元年)極月廿二日
秀政（花押）
城州
一揆中[34]

右の文書もまた表2のうちのひとつであるが、これからは、「愛宕神用」として「要脚并散在田畠・山林地子銭等」を「対方々」して「借遣」す「嵯峨境内土倉中」（「嵯峨土倉中」[35]）という土倉集団に属する「吉田与次」「同

表2　角倉吉田と嵯峨境内に関する文書

年月日	文書名	宛所	典拠	番号
天文19・2・28	室町幕府奉行人連署奉書	大覚寺御門跡雑掌	田中光治氏所蔵文書	①
天文19・12・28	式部大輔奉書	嵯峨土倉中	同右	②
永禄5・3・21	六角氏奉行人連署奉書	大覚寺御門跡雑掌	同右	3
永禄5・3・21	六角氏奉行人連署奉書案	大覚寺御門跡雑掌	大覚寺文書	④
永禄5・3・24	大覚寺坊官長田俊世等連署奉書	嵯峨土倉中	田中光治氏所蔵文書	5
永禄5・9・10	室町幕府奉行人連署下知状		同右	⑥
永禄6・11・20	室町幕府奉行人連署下知状		同右	7
永禄6・11・20	室町幕府奉行人連署奉書	仁和寺借主中	山科家古文書	⑧
元亀元・極・22	上野秀政奉書	城州一揆中	田中光治氏所蔵文書	9
元亀元・12・22	室町幕府奉行人連署奉書	城州一揆中	同右	⑩
慶長11・5・27	板倉伊賀守下知状		同右	⑪

註・丸囲みの番号の文書は、すでに公表されている。

意庵」「同彦六郎」「同与三」「堀孫九郎」という複数の土倉の存在を認めることができる。また、文意は、同系統の別の文書の文言「愛宕神事・同燈明要脚事、(中略)於嵯峨境内、構土倉、令利倍之、可被遂神事無為節、更不可准徳政法」で明らかなように、嵯峨の北方にそびえる愛宕山の神事に対する奉仕やその燈明要脚を名目とした「利倍」の容認や徳政除外の旨の通達である。今日においてもなお京都の人々に「火迺要慎」の守りとして信仰の厚い愛宕山を背景としたその土倉活動が借主たちに与えた圧力は、現代人の想像をはるかに越すものと推察されるが、ただ、このような形態が表2の初見である天文一九年(一五五〇)以前から存在していたかについては、残念ながら詳らかにすることはできない。

ところで、右の文書を含め表2から読み取れる事実の中で最も注目しなければならないのは、「吉田与次」をはじめとした複数の土倉が「嵯峨」「嵯峨境内」という地縁を前面に出しつつ「土倉中」という集団を形成していることであろう。もちろんこの事実そのものについては、今までにもしばしば触れられてきた。が、しかし、一般に土倉や酒屋は同業者組織を形成しないとされており、また集団としても幕府納銭に関わる納銭方一衆や公方御倉か、もしくはその母体である山門延暦寺支配下の正実坊や定泉坊など「山門気風の土蔵」に系譜をひく者たちの集団以外は確認されてこなかったことを考えれば、その存在については改めて検討する必要があると思われる。

この点においてまず焦眉とすべきは、いくつかの文書に共通してみえる「嵯峨境内」という文言である。この文言の指し示すところについて林屋辰三郎氏は、その近著の中で「嵯峨という境域の内」(38)という見解を示されているが、しかし、史料に即していえば、例えば、表2にみえる同系統の別の文書が「大覚寺御門跡雑掌」(39)宛に出されていること、また愛宕山の山下別当寺である嵯峨清涼寺の目代検断職に「大覚寺御門跡雑掌奉行職」の「井関法眼房」が任ぜられ、(40)しかもその「井関代」が大覚寺坊官長田俊世と連署して奉書を「嵯峨土倉中」に出していること、(41)さらには享禄四年（一五三一）五月三日付大覚寺坊官連署書状案に「当門跡領嵯峨境内」(42)とみえることなどより、むしろ清涼寺を含めた大覚寺境内（大覚寺領嵯峨境内）(43)と考えるのが妥当といえよう。「嵯峨境内土倉中」とは、あくまでその中核となる在所を大覚寺境内に置いていたのであって、それがゆえに大覚寺や愛宕山・清涼寺と深い関係を有しつつその活動を展開できたものと考えられる。

もっとも、この点は、土倉活動を正当化する論理の一環として積極的に強調されたという側面も看過してはならず、したがって角倉吉田と嵯峨にある他の寺院（例えば、天龍寺や臨川寺など）との関係を排するものでは決してない。実際、「嵯峨境内土倉中」が「嵯峨土倉中」とも呼ばれることがあったように、さらに先述の如く酒屋角倉が酒麹役を難渋するのに「号有嵯峨酒屋吉田申之旨」と述べたように、酒屋・土倉としての角倉吉田の存立が大覚寺境内にとどまらず「嵯峨」と呼ばれる空間全体とも地縁的に不可分であったこともまた間違いないので

系図　中世角倉吉田系図

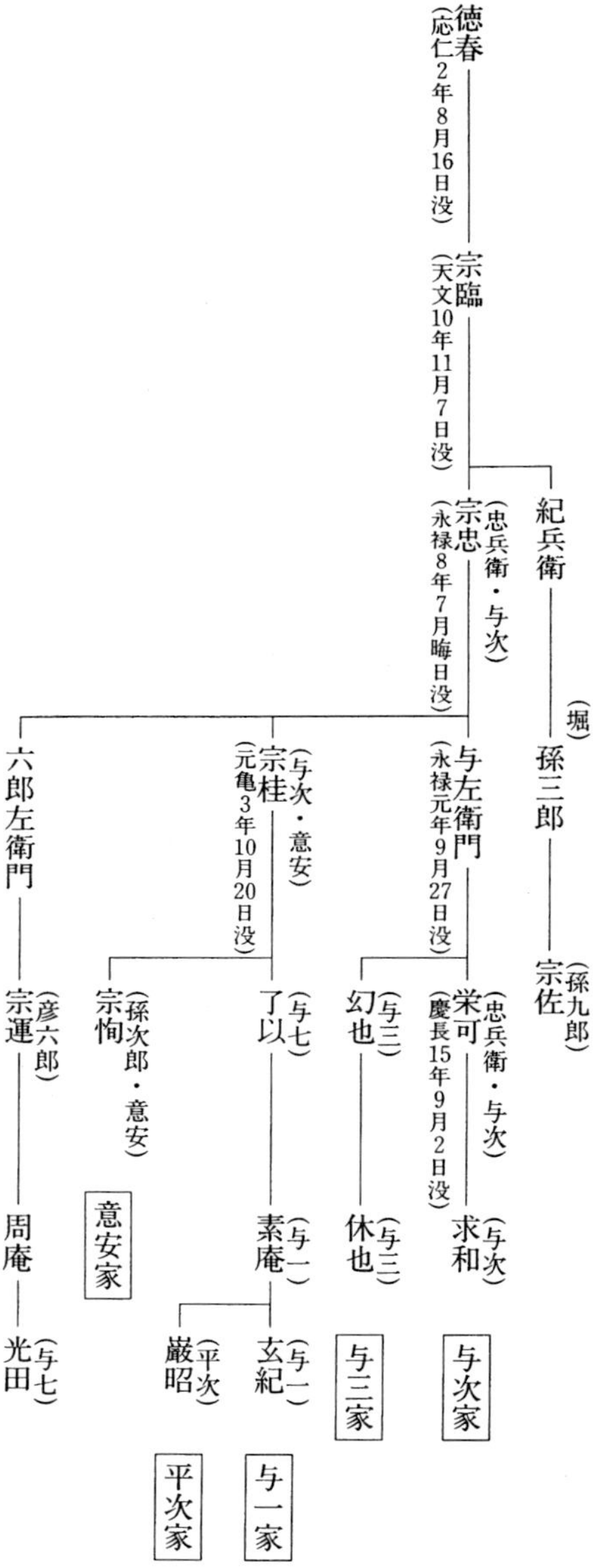

註1．名前には、法名など様々なものが史料の上でもみられるが、没年とともにここでは基本的に「角倉源流系図稿」に従った。
　2．仮名や号などでもって、とりあえず家名をつけた。

ある。そういう意味においても、やはりここで重視すべきは、「嵯峨」や「嵯峨境内」といった地縁を前面に出しつつ複数の土倉や酒屋が集団を形成しているという事実そのものといえよう。

そこで、次に検討しなければならないのは、「嵯峨境内土倉中」「嵯峨土倉中」を形成する土倉同士の関係についてである。まず、「吉田与次」以下「同与三」までは名字を同じくしているので一族と考えて間違いないと思われるが、それではこれらと「堀孫九郎」を含めた全体の関係はどのようなものであったのであろうか。それを示すために、林屋氏が作成された系図をもとに角倉吉田宗家に残される「角倉源流系図稿」(44)と『寛政重修諸家譜』(45)を加味して作成したのが右の系図である。この系図から明白なように、「嵯峨境内土倉中」とは、角倉三代

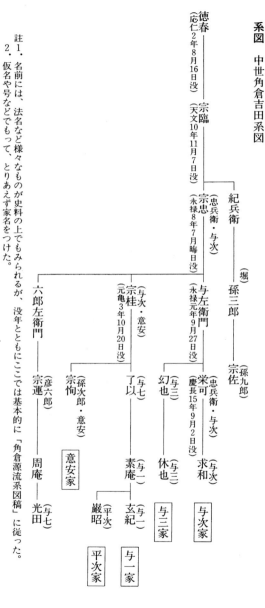

表3　「与次」「忠兵衛」を名乗る人物の事績

名前	仮名	角倉源流系図稿	寛政重修諸家譜
徳春	四郎	謁鹿苑相公源義満幕下後、仕義持、晩年嗜方術	初光秀、鹿苑院義満に謁し、後勝定院義持につかへ（中略）晩年におよびて医術を嗜み、
宗臨	忠兵衛	仕将軍源義政	父が遺跡を継、慈照院義政につかへ
宗忠	忠兵衛・与次	光信	父が家を継て恵林院義稙につかへ侍医となり、
与左衛門	与三郎	光治	別に家を起し、（中略）医業をこのまざるにより家をつがず、
宗桂	与次	意安	天文元年家を継、万松院義晴につかへ侍医たり、
栄可	忠兵衛・与次	光清	
求和	与次		

といわれる吉田宗忠の兄弟とその子供たちによって形成される土倉の血縁集団でもあったことが判明する。実は、このような形態は別の史料(46)でもみられ、そこには「吉田宗忠一類」として「吉田入道宗忠」「華徳院梵康」「南芳院周憲」「田中与一重長」「東南坊合忠」「千光寺宗椿」「吉田孫六光民」の名も確認することができるのである。残念ながら、現在知られる系図史料では、宗忠以外の人物たちの関係については確定することはできないが、「一類」と称する以上、これらが血縁関係にあったことは疑う余地もあるまい。

このように、「嵯峨境内土倉中」「嵯峨土倉中」とは、「嵯峨境内」「嵯峨」といった地縁を前面に出すとともに、それに血縁が折り重なって形成された土倉集団であったのである。もちろんこれ以外にもさらに様々な人的結合、例えば信仰などが重なっていたものと思われるが、いずれにせよここに、従来から知られる納銭方一衆や公方御倉、さらにはその母体をなす山門支配下の土倉集団とはまた質を異にする集団の存在を確認できるものと思われる。このことはおそらく、前節でみた「嵯峨西京諸酒屋中」「嵯峨角蔵并所々散々(在)酒屋中」などの中核をなすと思われる「嵯峨酒屋」においても当てはまるものと思われるが、残念ながら具体的な点については今のところ詳らかにはできない。

ところで、系図をみればわかるように、角倉吉田の当主たる者は仮名(47)

として「与次」(「与二」)、官途成りして「忠兵衛」を名乗る場合が多かったようで、それからすると、初見にみえた「吉田忠兵衛」は宗臨または宗忠、また先に掲げた史料の「嵯峨境内土倉中」の「吉田与次」は宗桂または栄可、さらには「嵯峨酒屋」の「吉田与二」は宗忠または宗桂であると考えられる。表3は、この与次・忠兵衛を名乗る者の事績を一覧表にしたものであるが、初代の徳春の仮名は別として、二代の宗臨、三代の宗忠に至るまでは、本来的には医術をその家職として継承する者が角倉吉田の宗家(ここでは仮に「与次家」とした)を嗣ぐ者であったことがわかる。しかし、宗忠の長子、与左衛門が若くして亡くなったために、次子の宗桂(意安)[48]が与次の名と医術を継承するとともに宗臨・宗忠の頃より経営しはじめたと思われる酒屋・土倉業の中核をも継承することになったものと思われる。そして、この宗桂後の家職の継承は、医術と意安の名は彼の子、宗恂(了以の弟)[49]に、与次の名と酒屋・土倉業の中核は与左衛門の遺児、栄可へと分化してゆくこととなるのである。

こうしてみればわかるように、角倉了以や素庵は、医術を継承したわけでもなく、また宗家であったわけでもない、いわば角倉吉田一族としては傍系であったことが読み取れよう。もっとも、中世末期において角倉吉田クラスでの家同士の格差が実際にどのようなものであったのかについては、判断の難しいところではあるが、ただ諸史料の中で最も多く目にするのが与次や忠兵衛の名であることからすれば、必ずしも平等というわけにはいかなかったものと推察される。

そこで次に宗家の「与次家」の土倉活動のうち、従来あまり触れられることの少なかった事実についても確認しておくことにしよう。その第一は、他の土倉の事例でも知られる買得による土地集積[50]である。

旧地洛中六角油小路西面二半町事、祖父以来于今当知行無相違之処、号買得吉田与次(宗忠)及違乱条、為被遂糺明、雖被成問状、令無音之上者、無其謂者也、所詮、任当知行之旨、弥可被全領知之由、所被仰下也、仍執達如件、

天文六年三月廿八日　若狭守(諏訪忠通)(花押)

前丹後守（松田晴秀）（花押）

山名摂津守殿(51)

右で問題となっている「洛中六角油小路西面半町」の行方が結局どのようになったかについては詳らかではないが、「与次家」ではこの他にも「四条東洞院南北頬(52)」の屋地などを買得していることが確認でき、その土地集積が先にみた永正期のような嵯峨の田地にとどまるものではなかったことが窺われる。(53)実際、織田信長上洛直後に幕府によって発給された次の文書に明瞭の如く、その活動は「山城国所々散在田畠・山林・薮・屋敷地子銭」に及ぶ広範なものとなっていたことが読み取れるのである。

山城国所々散在田畠・山林・薮・屋敷地子銭等目録在別帋、事、買得相伝当知行之趣、任請文、被成奉書訖者、更吉田与次光清（栄可）弥存知不可有相違之由、所被仰下也、仍下知如件、

永禄十一年十一月廿八日

左兵衛尉（諏訪俊郷）神（花押）

摂津守（諏訪晴門）藤原朝臣（花押）(54)

ついで、その第二は、これまた他の土倉の事例でも知られる種々の代官職の請負である。

（花押）

補任

右嵯峨生田村備後田御代官職事、就被仰付永代吉田忠兵衛入道（栄可）、為請切、無干水損御年貢米拾参石分十月廿日仁可有納所候、同請人一行在之、若於無沙汰者、御代官職可有御改易者也、仍補任状如件、

天正五年八月九日

勧修寺家雑掌(55)

豊秀（花押）

右は、「吉田忠兵衛入道」、つまり栄可が、勧修寺家より「嵯峨生田村備後田御代官職」を請負った際の補任状で

ある。この代官職請負に至る経緯については残念ながら分明にはできないが、勧修寺家は古くから「与次家」とつながりがあったようで、天文一五年（一五四六）には「対角倉吉田宗仲（忠）、八貫文事」(56)つまり、宗忠から借銭を、また同年には与左衛門(57)からも借銭をしていることが確認できるのである。おそらくこのような事実や当時の状況から考えて、先の代官職も勧修寺家からの債権回収の一部として請負った(58)ものと考えて間違いはないものと思われる。

なお、このような年貢徴収の代官職以外にも、「洛中帯座々頭職并公用代官職」、つまり洛中帯座の座役（公事銭・役銭）を徴収する公用代官職の請負という事実(59)も存在するが、この点については章を改めて詳しく検討を加えることにしたい。

三　戦国期の酒屋・土倉の存在形態―むすびにかえて―

以上、二節にわたって角倉吉田の酒屋・土倉としての実態について不十分ながらも検討を加えてきた。すでに触れたように酒屋としても土倉としてもともにその初見が永正期以降であることからすれば、角倉吉田を通してみえる様態は、中世においても、とりわけ戦国期における酒屋・土倉の存在形態のひとつということができる。実際、愛宕山・清涼寺・大覚寺など顕密寺社と密接な関係を有しつつも坊号などを名乗らず俗称のままであるその姿は、「応仁一乱ニ土倉・酒屋三百余ケ所断絶」(60)といわれた洛中において、「山門気風の土蔵」に系譜をひく正実坊・定泉坊など公方御倉をも凌ぐ存在となった中村・沢村・野洲井などとも通底するものといえるからである。そういう意味では、角倉吉田もまた、「嵯峨乱後（中略）諸寺諸院以下悉以焼失、荒野也」(61)という状況から勃興してきた存在であった可能性は高いものと考えられる。

その際、特徴的なのは、「嵯峨」「嵯峨境内」という地縁を前面に出して酒屋・土倉の、いわば職縁集団を形成していたということであったが、実は、このような現象は、嵯峨に限られたわけではなく、洛中においても、例えば、「上下京酒屋土倉」「上下京土倉中」などの存在としてこの時期認めることができるのである。おそらくこれが戦国期京都における酒屋・土倉の存在形態の一斑として指摘できるものと思われるが、それではそれはどのような契機でもって立ち上がってきたのであろうか。

まずひとつには、公方御倉をつとめる正実坊など「山門気風の土蔵」に系譜をひく酒屋・土倉との関係というものが考えられる。後に詳しく触れるように、(62)応仁・文明の乱後、延徳・明応期以降に公方御倉とそうでない酒屋・土倉と間には納銭執沙汰をめぐって対立ともいうべき様相が続けられるが、実はその過程において上京・下京といういわゆる惣町名を冠した集団の姿が明確化してゆくのである。もちろん後者の酒屋・土倉もまた山門や幕府と無縁ではあり得なかったことはいうまでもないが、それだけにそれらとの垂直的かつ重畳的な関係を相対化するためにも質の異なる人的結合が必要であったと思われる。また、角倉吉田の場合、直接的には公方御倉などとの交渉はみられないが、ただ先にもみたように押小路氏をして「嵯峨之儀者、一向不存知候」といわしめたという事実からは、同様の傾向を指摘し得るものと思われる。

次いでふたつには、中世の酒屋・土倉が最も恐れた徳政との関係が考えられる。例えば、これもまた後に触れるように天文八年（一五三九）、「上下京土倉」は、幕府に対して「徳政停止」を申し入れそれを実現させているが、このような徳政の歴史において画期ともいうべき状況は、上下京別の酒屋・土倉集団の形成というものがなければあり得なかったと考えられるのである。そして、この徳政に関していえば、角倉吉田の場合はより明確といえる。なぜならば、先にも触れたように「嵯峨境内」と愛宕神用との文脈には、土倉活動の安定化とともに「更不可准徳政法」、つまり徳政除外が常に一体のものとして付帯していたことが知られるからである。ちなみに、徳政と切ってもきれない関係にある土一揆に対して、戦国期以降、酒屋・土倉集団が防戦や発向という動向をみせるようになることが知られているが、おそらくはそのような軍事行動の繰り返しの中でも地縁的な集団化は加速されたものと推察される。

本章での作業を踏まえて言及できることは、おおよそこの二点ぐらいであるが、もちろんこれ以外の契機としては、ほぼ同時期にその生成が顕著となる惣町・町組・町といった地縁集団との連関が想定できることはいうまでもないであろう。ただし、この点の検討については、第三部第一章で詳しく行なうこととして、ここでは、史料の表面に出てくる地縁を前面に出した酒屋・土倉の職縁集団自体は、実は極めて限定されたものであるという事実を指摘しておくにとどめたいと思う。すなわち、納銭執沙汰をめぐって公方御倉と対立した「上下京土倉」は「地下人廿人京御被官分也、」と出て来、また「嵯峨酒屋」「嵯峨境内土倉中」「嵯峨土倉中」に至っては角倉吉田一族とイコールであったようにである。おそらくこれらは請酒屋や小規模な土倉などを除いた有力な一部による集団というものであり、そこにまた血縁や被官関係など（例えば、吉田宗忠も若狭武田氏の被官であったように）が深く関係していたものと考えられるが、そういう点でもその職縁のあり方は、同時期の商工業座ともまた質を異にするものであったと思われる。

最後に、もう一度話題を角倉吉田に戻し、戦国最末期においては「嵯峨ノ角蔵トテ、飽マテ富ル者(63)」と記されるに至った角倉吉田の近世初頭における動向とその展望を述べて、本章のむすびにかえたいと思う。さて、近世初頭の角倉吉田の動向として取り上げねばならないのは、やはり「与一家」の角倉了以・素庵父子による海外貿易や高瀬川・保津川などの河川修復であろう。これらの具体的な内容については、とりあえず先行研究(64)に譲るとして、ここで留意しておきたい点は、いずれもが統一権力との特定の結びつきによってはじめて実現したものであるということである。

織田政権については、残念ながら詳しいことはわからないが、豊臣政権については、『兼見卿記(65)』天正一二年

（一五八四）七月一〇日条に「嵯峨之角ノ蔵申礼」とみえるように、近江坂本に来た秀吉に吉田栄可が礼を申し出ていることが知られている。また、次の文書でもわかるように、所司代前田玄以が折紙によってその栄可の借銭を借主に催促するような事実も確認することができるのである。

吉田栄可借遣米銭事、先年雖遣折帋、于今無沙汰之由、曲事候、急度可令返弁、猶以於難渋者、可譴責候也、

慶長三

極月廿日　　玄以《（前田）》（花押）

谷山田神家神方

梅津西東算所

太秦ときハ中野

川はた河嶋

借主中[66]

さらに、次に掲げる京都所司代板倉勝重下知状[67]によれば、慶長一一年（一六〇六）に至ってもなお愛宕山との関係を保持しつつ土倉活動を行なっていたことや、それを徳川政権が承認していることなども読み取れる。もっとも、文面は前代と同じでも、かつてのように一族の名が並ぶことがなく「吉田栄可」の名のみ記されていることからすると、実状はかなり変容したものであったと推察されるが。

愛宕神事・同燈明要脚之事、為天下静謐御願、不混自余、於嵯峨境内、吉田栄可構土蔵、令利倍之、可遂神事之段、任先例、弥不可有改動之上者、当境内倉中可令存知之旨、所被仰下也、仍下知如件、

慶長拾壱年五月廿七日　伊賀守源朝臣《（板倉勝重）》（花押）

とはいうものの、このような文書をこの時期においてもなお徳川政権から発給されているという事実はやはり注目すべきであり、そしてこれと角倉了以の事業がほぼ同時期にはじまっているという事実などとは、おそらく無関係ではないであろう。となれば、これらをともに統一権力と結びつける存在とは一体何であったのであろうか。

そこで思い起こすべきは、角倉吉田一族の家職のひとつともいうべき医術の存在、とりわけ、この時期にその活躍が知られる吉田宗恂の存在である。すでに触れたように宗恂は兄了以に代わって父、宗桂の業を継承していたが、その後、豊臣秀吉・秀次、そして徳川家康に侍医として仕えるとともに山城国紀伊郡・綴喜郡に五〇〇石を知行するに至っていたのである。(68)しかも、注目すべきは、了以が「自日本到安南国船」の朱印状を幕府から発給されるに際して「取次意安」の存在が確認できる点で、(69)おそらく彼の存在がなければ、栄可の活動もまた了以の事業も陽の目をみることはなかったに相違ない。そういう意味では、戦国期においてその名を轟かしていた多くの酒屋・土倉の姿が近世初頭に見出されなくなるのとは対照的に角倉吉田の動向が引き続き知られるのは、酒屋・土倉以外にも医術という家職を保持していたという点に求められるのかもしれない。

ただし、このような統一権力との特定の結びつきをもってしても避けることのできない場面においては、角倉吉田も他の酒屋・土倉と同じ運命を辿ったものと思われる。例えば、豊臣政権の行なった検地に関しては、先の永禄一一年の時のように安堵がなされた形跡がみえず、「与次家」をはじめとした角倉吉田の土地集積にも大きな影響を与えたことは必至であろうし、また、近世初頭の南都諸白のような酒の京都流入は、旧来型の酒を醸造・販売する中世の酒屋を次第に後景に押しやってゆくことになったと考えられるからである。(70)そういう意味では、近世初頭にその資本を投じて行なった、しかも一族の傍系の了以・素庵による海外貿易や高瀬川・保津川など河川修復というものは、酒屋・土倉業との隔絶感においても、またその冒険的な要素においても、先学がいわれるような発展というよりむしろ投機といった方が実態に近いように思われる。

そして、その了以・素庵による一連の事業が終息した後、「与一家」「平治家」が幕府代官(71)としてその職能を転換させてゆく一方で、「与次家」がその後もながく嵯峨の地にとどまり酒屋・土倉の影を追い続けてゆくことになる事実を合わせ考えた時、いずれが中世の酒屋・土倉の行く末を投影しているかはおのずと明らかといえよう。ここであえて中世の酒屋・土倉の限界を「与次家」に、また可能性を「与一家」「平治家」に読み取ることもできようが、しかしこの両者を分けた素因とはもはや酒屋・土倉の存在形態そのものとは別のところにあるように思われる。近世における「与次家」の実態追究とともに他日を期したいと思う。

（1）酒屋・土倉に関する主な個別研究を管見の限りでまとめておく。小野晃嗣「室町幕府の酒屋統制」（『史学雑誌』第四三編七号、一九二八年、後に同『日本産業発達史の研究』至文堂、一九四一年）、奥野高広「室町時代に於ける土倉の研究」（『史学雑誌』第四四編八号、一九三三年）、同『皇室御経済史の研究』（畝傍書房、一九四二年）、野田只夫「中世京都に於ける高利貸業の発展」（『京都学芸大学学報』A二号、一九五二年）、村山修一『日本都市生活の源流』（関書院、一九五三年）、豊田武「座と土倉」（『岩波講座日本歴史　中世2』、一九六三年、後に『座の研究　豊田武著作集第一巻』吉川弘文館、一九八二年）、桑山浩然「室町幕府経済機構の一考察―納銭方・公方御倉の機能と成立―」（『史学雑誌』第七三編九号、一九六四年）、新田英治「室町時代の公家領における代官請負に関する一考察」（宝月圭吾先生還暦記念会編『日本社会経済史研究　中世編』吉川弘文館、一九六七年）、脇田晴子『日本中世商業発達史の研究』（御茶の水書房、一九六九年）、寺嶋雅子「蔭涼軒御倉について」（『中央大学大学院研究年報』七号、一九七七年）、網野善彦「造酒司酒麴役の成立―室町幕府酒屋役の前提―」（竹内理三博士古稀記念会編『続荘園制と武家政治』吉川弘文館、一九七八年、後に同『悪党と海賊―日本中世の社会と政治―』法政大学出版局、一九九五年）ほか。

（2）小野晃嗣「中世酒造業の発達」（『社会経済史学』第六巻一一号、一九三七年、後に小野氏前掲書）。

（3）須磨千穎「土倉による荘園年貢収納の請負について―賀茂別雷神社の所領能登国土田庄の年貢収納に関する土倉野洲井の活動―」（『史学雑誌』第八〇編六号、一九七一年）、同「土倉の土地集積と徳政―賀茂別雷神社境内における土倉野洲井の土地所職買得をめぐって―」（『史学雑誌』第八〇編三号、一九七二年）。
(4) 下坂守「中世土倉論」（日本史研究会史料部会編『中世日本の歴史像』創元社、一九七八年）。他にも橋本春美「土倉の存在形態」（『史窓』一九号、一九六一年）、小谷利明「土倉沢村について」（『京都市歴史資料館紀要』三号、一九八六年）があげられよう。
(5) 豊田武「近世初頭に於ける貿易資本の形成過程」（『歴史教育』第一五巻九号、一九四〇年、後に『中世日本の商業　豊田武著作集第二巻』吉川弘文館、一九八二年）。
(6) 林屋辰三郎『角倉了以とその子』（星野書店、一九四四年）、同「上層町衆の系譜―京都に於ける三長者を中心に―」（『立命館大学人文科学研究所紀要』一号、一九五三年、後に同『中世文化の基調』東京大学出版会、一九五三年）、同『角倉素庵』（朝日出版社、一九七八年）。なお、了以に関しては、林屋氏の著作内容を簡潔にまとめられた横井清「角倉了以」（原田伴彦編『歴史の京都5　巧人と商人』淡交社、一九七一年、後に同『中世民衆の生活文化』東京大学出版会、一九七五年）がある。
(7) 本文中で掲げた史料は、そのほとんどが論考としてはじめて取り上げられたものである。
(8) 「臨川寺重書案文」乾（東京大学史料編纂所写本）、「天龍寺文書」（京都府立総合資料館写真帳）。
(9) 同右。
(10) 北野天満宮史料刊行会編『北野天満宮史料　古文書』六二号。
(11) 『蜷川家文書之二』（大日本古文書）二七五号。
(12) 「小西康夫氏所蔵文書」（京都市歴史資料館写真版）。
(13) 同右。
(14) 永正一〇年七月二八日付室町幕府奉行人連署奉書（内閣文庫所蔵「押小路文書」、今谷明・高橋康夫共編『室町幕府文書集成奉行人奉書篇』下、思文閣出版、一九八六年、二七五八号）。
(15) 『言継卿記』（続群書類従完成会刊本）大永八年三月一三日条。
(16) （年未詳）八月七日付治部貞兼書状（東京大学史料編纂所影写本「葛野郡梅畑村共有文書」）。
(17) ちなみに、請酒屋は、元来、役銭（酒屋役）の対象外であったが、永正八年（一五一一）に交名を納めなければならなくなり、以降、賦課されるようになったと考えられている（永正八年三月二三日付町々所々請酒屋事条、佐

藤進一・池内義資編『中世法制史料集第二巻　室町幕府法』岩波書店、一九五七年、小野氏前掲両論文)。
(18)　奥野高広「造酒司領について」(『日本歴史』一一号、一九四八年)。
(19)　宮内庁書陵部所蔵、刊本としては、宮内庁書陵部編『図書寮叢刊　壬生家文書四』。
(20)　京都市歴史資料館写真版。文書目録は『京都市歴史資料館紀要』二号(一九八五年)に、文書解説は京都市編『史料京都の歴史七　上京区』(平凡社、一九八〇年)に所収されている。
(21)　永禄五年七月五日付押小路家雑掌奉書案(「小西康夫氏所蔵文書」)。
(22)　(永禄五年)七月一〇日付押小路家雑掌奉書案(同右)。
(23)　(永禄五年)七月一二日付押小路師廉書状案(『洛中西京白河等酒屋公役一件文書』一一四九号)。
(24)　(永禄五年)一〇月二七日付押小路師廉書状案(同右、一一四一号)。
(25)　(永禄五年)一二月二〇日付河野部高安書状(同右、一一四〇号)。
(26)　永禄五年一二月二二日付押小路師廉書状案(同右、一一四六号)、永禄七年八月二〇日付押小路師廉置文案(『掃部頭領沙汰人請状並知行方目録』『図書寮叢刊　壬生家文書四』一二〇〇号)。
(27)　(年月日未詳)請酒屋役銭出人数引付(「小西康夫氏所蔵文書」)。なお、本文書を最初に紹介されたのは、三浦圭一「戦国期の交易と流通」(『岩波講座日本歴史8　中世4』、一九七六年、後に同『日本中世の地域と社会』思文閣出版、一九九三年)である。
(28)　小野氏前掲「中世酒造業の発達」。
(29)　従来は、『言継卿記』大永八年三月一三日条が酒屋角倉および角倉吉田そのものの初見とされてきた(林屋氏前掲『角倉素庵』)。
(30)　桑山浩然校訂『室町幕府引付史料集成』上巻(近藤出版社、一九八〇年)、林屋氏前掲『角倉素庵』。
(31)　永正七年六月六日付井関深慶等連署田地売券案(大覚寺史資料編纂室編『大覚寺文書』上巻、一九八〇年)。
(32)　『室町幕府引付史料集成』上巻。また、九条家領の『嵯峨往生院関係文書』(宮内庁書陵部編『図書寮叢刊　九条家文書六』)に収められる永正六年付の文書の中にも「吉田忠兵衛」の名を見出すことができる。
(33)　京都大学文学部古文書室影写本。なお、本文書原本の所在は、現在不明である。
(34)　表2—9。

(35) 表2—②。
(36) 表2—①。
(37) 天文二二年九月一六日付後奈良天皇綸旨案（『大覚寺文書』上巻）には、「愛宕護《ママ》、野宮両社祭礼、近年依天下錯乱、於事不似旧式云々、（中略）至于神供燈明、厳重致沙汰」などの旨を「当山別当　大覚寺准后」に申入れるようにとの内容が読み取れるが、若干、時間がずれるものの、如上のような状況が関係するのかもしれない。
(38) 林屋氏前掲『角倉素庵』。
(39) 表2—3・④。
(40) 文安三年九月二〇日付室町幕府奉行人連署奉書（『大覚寺文書』上巻）、同三年一〇月七日付同奉書（同上）、同四年四月五日付同奉書（同上）。
(41) 表2—5。
(42) （享禄四年）五月三日付大覚寺坊官三上守順等連署書状案（『大覚寺文書』上巻）。
(43) 京都市在住の「与次家」の御子孫の角倉平治氏のお話によれば、宗家は近代に至るまで大覚寺境内に居住していたという。また、宗桂・了以・素庵の家は、清涼寺門前に存在していたとのことである。なお、近世中期に成立したものと思われる『大覚寺譜』（『大覚寺文書』上巻）には、「角倉党古来為当門被官、故一類皆勤式礼、」とみえる。
(44) 角倉平治氏所蔵。
(45) 『新訂寛政重修諸家譜　巻七』（続群書類従完成会刊本）巻第四二七、四二八、四二九。
(46) 天文一五年一二月七日付吉田宗忠一類申状案（『銭主賦引付』、『室町幕府引付史料集成』下巻）。
(47) 系図では、とりあえず仮名と号でもって家の名を区別しておいた。ちなみに、「与三家」は後に絶え、「与一家」は淀川過書船と高瀬川を管理する「京角倉家」を、また「平次家」は保津川を管理する「嵯峨角倉家」を称し、当主の「与次家」は大覚寺境内に居住し「大覚寺角倉家」「官家角倉家」を称して近代に至ったという（角倉同族会編『すみのくら』六号、一九七一年）。
(48) 吉田宗桂の事績については、林屋氏前掲『角倉了以とその子』、牧田諦亮『策彦入明記の研究』上・下（法蔵館、一九五五・一九五九年）参照。
(49) 吉田宗恂の事績については、『大日本史料』第一二編之七、慶長一五年四月一七日条を参照。

(50) 須磨氏前掲「土倉の土地集積と徳政」。
(51) 天文一六年三月二八日付室町幕府奉行人連署奉書（東京大学史料編纂所影写本「革嶋文書」、『室町幕府文書集成 奉行人奉書篇』下、三三七五号）。
(52) 永禄一二年九月一三日付室町幕府奉行人連署奉書（「田中光治氏所蔵文書」）。
(53) 前掲『嵯峨往生院関係文書』のほか、「田中光治氏所蔵文書」「天龍寺文書」（京都府立総合資料館写真帳）「鹿王院文書」（同上）「山科家古文書」（内閣文庫所蔵）などにも土地所職に関わる「与次家」をはじめとした角倉吉田の動向を示す史料が散見される。
(54) 永禄一一年一一月二八日付室町幕府奉行人連署下知状（「田中光治氏所蔵文書」）、永禄一一年一一月二八日付室町幕府奉行人連署奉書（「山科家古文書」）。
(55) 天正五年八月九日付嵯峨生田村備後田代官職補任状（「田中光治氏所蔵文書」）。
(56) 天文一五年一一月一二日付勧修寺家雑掌申状案（『徳政賦引付』、『室町幕府引付史料集成』下巻）。
(57) 『徳政雑々記』（『室町幕府引付史料集成』下巻）。
(58) （天正三年）勧修寺家譜代知行注文案（京都大学総合博物館所蔵「勧修寺家文書」）、新田氏前掲論文、須磨氏前掲「土倉による荘園年貢収納の請負について」。
(59) 林屋氏前掲両書、脇田氏前掲書、本書第一部第二章。
(60) 天文一四年八月日付上下京酒屋土倉中申状（『別本賦引付』一、『室町幕府引付史料集成』上巻）。
(61) 『宣胤卿記』（増補史料大成）文明一二年九月七日条。
(62) 本書第三部第一章。
(63) 『甫庵信長記』一二（『大日本史料』第一〇編之一、永禄一二年正月五日条）。
(64) 川島元次郎『徳川氏初期の海外貿易家』（仁友社、一九一七年）、岩生成一『新版朱印船貿易史の研究』（吉川弘文館、一九八五年）、林屋氏前掲両書ほか。
(65) 史料纂集。
(66) 慶長三年極月二〇日付前田玄以書状（「田中光治氏所蔵文書」）。
(67) 表2—⑪。

(68)　註(49)。
(69)　『異国朱印帳』(『大日本史料』第一二編之五、慶長一三年正月一一日条)。
(70)　小野氏前掲両論文。
(71)　「与一家」「平治家」は、高瀬川・淀川過書舟支配・近江坂田郡代官・保津川支配を幕府から命ぜられ近代に至る(林屋氏前掲両書)。なお、海外貿易停止後の角倉吉田に関わる新史料について、川嶋将生氏が「朱印船貿易再開をめぐる一史料」(『古文書研究』三二号、一九九〇年、後に同『中世京都文化の周縁』思文閣出版、一九九二年)において紹介されている。

(補註1)　本章発表後、『小西家所蔵文書』(小西康夫氏、一九九五年)『小西家所蔵文書図録』(小西康夫氏、一九九七年)が刊行された。また、久留島典子「戦国期の酒麹役―「小西康夫氏所蔵文書」を中心に―」(石井進編『中世をひろげる―新しい史料論をもとめて―』吉川弘文館、一九九一年)が発表され、本文書と「押小路文書」との連関もさらに解明された。

(補註2)　中世の嵯峨については、原田正俊「中世の嵯峨と天龍寺」(『講座蓮如』第四巻、平凡社、一九九七年)が発表され、嵯峨における酒屋・土倉と天龍寺をはじめとした禅宗寺院との関係が強調されている。しかし、おそらくは応仁・文明の乱をはさんで状況は大きく変化したと予想され、したがって、今後、戦国期嵯峨における禅宗寺院の実態や大覚寺・清涼寺などとの関係性も視野にいれて再度、角倉吉田について検討を加える機会をもちたいと思う。なお、「押小路文書」に残される(応安三年)五月二七日付後光厳天皇綸旨には、「仁和寺嵯峨境内酒麴売課役」の文言がみられるが、応安三年が押紙であるため、なお検討を要するものと思われる(網野氏前掲論文)。

(補註3)　酒屋・土倉に関しては、中島圭一「中世京都における土倉業の成立」(『史学雑誌』第一〇一編三号、一九九二年)、同「中世後期における土倉債権の安定性」(勝俣鎮夫編『中世人の生活世界』山川出版社、一九九六年)、桜井英治「職人・商人の組織」(『岩波講座日本通史10　中世4』、一九九四年、後に同『日本中世の経済構造』岩波書店、一九九七年)が発表された。なお、酒屋・土倉が「同業者組織の結成を志向しなかった」という桜井氏の見解については、中島氏も桜井氏の著書に対する書評(『史学雑誌』第一〇七編一一号、一九九八年)において疑義を示されており、この点は本章の見解とも相通じるものといえる。

第二章　酒屋・土倉と商工業座の関係
――角倉吉田と洛中帯座を中心に――

はじめに

戦国期京都には、都市民衆をその構成員とする様々な社会集団が存在した。例えば、職縁をその主な結合の紐帯とする座やまた地縁による町などがそれらである。中でも座は中世前期より存在し、そのほとんどが消滅するのが豊臣政権期であるという点において中世京都の社会集団としては代表的なもののひとつといえる。したがって、その研究史もすでに豊田武氏、(1)脇田晴子氏、(2)佐々木銀弥氏(3)等によってまとめられているように膨大なものとなっているが、ただしその実態となると、戦国期以降においても関連史料が予想以上に少ないこともあって今なお不明な点も少なくないというのが現状である。しかも、その断片から窺える実態でさえ多様を極めており、それらを統合的に理解することが至難の技であることは容易に想像がつこう。

実際、研究史においてしばしば地域的・段階的把握の必要性が強調されてきたにもかかわらず、この時期の京都の座について自覚的に言及されているのが脇田晴子氏(4)以外みあたらないということ自体このことをよく表している。脇田氏が注目された点は次の二点である。すなわち、座の階層分化とそれと連動して現れてくる物権化した座特権の移動という現象である。例えば、氏は、洛中帯座における座頭職の存在に座の階層分化を見出し、それを角倉吉田宗忠が取得した事実でもって座特権の移動を読み取るというようにである。もっとも、同時に、塩座六人百姓や長坂口紺灰座の事例を通して座の階層分化や座特権の移動を共同体的規制によって抑制しようとする動向も読み取られており、戦国期の座の動きにはこのふたつがみられるとされているのである。

もちろんこれらの点については、従来からも部分的に指摘されてきたことはあるが、自覚的に強調されたという点において重要であり、この時期の座を考えるには不可欠な論点と考えられる。ところが、実際にはそれ以降の研究状況においては必ずしも議論が深められたり、また具体的な研究が蓄積されてきたとはいい難く、おそらくは桜井英治氏(5)が検討された職人の「大工職」をめぐる研究以外にはみあたらないのではないだろうか。もっとも、桜井氏も指摘されるように職人は必ずしも座を形成しないから、商人を含めた商工業座の状況については心許ない状況といわざるを得ないのが現実なのである。

そこで、本章では、脇田氏がなされた作業のうち、特に角倉吉田と洛中帯座の関係に再検討を加えることを通して、その問題点を点検するとともに新たな議論を展開してゆきたいと思う。ここで洛中帯座を取り上げる所以は、ひとつには座の階層分化の代表として取り上げられる座頭職の理解に検討の余地があると考えられるからであり、ふたつにはこの関係を再検討することによって、従来の研究においてもあまり光が当てられてこなかった戦国期における酒屋・土倉と商工業座の関係やさらにこの時期の職縁のあり方についてまで議論を広げられると考えられるからである。脇田氏が触れられた塩座六人百姓(6)をはじめとしてできうる限り多くの座の事例を取り上げつつ広角的な検証を心がけたいと思う。

一　角倉吉田と洛中帯座

さて、話は、天文一三年（一五四四）一一月、亀屋五位女が幕府に対して洛中帯座座頭職の知行安堵を申請したことからはじまる。

一、亀屋五位女申状　天文十三　閏十一　十二日　巽阿

右洛中帯座々頭職之事、自　亀屋法皇（ママ）様御代令相続、度々被成御下知、無相違者也、然者大舎人直売、立捨、諸寺庵押売、或号権門被官、或称諸役（者脱）、恣之買売之条、一向無謂者也、所詮、如先々可全知行之旨、被成下御下知者、忝可畏存候、仍言上如件、

天文十三年十一月廿一日　請文吉田宗忠仕之、

帯座頭職事、於証文者今度紛失云々、雖然証文《状》以下出帯之上者、進退等事、任先規之旨、亀屋女領知不可有相違之由、所被仰下也、仍下知如件、　為後証写留候了、

長享二年三月十二日　信濃守（諏訪貞通）
伊—（伊勢貞宗）(7)

洛中帯座や座頭職が、五位女のいうように「亀屋法皇（ママ）様御代」から続いているか否かについては定かではない。しかし、後半にみえる下知状案より、少なくとも長享二年（一四八八）には、「証文」紛失を契機に帯座座頭を「職」として知行しようとする「亀屋女」の行為が幕府によって保証を与えられていたことだけは間違いないであろう。この「亀屋女」と五位女が同一人物であるかについてはこれだけでは判断がつかないが、五位女はこの下知状案をひとつの証文として「大舎人直売、立捨、諸寺庵押売、或号権門被官、或称諸役（者脱）」という、綾織で著名な大舎人座(8)による非法を訴えるとともに座頭職の知行安堵を願い出たのである。「相続」「知行」の対象となる

表１　洛中帯座関係文書(「田中光治氏所蔵文書」所収のうち)

	年月日	文書名	宛所
①	大永８・閏９・25	足利義維奉行人連署奉書	帯座中
②	天文13・閏11・13	室町幕府政所執事伊勢貞孝加判下知状	
③	天文13・閏11・13	室町幕府奉行人連署奉書	当座衆中
④	天文13・閏11・13	室町幕府奉行人連署奉書	吉田宗忠入道
⑤	天文13・ 12 ・18	茨木長隆書下	座中
⑥	(年未詳) ３ ・１	三好長慶書状	当座中

座頭職が、座衆の一地位の域を超えた、いわゆる物権化した存在であることは明白であるが、幕府はこの訴えに対して翌閏一一月一三日付で次の下知状を発給したのである。

帯座々頭職事、帯御下知以下証文、代々当知行無相違之処、背座中法度、大舎人直売、立捨、諸寺庵押売、或号権門勢家被官、或称諸役者、恣令売買云々、太以無謂、所詮、早亀屋五位女守目録之旨、任先例、遂其節、全領知可専公用之由、所被仰下也、仍下知如件、

天文十三年閏十一月十三日

前信濃守神宿祢(諏訪長俊)（花押）

伊勢守平朝臣(伊勢貞孝)（花押）(9)

右を一見すればわかるように、五位女の申状の内容はすべて盛り込まれており、普通であればこれで話が終わるはずであった。ところが、ここで唐突ともいえる事態の急変が起こることとなる。すなわち、右の下知状とほぼ同内容の室町幕府奉行人連署奉書が、訴えを起こした当の五位女に対してでなく、「吉田宗忠入道」(10)と「当座衆中」(11)宛に同日付けで発給されたのである。これは、先の申状の中の「請文吉田宗忠仕之」という文言に対応するものであるが、この時点において帯座座頭職は、亀屋五位女の手から酒屋・土倉である角倉吉田の当主宗忠の手に移ってしまったものと思われる。実際、角倉吉田宗家の伝来文書の一部と考えられる「田中光治氏所蔵文書」(12)には、表1のように本来ならば五位女が所有すべき文書が伝えられているのである。

ちなみに、この間の経過を窺える史料として唯一知られているのが、『蜷川家文書』(13)に残される吉田宗忠が担当奉行人、諏訪信濃守長俊に差出した次の請文である。

洛中帯座頭職之事、帯御下知、当知行之上者、如先々、被成下御下知候様、御披露畏可存候、此旨於偽申者、可預御成敗候、亀屋五位女之儀、為某親昵之、如此言上候、恐々謹言、

十一月廿一日　　　　　　　　　　　　　　宗忠（吉田）（花押）

諏方信濃守（長俊）殿(14)

この史料で焦眉となるのは、いうまでもなく「亀屋五位女之儀、為某親昵之」という文言であるが、この点について、角倉吉田と帯座の関係にはじめて注目された豊田武氏(15)は、宗忠と五位女が親戚関係にあるとされた。それに対して、林屋辰三郎氏(16)は、これを額面通り受け取らず座頭職の「買収」と理解され、これを踏まえて物権化した座頭職の売買という脇田氏の見解が生まれるに至ったのである。残念ながらこの血縁をにおわす関係については、同時代史料としては右のものしか知られていないため、明確な判断を下すことは容易なことではない。ただしかし、角倉吉田宗家に残される「角倉栄可諸父諸孫一覧稿(17)」という記録に五位女の名がみられないことや、表1のような文書の残り方を考え合わせると、やはり林屋氏や脇田氏のように座頭職の買得ないしは譲与といった現象をそこに読み取る方が妥当のように思われる。

したがって、ここで具体的に検討すべき点はおおよそ次の二点に絞られよう。すなわち、この帯座座頭職の実態とは一体いかなるものであったのか、そして酒屋・土倉である角倉吉田にとってこれを取得することにいかなる意味があったのか、と。節を改めて作業を進めることにしよう。

二　座頭職と公用代官職

ところで、中世京都の座において座頭の存在が史料上確認できる事例は実は極めて少なく、管見によれば洛中帯座と脇田氏も触れられた塩座六人百姓の二例しか知られていない。そこで、比較のためにも塩座六人百姓の事例を検討してみることにしよう。

一、五位女代申状　　天文十六　四　十八　巽阿

右子細者、親にて候木村与次郎直信事、為塩座六人之座頭者也、然塩座一分之儀対我等令譲与条、従去年十二月致商売之処、為残座人為新儀之旨掠申之、給御下知間、迷惑仕候、既木村宗信入道事娘ニ申付之条、于今商買無相違也、如此先例引懸在之、殊直信儀者、雖為座頭、止商売、譲与我等之間、致商売上者、更不可為新儀非分、所詮、被成問状御奉書、任理運可致商買之旨御成敗、忝可畏存者也、仍言上如件、

天文十六（ママ）　四月　日[18]

くしくも、ここでも「塩座一分」、つまり座特権の「木村与次郎直信」から「五位女」（亀屋五位女と同一人物ではないであろう）へという親から娘への「譲与」が問題になっているが、ただ座頭そのものが問題となっていないことでもわかるように、塩座六人百姓においては座頭と「残座人」の間に地位や商売の形態において殊更な差異を見出すことはできない。また、座頭が「座頭職」とは記されておらず、座頭の「職」化が必ずしも一般的なものではなかったことも読み取れよう。実際、「雖為座頭、止商売、譲与我等之間、致商売」とみえるように、座頭と座特権は分離もしており、ここでの相論の焦点が座特権の所在そのものにあったことは明白といえる。

相論自体は、結局、「木村与次郎譲与之旨、難被棄置之間、対五位女可被成下御下知」[19]、つまり幕府によって五位女への譲与が認められることで決着するが、少なくともこの塩座六人百姓の事例からは、座頭自体に特別の職

能が付されているように読み取れないのである。それでは、帯座座頭職の場合はいかなるところに特徴があったのであろうか。

そこで注目すべきは、帯座座頭職が「洛中帯座々頭職同公用代官職」（表1―①）「洛中帯座々頭職并代官職」（表1―⑤）とも史料に出てくる事実である。つまり、帯座座頭職においては公用代官職なるものも付帯し、座頭職という文言はいわばそれの略称であったことが判明するのである。この公用代官職とは、本所に納める公用、つまり座役（公事銭・役銭）を徴収する代官を意味するものであるが、帯座の場合、その座役は「帯公事」と呼ばれ、山門延暦寺座主領であることがすでに知られている。[20] つまり、帯座の本所は天台座主ということになるが、その公用代官職には、次の史料（表1―①）に「代官補任」ともみられるように、座衆を補任する職能も付帯していたのである。

洛中帯座々頭職・同公用代官職等事、亀屋五位女任当知行、被成御下知訖、然大舎人直売、立捨、諸寺庵押売、或号権門被官、或称諸役者、不致其役云々、太無謂、殊近年不帯代官補任、令商売之条、以外濫吹也、早任先例可致其沙汰、若猶不承引者、可被処其咎之由、所被仰出之状如件、

大永八
閏九月廿五日
（飯尾）為隆（花押）
（斎藤）誠基（花押）

帯座中

右の文書は、今谷明氏[21]によってその存在がつとに注目されている足利義維奉行人連署奉書のうちの一通であり、同時に帯座の初見史料でもある。脇田氏は、これをもって「座人は座頭＝代官の補任によるのであって、それ以外のものの商売は禁じられた。座頭職所有者が、事実上、座の支配をなしているといってよいものである」[22]と言

及されているが、ここでいうところの「座の支配」を補任行為だけから読み取ることはやや難しいものと思われる。というのも、例えば、供御人の場合ではあるが、内蔵寮目代の大沢氏の事例[23]などからその代官補任は必ずしも特別なことではなかったと考えられるからである。むしろ重視すべきは、右の奉書において大舎人の非法行為の内容が「不致其役」、つまり座役を納めないということと直結して語られていることからも明らかなように、公用代官の本務ともいうべき座役の徴収行為の方であろう。

この点において注目されるのは、大舎人の動向が、すでに文安四年（一四四七）にまで遡ってみられるという事実である。[24]それは、この年の九月、春日住京神人である「大舎人」が、帯座の前身と考えられている「問丸并帯棚等」にその帯を出さずに「路頭」で「沽却」したため、天台座主毘沙門堂公承の雑掌に「質物」として取られてしまったというものであるが、留意すべきは、「於彼問丸歟棚歟之在所、帯公事進座主許定事也」、つまりここでも問丸と棚から徴収すべき「帯公事」と大舎人の直売が問題となっている点であろう。[25]数十年の年月を隔ててもなお構図が同じであること自体、興味深くもあるが、それだけに帯座と大舎人との対立の様相が常に座役に関わるものであったということをこれらの事実は示している。実際、冒頭の五位女の申状に対して発給された下知状の命じるところもまた「専公用」ということであったのである。

従来の研究においては、座頭職の存在ばかりに目を奪われてきたが、このようにしてみるとわかるように常に問題となっていたのは公用代官職に関わるものであり、むしろ帯座座頭職とは、公用代官職を兼帯することによってはじめて「職」化し知行の対象となり得たものと考えられよう。したがって、脇田氏のいう「座の支配」もまた、座頭に由来するものではなく、むしろ公用代官の職能に由来するものであったことはもはや明白といえる。もっとも、ここでいうところの「座の支配」とは、座役を媒介とした本所と座の関係に介在するという意味であり、その具体的な内容については不明とせざるを得ない。ただしかし、公用代官職が存立する前提として、京都の座が他地域のそれとは異なり戦国期においてもなお本所との密接な関係を残存させていたという点だけは押さえておく必要があろう。

それでは、このような実態を備えた帯座座頭職および公用代官職の取得とは酒屋・土倉である角倉吉田にとってどのような意味をもっていたのであろうか。この点を考えるべく、まずは次の文書（表1―⑤）を検討することにしよう。

吉田宗忠申、洛中帯座々頭職并代官職事、任証文旨、去天文十年茂被成奉書於亀屋五位女処、中山掃部助号本所進止、雖掠給御下知、依無其謂、被棄破候訖、所詮、以先奉書旨、可致存知之段、被仰付宗忠上者、早可致其沙汰由候也、仍状如件、

天文十三

十二月十八日　長隆《（茨木）》（花押）

座中

右にみえる天文一〇年の奉書は誤記でなければ、現在残されていない史料ということになるが、ここで問題となっているのが今までのような大舎人の動向ではなく、「中山掃部助」なる人物による座頭職および公用代官職の競望であったことが読み取れる。「中山掃部助」のいう「本所進止」が事実かどうかは確かめようもないが、先の下知状が出されてわずかひと月でまた相論が惹起している事実からは、帯座をめぐる一連の相論の背景が、大舎人の動向よりもむしろ座頭職および公用代官職、とりわけ後者の競望という状況にあったことが透けてこよう。亀屋五位女が「亀屋法皇様御代《（ママ）》」という怪しげな由緒まで引っ張り出し相続と知行を主張したことからもそれが窺えるが、それは同時に相続・知行の対象となり、また競望の対象となる程に公用代官職に何らかの利権が備わっていたということも意味する。実際、公用代官職をめぐる相論は、帯座に限られたわけではなかったことが次

の史料からも窺われる。

一、四府駕輿丁原田宗昌申状　天文十六　五　廿九

右子細者、鋤柄三座内北口号上口、一座御代官職事、従先規以致存知筋目、被成下関白殿御補任并御下知了、然三座之内祐玉も存知分在之旨、去三月五日御下知之旨案内申之、致商売之処、彼祐玉背上意、去月廿八日荷物鋤柄、押取之条、御下知違背咎難遁者也、所詮、任御法、被遂御糺明、被加御成敗、以先度御奉書之旨、如先々可致商売之段、被成下御下知者忝可畏趣、宜預御披露者也、仍言上如件、

天文十六年五月　日[26]

右からは、鋤柄三座の「一座御代官職」を座衆でありかつ四府駕輿丁でもある原田宗昌が存知していることが読み取れるが、それは同時に公用代官職を座衆が兼帯する状況が決して帯座に限られたものではなかったことも意味しよう。ここで注目すべきは、同種の代官職を存知として原田の荷物を押取る「三座之内」の祐玉の存在であるが、これによって座内部においても公用代官職というものが競望の的であったことが知られるのである。

なお、この祐玉と、先の塩座六人百姓にその「塩売買」を「新儀非分」として幕府へ訴えられた「祐玉」[27]なる人物が仮に同一人物だとすると、複数の座を股にかけて公用代官職や座特権の取得をはかろうとする者の存在を知ることもできるが、それでは、このように競望の的となる公用代官職にはどのような利権が備わっていたのであろうか。右の史料では残念ながらそれを読み取れないが、次の史料からはおぼろげながらもその事情が窺える。

粟田口愛千代申、洛中洛外餅役事、去年被成奉書之処、或号駕輿丁、或号雑色、剰親類与力依相拘之、令難渋云々、言語道断次第也、所詮、不日可致其沙汰、若猶為同篇者、可被処其科之由、被仰出候也、仍執達如件、

永正九

（飯尾）為完（花押）
（飯尾）之秀（花押）

六月廿九日

京
餅座[28]

内容から「粟田口愛千代」もまた公用代官であることが読み取れるが、留意すべきは文書の冒頭に「洛中洛外餅役」の文言が据えられていることであろう。つまり、この文書を発給されることによって「粟田口愛千代」が得ることのできる利権とは座役そのものの中にある可能性が知られるからである。おそらくは座衆から徴収した座役の一部がその得分として付帯していたものと考えられるが、その比率については、残念ながら詳らかにはできない。ただ、同じ座主領でも「洛中御服公事御代官職」の補任状[29]が残されるのに対して、帯座座頭および公用代官が相続・知行の対象として「職」化するに至った背景には、それに付帯する得分の比率の高さというものがあったのかもしれない。

この点において想起すべきは、この時期、例えば、塩座六人百姓の本所である東坊城家が天文八年（一五三九）に「久山」なる者に対して「塩公事役」を「調売券状」て「入置質物」たり[30]、また逆に連歌師の半松斎宗養が「紙屋方公用年中七貫文」[31]を永禄四年（一五六一）時点において買得したように、座役に対する本所の権益もまた物権化すると同時に極めて不安定な状況となっていたという事実である。つまり、この時期の本所にとっては、確実かつ安定的に座役を徴収できるような実務能力を備えつつ、しかも座役を担保に借銭を依頼できるような存在が渇望されていたのであり、おそらくそれに合致したもののひとつとして浮上してきたのが、「代官請負業者」[32]とも目された酒屋・土倉の存在であったと思われるのである。

実際、次にみえるように、下京六角町に在所をおく著名な土倉でありまた酒屋[33]である「水谷帯刀左衛門」（屋号、ちきり屋）が三条西家の支配する塩合物公事の公用代官に任ぜられていたことなどは、その一例としてあげられよう。

塩合物公事於西岡執之、三分一分同可致執沙汰之由、水谷帯刀左衛門 六角、チキリ屋 申之、[34]
おそらく帯座においても公用代官職が座頭職と一体となっていなければ、角倉吉田は代官職のみを取得した可能性は高いものと思われる。事実、このことは、次の史料（表1—⑥）からも裏付けられるのである。

洛中帯座座頭職事、任御下知並当知行之旨、可令其沙汰五位女代、不可有難渋候也、恐々謹言、

三好
長慶（花押）

三月一日
当座中

三好長慶がその名を範長から長慶に改めたのは、天文一七年（一五四八）以降のこととされているから、[35]右の史料は帯座関係の史料としては最も年紀の下がるものとなるが、これによって角倉吉田宗忠が座頭職を取得した以降においてもなお「五位女代」と称し、しかもそれを権力も認知していたことが明らかとなろう。従来の研究においては、以上のような公用代官職と座頭職の違いを弁別せずに議論されてきたがために、座頭職の存在もまた際立ったものとして捉えられてきたが、改めてその違いを顧みれば、いずれが酒屋・土倉である角倉吉田にとって近しい存在であったかはおのずと知られるものと思われる。

三　戦国期の酒屋・土倉と商工業座—座の階層分化と物権化をめぐって—

ところで、先に触れた京餅座の公用代官職である「粟田口愛千代」を後継したと考えられるのが餅屋渡辺四郎左衛門という人物であるが、その養子に洛外鳥羽出身の中村五郎左衛門（後に改称して渡辺弥七郎）なる者がいた。実はこの人物こそ、道喜粽で知られる初代川端道喜その人である。[36]この道喜にはさらに又七（二代道喜）という

子がいたが、京餅座の座衆でありしかも公用代官職を請負っていたと考えられるこの親子は、実は餅屋以外の商売も行なっていたことが知られている。すなわち天正五年一二月付村井貞勝書状に(37)「親子酒役」とみえることからもわかるように酒屋であった。その商売とは、ここでもまた酒屋の存在がみられるのであるが、この場合考えられることは、川端道喜こと中村五郎左衛門にとっては酒屋が本業であって、むしろその立場から渡辺四郎左衛門の養子となり京餅座の公用代官職とそれと一体化していた座特権を取得していったということであろう。つまりは、角倉吉田と類似した事例として捉える考え方である。

もちろんその逆も考えられ、公用代官として知行した座役の一部を集積し資本とすることによって酒屋を兼業するに至ったということも想定されるが、下京饅頭屋町に居住する著名な饅頭屋塩瀬などの場合は、もしかするとそのような部類に入るのかもしれない。この塩瀬もすでに延徳三年（一四九一）に「三条六角堂之西側之店饅頭屋次郎」(38)としてその名が知られているが、天正一六年（一五八八）六月付三条烏丸饅頭屋町軒別調(39)には「坂本大道衆　藤蔵」という記載もみられ、土倉（ないしは酒屋）の姿を認めることもできるのである。もっとも、塩瀬の場合、饅頭商売に関わる役銭の徴収に当たっていたかについては分明にはできないが、いずれにせよ、このように戦国期以降においては座の内部に酒屋・土倉の存在が深く浸潤していたことだけは間違いないであろう。

そして、角倉吉田宗忠が「嵯峨西京諸酒屋中」や「嵯峨（境内）土倉中」という酒屋・土倉集団に属していたように、酒屋・土倉もまた単独では存立し得ないことを考え合わせれば、戦国期京都における酒屋・土倉集団と諸座の一部とは重層する形で存在していたともいえよう。ここに酒屋・土倉と商工業座の関係の一端を垣間見ることができるのであるが、この点からすれば、座の階層分化という現象もまた、帯座でしか確認できない座頭職の存在でもって論じるのではなく、むしろ公用代官職やそれと一体化した座特権を取得することで座の中に入り込んできた酒屋・土倉とそれ以外の座衆との格差でもって論じなければならないと思われる。京都における座の階層分化とは、平等性を原則とする座内部から自生的に発生したのではなく、むしろ本所や座役を徴収する公用代官、さらには座外の商工業者などいわば外部との接点から外発的に進行したのであり、それゆえ、座外の酒屋・土倉をしてその容喙を可能ならしめたのである。

繰り返すようだが、川端道喜が渡辺四郎左衛門の養子となったという話は、角倉吉田宗忠が亀屋五位女に対して「為某親昵之」として帯座座頭職および公用代官職を取得したことと類似するものである。そこに通底するものをあげるとすれば、座特権の移動と血縁関係との連関ということになろうが、この点において参考となるのが、塩座六人百姓においてみられた親から娘へという血縁による座特権の譲与に関する「五位女代」と「残座人」との相論である。一見すれば、さほどに問題とならないような案件がなにゆえ、幕府法廷にまでもち込まれることとなったのか、実はそれには次のような伏線があったことを押さえておく必要があろう。

その伏線とはすなわち、この数年前、天文九年（一五四〇）に起こった[40]、酒屋・土倉と目される「長谷川与次久吉」[41]による「木村新四郎跡式塩座」、つまり座特権の「新四郎兄木村与次郎売券状」を介した売買をめぐる相論の存在である。残念ながらこの相論がどのように決着したのかについては判然としないが、留意すべきは新四郎の兄木村与次郎と五位女の親木村与次郎直信とが同一人物である可能性が高い点である。つまり、「塩座一分」の譲与に対して残りの座衆が神経を尖らせた本当の理由とは、それが譲与を隠れ蓑にした売買である可能性を察知したからに他ならないのである。しかも、豊田武氏[42]のいうようにこの木村新四郎が淀屋と号し、『言継卿記』天文二年（一五三三）一一月八日条にみえる「五条にて塩公事代官淀屋」とも同一人物であるとすれば、ここでもまた帯座と類似した状況を読み取ることができるといえよう。

従来の研究においては、右の事例を通して座特権の譲与における座衆の同意の必要性、つまり共同体的規制を読み取ってきた。もちろん、それはそれで誤りではないが、関係者がだぶっていることに加えて申状の主体が五位女本人ではなく「五位女代」であることからしても、座衆の懸念が奈辺にあったかを正確に認識しておく必要があると思われる。

結局のところ、幕府の裁定は、すでに触れたように五位女への譲与の方を認めるものであったが、先の申状からも読み取れるように幕府が一旦は「残座人」に下した「御下知」を翻してまで五位女に「御下知」を成し下したことからすると、座特権の移動に関しては、血縁による譲与という形をとることが、幕府法廷で有利に働く傾向がみられたということだけは間違いないであろう。もちろん血縁による譲与の形をとれば、いかなる場合でも効果があったというわけではないであろうが、吉田宗忠があえて曖昧ともいうべき「為某親昵之」という言葉を用いつつ担当奉行人に請文を出すに至った背景もまたここにあるものと思われる。実は川端道喜の養子関係を酒屋による公用代官職および座特権の取得として理解したのもこの点を考慮してのことであり、その意味において、角倉吉田による帯座座頭職および公用代官職の取得もまた買得と解釈することが最も妥当と考えられるのである。

ただし、このことは残りの座衆からすれば、逆に極めて深刻な事態といわざるを得ないであろう。なぜならば、座の存立をその根幹から揺るがしかねない座特権の移動を阻止せんがため仮に幕府への訴訟で決着をはかろうとしても、相論相手が血縁を前面に押し出してきた場合には、極めて不利な状況に陥らざるを得なかったと考えられるからである。実際、塩座六人百姓とも何らかの関係のあるものと思われる塩商売座では、次のような状況もみられたのである。

一、蜂屋与次景定申状　天文十七　三　廿

右子細者、塩商売座一分事、景定妻女為座人致存知之処、去月廿八日死去仕候、雖然彼女男女子在之与申、既近年無別儀商売仕来上者、如先々無相違令相続之、可致専売買之旨、被成下御下知候者、忝可存候、仍言上如件、

天文十七年三月　日(43)

死去した「景定妻」の「存知」する「塩商売座一分」の「彼女男女子」への相続というような案件は、一般的に考えれば座内部で自律的に決着が下されるはずである。それを、一通の証文も提出せずに血縁を強調することだけで解決がはかり得た可能性を右の申状は示していよう。それでは、かかる事態に直面して当時の座はどのように対処したのであろうか。そのひとつが、現状を固定するとともに、あらゆる事態を予想して対処方法を協議し、しかもそれらを成文化すること、すなわち座法の成立であったと考えられる。実際、第一部第四章でも詳述するようにほとんどの座法の痕跡が幕府や武家権力の訴訟関係史料にみられることは、それらがいかなる場を想定して存在していたかを明示するものといえよう。

戦国期京都の座をめぐる諸権利が、なにゆえ、かくも広範に物権化を遂げ、移動したかその要因を解明することは容易なことではない。が、以上の検討からもわかるように、幕府の裁定が結果的にこれらを加速させたということはいえるであろう。この点は、桜井氏が検討された「大工職」との大きな違いともいえるが、その分かれ目のひとつとしては、東坊城家における「塩公事役」の質入や「紙屋方公用」の売買といった本所の権益に関わる物権化やその移動という現象があげられると思われる。いうなれば当時の座は、商工業品の生産・流通の担い手というよりもむしろ物権化した座特権を保持し合う一種の利益集団といった方が実態に近かったのかもしれない。

もちろんすべての座がそのような状態であったわけではないであろうが、帯座や塩座六人百姓においても読み取れるように、もはやその座特権も幕府や武家権力への訴訟によって保証を得なければ、外部からもまた内部においても維持できなくなりつつあったことからすると、その自律性が退潮の一途を辿るとともに実体経済との乖離も大きくなりつつあったことだけは間違いないであろう。しかし、このことは逆にいえば、自律性を失い、しかも実体経済と乖離しつつもなおそこから利益が引き出せるという構造の上に当時の座が存立していたということを意味しよう。その構造を支えたものとは、公用代官職を存立せしめたところの、戦国期においてもなお残存する本所と座の密接な関係に他ならないが、酒屋・土倉など座外の者が座に容喙できるようになったいまひとつの所以もまたこの点に求められるのであり、それは同時に楽座、すなわち武家権力による座の棄破[44]を誘引する下地ともなったのである。

(1)『座の研究　豊田武著作集第一巻』(吉川弘文館、一九八二年)。
(2) 脇田晴子『日本中世商業発達史の研究』(御茶の水書房、一九六九年)。
(3) 佐々木銀弥『中世商品流通史の研究』(法政大学出版局、一九七二年)。
(4) 脇田氏前掲書。以下、脇田氏の説は本書に拠る。
(5) 桜井英治「中世職人の経営独占とその解体」(『史学雑誌』第九六編一号、一九八七年、後に同『日本中世の経済構造』岩波書店、一九九六年)。
(6) 塩座六人百姓については、脇田氏前掲書のほか、豊田武「中世京都に於ける塩・塩合物の配給」(『社会経済史学』第四巻一二号、一九三五年、後に『中世日本の商業　豊田武著作集第二巻』吉川弘文館、一九八二年)、小野晃嗣「卸売市場としての淀魚市の発達」(『歴史地理』第六五巻五・六号、一九三五年、後に同『日本中世商業史の研究』法政大学出版局、一九八九年)、佐々木銀弥「戦国時代における塩の流通」(『日本塩業大系　原始・古代・中世(稿)』日本専売公社、一九八〇年、後に同『日本中世の流通と対外関係』吉川弘文館、一九九四年)参照。
(7)『別本賦引付』四(桑山浩然校訂『室町幕府引付史料集成』上巻、近藤出版社、一九八〇年)。
(8) 豊田武「西陣機業の源流」(『社会経済史学』第一五巻一号、一九四四年、後に前掲『座の研究　豊田武著作集第一巻』)。
(9) 天文一三年閏一一月一三日付室町幕府政所執事伊勢貞孝加判下知状(京都大学文学部古文書室影写本「田中光治氏所蔵文書」)。

(10) 天文一三年閏一一月一三日付室町幕府奉行人連署奉書（同右）。
(11) 天文一三年閏一一月一三日付室町幕府奉行人連署奉書（同右）。
(12) 京都大学文学部古文書室影写本。
(13) 大日本古文書。
(14) （天文一三年）一一月二一日付吉田宗忠請文（『蜷川家文書之三』五七九号）。
(15) 豊田武「近世初頭に於ける貿易資本の形成過程」（『歴史教育』第一五巻九号、一九四〇年、後に『中世日本の商業　豊田武著作集第二巻』吉川弘文館、一九八二年）。
(16) 林屋辰三郎『角倉了以とその子』（星野書店、一九四四年）、同「上層町衆の系譜—京都に於ける三長者を中心に—」（『立命館大学人文科学研究所紀要』一号、一九五三年、後に同『中世文化の基調』東京大学出版会、一九五三年）、同『角倉素庵』（朝日新聞社、一九七八年）。
(17) 角倉平治氏所蔵。
(18) 天文一六日四月日付五位女代申状案（『別本賦引付』二、『室町幕府引付史料集成』上巻）。
(19) （天文一六年）後七月二三日付某書状案（同右）。
(20) 註(8)。
(21) 今谷明「細川・三好体制研究序説—室町幕府の解体過程—」（『史林』第五六巻五号、一九七三年、後に同『室町幕府解体過程の研究』岩波書店、一九八五年）。
(22) 脇田氏前掲書、三八六頁。
(23) 『言継卿記』（続群書類従完成会刊本）永禄一〇年正月三日条。なお、内蔵寮と供御人の関係については、小野晃嗣「内蔵寮経済と供御人」（『史学雑誌』第四九編八・九号、一九三八年、後に同『日本中世商業史の研究』法政大学出版局、一九八九年）。
(24) 註(8)。
(25) 『建内記』（大日本古記録）文安四年五月二三日、七月一・五日、九月二二日条。
(26) 天文一六年五月日付四府駕輿丁原田宗昌申状案（『別本賦引付』二）。
(27) 天文一六年三月日付塩座六人百姓申状案（『別本賦引付』一、『室町幕府引付史料集成』上巻）。

(28) 永正九年六月二九日付室町幕府奉行人連署奉書（京都市歴史資料館写真版「川端道喜家文書」）。
(29) 天文一三年二月二二日付洛中御服公事代官職補任状案（『華頂要略』〈大日本仏教全書〉門主伝第二三）。
(30) 『親俊日記』（増補続史料大成）天文八年一二月二四日条、豊田氏前掲「中世京都に於ける塩・塩合物の配給」。なお、明応三年（一四九四）段階で、本所の東坊城家に残る「塩課役」に関する最古の文書は、嘉慶元年（一三八七）付の後円融上皇院宣であったことが確認できる（京都大学附属図書館写本「和長卿記」明応三年三月一一日条）。
(31) 永禄四年三月二日付半松斎宗養申状案（『雑記』、『室町幕府引付史料集成』上巻）。
(32) 新田英治「室町時代の公家領における代官請負に関する一考察」（宝月圭吾先生還暦記念会編『日本社会経済史研究　中世編』吉川弘文館、一九六七年）、須磨千頴「土倉による荘園年貢収納の請負について―賀茂別雷神社の所領能登国土田庄の年貢収納に関する土倉野洲井の活動―」（『史学雑誌』第八〇編六号、一九七一年）、中島圭一「中世京都における土倉業の成立」（『史学雑誌』第一〇一編三号、一九九二年）。
(33) 高橋康夫『京都中世都市史研究』（思文閣出版、一九八三年）、『立入宗継文書・川端道喜文書』（国民精神文化研究所、一九三七年）。
(34) 『実隆公記』（続群書類従完成会刊本）永正七年四月八日条。
(35) 長江正一『三好長慶』（吉川弘文館、一九六八年）。
(36) 註(33)。
(37) 天正五年一二月付村井貞勝書状（「川端道喜家文書」）。
(38) 『蓮成院記録』（増補続史料大成）延徳三年八月二四日条。
(39) 「饅頭屋町文書」（京都市歴史資料館写真版）。
(40) 天文九年一一月日付長谷川与次久吉申状案、天文九年一二月日付塩座六人百姓申状案（『別本賦引付』四）。
(41) 長谷川の名字をもつ酒屋・土倉としては、禁裏御倉にもなった下京の長谷川が最も著名であろう（奥野高広『皇室御経済史の研究』畝傍書房、一九四二年）。
(42) 豊田氏前掲「中世京都に於ける塩・塩合物の配給」。
(43) 『蜷川親俊日記』（『室町幕府引付史料集成』上巻）。

(44)　播磨良紀「楽座と城下町」(『ヒストリア』一一三号、一九八六年)。

(補註)　近年、下坂守氏によって紹介された「即往院座主御拝任事」(「『日厳院引付』日厳院実昭筆・『即往院座主御拝任事』日厳院覚永筆」『学叢』一九号、一九九七年)によれば、座主領としての「帯役銭」が天文一九年(一五五〇)においても確認することができ、吉田宗忠が座頭職・公用代官職を取得した後においてもなお天台座主が本所として存在していたことが知られる。

第三章　長坂口紺灰問屋佐野について
――問屋の存在形態――

はじめに

本章の目的は、近世初頭京都の「町衆」として著名な佐野紹益（屋号、灰屋。又三郎、重孝。但し、紹益は養子で、実は本阿弥光益の子）を生み出す長坂口紺灰問屋佐野の実態を追究することによって、戦国期京都における問屋の存在形態の一斑を解明することにある。その際、基本史料として利用できるのが、「佐野猪之助氏所蔵文書」(1)と『長坂口紺灰問屋関係文書』(2)のふたつである。この分野での先行研究としては、沢井浩三氏(3)、飯倉晴武氏(4)、豊田武氏(5)、林屋辰三郎氏(6)、脇田晴子氏(7)、脇田修氏(8)等のものがあるが、残念ながらそれらは、基本史料のいずれか一方だけを利用したものか、あるいはごく簡単にその一部を利用・引用したにすぎないものであったのである。

そこで本章では、先のふたつの基本史料の再検討を行なうことを通して、その実態についてできるだけ追ってゆきたいと思う。

一　長坂口紺灰問屋

さて、長坂口紺灰問屋（史料の上では紺灰座とも現われる）がいつ頃から存在していたかは、実は未詳な点が多い。例えば、（年未詳）六月一九日付本所申状草案[9]によれば「紺灰間事、以　染殿太后（文徳天皇女御）之御所□（伝カ）称濫觴、末代相続之商売候」とあるが、これは当時多くの座や供御人などの間でみられた伝説上の由緒と同じ類であろうから[10]、これをそのまま信じることはできない。また、貞治四年（一三六五）を最初に、永和二年（一三七六）・康応元年（一三八九）・応永三年（一三九六）・応永一六年（一四〇九）付の「賀々女所」宛に出された本所雑掌奉書案[11]が残っているが、そのうちの一通は次のようなものとなっている。

御判在之

紺灰長坂口商人等事、任相伝之道理、可被進退領掌、所詮、於出所者、雖何在所、越長坂口入京商人等者、無他妨可被管領、若令向背於他所致商売者、准盗灰、且被申年預方、且可被致厳密之罪科之状、依仰下知如件、

永和二年八月十一日　左衛門尉利勝（清水）奉

賀々女所

ここでもやはり、座の文字は見当らないが、少なくともこの賀々女のもつ職能が「於出所者雖何在所、越長坂口入京商人等者、無他妨可管領」、つまり丹波等から長坂口を越えて入京する商人を「管領」することであったことが読み取れる。また、応永一六年にこの賀々女が娘の「御ね、」に宛てた譲状案[12]には「ゆつりわたし候はいのさの事」とあり、応永一六年には座が存在していたことも十分考えられるが、すでに沢井浩三氏が指摘されたように、これらの文書はすべて案文（しかも、字体は戦国期カ）であり、その点は慎重にならねばならないであろう。

ところで、「佐野猪之助氏所蔵文書」の中で応永一六年付譲状案の次に列なる文書がおよそ一〇〇年後の年次をもつ次の補任状案および添状案である。

　　御判在之

紺灰長坂口商人等事、任永和二年八月十一日御下知之旨、於出所者、雖為何在所、越長坂口入京商人等者、無他妨可被管領、若令向背於他所致商売者、准盗灰、堅可被罪科之、仍問屋職事、縦雖令出帯支証有望申之族、至久断絶在所者、更不可有許容、随而従先祖問屋本所役事、被免除之上者、于今不可有相違之由所候也、仍補任之状如件、

　永正元年四月三日　　　　　　　　左衛門尉利兼（清水）奉

　佐野又三郎（宗信）殿(13)

　　猶々雖為由緒之問屋、於本所役無沙汰者、可被停止候也、

長坂口紺灰問屋職事、於上京下京之間、従往古四ヶ所之段令存知候、万一此外問屋之由構申族在之者、慥致注進者、可被遂糺明、仍自去応仁一乱之刻、京中商人等致此商売之由候、是又無先例之上者、太不可然、所詮、任往古例可被用奥商人等候歟、同又自分本所役事、自先規被免除之段無紛候、於自余問屋者、各堅申付可被遂其役候也、恐々謹言、

　永正元
　　四月三日　　　　　　　　　　師富（押小路）在判

「（モト切封ウワ書カ）
　　　　　　　　　　　　　大外記
　佐野又三郎殿　　　　　　　師富(14)」

これらは、ともに佐野が最初に出てくる文書（案）でもあるが、「問屋」の語が初見されると同時に前者の文中の「永和二年八月十一日御下知」が先の奉書案を指すものであることが読み取れる。また、問屋が「於上京下京

之間、従往古四ケ所」に置かれ、「自去応仁一乱之刻、京中商人等」という新儀商人の活動をとどめて「任往古例可被用奥商人等」、つまり先の奉書案でいう「管領」の内容が窺える。

ちなみに、この「管領」をより具体的に説明するならば、後に触れる永正一四年（一五一七）付座中法度[15]の第三条にみえるように「商人等、以荷物（中略）付問屋」「於他所猥致商売」させないことである。つまり、ここでいう問屋とは、「自己の資金で買い取った商品を卸売するものではなく、各地の荷主から送ってくる委託荷物の引受・保管・販売を業務とし、口銭・蔵敷料を収益としていた、いわば倉庫業兼販売仲介業的な性格」をもつ「荷受問屋」[16]の原初的なものであったといえ、しかも「奥商人」、つまり丹波等から紺灰を運送してきた商人をそのまま販売にも使用するものであったのである。

このように、これらの文書からはいくつかの興味深い事実が読み取れるが、それでは佐野と先の賀々女一族とはいかなる関係にあったのであろうか。

二　賀々女流問屋職と佐野

この点について参考となるのが次頁の史料[17]である。これは、賀々女流の問屋職の相伝に関する系譜と考えられるが、これによって先の「又三郎」が「宗信」[18]、またその祖父と想定される「長栄」の代に「是ヨリ此方相伝也」、つまり佐野に相伝されたことなどが読み取れる。また、応永一六年付譲状案[19]に付けられた付箋にも、「ね、かいみやう（戒名）ちやうしん（長信）、ちやうしんおつと（夫）をちやうけん（長源）と申候、このちやうけんと申ハ、しけたか（重隆）ためにハ、ひゝおうち也、このいこさうそく（相続）つかまつり、たのさまたけなくちきやう（知行）候」とあり、「ちやうけん」（長源）が「しけたか」（重隆）の「ひ、おうち」（ひひおほぢ・祖父母の祖父）にあたると記されている。

しかしながら、この付箋が重隆の時代に付けられたことは、先の永正元年四月三日付問屋職補任状案に付けられた付箋にみえる「おやにて候三郎さえもん重宗《かいみゃうそうしん》ニなしくたされ候御ほん所の御けち状」が同じ筆跡であることや一連の文書の紙背継目に重隆の花押が据えられていることなどより明らかで、また「栄秀」や「長源」の存在がこの系譜や付箋以外の文書では確認できない以上、沢井氏や林屋氏が説かれるようにその血縁関係を事実としてそのまま受け入れることには慎重にならざるを得ない。

実は、この付箋が付けられた経緯を推測させる事実が、つとに知られる永正一四年付紺灰座中法度[20]から窺える。この法度は、七カ条より成るものであるが、その第一条には、「一、於問屋之数者、永正元年度故本所任被仰置之旨、向後以四ケ之流所被定置也」の「四ケ之流」、つまり「賀々女流一座、村腰流一座、矢口流一座、冷泉座流一座」のうちの賀々女流について、「佐野又三郎与浦井新右衛門尉妻南女両人商売事、雖有訴論之子細、為本所之御口入、以佐野為親方、以浦井妻為子方、永代被定和与」とあり、永正一四年時点において、佐野が「親方」、浦井妻の南女が「子方」という形で「和与」が成立していることが読み取れるのである。残念ながらその経緯については詳らかではないが、「和与」という文言より先の付箋が、おそらくこの浦井との「訴論」のため一連の文書を整理した際に重隆によって付けられた可能性は高いであろう。

　しかし、そうであるならば余計に応永一六年付譲状案とその次に列する永正元年付の問屋職

【史料】

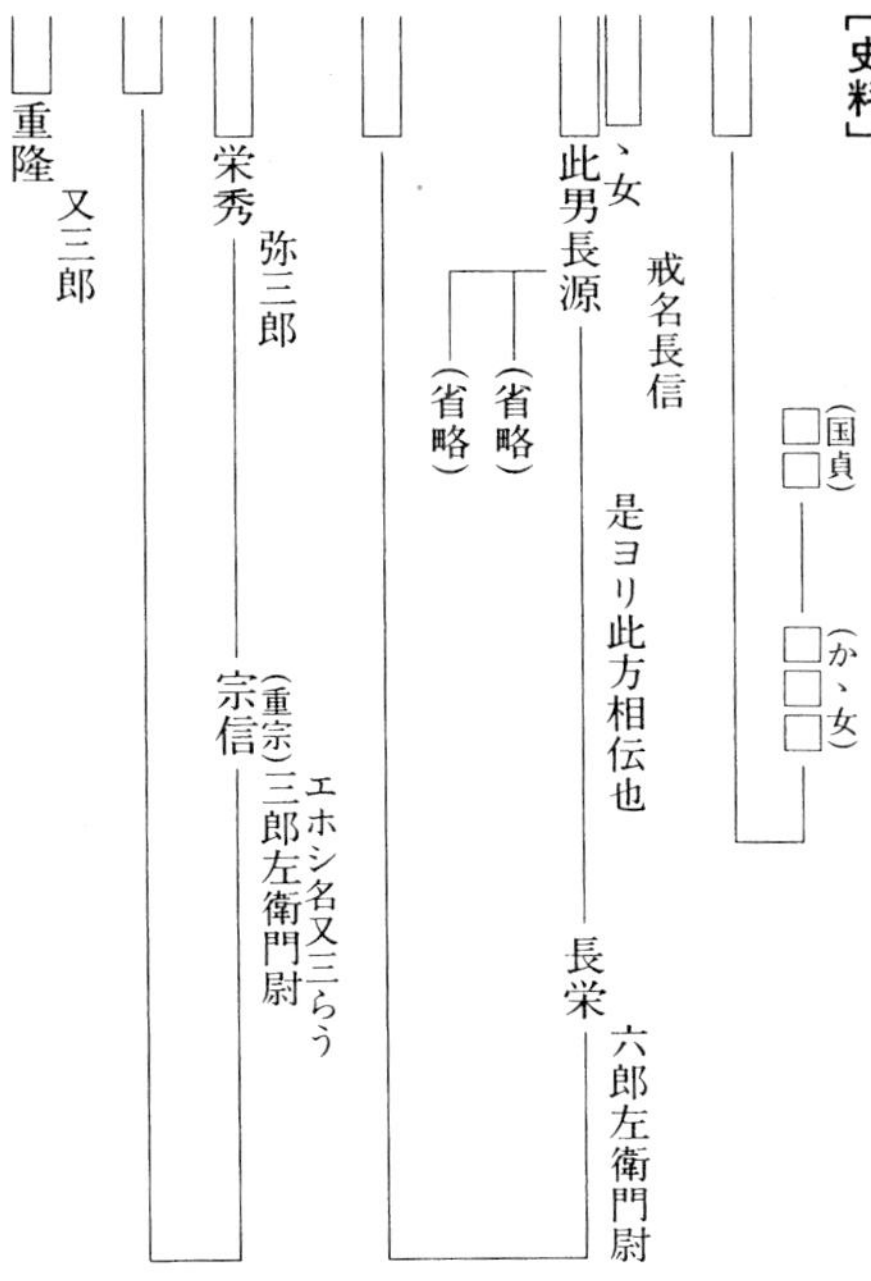

補任状案等との間に横たわるおよそ一〇〇年という時間的空白が気にかかる。それは、単純な文書の紛失によるものなのであろうか。ただ、佐野が賀々女流を相伝していたことは、「佐野又三郎」（重隆）に宛てた永正一四年九月二一日付紺灰一方問屋職補任状案に(21)「紺灰一方問屋職冷泉座事、自分外長禄之度買得」とみえることから「長禄」期以前であることは間違いない。にもかかわらず、「訴論」の結果としての「和与」とはどういうことなのであろうか。

三　問屋職相論と酒屋・土倉

この点について、参考となる事実が先にも触れた（年未詳）六月一九日付本所申状草案にみえる。これによれば、「村腰次郎左衛門尉跡問屋職事、弟又三郎恣令進退、大永三年之冬以証文一通対石津左衛門三郎入置質物、去年又以残証文対大富五郎次郎令沽却之条、前代未聞所行候」とあり、「証文一通」が石津に対して質に入れられ、「残証文」が大富に沽却されるという注目すべき事実が読み取れるのである。このように、紺灰座においては、永正一四年の座中法度の第四条において制限されたはずの「私之沙汰」による問屋職の「入質券」や「沽却」が以後も頻繁に行なわれており、しかも問屋職の相伝に関する一連の文書（証文）が、分割され質入・沽却されることもあったのである。ちなみに、この決着は次のようになった。

（押小路師象）
（花押）

長坂口紺灰問屋職村腰次郎右衛門尉跡分事、弟又三郎背被定置之旨、恣売買之段、依為重科、於村腰相伝之手継者、被棄破之訖、雖然就買得之便懇望之間、以問丸一方之闕如分、為別儀所被補其職也、早守置文并請文等之旨〇被致所業、月別之課役如先規可被致厳重之沙汰、聊不可有違法〻儀者也、仍執達如件、
（不乱座法）（法之）

大永六年七月九日
左衛門尉利弘（清水）奉

大富五郎次郎殿[22]

右でわかるように「村腰相伝之手継」は「棄破」、すなわち「至質券沽却等之儀者、被棄破之、渡付両人之証文共以召返之[23]」されて、問屋職自体は結局、大富に買得されてしまったのである。ちなみに、この大富は、例えば、明応期のものと考えられる酒屋・土倉注文[24]によると「綾少路町北東頬」を在所とする酒屋であることが確認でき、ここに酒屋・土倉による問屋職の買得という事実をみることができるのである。

このように、今回は村腰に伝来した問屋職の相伝に関する一連の文書すべてが棄破された形で問屋職が大富に買得され相伝されることとなったが、もし仮に石津が「証文一通」を盾に「訴論」を起していたならばどうであろうか。かつての佐野と浦井妻のような形になっていたのではないだろうか。つまり、この文脈に沿って佐野が長禄以前に問屋職を相伝した際にすでに空白の一〇〇年分の文書が他者へ入質ないしは沽却されていたと考えれば、佐野の伝来する文書の列なり方の不自然さも理解できるのである。おそらく先の「和与」に至る「訴論」の契機とは、浦井がこの部分の証文を永正一四年以前に何らかの経緯で手に入れたことによるものであったに相違ない。そしてまた、長禄以前の佐野による賀々女流の相伝も、賀々女流の応永一六年以前の分の証文の入質ないしは沽却による買得であった可能性が高いものと思われる。

というのも、実のところ、佐野も大富同様に「西大路町東南頬[25]」を在所とする酒屋であったことが確認できるからである。こう考えれば、重隆が「ひゝおうち」という血縁関係を主張しながらも「このいこさうそくつかまつり、たのさまたけなくちきやうそうろう」と付箋に、また系譜に「是ヨリ此方相伝也」というような、いわば譲状に基づかないために書かざるを得なかった曖昧な文言のわけも了解できるのである。

むすびに

この後、紺灰座は、佐野・浦井・大富・八木の四人で構成されその活動を続けていたが、天正三年（一五七五）には再び大富の問屋職が「北向竹千世丸」に買得されてしまうことになる。[26] また、関係史料も天正一一年を最後に途絶えてしまい、以後の佐野の様子は窺い知ることはできなくなる。ただ、本所の押小路師廉（掃部頭・造酒正・大外記）の天正一三年一一月二日付当知行注文案に[27]「紺灰役」の文言を確認できることより、少なくとも天正一三年一一月までは、紺灰座自体は存続していたことは間違いない。が、おそらくは、天正一三年に実施された豊臣政権によるいわゆる楽座、座の棄破[28]によって破棄されたのであろう、周知のように重隆の子孫である佐野紹益の事績には長坂口紺灰問屋の活動がみられないのである。しかしその一方で「京都筋目有町人[29]」と呼ばれ、祖先の蓄積した実績や余剰を背景に近世初頭京都の「町衆」社会において繰り広げられた華やかな活躍は著名のことといえよう。[30]

（1）「古文書纂」一一（京都大学文学部古文書室影写本）。この文書は、佐野家に伝来したものと考えられる。また、東京大学史料編纂所影写本にも、同名文書が影写されているが、こちらは近世文書を収めたものである。なお、本文書原本の所在は、現在不明である。

（2）宮内庁書陵部所蔵。この文書は、本所に伝来した文書と考えられるが、現在、宮内庁書陵部編『図書寮叢刊　壬生家文書四』に所収され翻刻されており、本章の註の文書番号はこれによる。

（3）沢井浩三「長坂口紺灰座商人に就いて」（『歴史と地理』第三一巻五号、一九三三年）。この論考は、「佐野猪之助氏所蔵文書」を主に利用したものである。なお、同文書を扱った先駆的な研究としては、江馬務『灰屋紹益と吉野太夫』（芸艸堂、一九二一年、後に『江馬務著作集第九巻　風流と習俗』中央公論社、一九七七年）がある。

（4）飯倉晴武「永正十四年以後の長坂口紺灰座について」（『国史談話会雑誌』七号、一九六四年）。この論考は、『長坂口紺灰問屋関係文書』を主に利用したものである。
（5）豊田武「中世の問丸」上・下（『社会経済史学』第五巻一二号、第六巻一号、一九三六年、後に『中世日本の商業　豊田武著作集第二巻』吉川弘文館、一九八二年）。
（6）林屋辰三郎「上層町衆の系譜―京都に於ける三長者を中心に―」（『立命館大学人文科学研究所紀要』一号、一九五三年、後に同『中世文化の基調』東京大学出版会、一九五三年）。
（7）脇田晴子『日本中世商業発達史の研究』（御茶の水書房、一九六九年）。
（8）脇田修『近世封建制成立史論―織豊政権の分析Ⅱ―』（東京大学出版会、一九七七年）。
（9）『長坂口紺灰問屋関係文書』一〇七二号。
（10）網野善彦『日本中世の非農業民と天皇』（岩波書店、一九八四年）。なお、紺灰座の本司である掃部寮については、奥野高広「掃部寮領について」（國学院大学文学部史学科編『坂本太郎博士頌寿記念日本史学論集』下巻、吉川弘文館、一九八三年）参照。
（11）「佐野猪之助氏所蔵文書」。
（12）応永一六年一二月二日付賀々女譲状案（同右）。
（13）永正元年四月三日付長坂口紺灰問屋職補任状案（同右）。
（14）永正元年四月三日付押小路師富添状案（同右）。
（15）『長坂口紺灰問屋関係文書』一〇五九号。
（16）竹内誠「近世前期の商業」（『体系日本史叢書13　流通史Ⅰ』山川出版社、一九六九年）。
（17）（年月日未詳）賀々女流問屋職相伝系譜（「佐野猪之助氏所蔵文書」）。
（18）永正七年一〇月四日付室町幕府奉行人連署奉書案（同右）に「佐野三郎左衛門尉」がみえるが、その付箋に「おやにて候三郎さへもんになしくたされ候」という文言がみえる。
（19）註(12)。
（20）この座中法度は、『長坂口紺灰問屋関係文書』一〇五九号に本所の分が、「佐野猪之助氏所蔵文書」には佐野の分が残されているが、宛所・差出を除いて本文は同文である。

(21)『長坂口紺灰問屋関係文書』一〇六〇号。
(22)大永六年七月九日付長坂口紺灰問屋職補任状（同右、一〇五八号）。
(23)（年未詳）六月一九日付本所申状草案（同右、一〇七二号）。
(24)（年月日未詳）酒屋・土倉注文（大日本古文書『蜷川家文書之二』三〇五号）。
(25)（年月日未詳）酒屋味噌役免除在所注文（同右、三〇四号）。
(26)天正三年一二月一三日付問屋職補任状案（『長坂口紺灰問屋関係文書』一〇六六号）。
(27)『掃部頭領沙汰人請状並知行方目録』（『図書寮叢刊　壬生家文書四』）一二〇四号。
(28)播磨良紀「楽座と城下町」（『ヒストリア』一一三号、一九八六年）。
(29)『京都覚書』（『日本都市生活史料集成一　三都篇Ⅰ』学習研究社、一九七七年）。
(30)江馬氏前掲書。

（補註）佐野重隆以降、紹益（重孝）に至る系譜については、実は未詳な点が多いが、『長坂口紺灰問屋関係文書』と京都立本寺に残る佐野家の石塔銘（寺田貞次『京都名家墳墓録―附・略伝並碑文集覧―』上巻、山本文華堂、一九二二年。但し、現在は摩滅して判読し難い）を参考にして一案を示すと次のようになろう。

重隆（又三郎）―重康（又三郎、三郎左衛門、承佐）―紹由（了仲）―重孝（又三郎、紹益）

なお、本書第二部第三章で触れる「洛中勧進記録」の西大路（町）にみえる立本寺に帰依する「はいや了左」は、おそらく重康に相当するものと思われる。

第四章　商工業座の座法について

はじめに

本章の目的は、中世における座法（座中法度）の実態を解明するための基礎的作業とその一考察にある。ここでは、対象を京都の商工業座の座法に限定するが、その初見はいまだ確定できないものの、史料的には戦国期から存在が確認できるとされている。

この座法に関する研究としては、例えば、脇田晴子氏(1)が慣習法として、また仲村研氏(2)が一種の自治法として、そして佐々木銀弥氏(3)が内部自治の進展を示す庶民的な法のひとつとして、各々その性格付けをなされているが、まとまったものとしては皆無といえ、したがって、現段階では性格付けを性急することよりむしろそれ以前の基礎的な作業や考察を積み重ねることが肝要と思われる。

そこでまず、管見の限り座法の文言のみえる史料を集め、一覧表にしてみたのが表1である。以下、本章では、この表1中の史料を検討することを通して課題に迫ってゆこうと思う。

表1　中世京都における商工業座の座法

年　月　日	座　名	座法の名称	史　料　名	典　拠
永正14・9・21	長坂口紺灰座	座中法度	紺灰座中法度	古文書纂21
永正14・9・21	長坂口紺灰座	座中法度	紺灰座中法度	長坂口紺灰問屋関係文書
大永元・12・14	太刀屋座	座中之法度	太刀屋座中申状案	別本賦引付4
天文6・7・17	練貫座	座中法度	室町幕府奉行人連署奉書	座の研究
天文8・5・29	米屋座(四府駕輿丁)	座中法度	室町幕府奉行人連署下知状案	京都御所東山御文庫記録
天文8・5・27	鋤柄座	法度	披露事記録 天文8年5月27日条	披露事記録
天文13・閏11・13	洛中帯座	座中法度	室町幕府奉行人連署奉書	田中光治氏所蔵文書
天文13・閏11・13	洛中帯座	座中法度	室町幕府奉行人連署奉書	同上
天文16・2・28	塩合物西座(カ)	座中法度	室町幕府奉行人連署下知状	土岐文書
天文16・3・4	博労衆中	法式	蜷川親俊書状案	徳政雑々記
天文16・3・	塩座六人百姓	座中法度	塩座六人百姓申状案	別本賦引付1
天文17・8・22	米座(四府駕輿丁)	座法	下京四府駕輿丁米座中申状案	賦引付并徳政方
天文21・8・25	米座(四府駕輿丁)	座中法度	室町幕府政所執事 伊勢貞孝加判下知状案	季連宿禰記
弘治2・9・20	長坂口紺灰座	座中法度	紺灰座中法度	長坂口紺灰問屋関係文書
永禄7・12・4	京都竹座	座中法度	京都竹座座中申状案	言継卿記
永禄9・6・28	米座(四府駕輿丁)	座中法度	正親町天皇綸旨	宸翰栄華第1冊
永禄12・9・16	米座(四府駕輿丁)	座中法度	室町幕府奉行人連署下知状案	季連宿禰記
元亀2・3・29	大舎人座	当座之法度	室町幕府奉行人連署奉書案	西陣天狗筆記
天正4・10・16	三条釜座	法度	村井貞勝書下案	釜座町文書
天正11・10・19	雲母座九人中	座法	前田玄以下知状案	玄以法印下知状
天正11・11・	石清水八幡宮住京神人油座	座法	前田玄以下知状案	同上
天正11・11・18	上下京悪銭座	座法	前田玄以下知状案	同上
天正11・11・18	上下京紅粉座	座法	前田玄以下知状案	同上
天正11・12・19	洛中桧物屋座	法度	前田玄以下知状案	同上
天正11・12・20	三条釜座	法度	前田玄以下知状案	釜座町文書

註1．典拠は以下の諸本による
「古文書纂」21、「田中光治氏所蔵文書」(京都大学文学部古文書室影写本)。『長坂口紺灰問屋関係文書』(『図書寮叢刊壬生家文書4』)。『別本賦引付』1、『別本賦引付』4、『披露事記録』、『賦引付并徳政方』、『徳政雑々記』(『室町幕府引付史料集成』)。『土岐文書』『京都御所東山御文庫記録』(『室町幕府文書集成奉行人奉書篇』)。『季連宿禰記』(奥野高広「四府駕輿丁座の新史料について」、『古文書研究』9号、1975年)。「釜座町文書」(京都市歴史資料館写真版)。『言継卿記』(続群書類従完成会刊本)。『座の研究』(豊田武著作集第1巻、吉川弘文館、1982年)。『宸翰栄華』第1冊(帝国学士院)。『西陣天狗筆記』(『日本都市生活史料集成1　三都篇Ⅰ』学習研究社、1979年)。

2．ここでの「前田玄以下知状」という文書名は、これらを収める『玄以法印下知状』(『続群書類従』第23輯下および京都大学附属図書館写本)の名称をそのまま生かしたものである。

一　紺灰座中法度

ところで、現在、確実でしかも全内容をみることのできる座法は、実は表1中での初見にあたる永正一四年（一五一七）九月二一日付紺灰座中法度(4)しかない。この座法は、全七カ条からなるものであるが、煩を厭わずその全文を掲げると次のようになる。

被定置紺灰座中法度事

（第一条）一、於問屋之数者、永正元年度故本所任被仰置之旨、向後以四ヶ之流所被定置也、而今召出諸問屋之証文被披見之処、賀々女流一座、村腰流一座、矢口流一座、冷泉座流一座等是也、然間当時帯証文致商売之問屋、自相叶四ケ所之員数者歟、但賀々女一座之中、佐野又三郎与浦井新右衛門尉妻南女両人商売事、雖有訴論之子細、為本所之御口入、以佐野為親方、以浦井妻為子方、永代被定和与之上者、於座数者、雖為四流、至商売人者可為五人也、万一以此儀称引懸向後座衆之類、縦雖為一人、此外致商売者、堅可有禁制也、

（第二条）一、任故本所之御素意、被定問屋数之上者、捧古証文、可被補件職之旨、雖有望申之輩、自今以後、不可有卒尓之御許容、座人亦可被存同心之儀也、

（第三条）一、商人等、以荷物不付問屋、於他所猥致売買之輩、自然有之者、任先例、准盗灰可被処罪科也、

（第四条）一、於座中、若以問屋職、或入質券、或令沽却之族有之者、先被受本所之御許、次相触座衆、各承諾之後可被売買、向後為私之沙汰、有卒尓之儀者、定不慮之違乱可出来之条、堅可被禁制也、

（第五条）一、問屋職事、縦雖令譲与現在之孫子、以其時節被申本所、可被帯続目之御補任、併手継分明、而為断後代之異論也、況於譲于他人乎、

（第六条）一、就商売之儀、若不慮之煩令出来者、先被経本所之沙汰、其以後可被申　公方、御下知之子細有之者、為

本所可有申沙汰也、向後有直訴之仁者、背旧例之条、堅可被加制止也、

（第七条）
一、今度於本所座衆参会事、為止末代之諍論、被成群集之上者、永劫無事之良媒不可過之者乎、各専本所之儀、可被存至忠之節也、

右七ケ条、且守先蹤之所指、且任当座之道理、所被定置也、万一為座人有向背之儀者、被棄捐相伝之証文、速可被停止問屋職焉、所詮自今日已後、偏被存知此旨、各可被致厳重之儀也、次被定置之次第、以同文言相調六通、一通宛被渡置五人之座衆、今以一通被留本所者也、仍為後代之亀鑑、所被定置如件、

永正十四年九月廿一日　　左衛門尉利房（清水）奉

村腰（略押）
浦井　友義（花押）
八木　親盛（花押）
冷泉座分
佐野　重隆（花押）
佐野　重隆（花押）

（押小路師象）
（花押）

冷泉座分
佐野又三郎殿(5)

右は、紺灰座の座衆の一人、佐野家に伝来したものであるが、全七カ条をその内容で分類し、いかなることが定められているかを簡潔にまとめてみると、次のA～Eのようになろう。

A　第一・二条では、「定問屋数」「縦雖為一人、此外致商売者、堅可有禁制也」、つまり座衆の員数の限定（紺灰座の場合、四流五人）＝座特権の限定と固定。

B　第三条では、「於他所猥致売買之輩、自然有之者、任先例、准盗灰可被処罪科也」、つまり座特権を侵害す

る者に対する制裁措置。もちろん、このBはAと不可分である。

C　第四・五条では、「問屋職」＝座特権の「入質券」「沽却」「譲与」の「本所之御許」を受けない「私之沙汰」の禁止。

D　第六条では、「公方」＝幕府への「直訴」を禁止し、「為本所可有申沙汰」という訴訟の手続方法。

E　第七条では、「各専本所之儀、可被存至忠之節也」、つまり本所への「至忠」の誓約。ちなみに、この第七条にみえる「為止末代之諍論、（中略）永劫無事之良媒不可過之」の文言は、「於本所座衆参会」して定められた座法の目的を表明するものといえる。(6)

また、後書部分からは、当座法が「先蹤之所指」を守り、「当座之道理」に任せて定められたものであること、そして本所雑掌を日下に据えて成文された後、本所に一通、各座衆に一通宛渡されていたことが読み取れるが、留意すべきは、当座法が決して座衆のみで定められたものでなく、本所とともに、しかも本所への「至忠」を確認した上で定められたものであるということである。この点は、同じく民衆を主体とするものでも当該期の惣掟や町掟とは大きな差異といえよう。

そこで次節では、紺灰座中法度から抽出できたA～Eの内容の分析を中心に、表1の他の史料から窺える座法の内容と比較検討しつつ、座法の特質について考えてゆくことにしよう。

二　座法の特質

まず、A～Eのうちで該当するものが少ない方からみてゆくと、C・Dの内容に該当する事例は表1からは残念ながらみつからず、Eの内容に該当するものとしては、唯一、次の太刀屋座の事例がみられる。

一、太刀屋座中申状　　大永元　十二　十四　巽阿右座中者、自先規　公方役懃申売買仕之条、　御代々令頂戴御下知畢、然仁当　御代被成下御下知、座中之法度堅申付、弥於御役者、厳重可致其沙汰、此等之趣預御披露御成敗、忝可畏存者也云々、(7)

右からは、太刀屋座の本所が「公方」であり、座役である「公方役」を「厳重可其沙汰」の旨が「座中之法度」に定められていたことが窺われる。「御役」を懃めることによって座中の売買が保証され、さらに座法を制定するという本所・座衆・座法の関係性の最も基本的な姿をここにみることができる。

さて、表1の史料で該当するものが一番多いのが、実はA・Bの内容である。例えば、米座（米屋座）・鋤柄座・洛中帯座・塩合物西座（カ）（諸口塩合物過書馬并抜荷等往反）・塩座六人百姓などがそれらであるが、その中のひとつ鋤柄座をみてみると次のようである。

一、同（松田対馬守）披露　円山源次郎号三条縢屋、申鋤柄座事、洛中洛外当商買事為一人令進止之段、無他妨、然処若猥売買輩在之者、任法度可申付旨、被成下御下知者、可忝存旨申之、以請文可被成之分也、(8)

この鋤柄座は、三条縢屋円山源次郎なる者が「一人」で「商買」するという極めて寡占的なものであるが、円山の座特権を座外から侵害する「猥売買輩」に対しては「任法度」制裁を加えることができたことが読み取れる。ここにみえる「法度」が座法であるのか、もしくは幕府法であるのかという点は、実は微妙なところなのだが、ここでは文意に沿いつつ両義的に解釈できるものと考える。この制裁は、現象としては自力救済的なものではあったが、座法を法的な根拠として強調している点が特徴的といえよう。

ところで、このように多くの事例から読み取れる座特権の侵害者に対する自力救済的な制裁に関しては、ひとつの変化を米座の事例から読み取ることができる。その変化とは、天文八年（一五三九）五月二九日付室町幕府奉行人連署下知状案にみえる「所詮、背座中法度於非分輩者、為当座衆中堅可申付之由、所被仰下也」(9)の部分の文言が、天文二一年（一五五二）八月二五日付室町幕府政所執事伊勢貞孝加判下知状案においては、次のようなものになるという事実である。

米座事、為四府駕輿丁、禁裏御公飯(領)二季御公用依致其沙汰、往古以来諸公事被免除訖、然処、背座中法度、或振売、或於非分在所令商買云々、以外次第也、所詮、御下知上者、任先例、弥四府輿(駕脱)丁等可令売買、若有違背族者、堅可被加御成敗之由、所被仰下也、仍下知如件、

天文廿一年八月廿五日

左衛門尉平判(諏訪晴長)

伊勢守平朝臣判(伊勢貞孝)(10)

つまり、制裁に関する文言が「若有違背族者、堅可被加御成敗之由、所被仰下也」となり、「座中法度」に背き「振売」や「於非分在所令商買」する者には室町幕府の「御成敗」が加えられるようになった模様が読み取れるのである。

この点と関連して注目すべきは、若干、時期が降るものの、天正一一年（一五八三）付でまとまって残されている前田玄以下知状案にみえる「背座法之輩」に対する制裁の文言が、大きく二通りに分かれているという事実である。そのひとつとは、上下京紅粉座・石清水八幡宮住京神人油座にみえるように「為座中、堅可申付候状如件(11)」、つまり先述来の自力救済的な制裁を意味するものであり、いまひとつが、洛中桧物屋座・上下京悪銭座・雲母座九人中にみえるように「若座人之外ニ於令売買輩者、急度可申付之状如件(12)」、つまり米座の事例と同様に当該政権である豊臣政権が申付けるというものである。ちなみに、この二通りがともに盛り込まれた次のような場合も存在する。

釜座中之事、任御綸旨、可為如先規有来、若非分之輩・抜売之族在之者、三条為座中如法度彼荷物押取可申候、相紛義候者、以糺明、可申付候状如件、

天正四　　　村井

拾月十六日　　　　　　　　　　　　　貞勝書判

三条

釜座衆中[13]

右にみえるように、三条釜座の座特権を侵害する「非分之輩・抜売之族」に対しては、まず「為座中如法度」くらわせる「荷物押取」、つまり自力救済的な制裁を加えるが、それでもなお「相紛儀」においては「以糺明、可申付」というように、いわば先の二通りのあり方が段階を踏んで組み込まれたような形となっているのである。[14]

なお、この三条釜座に関しては、天正一一年一二月二〇日付前田玄以下知状案においても右の文書の内容を踏襲しているが、先の二通りを加えてこれら三通りのいずれが、当時、最も一般的であったかについては俄には分明にできない。おそらくは、各々の座の状況に対応して必ずしも一律ではなかったというのが現実と思われるが、ここにおいて注目すべきは、いずれの場合においても、座法の存在をもって制裁を加えるべき相手と自らを明確に弁別している点であろう。すなわち、「背座中法度」（「背座法」「背法度」「破座法」）く者に対して「任座法」（「如座法」）制裁を加えるというものである。「背座中法度」とされた者たちの活動が具体的にいかなるものであったのかについては、表1の史料からだけでは読み取ることはできないが、少なくともこれ以前においては通用していたであろう慣習的かつ自律的な規制では律しきれないというような状況がこの時期、惹起していたことだけは間違いないであろう。

そして、より重要なのは、表1を一瞥すればわかるように、座法という文言のほとんどが諸権力、とりわけ室町幕府をはじめとした武家権力が発給した座特権安堵の文書か、もしくはそれを求める文書に記されている点である。それはすなわち、ここにみられる座法が諸先学の指摘されるような慣習法や自治法という性格以上に、むしろ武家権力における訴訟の場を意識して存在していたことを意味するに他ならないからである。実際、冒頭に掲げた紺灰座中法度の第六条、つまりDの内容においても、幕府への「直訴」を禁じた条項がみえるが、それは逆に当時いかに幕府への依存度が高く、しかも訴訟が本所の存在を越えて幕府に集中していたかを示すものといえよう。

いずれにせよ、先にみたように座特権を侵害する者に対する制裁のあり方が三通りにも見出せたのは、かかる状況を反映したものに他ならず、座法の成立という、一見すると自律性や結合の一定の成果ともみられる事象からは、逆に当時の座における自力救済能力の退潮とそれと連動する形で進行する武家権力への依存、そして介入という、戦国期京都の座の抱える問題の一端が透けてみえるのである。そこで、次節では、この座法の成立の意義について検討を加えてみることにしよう。

三　座法の成立

ところで、先にも触れたように紺灰座中法度から抽出した内容のうち、Cの内容、つまり座特権の物権化、より具体的にいえば証文として具象化した座特権の質入・売買については、表1の諸史料からは該当するものをみつけることができなかったが、実は史料の表面に現れないこちらの方が、座外はもちろんその内部からも惹起しかねない点において、また訴訟に至ったとしてもその解決が証文をめぐるいわば文書主義に左右されかねない点において予断を許さない問題であった。

例えば、塩座六人百姓の場合でも、天文九年（一五四〇）一二月に「今度長谷川与次、不相理当座中、号買得理不尽掠給　上意御下知・同右京兆御奉書条、新儀非分企」、つまり長谷川の座特権の買得を「新儀非分」として幕府へ訴え出ているが、(15) これは前月一一月に「長谷川与次久吉」が「木村新四郎跡式塩座」の買得保証を求めて申請した申状(16)に関わって出されたものであった。しかも、長谷川が「新四郎兄木村与次郎売券状」も提出したのに対して、塩座六人百姓の主張が、「任数通証文」つつも「自先規座売買之儀其例無御座」、つまり座特権の売買には先例がないという慣習的な言説を「肝要」としていることからすると、事態は必ずしも塩座六人百姓に有利に働くとは限らなかったものと推察される。残念ながら、この訴訟の決着がいかなるものとなったのかについては分明ではないが、天文一六年（一五四七）三月にも塩座六人百姓は「祐玉」なる者を「新儀非分」として再び訴えているところをみると[17]、先のような事態は繰り返し当座を襲ったものと推測される。

実は先に触れた慣習的かつ自律的な規制で律しきれない状況の惹起とは、このような長谷川や祐玉などの存在に代表されるものに他ならないが、ここにおいて注目すべきは、祐玉を訴えるのに伴って塩座六人百姓が「座中法度」の存在を前面に押し出している点である。塩座六人百姓において座法の存在が確認されるのはこの時が最初であるが、このことはすなわち、訴訟の場においては、座法が証文と同等に有効であることを意味するものといえよう。実際、これと類似したことは、塩座六人百姓のみならず次の下京四府駕与丁米座中申状からも読み取ることができるのである。

一、下京四符《(ママ)》駕輿丁米座中申状　　天文十七　八　廿二

右当座中為朝恩諸商売役御免除無相違者也、然処先年一乱証文等令紛失之間、被成下御下知、任座法、令停止非分之振売等、如先規可致商買之由被仰出者、忝可畏存者也、若此旨偽申者、如御法可預御成敗者也、仍言上如件、

天文十七年八月廿二日[18]

右にみえる「先年一乱証文等令紛失」の文言は、表1の天文八年（一五三九）五月二九日付文書においてもまた「先年錯乱砌令紛失」とみえるから、おそらくは天文五年（一五三六）七月に起こったいわゆる天文法華の乱を指すものと考えられるが、米座では、天文八年に引き続きこの時もまた座法の存在をもって、証文紛失というおそらく文書主義という観点からすれば致命的とも思われる場面を乗り切ろうとしていたのである。

なお、このような証文と座法の関連についてその事情を語ってくれるのが、これまた紺灰座中法度である。冒頭に掲げた全文の随所にみえる「証文」「問屋職」の「入質券」「沽却」「売買」「譲与」という文言からだけでも当座を取り巻く状況がいかに深刻であったかが読み取れるが、注目すべきは、後書にみえる「右七ケ条、且守先蹤之所指、且任当座之道理、所被定置也、万一為座人有向背之儀者、被棄捐相伝之証文、速可被停止問屋職焉」という部分である。つまり、ここでは座法の向背が「相伝之証文」の棄捐や問屋職の停止に繋がること、つまり証文に対する座法の優位が明言されているからである。本所と座衆の参会のもと「先蹤之所指」「当座之道理」をともに確認するという、いわば座を存立する基本原理を敢えて前面に押し出すことによって証文の文書主義的な展開を掣肘せんとする、ここに座法の成立意義を読み取ることができよう。

もっとも、このようにいうと、座法の成立によって当該期の座は、自律性を高め自らの特権をより強化させたかのようにもみえる。が、しかし、前節でみた如くその特権の強化を自力救済的に維持できないところに当該期の商工業座の抱える問題の根深さが存在していたのであり、同時に、証文に対抗するために「先蹤」や「道理」といういわば慣習的な言説を座法として成文化させなければならなかったところにもその苦渋の様をみて取ることができよう。

いずれにせよ、このようにしてみるとわかるように、座法の成立と訴訟との間には不可分の関係が存していたことは、おそらく間違いないものと思われる。前節でも触れたように座特権安堵に関わる文書に多く座法の存在が認められるのは何よりの証左であり、この点はおそらく同時期の惣掟や町掟と際立つ違いといえよう。もちろん、慣習法や自治法など内部自治を目的として座法が定められることが全くなかったというつもりはないが(19)、しかし、そこに定められた内容を自律的に処理できる環境が劣化してゆく趨勢下においては、早晩、訴訟とは無縁ではありえなかったものと考えられる。実際、紺灰座中法度においても「公方」への「直訴」を禁じてはいても、結局のところはその「御下知」にも触れざるを得ないというのが実状なのであった。ただし、残される史料をみる限り、紺灰座ではできるだけ武家権力への訴訟に事をゆだねず問題解決をはかろうとする努力が読み取れる。が、しかし、逆にそれゆえであろうか、座特権としての問屋職の移動はとどまるところを知らず、弘治二年（一五五六）には再び座法を成文化しなければならなくなるのである。

したがって、一般的に考えれば、訴訟は本所より高次の保証、すなわち武家権力への依存と傾斜してゆくことが大勢であったといえよう。繰り返すように表1のほとんどが武家権力に関わるものであることは、そのことを何よりも裏付けているが、ところが、他方、当該期においては武家権力そのものが分裂を繰り返しており、ついには織田・豊臣政権へと転換を遂げてゆくことになる。そして、武家権力への依存度が強まれば強まる程にその変転にも左右されざるを得なくなり、その結果として前節でみた如く武家権力による介入をも誘引することとなっていたのである。[20]おそらく、この延長線上には、武家権力による一方的な特権破棄、つまり楽座、座の棄破がその裁定のひとつとして浮上してくるであろうことは容易に想像されるが、このようにしてみると、座法の成立とは、皮肉なことに来るべき座の終焉を招くことにもなりかねない、いわば両刃の剣でもあったといえるのである。

（1）　脇田晴子『日本中世都市論』（東京大学出版会、一九八一年）、同『日本中世商業発達史の研究』（御茶の水書房、一九六九年）。ただし、氏は「土倉寄合衆」の「故実」を座法と見做されているが、「土倉寄合衆」の理解を含め本章で検討する座法とこの「故実」が同様なものであったかについては、慎重にならざるを得ない。なお、「土倉寄合衆」については、下坂守「中世土倉論」（日本史研究会史料部会編『中世日本の歴史像』創元社、一九七八年）における理解が最も支持を受けている。

（2）　仲村研「中世末京都の商業座について」（日本史研究会中世史部会報告彙報）（『日本史研究』二八六号、一九八六年）。
(3) 佐々木銀弥「座法」（『国史大辞典』第六巻、吉川弘文館、一九八六年）。
(4) この紺灰座については、本書第一部第三章参照。
(5)「古文書纂」二一（京都大学文学部古文書室影写本）。ちなみに、本所分として残されたものが、『長坂口紺灰問屋関係文書』（宮内庁書陵部編『図書寮叢刊　壬生家文書四』）中の同年月日付のものである。
(6) 脇田氏前掲『日本中世都市論』は、この点について、「座構成員の平等性を原則とする座的構成が危機にいたり、階層分化がおこりつつあるときに制定された」（二七三頁）と指摘されているが、本章では後に述べるようにその成文化にも注目している。
(7)『別本賦引付』四（桑山浩然校訂『室町幕府引付史料集成』上巻、近藤出版社、一九八〇年）。
(8)『披露事記録』（同右）。
(9)『京都御所東山御文庫記録』（今谷明・高橋康夫編『室町幕府文書集成奉行人奉書篇』下、思文閣出版、一九八六年、三四二三号）。
(10)『季連宿禰記』（奥野高広「四府駕輿丁座の新史料について」『古文書研究』九号、一九七五年）。
(11) 天正一一年一一月一八日付前田玄以下知状案（上下京紅粉座宛）（京都大学附属図書館写本「前田玄以下知状集」）。
(12) 天正一一年一〇月一九日付前田玄以下知状案（雲母座九人中）（同右）。
(13)「釜座綸旨并諸記録写」（京都市歴史資料館写真版「釜座町文書」）。
(14) 脇田修氏は、三条釜座にも触れられ、「楽座令により、本所の権利は否定され、同時に、座法のうち処断規定条項はなくなった。豊臣政権は検断権を一手に掌握した」（同『近世封建制成立史論　織豊政権の分析II』東京大学出版会、一九七七年、一六一頁）と指摘されているが、その具体的な過程には言及されていない。
(15) 天文九年一二月日付塩座六人百姓申状案（『別本賦引付』四、『室町幕府引付史料集成』上巻）。
(16) 天文九年一一月日付長谷川与次久吉申状案（同右）。
(17) 天文一六年三月日付塩座六人百姓申状案（『別本賦引付』一、『室町幕府引付史料集成』上巻）。
(18) 天文一七年八月二二日付下京四府駕輿丁米座中申状案（『賦引付并徳政方』、同右、下巻）。

（19）京都のものであるか明証がないため、表1に載せなかったが、次の文書は、内部自治を目的としたものとしては、管見の限り初見である（京都大学文学部古文書室写真帳「宮内庁書陵部所蔵文書」）。

定　座中の御法之事

かうそ（楮）十八人の内、六人ハ先規のことく鳥の子すへからす、昔より定たりといへ共、一乱により散在して座中ある間、為改連判の状なり、若此旨をそむく輩あらハ、則座中の大法にまかせ職しきを永代とめらるへき也、仍為後証連判之状如件、

文明十四年卯月五日　　鷹金屋

小佐治左衛門四郎光貞

（中略）

以上鳥子人数

かわた藤四郎吉広（花押）

（中略）

在国左近次郎

（20）室町幕府を含め武家権力がいつの段階から座に介入し得たかについては、詳らかではないが、三好政権が発給した永禄九年（一五六六）一二月二九日付撰銭定案（上京洛外宛）（東京大学史料編纂所影写本「兼右卿記」永禄九年一二月一八日条）に、次のように違反者を幕府が座から「はつす」ことや「座人中としてかくし置者」を同罪にするよう命じた条項が読み取れ、撰銭というやや特殊な法令であることを考慮しても天文期より進んだ状況を認めることができる。

一、依此御法諸商売をとゝめて不売者、永其座中をはつすへし、万一座人中としてかくし置者可為同罪、酒屋土倉共以可承知之、次事を左右によせ、或商売物を高値になし、或以密々背法度違私用者、可為右同罪事、

第五章　中世京都「七口」考

――室町・戦国期における京都境域と流通――

はじめに

本章の目的は、主に流通史的観点から中世、就中、室町・戦国期京都について新たな議論を展開することにある。具体的には、京都の出入口として知られ、また中世、率分関や新関が置かれた、いわゆる京都七口の考察を中心に京都の境域とそれと不可分である流通の問題について考えてゆきたいと思う。

この七口については、すでに相田二郎氏の研究があり(1)、氏によってはじめて中世京都の七口が研究対象として取り上げられるとともに、七口の比定や率分関との関係など基本的な事実が明らかとされたことはよく知られている。ただその一方で、扱われた事象が一五世紀までにとどまり一六世紀については何ら触れられていない点、また、その研究が関所研究の一環であったため、当然のことながら本章が問題関心とする京都の境域との関連についても触れられていない点などを指摘することができる。このような傾向は、相田氏の研究を受けて皇室収入研究の視点から率分関を検討された奥野高広氏も同様で(2)、さらにはその後に発表されたいくつかの率分関研究(3)においても同傾向が指摘できるのである。もとより個々の率分関の実態解明が重要であることには異論はないが、それと同時にそれらが七口に設置されたという事実、つまりは京都境域や流通との連関をも視野に入れて考えなければその全体像や意味合いはみえてこないといえよう。

この点において、本章が依拠すべきと考えるのは、瀬田勝哉氏(4)および下坂守氏(5)の研究である。瀬田氏の研究は、「荘園解体期の京の流通」という問題設定のもと、七口および率分関の問題、そして当該期京都の空間的なありかたについて検討を加えられたものである。もっとも、氏の研究においても、必ずしも七口と京都境域を直接的に関連付けて議論されているわけではないが、七口全体を問題にすることの意義を指摘されている点は、これを積極的に継承すべきものと考えられる。一方、時期的には瀬田氏の研究に先行して発表された下坂氏の研究も、諸口全体と率分、そして問丸を関連付けて検討されている点において本章の問題関心と共通しており、とりわけ諸口の実態として集落の存在を指摘された点は、京都境域の実態を考える上でも重要な指摘と考えられる。いずれにせよ、本章ではまず、この瀬田・下坂両氏の研究視角の継承を基本的な出発点として議論を進めてゆきたいと思う。

ところで、従来の研究において、あまり注目されてこなかった重要な事実がある。その事実とは、七口という文言が一五世紀も後半に入らないと史料の上で一般化しはじめないということである。もちろん個々の某口といった文言自体は、それ以前からみることができるのだが、七口という文言は、実に一五世紀後半より後、むしろそれ以降において頻繁に目にすることが多いのである。この事実をどう理解するのか。おそらくは、この点の検討が、本章の主題のひとつというべきものになるであろう。そこで、本章ではこの主題に迫るべく、できうる限り七口を総体として意識するとともに、いくつかのトピックを時系列的に追いながら巨視的に議論を進めてゆこうと思う。ために、本章では、相田氏以来、従来の研究において常に付きまとってきた七口の比定という問題とはあえて距離を置くという意味も込めて、以下、「七口」と記してゆくことにしたい。

なお、以上の点と合わせ研究視角として留意すべきは、網野善彦氏(6)や桜井英治氏(7)の研究によって浮き彫りにされてきた関にまつわる、いわば境界性・在地性についてである。本章がこの点に注目するのは、「七口」や関の存在をこれまでのように公家・武家といった権力側の問題としてだけ扱うのではなく、むしろ在地と権力との接点上に展開される諸事象として捉えたいがためである。したがって、本章では、「七口」の実相はもとより、そこで繰り広げられる在地と権力との関係性の推移、さらには中世の京都境域をめぐる境界性・在地性の歴史的変遷についても検証してゆきたいと思う。

一　室町期

(1)「七道口」と率分関

京都の歴史の中で、口という文言のついた地名を探せば、それは院政期にまで遡ることができるが、ただし、いわゆる口関としてみられるものの初見は、つとに知られるように、鎌倉後期、延慶年間の内蔵寮領「東三ケ口炭薪雑物等」(8)である。これに続く形で、「長坂口率分」(9)「艮口率分」(10)などが知られているが、もちろんこの段階では「七口」という形では史料上、確認することはできない。

ただ、この口関の表出と関連して留意すべきは、ほぼ時期を同じくして成立したものと考えられる『源平盛衰記』巻六(11)に、僧西光が「七道の辻」「七箇所」に「六体の地蔵」、いわゆる六地蔵を安置したことが記されていること、しかもその「七箇所」が「四宮河原・木幡の里・造道・西七条・蓮台野・みぞろ池・西坂本」という後の「七口」とも重なる地点が含まれている点である。この「七箇所」の示すところは、平安京条坊よりも広域であり、かつ四堺祭の対象となる山城国堺よりも狭域というものであるが、これに地蔵が塞の神・道祖神と通底することをも合わせ考えると、この時期、古代ともまた中世前期とも異なる、新たな京都をめぐる境域観念が生成されていたことが窺われよう。

おりしも、諸先学[12]が指摘されるように、この時期から以降、南北朝・室町初期にかけて史料文言として「洛陽洛外」「洛中辺土」「洛中洛外」という形で京都の空間概念が現われてくるのであるが、この境域観念と空間概念の両者に密接な連関を考える方がむしろ自然と考えられる。なお、鎌倉期から室町期にかけての「洛中洛外」概念の成立を検討された高橋慎一朗氏[13]によれば、条坊制の左京の内部が「洛中」であることが自明である以上、問題とすべきは「洛中洛外」と「田舎」との線引きであるという指摘がなされているが、その意味でいえば、本章が扱おうとするところの京都境域もまた「洛中洛外」を主な対象としたものということができよう。

ところで、「七口」の初見は、現在のところ、嘉吉元年（一四四一）のこととされている。おりしも、この年に起こった、いわゆる嘉吉の土一揆、徳政一揆に関わってその文言がみられるのであるが、例えば、万里小路時房の日記『建内記[14]』閏九月三日条にみえる「武家打制札於七道口々」、西園寺公名の日記「管見記[15]」九月七日条にみえる「指塞七道口」がそれらに当たる。ちなみに、「東寺執行日記[16]」九月五日条では「札立之六口」とみえているが、その事情は詳らかではない。また、厳密にいえば、この段階で史料にみえるのは、「七道口」「七道口々」であり「七口」ではないことにも注意が必要であろう。

ここに登場する「七道口」の実態を指し示すものとして、つとに引用されるのが、『建内記』嘉吉元年八月三〇日条であるが、そこには、「長坂口」「七条口」「鳥羽」「法性寺」「東寺口」「今道下」「八瀬」の七カ所が記されている。先の六地蔵の「七箇所」との関連でいえば、「長坂口」と「蓮台野」、「七条口」と「西七条」、「鳥羽」と「造道」、「法性寺」と「木幡の里」、「八瀬」と「西坂本」が対応するものと考えられるが、残りの二カ所については対応するとはいえない。

なお、万里小路時房がかかる諸口をその日記に記した所以は、当該口に万里小路家の知行する御厨子所率分関が置かれていたからに他ならないが、実は『建内記』にみえる諸口は上記の七カ所にとどまらない。表1は、『建内記』にみえる諸口の名称および在所を年期を追って一覧表化したものだが、これでも明瞭なように御厨子所率分関が置かれた口は一〇カ所を数えるのであり、しかもその所在は決して一定するものではないのである。瀬田勝哉氏[17]が伸縮性・融通性に富むと指摘される所以である。

ただ、ここで注目したいのは、例えば、「法性寺」に対応する「木幡（宇治口）」が「南口」、「東寺口」「吉祥院」に対応する「摂津鳥養内一屋辺河上」が「西国口」、「山科」「草津」に置かれた関が「東海道口」「東口」「東国口」、「今堅田」に置かれた関が「北国口」とも呼ばれていること、つまりは東西南北という「四方」が意識されている点である。実は、このような意識は、御厨子所率分関に限られたわけではなく、後にも触れる「内蔵寮領陸路河上四方八口率分役所[18]」や小川坊城家の知行である雑務料などでもみられるのである。

さらにいえば、関白家渡領や西園寺家の率分関では「四維率分関[19]」「四角関[20]」ともみられ、本所たる公家の率分関に対する認識が、「七道口」に捉われない、むしろ四方四角もしくは四方八方という形で同心円的に広がる主観的な境界観念に根ざしたものであることが読み取れよう。実際、伏見宮駄別に至っては、「とうさいなんほく、おくのうらつ（奥浦津）より[21]」来る荷物や商人などから役銭を徴収できるとも表明しており、御厨子所率分関の伸縮性・融通性もまたかかる認識とは不可分ではないであろう。

瀬田氏によれば、率分関は、通過する物資を特定せずに口関で公事を懸けるものと、本来的には口関とは直接関係なく特定の物資に公事を懸けるものの二種類に分類でき、前者を本来の率分関とし、後者は応仁・文明の乱以降に諸国での徴収が期待できなくなった時に口関との関わりをもつようになったと説明できるという。しかし、このような本所の認識から透けてみえてくることは、むしろ本来的には率分とは関ともまた特定の物資とも無縁な形で徴収できる公事であったこと、そのうち、諸国に対する自らの支配権の衰退とともに鎌倉後期以降におけ

表1 『建内記』にみえる諸口

年 月 日条	長坂口	七条口	鳥羽	法性寺		東寺口	今道路下	八瀬				備考
嘉吉元・8・30												
閏9・3												七道口々
閏9・14							今道々下口					
11・24									東海道口			
11・27							北白川	小原口		鞍馬口		
11・30									東海道口 山階(山科)	出雲路口 艮口		
12・2				木幡 宇治口		東寺口						
12・6				木幡道下		東寺口 吉祥院				艮口		
嘉吉2・4・4							今路道下口		東口		北国口 堅田(今堅田)	
4・(日未詳)						西国口 摂津鳥養内 一屋辺河上						
嘉吉3・2・13				南口 木幡ノ北辺 ひろしは								
2・16									東国口			
3・21		西七条口 丹波口										
5・10					南口枝				草津			
5・22									東国口 草津			
6・1					南口枝 堺北庄							
7・1				大和口 五ケ庄					東国口			
文安元・2・7	長坂口											
4・27				三室戸								
6・1				南口 三室戸								
文安4・11・10											北国口 高島郡鴨庄	
12・2								小原口				

註．年月日は、『建内記』の記事条目であり、基本的に諸口の名称および在所の初出部分を取った。

る「七道口」など新たな京都境域を含めた幾種もの境界的な場の生成（例えば、堺北庄の存在に代表される）に重なるようにして成立したものこそが率分関ではなかったのかという想定である。率分関の初見においてすでに口の文言が付されていることもまた、このことを証左するものといえようし、逆に後にもみるように戦国期に至るまでこの時期と同様な本所の認識が認められるのも、その証拠といえはしないであろうか。

なお、この点と関わっていえば、「七道口」の七の数字の意味について、七道の諸国から京都に運搬する物資を徴発する事実から、自然呼びなされるに至ったと指摘された相田二郎氏(22)の説はやはり卓見というべきと思われる。ただし、このことを史料の上で確認することは難しく、むしろ室町期においては、七道を五畿七道ではなく通路としての道として認識していた可能性の方が高い。例えば、後にも触れる東福寺僧太極の日記『碧山日録』(23)長禄三年（一四五九）九月七日条に「安城之七路、自諸州入京之路、其数七也、」とみえるようにである。

そして、おそらくは「京都飢饉」せしめた嘉吉の土一揆が指塞いだ「七道口」とは、むしろこちらの感覚に近いものであったに相違ない。酒井紀美氏(24)によれば、徳政一揆に共通してみえる動向の第一段階として「路次を塞ぐ」という行為がみられるとされているが、かかる行為は民俗学でいうところの「道切り」とも通底するものであり、「七道口」が土一揆によって明確に境界と認識されていたことを意味しよう。そして、土一揆を「村落（ないしは村落連合）を単位とした地下人の一揆(25)」と説明できるならば、これらに取り囲まれて対峙する領域・空間こそが都市京都ということも可能と思われる。

もっとも、関の方に話題を戻していえば、この時期、地下人が率分関を含め関の関務そのものに直接的に関わることはむしろ少なかったように史料の上ではみえる。例えば、御厨子所率分関の「今道々下口」が「北白川辺」に置かれようとした際、「地下人」は「北白川在所不可令借与之由称之」したし(26)、また「北国口」が「今堅田」に置かれようとした時にも、「堅田地下人并馬借以下」が「及異儀」、「惣庄」としては、堅田の関に権益をもつ山門使節の「杉生坊より御下知候者」従うとの返事を返しているからである。[27]ただし、その一方で土一揆や地下人による率分関の停廃ということはしばしばみられ、例えば、御厨子所率分関の「大和口率分」が木幡から宇治五ケ庄に移されたのは、「地下土一揆等悪□内破之間」[28]であったためといい、また内蔵寮率分関では、「取米」したために「為地下停廃」されたとも伝えられているのである。[29]そのため、率分関には「警固」が必要とされ、例えば、「草津御厨子所率分警固分」として「五分壱」の「代官得分」が設定されるというようなことも多くみられたのである。[30]

(2)　幕府の「七口」関をめぐって

ところで、先にも触れた土一揆、地下人による「路次を塞ぐ」という行為は、寛正三年（一四六二）においては「京都七口」「七口」を塞ぐという形で史料にみられるが、[31]応仁・文明の乱の経過の中で室町幕府など武家権力に利用されるようになり、それに従って「七口」や関との関係も大きく変化をみせるようになる。例えば、応仁二年（一四六八）二月、東軍の幕府が、山科七郷に対して「東山通路」における「令一揆依致警固無其煩」ことを賞すとともに「郷々村々族申合」、「於粟田口辺構要害定結番、至御敵輩者堅相支之」ことを奉行人連署奉書でもって命じてきたり、また七月にも幕府の命に従って山科郷民による「しるたにくち《（汁谷口）》相留候」という行為が内蔵頭山科家の家礼大沢氏の日記『山科家礼記』二月二九日、七月二四日条に記されているからである。

ここで、『日葡辞書』[32]にみえる「関」の説明「道路を占拠したり、遮断したりすること」や桜井英治氏[33]が想定されているように「セク」「フセグ」という言葉と関に通底するものがあるとするならば、ここでみられる山科郷民の行為は、まさに公認された関そのものであるといえよう。実際、文明九年（一四七七）一一月には、山科神無森に「七郷ものゝ」関、いわゆる「郷中関」が、関銭「三分二郷中へ」、「三分壱ハ」大沢氏のもとへという形で立てられており、(34)ここに至って「七口」や関と地下人・在所の間に直接的な関わりを見出すことができるのである。

もっとも、かかる事象は、「路次を塞ぐ」という行為の歴史からみれば、いわば潜在していたものが表面化したにすぎないと捉えることも可能かもしれないが、ただし、その原初的な部分を追究することは容易なことではなく、文和四年（一三五五）以降に小野山供御人が「長坂口兵士」と関わりをもっていたという形跡が、現在のところ史料で確認できるほぼ唯一の事例と考えられる。(35)ちなみに、『山科家礼記』では、当の口の在所、例えば粟田口の在所や地下人の動向は、史料として読み取ることができないが、ただ、応仁二年六月の段階で山科七郷の「合力在所」として「粟田口」の名を確認することができるから、(36)おそらくは山科七郷と歩調を合わせていた可能性は高いものと思われる。

ところが、このような状況に大きな衝撃を与える事象が、「郷中関」が立てられた直後の文明一〇年（一四七八）正月から開始されることとなる。その事象とは、この後、度々繰り返される、応仁・文明の乱によって荒廃した内裏修理を名目とした幕府による「七口」関の設置である。管見によれば、それらは、文明一〇年正月(37)を嚆矢に、同年七月(38)・一二月、(39)文明一二年正月(40)・九月、(41)文明一三年正月、(42)文明一七年五月、(43)文明一九年六月(44)の数度に及ぶものと思われるが、これらの事象については、史料が揃っている割には、従来、徳政一揆研究において断片的に触れられるぐらいで、関の研究においてはあまり検討が加えられてこなかったように思われる。おそらくは、現在のところ、あげられるとすれば豊田武氏(45)や田端泰子氏(46)の研究ぐらいだけではないだろうか。もっとも、両氏にしても検討されたのは、共通して史料の豊富な文明一〇年および一二年の事象に限られており、他のものや全体を通しての考察はみられないのが実状である。

とはいえ、知られる史料からだけでもはっきりわかることは、かかる事象が数度に及び繰り返されたその所以が、諸史料に明記されるように土一揆や地下人の実力行使およびその圧力によって、度々停廃されたからに他ならないということである。例えば、「七口関共少々被破之」[47]、「京都七口之新関可破之由、山城者共及訴訟、路次止之」[48]、「為七口新関停廃、土一揆蜂起塞通路、北白川辺集会、焼払関所云々」[49]、「近日土一揆蜂起、東西南北新関各押寄令破却、長坂所相残令停廃云々」[50]、「京都七口新関悉以自土民方破之了」[51]、「七口関所事、自御台(日野富子)又可被立之云々、仍近所又土民共申合、可破之由支度」[52]、「京都七口新関事、（中略）細川九郎(政元)破之」[53]などのようにであるが、土一揆や地下人の意向が、幕府による「七口」関を真っ向から拒否していたということだけは明白といえよう。

なお、このような幕府の「七口」関設置の志向は、文明一〇年正月の直前文明九年一二月においてすでに確認することができる。『山科家礼記』一二月二〇日条に「内裏御修理関壱所事、被立置山科内御陵庄訖」の旨の一二月一七日付奉行人連署奉書が「山科家雑掌」宛に発給されていることが記されているからである。しかも、その一七日には、奉書の連署者のひとりである布施英基が、大沢氏配下の者に「長坂口」が「丹波口」に当たるのか、それとも「若狭口」に当たるのかを尋問しており[54]、この「内裏御修理関」が「七口」全体を射程においたものである可能性は高いであろう。

さらにいえば、その先蹤は、先にも若干触れた応仁・文明の乱直前の長禄三年（一四五九）九月七日の『碧山日録』の記事「為改造伊勢之大廟　於安城之七路、自諸州入京之路、其数七也、前月廿一日、各置一関」にまで遡ることができるものと思われるが、ここで注目すべきは、この時、「為室町殿所々関共被破之」、「殿下御関」もまた「同被破之」と『大乗院寺社雑事記』九月二日条が伝えていることである。つまり、幕府によって「七口」関が立てられた際には、同時に関白家渡領を含め率分関の少なからずが停廃された可能性が読み取れるからである。実際、文明九年一二月の際にも、先の奉行人連署奉書の後半に「於当庄内神無森新関者、不移時日可被停廃」、つまり新関として「郷中関」の停廃が命じられ、『山科家礼記』同月二一日条には「今朝神無森関被上候也」とみえており、幕府による「七口」関の設置は同時に率分関を含め他の関の停廃を伴うものであったことが、これらから確認できるのである。

この点において、田端氏が、山科郷民が南北朝期以来、率分関の運営に関わってきたとされる見解を前提に、文明一〇・一二年における「幕府と土民との対立」の背景として「郷中関」の停廃、つまり関の問題に注視された点は重要と思われる。もっとも、東口四宮河原率分の検討のみによって南北朝期にすでに地下人が関の運営に関わっていたとされる点や、また「郷中関」と率分関を単純に同列に扱うなど問題とすべき点がないわけではないが、ここでは氏の注視された点を積極的に受けて、一連の「七口」関設置という事象を幕府による独占的かつ統一的な京都境域およびそれに連関する流通の掌握政策の志向として読み取りたいと思う。したがって、「七口」関停廃を通してみえる幕府と土一揆・地下人の対立という様相は、いわば京都境域と流通の主導権をめぐる攻防と解釈することも可能であろう。

実はこのように解釈する点において留意すべきと思われるのは、土一揆や地下人がここでも度々「路次を塞ぐ」という行為に及んでいること、そしてそれとともに幕府による「七口」関のほとんどが新関と諸史料において記録、つまりは認識されていたという事実である。前者の行為は、土一揆、地下人の「七口」に対するいわば示威行動とも読み取れ、事実、「七口禁裏御しゆり《(修理)》の御関上候とて口々とめ候、七郷ニも用意候」[55]という山科七郷の動向もみられるし、また後者の事実は、その開幕以来、率分関など本関を保証する一方で、新関については停廃するという幕府自らが積み上げてきた関所統制[56]の法理の前では、幕府自身もまた自由ではなかったことを意味するものといえよう。

実際、幕府があえて伊勢大廟改造を標榜しなければならなかったのも、また文明一一年（一四七九）の内裏修理完成の後、「於修理者有名無実也」「上下甲乙人迷惑珍事関也」[57]と喝破されてもなお、内裏修理を標榜しなければならなかったのも、「七口」関が新関であることを何よりも幕府自身が意識していたことを裏返すものといえよう。逆に、土一揆が意外にあっさりと「七口」関を停廃できたのも、新関に対するこのような認識というみえない後ろ盾があったからに相違ない。

この意味からいえば、率分関の多くが、何らかの事情で新関に混ぜられて幕府によって停廃されることがあっても、幾度となく復活し、中世最末期に至るまで存続し続けられたのは、それが本関と認識されていたという事実が重要な意味をもっていたということになろう。その認識を生ぜしめた所以については、俄には明らかにできないが、ひとつには奥野高広氏[58]が言及されるような率分関の関銭の幾分かが禁裏収入となっていたことが関係するものと思われる。諸史料にしばしばみられる「禁裏」「禁裏御料所」の文字や、また新関に混ぜられ停廃、もしくは何者かによって押領されそうになった際に表出する「厳重之公領、朝恩之家領」「朝役共及退転」などの文言がその一証左といえるのかもしれない。

この点、田端氏は、嘉吉期以降、率分関を含め関の設置権や停廃権は幕府に移行したという評価をされているが、「七口」関の事例でも明白なように幕府自らが関を設置することが容易でないことは明らかで、むしろその行為のほとんどは本所の既得権益の保証をめぐるものであったというのが実態なのではないだろうか。実際、幕府は、「七口」関設置をめぐる挫折以降、「諸口率分以下諸関事、被停廃畢」[59]（文亀四年、一五〇四）、「洛中洛外関見入・諸公事以下悉以被停廃訖」[60]（天文六年、一五三七）、つまり率分関をも含めた関の全廃という方向へとその政策を転換させた形跡もみられるが、その一方で時期を同じくして率分関の保証などを命じる文書も多く発給しており、その実効性については検討を要する問題と考えられるのである。結局のところ、室町幕府は、「七口」をめぐる土一揆や地下人、そして率分関の本所という壁を乗り越えることができなかったのであり、「七口」の独占的かつ統一的な掌握、すなわち京都境域およびそれに連関する流通の掌握政策というその志向については頓挫させられる結果となったと評価せざるを得ないものといえよう。

ちなみに、一連の史料において頻出する「七口」の所在については、史料の量の割にはそれらを明記しているものは極めて少なく、わずかに確認できるのは、「長坂」(61)「坂本口」(62)「下の道」(63)(「北白川」(64))「七条口」(65)「法性寺関」(66)だけであり、その全貌を明確にすることはできない。

このように、一五世紀後半になってようやく表出してきた「七口」ではあるが、しかしこの段階においてもなお曖昧かつ漠然とした要素は少なくないといわざるを得ないのが現状であった。それは同時に、当該期における京都境域の曖昧さ・漠然さをも意味するものに他ならないが、ただ逆にそれがゆえに、率分関の伸縮性・融通性はその命をながらえることができたのであり、その一方で「七口」を実態あるものとして掌握しようとした幕府の政策を挫折せしめることとなったのである。

二　戦国期

(1)「七口」の実体化

応仁・文明の乱の最中より、将軍御所を中心として築かれた「御構」(「東構」)をはじめとする、いわゆる「構」の乱立がみられ、後にはそれらが、上京・下京の「惣構」などに発展、寺社門前などと合わせて戦国期京都が「複合都市」と評価される所以となっていることはよく知られている。もちろん率分関もまたかかる空間変化の影響を免れず、例えば、「万里少路家関所」が「構口」に置かれたという記事もみることができるが(67)、その一方で、これによって「七口」の存在が消滅したかというと、事実はそうではない。

実際、文明一一年(一四七九)の奉行人連署奉書(68)には「禁裏御厨子所七口率分」という文言もみることができるし、また久我家が知行する率分関が「禁裏御料所御服所率分七口櫛・皮籠・簇・磨鉢関」(69)と称されているように、むしろどちらかといえば、先の文明期の幕府による「七口」関を含め「七口」の文言は応仁・文明の乱以降に定着した観の方が強いのである。

例えば、これまで「七口」をめぐる研究ではあまり触れられることのなかった、北野社大座神人等が執沙汰する「七口短冊」もまたそのひとつである。ここでいう「短冊」(短尺)とは、おそらくは関銭を示す一呼称と考えられるが詳細は今のところわからない。ただ、「旅人、同しやうはい《（商売）》」「荷」「奥高荷」には課せられる一方で「巡礼・往来之輩」や「札」(おそらく過書)をもっている者には課せられないという種類のものであったことは確実である。[70]北野社に一連の史料が残された所以は、延徳元年（一四八九）に起こった「下口短冊」停廃に対して「大座神人福松丸」が松梅院へ訴えをもち込んだためであるが、それによれば、まず「七口短冊」が「上口」と「下口」に分かれていたことが認められる。

ちなみに、福松丸が提出した起請文[71]によれば、「下短冊取来口々」とは、「粟田口」「西七条口」「竹田口」「法性寺口」「東寺口」であったといい、また「京中町少路にて、任雅意不可給候」ともみえるから、「七口短冊」は「構口」を対象としたものでないことは明らかである。

この「七口短冊」は「当社御影向以来、為一段之御神役、或諸商売、或往還人等、定置員数給之」と福松丸の言上状[72]にはみえるが、実際のところその起源は詳らかではない。しかも、松梅院のもとへは「御霊御子」なるものが、「九条殿牛飼才松ヨリ聟譲」として「建武年中」より「坂本口・丹波口、此外西一口自一条上ヲ知行[74]」してきた旨を申入れており、[73]競望の観も読み取れるとともに、「牛飼」や車借との連関も想定できるが、詳しいところまでは確定できない。

ただし、延徳三年（一四九一）七月二七日付で福松丸が請文を提出、同月二九日には幕府奉行人連署の下知状と奉書が松梅院に出され、[75]八月五日には福松丸が礼銭をもたらしているから、[76]結局、「七口短冊」は大座神人によって執沙汰されることとなったものと思われる。なお、「七口短冊」という割には、残念ながらここでも口々を確定することは難しい。「下口」の「粟田口」「西七条口」「竹田口」「法性寺口」「東寺口」と、「御霊御子」のいう「坂本口」「西一口自一条上」を合わせればとりあえず「七口」にはなるが、「北白川口」(77)の名もみえるから、実際はおそらくこれを上回るものと考えた方が妥当であろう。

さて、戦国期京都をめぐる政局の混乱は、この延徳三年のわずか二年後のいわゆる明応の政変を端緒としてさらに複雑さを増してゆくが、それにつれて京都を舞台とする戦闘も激化の一途を辿ってゆく。その中で、「人数八千計、自長坂口村、出舟岡山」(78)、「高国（細川）率猛勢、東山如意嶽粟田口出張」(79)、「丹波口ニ篝タキ候」(80)、「七口事調法及程、京都入米可被相止」(81)など諸史料が伝えるように、「七口」もまたしばしば戦闘の最中に巻き込まれることとなるが、かつて今谷明氏(82)が指摘された、天文二年（一五三三）以降にみられる、いわゆる法華一揆による京都警固もまたかかる事象の一齣といえよう。『座中天文記』(83)によれば、「公方・管領の御成敗のもとに洛中洛外の政道は一向法花宗のまゝなり」「日々に大津・山中その外口々へ番を出し」たとされているが、実際、「坊城俊名契状」によって陰陽頭土御門有春が「領知」する「小河坊城家領洛中洛外諸口雑務料」に関わる天文二年一二月五日付奉行人連署奉書(84)が「諸法花宗中」宛に発給されていることが確認できる。

この雑務料というのは、いかなるものに課せられるのかは不分明ながら、すでに奥野高弘氏(85)によって率分関の一種とされているものであり、また小川坊城家は、「禁裏御料所左京職領洛中散在巷所田畠等」を知行していることが確認できるから(86)、網野善彦氏(87)の指摘されるように左京職との関わりがあるのかもしれない。なお、先に「諸法花宗中」宛に出された奉書とほぼ同内容の奉書(88)が同日付で「東口中」「西口中」「南口中」にも出されており、北口分を欠いてはいるものの、この雑務料もまた先に触れた四方四角もしくは四方八方という形で同心円的に広がる主観的な境界観念に根ざしたものであることは間違いない。

ただし、それと同時に注目すべきは、翌天文三年（一五三四）に奉行人連署奉書が[89]「北白川口地下人中」宛に、また茨木長隆書下が[90]「粟田口商人中」「白川口商人中」宛、さらには少し時期が遅れて天文六年（一五三七）に奉行人連署奉書が[91]「蓮養坊」宛に出されていることである。ここにみえる商人とは、おそらくは地下人の中で商売を行なう者や口を出入りする商人のことを指すものと思われるが、率分関に関わる文書が直接、在所の地下人宛に出されている点は、これまでとは一線を画するものといえよう。しかも、ここにみえる山徒の「蓮養坊」が、室町初期より代官として「小原（大原）口」＝「八瀬口」＝「朽木口」の関務に高野（上高野）において直接関わっていることからすれば、[92]北白川や粟田口の在所および地下人もまた関務に直接的に関わっている可能性は高いものと思われる。

また、これに関連して史料をみてみると、雑務料に関わる文書として「当所下代中」「諸口下代御中」[93]宛のものが残されていることにも気が付く。実は、このことが意味をもつのは、先の「坊城俊名契状」が雑務料「代官職事永代申合事」に関わっての「領知」であること、[94]つまりは、当初、土御門有春は代官職を取得したものとみられるからで、したがって、代官の又代官ともいうべき下代には在所の地下人が任じられた蓋然性は高いものといえよう。かかる下代がいつの時点から出現するのかについては俄には詳らかにできないが、いずれにせよ以上のような状況を通して、率分関を含め「七口」に対する在所、地下人の直接的な関わりを読み取ることだけは許されよう。実際、天文八年（一五三九）において山科家の「高荷役銭粟田口率分」をめぐる「近年彼在所者申掠、違乱」「粟田口在所より近年申掠、違乱」というような状況[95]もまたこのことを反映した一事象と考えられる。

下坂守氏は、[96]初期洛中洛外図屛風にみえる粟田口や北白川口の景観に基づき、京都の口の多くは、かなりの部分で周辺村落と―より具体的にはその村落の木戸と―重なってイメージされていたと指摘されたが、かかる指摘は以上のような状況、すなわち応仁・文明の乱以降において成熟を遂げた社会集団としてまた集落として実体化した「七口」の現況を踏まえてはじめて成り立つものといえよう。法華一揆による警固を可能にせしめたのもまたかかる現実であり、いまや京都境域としての「七口」はその担い手の存在と重なって明確に立ち現れ認識されるようになったのである。

もっとも、史料の関係上、明証が得られるのは、「粟田口」「北白川口」「長坂口」、そして蓮養坊の在所たる高野（「大原口」「坂本口」）ぐらいであるが、それでもそれらは史料に地下人中とも商人中とも記されていることからもわかるように、「田舎」と京都、つまり村落と都市の性格を両義的に合わせもつ、まさに境界的な存在であるとともに、これまで常に線ではなく通路上の点として存在し続けた京都境域をめぐる境界性・在地性が凝縮されたような存在であったに相違ない。

応仁・文明の乱以後、率分関が「構口」との接点をもつようになるというのは瀬田氏が指摘される通りだが、その一方で、先にも触れたように率分関の文言の中に明確に「七口」の文言が取り入れられるようになるのもこの時期以後であるという事実は、本所の境界認識がようやく現況のそれに接近しはじめたということを示すものと思われる。そういう意味では、応仁・文明の乱以降にみられた一連の現象とは、「七口」総体が京都境域として共通認識となってゆく過程を示すものに他ならず、幕府や本所、そして土一揆・地下人がみせた動向とはこれへの対応であったと評価することができよう。

戦国期京都は、上京・下京などを含めた「構」という境域をもつと同時に、それを輪郭点として取り囲む「七口」という境域をもつ多重構造として人々に認識されていたのであり、画帖や扇面から出発した洛中洛外図が屏風として再構成された際に粟田口や北白川口、また鞍馬口など「七口」の一部を新たに描き込むこととなったという事情もまたこのあたりにあるのではないだろうか。

(2)「七口」をめぐる流通

下代が登場する以前において率分関の関銭徴収実務に当たっていたのは、いうまでもなく代官であるが、この代官の能力如何によって本所収入も大きく左右されるため、その存在は高野の蓮養坊などを除けばめまぐるしく改替されるのが常であった。代官に代官得分が付帯していたということはすでに触れた通りだが、その得分の所以は、「警固」能力とともに関銭徴収の実務能力が大きな要素として存していたことは間違いないものと考えられる。先にみた雑務料に関わる土御門有春の存在もまた同様と考えられるが、雑務料の場合、永禄六年（一五六三）の時点ではもはや「雑務料御本所土御門殿[97]」と認識されており、小河坊城家の本所としての権益を土御門家が取得するという注目すべき状況が読み取れるのである。

おそらくは、享禄四年（一五三一）以降、菊亭家が知行する「禁裏御料所右衛門府領」「諸口商売塩合物高荷上公事物等」を競望し続けた堀川国弘[98]なども同じような状況を示すものと考えられるが、また天文八年（一五三九）における奉行人諏訪長俊との相論[99]を経た後、永禄五年（一五六二）時点において石谷の知行分としてみえる「木幡口号石谷ノ分、」「洛中諸国塩合物并馬荷公事等号石谷分、付木幡関、[100]」なども同様であったろう。

実は、このような代官職を梃子とした本所権益への浸潤ないしは権益の重層的分化は、別の機会[101]にも触れたように商工業座でもみられ、京都の流通経済における本所の地位は著しい動揺をみせていたのである。そこで、ここではやや微視的に、この時期の本所、代官、下代、そして口の在所や地下人・商人等の状況を混迷を極める政局の流れと合わせつつ[102]山科家の知行する内蔵寮領率分関を通してみてゆくことにしよう。

内蔵頭山科言継の日記『言継卿記』天文一八年（一五四九）八月二七日条によれば、三好長慶の被官である[103]今村慶満が「此方下代追立」、「禁裏御料所内蔵寮領陸路河上四方八口率分役所」を「始而」「押領」したため、その停止を求めて長慶に書状を認めたことが記されている。[104]長慶へ書状を遣わした所以は、この年六月に摂津江口の戦いによって細川晴元政権が崩壊、晴元および将軍足利義輝（義藤）、その父義晴までが近江坂本へ逃れるという非常事態が起こっていたからに他ならない。実際、この後に発給された文書にも「今度至坂本被移御座以来、依今村紀伊守押領」[105]とみえ、明応の政変以来続いてきた、いわゆる「京兆専制」の崩壊という急激な政局の変動と連動して今村による押領が進行したことが読み取れる。しかし、今村の押領は一一月に至ってもとどまらず、長慶関係者諸方へ書状を遣わしても事態は全く改善されることはなかった。それもそのはず、政局は、さらに混乱を極めており、翌一九年一一月には、長慶は東山長尾城に出張った将軍義輝を撃破、義輝は堅田へ逃れた後、二〇年には朽木にまで撤退するという状況となっていたからである。

天文二一年正月には、ようやく義輝が長慶と和睦し入京するものの、翌二二年の三月には、和睦は破れ義輝は東山霊山城に入城、八月に霊山城が陥落した後五年の間、義輝が朽木へ亡命させられるとともに三好長慶政権の成立をみることになるのである。おそらくはこれに対応してであろう、一一月には女房奉書が長慶に対して発給されることとなるが、[106]実は、この奉書の文面に「むかしよりふし（武士）の代く（代官）わんなと丶申事は、ゆめ〳〵なき事にて候」とみえ、これと先の「此方下代追立」と合わせてみることで、今回の今村による押領もまた代官職をめぐるそれであったことが判明するのである。

この女房奉書が功を奏したのであろうか、『言継卿記』同年一二月二三日条には、「率分公事之儀大概相調了」とみえるが、ところがこの後、永禄八年（一五六五）三月になると、再び「くられうりやうそつふんひんかしくち」（「内蔵寮領率分東口」）の「いまむらわうりやう（押領）」[107]がその日記にみられるようになる。おそらくは、今回もまた政局の変動と無縁ではなく、前年永禄七年の長慶死去や、このわずか二カ月後に迎えることになる将軍義輝暗殺事件に繋がる緊迫した空気が反応した結果と思われる。実際、言継自身もこの状況に対応し切れず、翌九年三月になってようやく三好三人衆へ書状を遣わしていることが読み取れるのである。[108]

なお、今回、今村が押領したのは、「東口」「木幡、大津、坂本口」「東口并木幡」などとみえることより、「粟田口」「大原口」「木幡口」の三口の率分関であることがわかるが、天文期との異同については分明にはできない。一一月七日には、「率分東口安堵」[109]とその日記にみえる一方で、「木幡口于今三宅一郎右兵衛尉不相渡」[110]ともみえ、木幡口は三宅なる者が容易に返付しなかったものと思われる。しかも、翌一〇年九月には、細川昭元が「内蔵寮率分東口」（「大原口・粟田口・山科率分」）を「今村分」と号して違乱しはじめ[111]、「東口」の率分関に今村知行分が分化し、それがまた競望の対象となっていることが読み取れる。さらに、翌一一年三月には、「木幡口」を「清水太郎左衛門尉」なる者が違乱[112]、六月には同じ「木幡口」を「江州甲賀之山中蔵人」が押領するに至り[113]、全く収拾の付けようもない状態のまま、九月に織田信長の入京を迎えることになるのである。

ところで、今回、内蔵寮領率分を押領した中心人物の今村慶満についてであるが、三好長慶被官であることは知られているが、それ以外については不明な点が多い。ただ、今村という名字に注目すれば、例えば、文亀三年（一五〇三）に「東山毘沙門谷内小松谷田地弐反」の年貢を「今村弥七并新衛門男」が「無沙汰」したり[114]、永正一三・一四年（一五一六・一五一七）にかけて「新熊野観音寺領田地」を「今村藤左衛門尉・同源左衛門尉」の「兄弟」が「掠領」したりしていることが[115]史料から確認できる。

しかし、天文期以降という時期的な点からいえば、おそらく、天文一一年（一五四二）一二月一三日時点において「東山汁谷塩合物高荷等諸商売通路上下馬并宿問」（「東山汁谷口塩合通路上下馬并宿問」）を「存知」していた「今村弥七政次」の存在が最も著名であろう[116]。この「汁谷」「汁谷口」に率分関が置かれた徴証は今のところ確認できないが、中世の五条橋を経由して山科へぬける通路である点からみても「粟田口」と匹敵する重要性をもち、また応仁二年（一四六八）の『山科家礼記』段階で「しるたにくち相留候」[117]の文言が確認できることより、何らかの関が置かれていたことは間違いない。すでに豊田武氏、脇田晴子氏、佐々木銀弥氏が[118]指摘されるように、今村政次（弥七、重介、十介）は、この「汁谷口」を根拠地とした問屋と考えられるが、その経営実態は、おそらく「汁谷通路」を行き来する馬＝馬借をその配下に置き、馬借や商人の荷物を強制的に自らの問屋に付かせるとともに「めしをうり、やとを可仕」というようなものであったと考えられる。その扱う荷物は、「塩合物高荷」が中心であったと思われるが、ただ「等」という文言がみえるように、また後述するように実際にはそれ以外の荷物も扱っていたことが知られる。

この今村政次は、天文一七年（一五四八）頃には、「汁谷口」の近隣である東寺領「柳原地子銭」の「寺納」にも関わっていることが史料から読み取れるが、(120) 実はこれと関連して今村慶満が登場してくるのである。しかもその中で慶満は政次のことを「弟にて候者」と記しており、政次と慶満が兄弟であったことが窺われるが、この血縁関係については、なお検討の余地が残されている。(121)

ただその一方で、慶満が三好長慶の被官であったように政次もまた「波多野備前守秀忠」の「与力」であったこと、さらには「今村備後慶政」や「今村源四郎長頼」などの人名も確認できることからすれば、(122) 慶満や政次の母体ともいうべき「今村同名中」という土豪的な集団が、「汁谷通路」およびその以南の東山一帯に勢力をもって存在していたことだけは疑いないものといえよう。(123) このような点からいえば、「今村同名中」とは、いわば京都境域をめぐる境界性・在地性を体現する人的集団のひとつとして捉えることも可能であり、今村慶満が「内蔵寮領率分東口」や「木幡口」を押領した背景には、先にも触れた政局の変動とともにかかる要素も実は存在していたのである。

京都において今村政次のように口の名を冠する問屋としては、別の機会(124)にも触れたことのある長坂口紺灰問屋佐野が知られているが、その経営実態は、「於出所者、雖何在所、越長坂口入京商人者、無他妨可管領」(125)というものので今村と極めて酷似したものであった。このような問屋が、どのようにまたいつ成立したかについては俄には分明にし難いが、長坂口紺灰問屋の場合、南北朝期以後の史料が残されているにもかかわらず、「問屋」の文言が現れるのが永正元年（一五〇四）以降であることを勘案すると、成立時期はそれほど古いものではないのかもしれない。ただし、その成立過程については、今のところ史料的に全くわからないといった状況であるが、馬借や商人に対する問屋の強制力を支える要素のひとつとして今村にみられるような在地性が存していた可能性は高いものと思われる。

もっとも、今村や佐野のような問屋が「七口」すべてに存在していたかについても史料的には何ともいえないが、いずれにせよ、実体化した「七口」を通過する馬借や商人たちの前には、率分関の代官や下代のみならず、口の名を関した問屋もまた待ち受けていたのであり、それが戦国期の「七口」をめぐる流通の実態の一齣であったことは間違いないであろう。

ただし、ここで見落としてはならないのは、一方で今村政次のような問屋をも悩ます事態の惹起もこの時期読み取れる点である。というのも、天文一二年（一五四三）五月一八日、今村政次が申状でもって「山科於花山口、至当年始而法性寺柳原座中并大津松本荷物、於彼在所相留、地下馬ニ立替致伝転候事」、つまりこの年より「始而」山科花山郷民が「法性寺柳原座中并大津松本荷物」を「花山口」において政次配下の馬借から「地下馬」へ継立し転送してしまったことを「新義非分」として幕府の成敗を要請していることが読み取れるからである。[126]

ここにみえる「法性寺柳原座中」がいかなる座であったのかについては、残念ながら詳らかにすることはできないが、「大津松本荷物」については、申状に「大坂上下荷」[127]ともみえ、さらには「大坂上下参衆」「大津松本門徒」[128]ともみえるから、近江大津松本の本願寺門徒の荷物や人馬の意であり、今村はそれらも独占的に取扱っていたものと考えられる。

山科七郷では、「至御料所山科郷商人等通荷物事、従往古立替人足并牛馬以下」[129]、つまり人馬の継立に関わる権益を保持していたらしく、花山郷民の行為もこれに準拠したものと考えられるが、ただし、申状には「山科七郷へ申届候処、以外曲事由申候」とみえるから、今回の行為が今村のいうように「始而」「新儀非分」であったことは間違いない。結局は、今村の申状に沿って同年六月に「城州山科花山郷中」宛に奉行人連署奉書[130]が発給されることになるが、ここで読み取れることは、今村の問屋経営が通路に当たる山科七郷の保持する権益との微妙な関係で成り立っていたということ、しかもこの時期それが崩れはじめていたために幕府の保証によってその強制力を補強せんとしていたということであろう。

ちなみに、このような問屋としての強制力の弱体化という事態に対して、長坂口紺灰問屋では佐野を含めた四流の問屋が「紺灰座」を結成して「座中法度」＝「座法[131]」を永正一四年（一五一七）・弘治二年（一五五六[132]）の二度にわたって定置き、その維持をはからんとしているが、この場合もまた、その条文にみえるように「本所之沙汰」を保証する「公方」の「御下知」を獲得せんがための法理の成文化にその主たる目的があったのである。

このようにしてみると、境界性・在地性を凝縮した形で「七口」が実体化するのに反比例して、率分関はその伸縮性・融通性を喪失するとともに「違乱」「押領」の波に洗われ瀕死の状況に追い込まれることとなったといえよう。同様に、「七口」における在地性が深化・下方化することによって逆に問屋の強制力も弱体化してゆく結果となったのである。山科言継や今村政次の動向に代表される幕府など武家権力の保証に極度に依存するその様態は、かかる状況を裏返したものに他ならず、それにつれて実体流通との乖離の度合いも深まる一方であったに相違ない。

ところが、ほぼ時を同じくして肝心の武家権力自体もまたこれ以前になかった程の劇的な変動を繰り返しており、ために事態は連動しつつさらに流動的かつ不透明な状況に陥っていたのである。織田信長の入京とは、実にこのような状況の最中に果たされることとなるのである。

三　織豊期―むすびにかえて―

『言継卿記』永禄一一年（一五六八）一〇月二〇日条によれば、前月九月に入京した信長のもとに伝えられたであろう、「そつふん《（率分）》の事、きと〳〵申しつけ候やうに、のふなか《（信長）》におほせ出され候」という文言をもつ女房奉書が早々に記され、翌二一日条には、これを受けて出された同日付の幕府奉行人連署奉書・信長朱印状および霜月一一日付和田惟政書下が記されている。この裏に言継など本所たちの活発な働きかけがあったことはいうまでもないが、実際にはこれではなかなか功を奏さなかったようで、翌一二年三月三日条にみえる「山科家知行之事」では「諸口内蔵寮領率分之事自去年九月不知行、」と記されている。

この記事をそのまま信用するとすれば、前年一〇月二一日に発給された諸文書は何ら機能していなかったことになるが、実際、三月八日には、言継は絹布等駄別役を知行する広橋兼勝、御厨子所を知行する万里小路惟房、右衛門府領を知行する菊亭晴季らと連署して和田惟政宛に「率分之儀」「諸口諸役之儀」についての書状を出し(133)、また、二五日には、「禁裏御料所率分九人之分」として先の四人分に合わせて「禁裏紙公事、伏見殿駄別、西園寺之四角、西三条青苧・白苧、内膳柴公事」について「重朱判所望」することでようやく「大概相調了(134)」という状況に至っていることが読み取れる。

なお、これに対応する信長朱印状などは残されていないが、四月二五日付で「禁裏御料所洛中洛外諸口高荷諸商売公事役事」の「当知行」安堵を命じた幕府奉行人連署奉書案(135)がこれに関わるものであろう。本所へは文書の本紙が渡されたと思われるが、その宛所は「諸商人并馬借中」であり、この時期の実体流通の担い手が奈辺にあるかを反映したものとなっている。実際、『御湯殿上日記』(136)天正三年（一五七五）五月四日条では、「おのゝ物と七つのせき《（関）》とるさいおん寺・きくてい・山しな・までのこうちとせき《（関）》の事くし《（公事）》あり」とみえ、「おのゝ物」（おそらくは小野山供御人）との間に「せき《関》の事くし《公事》」が起こっており、それは、『言継卿記』天正四年（一五七六）一一月二〇日条に「羽柴筑前守《秀吉》旅宿へ罷下、西園寺・菊亭・予・万里小路、就口公事儀万頼入之由也」とみえるように翌年にいたっても決着がつかなかったことが認められるのである。

もっとも、率分関自体は、何とか復活していたようで、『御湯殿上日記』天正元年（一五七三）一二月一八日条には、「七、つのくちのせき五人より」礼物が朝廷へ献上されていることがみえる。ところが、このわずか数年後の天正一〇年（一五八二）一〇月、突然「諸口見入公事々、去九日歟ヨリ羽柴筑巳下ニテ五人之奉行トメ停止了」[137]、つまり本関たる率分関の撤廃が行なわれる。このような根本的な状況変化について回答を与えてくれる史料は今のところ見出せないが、六月に本能寺の変、山崎の戦い、一〇月に信長葬儀が行なわれていることを勘案すれば、これもまた政局並びに政権の交替に連動したものと一応考えることができよう。もちろん、その根底には、かつての室町幕府による諸関停廃や、さらには戦国大名・織田政権による分国内での関所撤廃政策が継承されていることはいうまでもないが、それと同時に率分関の存立を左右する権力の転換という事象にも留意すべきものと思われる。

この率分関撤廃に伴って問屋が受けた影響については、今のところは直接的な史料は見当らないものの、近江今津の問屋中に対して、「日本国之諸役・京之見入・兵庫之関浦々役義、如此従往古有来役さへあかり候」と述べて「新儀ニ役取候事」を禁じたり、「駄別も取間敷候[138]」としていることからすると、少なからずのものがあったものと思われる。というのも、先にも触れた率分関復活に関わる永禄一一年霜月一一日に出された和田惟政書下では「上下京問屋中」「問屋并宿」に対し「禁裏御料所諸公事諸役等」の「隠置」が禁じられており、京都の問屋も何らかの「役」や「駄別」を取っていた可能性があるからである。

そして、もしこのような「役」や「駄別」の徴収と人馬・荷物に対する強制力が連関するものとすれば、今村政次や長坂口紺灰問屋を含めた問屋の強制力は権力による保証も得ることが困難となり、さらに弱体化したものと考えられる。もっとも、この点についてはいま少し実証的な検討も必要と思われるが、ただ、問屋の座である紺灰座が天正一三年（一五八五）に行なわれた楽座、座の棄破[139]によって撤廃されたことだけは間違いないであろう。

それでは、この率分関の撤廃によって「七口」もまた消滅したかというと、事実はそうではない。例えば、天正一二年（一五八四）五月、佐久間正勝の「舎弟」「道徳」による「謀反企」が発覚した際には、豊臣政権は「京都七ノ口ニ番ヲ置、出入之物撰之」[140]という動向をみせているからである。そして、この事態と史料的に連続するのが、『三藐院記』[141]天正一九年（一五九一）三月七日条にみえる「悪徒出徒ノ時ハヤ鐘ヲツカセ、ソレヲ相図ニ十門ヲタテ、其内ヲ被捲為」に築かれた「十ノ口」をもつ、いわゆる「御土居」の建設である。

この「御土居」の意味合いについては、従来から様々な見解が出されており、また近年では城下町における「惣構」として検討も加えられているが[142]、本章のような視点からみれば、これが、京都の歴史上、はじめて境界を線として確定し、しかも物理的に可視化してみせたという点おいて、またその土塁が「七口」の存在を排除（ないしは包含）するかのように囲繞されたということでも明瞭なように、京都境域をめぐる中世的な境界性・在地性を否定したという点において、画期的なものとして評価すべきものと考える。おそらくその境界内は、朝尾直弘氏[143]の指摘されるように「洛中」であるとみてよいと思われるが、『三藐院記』の記事を信用すれば、そこに開かれた「十ノ口」は完全に政権による掌握下にある以上、先の率分関撤廃や座の棄破をも合わせればここにおいてかつて室町幕府が果たせ得なかった京都境域および流通の掌握が実現されるに至ったということもいえよう。

これによって京都境域としての「七口」の存在意義が大きく揺らいだであろうことは想像に難くないが、しかしながら、この「御土居」が実際に京都に与えた影響についての研究ははじまったばかりというのが実状であり、流通の問題を含め今後の課題となる部分が少なくない。ただし、見通しとしてひとつだけいえるとすれば、豊臣政権を含めた統一権力が、この「御土居」の建設とともに町や町と公認した地域を京都の都市域として把握するという、すぐれて政治的・行政的な境界認識をもち込んだために、永年、曖昧であり続けた京都と「田舎」、つまり都市と村落との境界の基準が明確になったということであろう。もっとも、朝尾氏が指摘するように、寛永期以降は、町域は「御土居」を越えて拡大し、近世京都の領域が町触の対象たる「洛中洛外町続」として把握されるようになる元禄期には、「御土居」のもつ境界性も失われてゆくが、それでもなお北・西・南部においては「京境」として一定の役割を果たしていたこともまた間違いないのである。

しかし、本章の関心に照らしてより留意すべきと考えられるのは、これらと時を同じくして『京都覚書』[144]『京都御役所向大概覚書』[145]などの幕府の公的な記録において「七口」「京七口」の同定作業が行なわれはじめているという事実である。これはおそらく、近世京都の領域たる「洛中洛外町続」の確定と並行する形でさらなる外界つまり「田舎」との境界を模索する中で、再び「七口」に光が当てられつつあったことを意味するものと思われるが、もちろんそれは『雍州府志』一などの地誌類において先行してみられるように巷間に流布し続けた「七口」観念を踏まえたものであったと考えられる。実際、『京都御役所向大概覚書』に記される「七口」の候補のひとつは、『源平盛衰記』巻六に記された六地蔵の所在と全く符合しているのであるが、そういう意味では、「七口」は、「御土居」建設以降においてもなお人々の深層に生き続けたといえよう。

ただし、このような近世京都における「七口」の問題は、近世における「洛中洛外」概念との連関において検討されねばならず、すでに本章の考察の範囲を越えている。他日を期しておきたいと思う。

(1)　相田二郎『中世の関所』(畝傍書房、一九四三年)。

(2) 奥野高弘『皇室御経済史の研究』(畝傍書房、一九四二年)。
(3) 佐藤和広「中世関所に関する一考察―内蔵寮率分関を中心として―」(『駒沢大学史学論集』一八号、一九八八年)、川嶋優美子「中世後期における京都周辺の関の構造」(『学習院史学』二九号、一九九一年)、貝英幸「中世後期における率分関の存在形態―内蔵寮長坂口関を中心に―」(『京都市歴史資料館紀要』九号、一九九二年)。
(4) 瀬田勝哉「荘園解体期の京の流通」(『武蔵大学人文学会雑誌』第二四巻二・三号、一九九三年、後に同『洛中洛外の群像―失われた中世京都へ―』平凡社、一九九四年)。
(5) 下坂守「京都の復興―問丸・街道・率分―」(『近世風俗図譜3　洛中洛外㈠』小学館、一九八三年)。
(6) 網野善彦『日本論の視座―列島の社会と国家―』(小学館、一九九〇年)。
(7) 桜井英治「山賊・海賊と関の起源」(網野善彦編『中世を考える　職人と芸能』吉川弘文館、一九九四年、後に同『日本中世の経済構造』岩波書店、一九九六年)。
(8) (年未詳)二月一三日付伏見上皇院宣案(内閣文庫所蔵「山科家古文書」)。
(9) 元弘三年五月二四日付内蔵寮領等目録(京都大学文学部古文書室写真帳「宮内庁書陵部所蔵文書」)。
(10) 暦応三年二月一三日付右衛門大尉書状案(京都大学総合博物館所蔵「鞍馬寺文書」)。
(11) 冨倉徳治郎校訂『源平盛衰記』(岩波文庫、一九四四年)。
(12) 川嶋将生「近世都市京都への道程―「洛中洛外」の革新―」(『近世風俗図譜4　洛中洛外㈡』小学館、一九八三年、後に同『中世京都文化の周縁』思文閣出版、一九九二年)、黒田紘一郎「「洛中洛外屏風」についての覚書」(『日本史研究』二九七号、一九八七年、後に同『中世都市京都の研究』校倉書房、一九九六年)、瀬田氏前掲書、高橋慎一朗『中世の都市と武士』(吉川弘文館、一九九六年)、高橋康夫「室町期京都の空間構造」(『日本史研究』四三六号、一九九八年)ほか。
(13) 高橋慎一朗氏前掲書。また、棟別銭・地口銭課役を通じて室町幕府の把握する「洛中」の地域を同定することも可能である。(高橋康夫氏前掲論文)
(14) 大日本古記録。
(15) 京都大学附属図書館写本。
(16) 内閣文庫写本。

(17) 瀬田氏前掲論文。
(18) 『言継卿記』(続群書類従完成会刊本) 天文一八年八月二七日条ほか。
(19) 『後法興院記』(増補続史料大成) 文明一一年九月二二日条ほか。
(20) 『言継卿記』永禄一二年三月二五日条ほか。
(21) 『山科家礼記』(史料纂集) 文明四年一二月一三日条。
(22) 相田氏前掲書。
(23) 増補続史料大成。
(24) 酒井紀美「中世後期の在地社会—村落間交渉の視角から—」(『日本史研究』三七九号、一九九四年、後に同『日本中世の在地社会』吉川弘文館、一九九九年)。
(25) 田中克行「土一揆と徳政一揆」(『歴史と地理』四八一号、一九九五年、後に同『中世の惣村と文書』山川出版社、一九九八年)。
(26) 『建内記』嘉吉元年一一月二九日条。
(27) 同右、嘉吉二年四月四日条。
(28) 同右、嘉吉三年七月一日条。
(29) 同右、文安四年一二月四日条。
(30) 同右、嘉吉三年六月九日条ほか。
(31) 『大乗院寺社雑事記』(増補続史料大成) 寛正三年一〇月二六日条ほか。
(32) 土井忠生・森田武・長南実編訳『邦訳日葡辞書』(岩波書店、一九八〇年)。
(33) 桜井氏前掲書。
(34) 『山科家礼記』文明九年一一月一九日条ほか。
(35) (文和四年) 三月二六日付後光厳天皇綸旨案 (宮内庁書陵部編『図書寮叢刊　壬生家文書三』五七五号) ほか。
(36) 『山科家礼記』応仁二年六月一五日条。
(37) 『大日本史料』第八編之一〇。
(38) 同右。

(39) 同右。
(40) 同右、第八編之一二。
(41) 同右。
(42) 『大乗院寺社雑事記』文明一三年正月一一日条ほか。
(43) 『大日本史料』第八編之一七。
(44) 同右、第八編之一九。
(45) 豊田武「中世における関所の統制」(『国史学』八二号、一九六〇年、後に『中世の商人と交通　豊田武著作集第三巻』吉川弘文館、一九八二年)。
(46) 田端泰子「御台の執政と関所問題―郷中関と文明一二年の七口関設置によせて―」(『日本史研究』三九五号、一九九五年、後に同『日本中世の社会と女性』吉川弘文館、一九九八年)。
(47) 『大乗院寺社雑事記』文明一〇年七月一一日条。
(48) 同右、文明一〇年一二月九日条。
(49) 『宣胤卿記』(増補続史料大成) 文明一二年一〇月一〇日条。
(50) 『長興宿禰記』(史料纂集) 文明一二年一〇月二一日条。
(51) 『大乗院寺社雑事記』文明一二年一〇月二三日条。
(52) 同右、文明一三年正月一一日条。
(53) 同右、文明一七年六月一九日条。
(54) 『山科家礼記』文明一〇年一二月一七日条。
(55) 同右、文明一二年一〇月一一日条。
(56) 豊田氏前掲書。
(57) 『大乗院寺社雑事記』文明一二年九月一六日条。
(58) 奥野氏前掲書。
(59) 文亀四年二月二四日付室町幕府奉行人連署奉書(京都府立総合資料館所蔵「東寺百合文書」あ函、今谷明・高橋康夫共編『室町幕府文書集成奉行人奉書篇』下、思文閣出版、一九八六年、二三五二号)。

(60) 天文六年二月二四日付室町幕府奉行人連署奉書案（東京大学史料編纂所影写本「葛野郡梅畑村共有文書」）。
(61) 『長興宿禰記』文明一二年一〇月二一日条。
(62) 『大乗院寺社雑事記』文明一〇年一二月二八日条。
(63) 同右、文明一一年二月一四日裏文書。
(64) 『宣胤卿記』文明一二年一〇月一〇日条。
(65) 「東寺執行日記」文明一二年条。
(66) 『最勝光院方評定引付』（『大日本史料』第八編之一七）文明一七年五月一四日条。
(67) 『山科家礼記』文明二年一二月四日条。
(68) 文明一一年一〇月二七日付室町幕府奉行人連署奉書案（『室町幕府文書集成奉行人奉書篇』下、一一九七号）。
(69) 天文二年一一月七日付室町幕府奉行人連署奉書（國學院大学所蔵『久我家文書』第一巻、五二三号、同右、三三一四一号）ほか。
(70) 『北野社家日記』（史料纂集）延徳二年七月一二日条。なお、同上、延徳三年七月三・四日条には、「短冊関過書」が筆写されている。
(71) 同右。
(72) 同右、延徳三年七月一六日条。
(73) 同右、延徳三年七月一二日条。
(74) 網野善彦「中世前期の馬借・車借―厩との関係を中心に―」（『立命館文学』五二一号、一九九一年、後に同『日本中世の百姓と職能民』平凡社、一九九八年）。また、大座神人については、竹内秀雄『天満宮』（吉川弘文館、一九六八年）参照。
(75) 『北野社家日記』延徳三年八月三日条。
(76) 同右、延徳三年八月五日条。
(77) 同右、延徳三年八月五日条。
(78) 『永正一七年記』（『改訂史籍集覧』第二五冊）永正一七年五月三日条。
(79) 『仁和寺記』（『新訂増補国史大系　後鑑』）永正一七年五月三日条。

(80)『祇園執行日記』(増補続史料大成)天文元年一〇月二日条。
(81)天文五年六月日付大講堂三院衆《(ママ)》儀条々案(京都国立博物館寄託「阿刀家文書」)。
(82)今谷明『天文法華の乱―武装する町衆―』(平凡社、一九八九年)。
(83)藝能史研究会編『日本庶民文化史料集成第二巻　田楽・猿楽』(三一書房、一九七四年)。
(84)天文二年一二月五日付室町幕府奉行人連署奉書案(宮内庁書陵部所蔵「土御門家文書」)。
(85)奥野氏前掲書。
(86)永正一四年八月一五日付室町幕府奉行人連署奉書案(「東寺百合文書」メ函)。
(87)網野善彦「中世都市論」(『岩波講座日本歴史7　中世3』一九七六年、後に同『日本中世都市の世界』筑摩書房、一九九六年)。
(88)天文二年一二月五日付室町幕府奉行人連署奉書(「土御門家文書」)。
(89)天文三年一一月二五日付室町幕府奉行人連署奉書(同右)。
(90)天文三年一一月二七日付茨木長隆書下(同右)。
(91)天文六年六月二七日付室町幕府奉行人連署奉書(同右)。
(92)佐藤氏前掲論文。
(93)永禄六年一一月三〇日付室町幕府奉行人連署奉書(「土御門家文書」)、(年未詳)七月一一日付三好長虎書状(同上)。
(94)(年未詳)一二月一三日付坊城俊名書状案(同右)。
(95)『披露事記録』(桑山浩然校訂『室町幕府引付史料集成』上巻、近藤出版社、一九八〇年)天文八年八月一六日条ほか。
(96)下坂氏前掲論文。
(97)永禄六年一二月二日付清水家次書状(「土御門家文書」)。
(98)『披露事条々』(『室町幕府引付史料集成』上巻)享禄四年閏五月一三日条ほか。
(99)同右、享禄四年六月七日条ほか。
(100)永禄五年三月一〇日付室町幕府奉行人連署奉書(『室町幕府文書集成奉行人奉書篇』下、三八七一号)ほか。

(101)　本書第一部第二章。
(102)　今谷明『室町幕府解体過程の研究』（岩波書店、一九八五年）。
(103)　長江正一『三好長慶』（吉川弘文館、一九六八年）、今谷氏前掲書。
(104)　『言継卿記』天文一八年八月二七日条。
(105)　同右、天文二一年四月一日条。
(106)　同右、天文二二年一一月五日条。
(107)　同右、永禄八年三月一三日条。
(108)　同右、永禄九年三月九日条ほか。
(109)　同右、永禄九年一二月一日条。
(110)　同右、永禄九年一一月一七日条。
(111)　同右、永禄一〇年一〇月二日条。
(112)　同右、永禄一一年三月二五日条。
(113)　同右、永禄一一年六月二三日条。
(114)　文亀三年三月一三日付室町幕府奉行人連署奉書（「東寺文書」射一九、上島有編著『東寺文書聚英』同朋舎出版、一九八五年、『室町幕府文書集成奉行人奉書篇』下、二三二一号）。
(115)　永正一三年八月九日付室町幕府奉行人連署奉書（東京大学史料編纂所影写本「観音寺文書」、同右、二八六七号）、永正一四年七月一三日付同書案（同上、二八九六号）ほか。
(116)　天文一一年一二月一三日付今村弥七政次申状案（『別本賦引付』四、桑山浩然校訂『室町幕府引付史料集成』下巻、近藤出版社、一九八六年）。
(117)　『山科家礼記』応仁二年二月二九日、七月二四日条。
(118)　豊田武「中世京都に於ける塩・塩合物の配給」（『社会経済史学』第四巻一二号、一九三五年、後に『中世日本の商業　豊田武著作集第二巻』吉川弘文館、一九八二年）、脇田晴子「産業の発展」（京都市編『京都の歴史3　近世の胎動』学芸書林、一九六八年）、佐々木銀弥「戦国時代における塩の流通」（『日本塩業大系　原始・古代・中世（稿）』日本専売公社、一九八〇年、後に同『日本中世の流通と対外関係』吉川弘文館、一九九四年）。

(119)（年未詳）一〇月二四日付浅野長吉書状（東京大学史料編纂所影写本「川原林文書」）。
(120)（年未詳）極月二一日付今村慶満書状（「東寺百合文書」ニ函）。
(121)たとえば、（年未詳）一二月二一日付今村慶満書状（「東寺百合文書」チ函）と（年未詳）一二月二八日付今村政次書状（同上）の花押がなにゆえか酷似している。
(122)（年未詳）一二月七日付今村慶政書状（同右え函）、（年未詳）二月一七日付今村長頼書状（同上ヲ函）。
(123)『雍州府志』九（『新修京都叢書』第三巻、光彩社、一九六八年）には、「今村城址」の記述がみえる。
(124)本書第一部第三章。
(125)永和二年八月一一日付本所雑掌奉書案（京都大学文学部古文書室影写本「古文書纂」二一）ほか。
(126)天文一二年五月一八日付今村弥七政次申状案（『別本賦引付』四）。
(127)同右。
(128)天文一二年六月五日付室町幕府奉行人連署奉書（「古文書纂」一二）。
(129)元亀二年一二月一四日付室町幕府奉行人連署奉書（東京大学史料編纂所影写本「沢野井文書」）、天文二二年三月五日付上野信孝書状（同上）。
(130)天文一二年六月五日付室町幕府奉行人連署奉書（「古文書纂」一二）。
(131)本書第一部第四章。
(132)永正一四年九月二一日付紺灰座中法度（『図書寮叢刊　壬生家文書四』一〇五九、一〇六二号）、弘治二年九月二〇日付同文書（同上）。
(133)『言継卿記』永禄一二年三月一〇日条。
(134)同右、永禄一二年四月一五日条。
(135)永禄一二年四月二五日付室町幕府奉行人連署奉書案（名古屋大学文学部国史研究室編『中世鋳物師史料』法政大学出版局、一九八九年、一五八号）。
(136)『続群書類従』補遺三。
(137)『言経卿記』（大日本古記録）天正一〇年一〇月一九日条。
(138)（年未詳）一〇月二四日付浅野長吉書状、（年未詳）一一月一六日同書状（「川原林文書」）。拙稿「道と関」（『今

津町史　古代・中世』滋賀県今津町、一九九七年）。
(139)　播磨良紀「楽座と城下町」（『ヒストリア』一一三号、一九八六年）。
(140)　『兼見卿記』（史料纂集）天正一二年五月二三日条ほか。
(141)　史料纂集。
(142)　『日本史研究　特集　近世京都の誕生―豊臣政権と御土居―』四二〇号（一九九七年）所収諸論考。
(143)　朝尾直弘「「洛中洛外町続」の成立―京都町触の前提としての―」（京都町触研究会編『京都町触の研究』岩波書店、一九九六年）。
(144)　『日本都市生活史料集成一　三都篇Ⅰ』（学習研究社、一九七七年）。
(145)　岩生成一監修『京都御役所向大概覚書』上巻（清文堂出版、一九七三年）。
（補註）　宮内庁書陵部所蔵「西園寺家文書」に残される康暦元年（一三七九）二月三日付後円融天皇綸旨には「七口万雑公事」の文言がみられる。この文言が西園寺家の「四角関」といかなる関連をもつか、また、文書自体の真偽などについては、本章発表時にも十分検討できなかったが、なお今後の課題としたい。

第二部　信仰と宗教

第一章　柳酒屋について

はじめに

本章が柳酒屋（柳屋）を取り上げる事由はふたつある。ひとつは、室町・戦国期京都の都市民衆の富裕層をなす酒屋の実態を解明するためであり、いまひとつは、当該期京都の都市民衆の法華信仰の具体相を考察する数少ない手がかりとなるからである。その研究史は、必ずしも豊かとはいえないが、前者については、小野晃嗣氏[1]の研究が、また後者についても、豊田武氏[2]、林屋辰三郎氏[3]、藤井學氏[4]の研究が主なものとしてあげられる。しかし、惜しむべきはこれら先行諸研究においては、柳酒屋を個々の論文のごく一部として取り上げられたにすぎず、しかも、以来、研究の進展もほとんどみられないのが現状なのである。

そこで、本章では、冒頭に掲げたふたつの事由を念頭におきつつ先行諸研究が看過された問題点や史料の再検討を行なうことによって現段階での柳酒屋の個別研究の一集成を提示したいと思う。

一　柳酒屋と中興

さて、柳酒屋の名が、文献史料において確認されるようになるのは、現在のところ、室町前期、応永二三年（一四一六）をあまり下らない時期に書かれた『桂川地蔵記』上巻にみえる「柳屋之観伯」(5)（観伯とは酒の異称）とされている。これに次ぐものとして知られるのが、「東寺執行日記」(6)永享九年（一四三七）正月一四日条にみえる「柳ノ酒屋」であるが、この時期の柳酒屋を語るものとして最も著名なのが、『蔭凉軒日録』(7)文正元年（一四六六）七月四日条にみえる次の一節である。

五条坊門西洞院酒家曰柳也、毎月於公方献六十貫美酒也、一年之内、以上七百二十貫文、以月課云、

小野晃嗣氏によれば、右にみえる柳酒屋の在所「五条坊門西洞院」は、北野天満宮所蔵の応永三二年（一四二五）付酒屋交名(8)にみえる同在所の酒屋「四郎衛門　五条坊門西洞院南西頬　定吉」と同一のものとされているが、もしそうであるならば、柳酒屋は、中世京都の酒屋の中でも室町前期においてすでにその具体相が知れる希有のものということができよう。

ところで、この柳酒屋と非常に関係深い一族が存在する。よく知られているように「中興」という名字を名乗る一族で、『蔭凉軒日録』明応元年（一四九二）一二月晦日条においては「長興之酒家」ともみえる酒屋のことである。この中興と柳酒屋の関係については、かつて小野氏が、先に掲げた『蔭凉軒日録』中の柳酒屋の在所「五条坊門西洞院」と後に掲げる明応期頃の土倉・酒屋注文にみえる中興の在所「五条坊門西洞院」が一致すること、また次頁に掲げる文明一〇年（一四七八）付の文書の内容などをもって柳酒屋＝中興と判断されて以来、何の疑いもなく支持されてきた。

しかしながら、小野氏が取り上げられた史料が、文明一〇年や明応期といった戦国期以降のものであることか

らもわかるように、それ以前の史料において柳酒屋と中興との関係を確認することはできないのである。もちろん先に触れた「四郎衛門　五条坊門西洞院南西頬　定吉」の名字が、中興であったという証拠もなく、したがって、慎重を期すならば、柳酒屋＝中興といえるのは戦国期以降に限定すべきで、小野氏のようにそれ以前のものもすべて中興であるということについては史料上、躊躇せざるを得ないのである。

実は、この問題は、本章の眼目といえるものであり、具体的には次の第二・三節において詳しく検討を加えたいと思うが、ここではその前作業として酒屋中興の実態について確認しておくことにしよう。

中興新左衛門尉家傍申柳桶六星紋事、於家傍一類者用之処、近年猥非分之輩付此紋云々、太無謂、所詮、速可令停止之、若又有相続子細者、可明白之由候也、仍執達如件、

(文明一〇年)
四月十七日

(布施)
英基判
(松田)
貞康判

酒屋中(9)

右の文書案が実は小野氏が柳酒屋＝中興の根拠のひとつとされたものであるが、これによって、中興の使用する酒の容器が「六星紋」の付いた「柳桶」であったこと、また、この文明一〇年以降、「家傍一類」、つまり中興一族以外による「六星紋」の使用が幕府によって禁じられた模様が読み取れる。中世における商標の存在や、一酒屋の営業に関わってこのような奉書を幕府が出したこと自体、注目すべきものと思われるが、この柳桶については、次の政所代蜷川親孝の日記『親孝日記』(10)の記事が参考となろう。

折帋

一、酒屋方柳桶壱荷充代・目銭等事、違先規之条、太無謂、然者役銭減少基、不可然、注文遣之、相談酒屋中、於役銭沙汰之在所者、不及是非、恣令興行、不順其役之在所者、堅可被停止之、此条々有違犯輩者、

可被注申交名之由候也、仍執達如件、

永正十三

九月十日　　　　(松田)英致

玉泉房

一、柳代　以中比之代半分儀可為三十疋、

一、目銭　減二銭如前々可出候也、

一、請酒事

別帋也、　折紙、

右にみえる「目銭」は、いわゆる酒屋役のことであり、また「請酒事」とは、小売専門の請酒屋の酒屋役を意味するものであるが、ここで目を引くのが「柳代」の存在である。奉行人松田英致の奉書案にみえる「於役銭沙汰之在所者、不及是非、恣令興行、不順其役之在所者、堅可被停止之」という文言より、この奉書の意図が目銭を納めない酒屋の営業を停止すべく、酒屋中（酒屋方）および公方御倉玉泉房にその執行と違犯輩の交名調査を命じたものであることは明白であるが、注目すべきは、柳代＝柳桶壱荷充代、つまり柳桶一個単位の価格が酒屋役全体の問題と関わるという事実であろう。

この柳桶とは、いわゆる柳の木でつくられた桶という意味ではなく、すでに小野氏が指摘されたように柳酒屋＝中興の醸造・販売する「柳」（柳酒）の入った桶という謂であるが、『諸芸方代物附』[11]によれば「一、さけの代　本の代古酒は百文別ニ五匂宛、（中略）一、やなきの代　古酒百文別三匂宛」とみえ、その価格がかなりの高額であったとともに、一般の酒とは別個の価格体系をもつ特異な存在であったことなども読み取ることができるのである。

ちなみに、中世後期の公家の日記など諸記録には、「柳酒小樽(12)」「大柳一樽(13)」などというのもみられるが、柳桶との直接的な関係は詳らかではない。ただ、諸記録にみられる柳酒のほとんどが贈答の場面で登場してくることからすると、「柳」はその価格の高さと相まってすぐれて贈与的価値をもつ品として流通していた可能性は高いであろう。おそらく「柳桶六星紋」が問題となったのも、中味の「柳」もさることながら柳桶自体がそのままの形で贈答品として広く流通していたという事実がその背景にあったものと推察される。

それでは、家俊を含めた中興一族の実態とはいかなるものであったのか、まずは次の史料をみてみよう。

免除在所之事

（中略）

一、五条坊門室町北東〻（頬）　沢村五三郎（弥五）　此在所、以前ハ中興四郎右衛門尉時ハ、壱貫四百文歟、御剣注進以後御免、

一、北少路室町北東〻　中興又四郎　酒役、号竹倉之時ハ、壱貫四百文、其以後七百文進納之由候、

（中略）

一、同東辻子南〻（西大路）　中興同前、（此在所久御免候）以外無力之由候、但如何、

（以下、略）(14)

下京酒屋

（中略）

一、五条坊門西洞院南西頬　中興　弐貫八百文　同（無臨時）(15)

右はともにすでに小野氏が取り上げられたものであり、時代としては明応期と考えられる洛中の土倉・酒屋の在所を示した注文の一部である。小野氏は指摘されていないが、これによって、中興の在所として、少なくとも先述来の五条坊門西洞院南西頬をはじめとして五条坊門室町北東頬・北小路室町北東頬・西大路東辻子南頬の四カ

所を確認することができる。また、文明九年（一四七七）以前に「中興新左衛門尉家俊」が「近衛西洞院南頬居住」していたことも別の史料[16]で確認でき、さらには、『親元日記』[17]文明五年（一四七三）一一月二九日条においては、「御構内北野南」に在所を置く「柳酒屋」が「勘解由小路堀川岸上酒屋宗慶」の子の遺跡を相続していたことなども読み取ることができるのである。

これらのことから、中興一族は下京のみならず洛中に広範に点在しその酒屋経営を行なっていたものと考えられるが、この点については、近年発見された永正期の酒屋注文[18]にも、在所は書かれていないものの「中興新兵衛」「中興又四郎」「中興」の名を見出すことができ、同様の傾向が指摘できる。

ところで、前掲の注文の後半部には、「土倉」として「五条坊門西洞院南西頬　中興　参百文」の記事がみえ、中興が同在所で土倉も経営していたことが確認できるが、次はその土倉中興の活動の実態を窺うことのできる史料[19]のひとつである。

一、中興亀寿丸代
　大草三郎太郎ニあつけ置料足弐百五十貫文事、以尾州西堀江年貢内、連々可返付之由乍契約、一向無沙汰之上者、任預状之旨、以若州青庄年貢可勘取之由、

右にみえる「あつけ」「預状」という文言はおそらく徳政令回避のための方策と考えられるから、これによって中興亀寿（丸）が大草に対する二五〇貫文という莫大な借銭の返済として「尾州西掘江年貢」ないしは「若州青庄年貢」の一部を取得するという契約を取交わしていたことが窺われる。おそらくはこれに類似した方法や買得などによってであろう、亀寿丸をはじめ中興一族は次の史料[20]にその一端が垣間見えるように土地集積を行なっていたことが知られる。

一、中興亀寿丸

親父掃部入道妙宗売（買）得所々、
一、田地三段、守公神田三条坊門南西朱雀東角、当知行、
一、田地六段百歩、西院庄内、坪付有之、当知行、
一、西八条安友名之内二段、当知行之処、福地又大郎違乱云々、
一、同所畠一段、当知行、同押妨云々、
以上、可被成下御下知之由申之、

なお、右のような土地集積以外の活動としては、『御湯殿上日記』(21)享禄二年（一五二九）五月一四日条に「なか（中）おき（興）御くら春よりあかりて、又つた（津田）のよ二郎御くらにさためらるゝ」とみえ、土倉中興の一所が禁裏御倉(22)になっていた事実も確認することができるのである。

以上、本節で述べてきたことを簡潔にまとめれば次のようになろう。すなわち、(1)柳酒と柳酒屋の名は、室町前期より戦国期に至るまで連綿と続いていることが確認できる、(2)ところが、中興一族と柳酒屋との関係が史料上明確になるのは、戦国期以降である、(3)また、中興の一族は、洛中に広範に点在し、また同在所において土倉も経営、さらにそのひとつが禁裏御倉になっていた、と。

そこで次節では、本節を踏まえその法華信仰について検討を加えつつ問題に迫ることにしよう。

二　柳酒屋とその法華信仰

まず最初に注意すべきと考えられるのは、先行諸研究が柳酒屋の法華信仰を論じるために拠られてきた史料が、すべて戦国期以降に著作されたものであるという点である。また、従来、その地の文が掲げられることもほとんどなかったので、ここではまずその諸史料の関係箇所を著作年代順に並べることからはじめることにしよう

（〈 〉内が、著作年代。但し、返り点等は省いた）。

【史料A】『与中山浄光院書』〈文明一四年（一四八二）頃〉(23)

一、日像ハ永仁二年二月十五日ニ五条堀川材木ノ上ニテ上行所伝妙法蓮華経唱始給、四ケ之名言ヲ呼ハリ給フナリ、其時受持申檀那ニ奉成初申人其名ヲ法実ト申也、是柳之酒屋之先祖也、于今繁昌シテ部類数多也云云、是洛陽信者之第二番也、

【史料B】『日像門家分散之由来記』〈天文二一年（一五五二）～元亀三年（一五七二）〉(24)

一、立本寺退出之事、（中略）五条坊門西洞院柳酒屋ヨリ妙本寺再興ノ為メトテ料足千貫文奉加申ス、又小袖屋ノ経意ト云者三百貫奉加ス、

（中略）

像（日像）公御入洛、永仁二年甲午四月十四日丑刻、五条西洞院河辺乍立題目修行初也、是洛陽弘通最初也、其時御近所ニ呉（ママ）長興ト申酒屋御檀那罷在、夜中ハ家内ニテ説法、昼ハ小路ニ柳ノ大木ニ臼ヲ高座トシテ御弘通也、

（中略）酒屋柳ハ檀那ノ始、

【史料C】『妙蓮寺祖師記』〈慶長一一年（一六〇六）〉(25)

日像菩薩

伏見帝治天、永仁二甲午歳四月十四日、師上洛伝説云、四衢道説法以臼為座云云、粤有一酒屋、名曰中興、夫没室称妙蓮尼、門前有柳故人呼其家為柳屋、（中略）便於此境内、師創妙法蓮華寺、挙世為柳寺、

【史料D】『龍華秘書』〈天保九年（一八三八）〉(26)

日具十九条〈妙顕寺日具は、明応一〇年（一五〇一）に没〉

一、立本寺山門末寺タル事、是立本寺建立之事、柳酒屋妙女と申候女房、迹本院具円申候仁体、彼方貫衆之

時、千二百貫文ノ寄進シテ、千貫ニテハ寺ヲ立ラレ候へ、二百貫ハ長老坊造営候ヘトテ寄進シテ候シ、

（中略）

卯木山妙蓮寺草創再興之濫觴〈『諸本寺志略』寛文七年（一六六七）〉

永仁年中、九十一代伏見院御宇、始作妙法首題於花洛時、五条西洞院有以柳名屋俗士中興、篤信所弘之妙旨、則於其境内、創小精舎、名曰妙法蓮花寺以柳屋境内寺、世人称柳、卯木山号蓋則之矣、

（中略）

像師御由来〈『歴代略伝』元禄五年（一六九二）〉

一、四月十六日（中略）下京四条西洞院柳酒屋申者、都而受法始也、

以上がその全容であるが、各々、現在ではみることのできない種々の史料・伝承等をもとに著作されたものと推察されるので、俄にその真偽を判断するのは躊躇される。そこで、ここでできる作業として、柳酒屋に関する記事を、①共通する記事、②相違する記事、③独自の記事に分けて整理してみると次のようになろう。

①共通する記事

1、鎌倉末期、永仁二年（A・B・C・D）に日蓮の孫弟子、日像が京都で弘通をはじめた（A・B・C・D）際、最初の檀那が柳酒屋（A）ないしは中興（B・C）の先祖の女性であった。

2、柳酒屋は中興（B・C・D）であり、その屋号は（門前の）柳にちなんだ（C・D）もので、五条坊門西洞院が在所であった（B）が、その境内に妙法蓮華寺が建立（C・D）された（後の妙蓮寺の祖型）。

3、そのため、妙法蓮華寺は柳寺（C）・卯木山（D）と呼ばれた。

②相違する記事

1、（最初の檀那となった柳酒屋先祖の女性の名）法実（A）、妙蓮尼（C）、妙女（D）

2、（柳酒屋の在所）五条坊門西洞院（B）、五条西洞院（D）、下京四条西洞院（C）

3、（応永二三年〈一四一六〉の妙本寺〈妙顕寺〉再興のための奉加料足）一〇〇〇貫文（B）と一二〇〇貫文（D）（後に当地の寺が立本寺となる）

③独自の記事

1、「于今繁昌シテ部類数多也」（A）

先にも述べたように、各々についてもとになる史料等が現在確認できない以上、いずれが事実であったかについては断定できないが、とりあえず前節を踏まえてここで確実に言及できることといえば、（1）戦国期には①—1、が、また近世初頭には①—2・3、が伝承として存在していたこと、（2）前節で掲げた史料の中の中興亀寿丸の「親父掃部入道」の法名「妙宗」から読み取れる、少なくとも戦国期における中興の法華信仰の事実が③—1、に対応するものと思われる、の以上であろう。

このように右に掲げた諸史料から言及できることは、慎重を期すならば必ずしも多いとはいえないのが実状なのである。ところが、一方で、右に掲げた諸史料と関連して検討しなければならない史料も存在する。その史料とは、実は前節の冒頭に掲げた『蔭凉軒日録』文正元年七月四日条の直後に続く「琴斎僧以柳家、為檀那」という記事である。史料の質からいって、文正元年時点において柳酒屋が相国寺僧と思われる「琴斎僧」の檀那となっていたことは確実と思われるが、一方で、周知のように法華信仰というものが、いわゆる不受不施理論を備え、[27]また皆法華と呼ばれる夫婦・家族・同族・聚落がすべて法華宗（日蓮宗）門徒になることを必然化し強要もするものであったことからすると、[28]法華宗にとって謗法者である禅僧の檀那となっている事実は矛盾しているといわざるを得ないものといえよう。もっとも、相国寺との関係でいえば、天文五年（一五三六）、いわゆる法華一揆が壊滅した際に「法花大将一人」が相国寺の「萬松」軒にかくまわれた事実がみえるなど、[29]法華信者をも含めて中世民衆一般に存したであろう複雑な信仰形態や寺院・僧侶との結び付きという状況も考慮する必要がある。

しかしながら、その一方で、前節において注意したように文正元年時点の柳酒屋が中興であるという確証がないということや中興と柳酒屋との関係が確認されるのが戦国期以降であることを考え合わせるならば、以下のような想定も可能であろう。すなわち、戦国期以前の柳酒屋とそれ以降のものとは別の存在であったのではあるまいか。より具体的にいうならば、何らかの経緯を経てある時期に中興が柳酒屋を継承したのではあるまいか。そして、戦国期以降における中興＝柳酒屋の強信なる法華信仰の状況が、柳酒屋の名とともに時代を遡って室町前期における法華弘通に関する伝承と結び付いたのではあるまいか、と。

次節では、この点に焦点を絞って検討を加えてみることにしよう。

三　柳酒屋の継承

ところで、中世、太政官弁官局左大史を世襲し、官務と称されてその文書・記録を管理し続けてきた地下官人壬生（小槻）家歴代のうち、『晴富宿禰記』[30]の記主として知られる壬生晴富は、『公武大躰略記』[31]によれば、「五条の坊門壬生に居住」していたと伝えられている。五条坊門といえば、下京においてもほぼ南端に近いが、その一角に威容を放っていたのが「五条坊門大宮法華堂」とも呼ばれた法華宗寺院、妙蓮寺であった。

ちなみに、晴富の日記が残されている時期の妙蓮寺の貫主は、公家の庭田家出身の日応という人物であったが、彼の出身家が当時、伏見宮家をはじめとした皇族とも密接な関係にあったがために、妙蓮寺の名は他の法華宗寺院の中でも群を抜いて諸記録の中に見出すことができる。晴富もまた、至近に居住していたためであろう、連歌会や談義などに頻繁に招待を請けているが、その際、この妙蓮寺でしばしば中興一族と顔を合わせていたことがその日記から読み取れる。実際、晴富と中興一族とは知己でもあったらしく、晴富は一族の「中興加賀入道」

（祐宗）に「梅花」「標梅一盞」「箏一束」などを送り、逆に一族の「中興新左衛門尉」（家俊）が晴富に「鯛」を送ったりするような間柄でもあったのである。(32)

　この妙蓮寺に中興一族が頻繁に顔をみせていた所以は、前節でも触れたように中興が妙蓮寺の有力檀徒であったからに他ならないが、『晴富宿禰記』には、この時期の中興と柳酒屋の関係を窺える興味深い記事を見出すことができるのである。

西洞院柳尼公屋地事、慈聖院□（主）□□策可達徳隣庵之子細、憑予（壬生晴富）口入□□伴月輪少将光賢、可赴慈聖院事□□頻懇望之間、予今日向之、

（延徳四年四月二七日条）

就柳五条坊門西洞院敷地事、自慈□□□徳隣庵隆蔵主事、予籌策也、仍猶子細載状、月輪少将光賢持来之、

（延徳四年五月五日条）

欠損部分が多いので文意は取りづらいが、文中にみえる五条坊門西洞院の「屋地」「敷地」が、先述来の柳酒屋のいわば本貫ともいうべき地であること、そして「柳」が柳酒屋を意味し、また「柳尼公」という女性が当時の柳酒屋の主人であることだけは間違いないであろう。ところが、なにゆえかその「屋地」「敷地」が、おそらくは南禅寺の塔頭のひとつであろう慈聖院と、これまた五山のおそらく禅僧と考えられる徳隣庵隆蔵主の間で競望の的となり、晴富が「口入」を頼まれた、というのがおおよその文意である。

　この競望騒動がいかなる経過をもって発生しまた解決されたかについては残念ながら知り得ないが、結論的にいえば、この「屋地」「敷地」は慈聖院の手に入ったものと考えられる。なんとなれば、『晴富宿禰記』延徳四年五月二一日条に「自慈聖院買酒柳」、また同月二二日条に「慈聖院又為柳酒送入□□」という記事などが記されているからである。慈聖院から柳酒を買うという事実がいかなる意味をもつのかその解釈は難しいが、酒屋が他の商工業とくらべて倉を構えたり良質な井戸水を確保したりするなどその立地により多くの制限が付随してい

たであろうことを勘案すると、それに叶った「屋地」「敷地」を押さえられることによってその経営そのものも押さえられることとなった可能性は十分考えられよう。実際、先にも触れた中興又四郎の在所である「北小路室町北東」は、以前は「号竹倉」す酒屋が同地で酒屋役一貫四〇〇文を負担していたと記されており、同じ敷地や建造物などが複数の酒屋によって繰り返し使用されていた様子が窺われるのである。

そして、このように考えた時、問題とすべきは、すでに文明一〇年（一四七八）に幕府奉行人連署奉書によって「六星紋」の付いた「柳桶」使用の独占を認可されたはずの中興新左衛門尉家俊一族の動向が全くみえないという事実である。なぜならば、今まで考えられていたように柳酒屋＝中興であるのならば、当然、中興一族は「柳尼公」のいわば窮状に対して真っ先に何らかの動きをみせるものと考えられるからである。にもかかわらず、柳酒屋にとって本貫ともいうべき五条坊門西洞院の地を慈聖院に押さえられ、あまつさえ柳酒まで売られるようになっていたというこの事実は、いまだ延徳四年に至ってもなお柳酒屋と中興の間には微妙な距離が存在していたことを意味するものに他ならないのではないだろうか。

もっとも、この状況も極めて短期間しか続かなかったようで、先にも掲げたように明応期の土倉酒屋注文には確実に「五条坊門西洞院南西頰」に「中興」の名を見出すことができるのである。中興が慈聖院からいかにして問題の「屋地」「敷地」を手に入れたかについては詳らかではないが、明応期に至ってようやく柳酒屋＝中興という従来考えられていたような状況が出来したということだけは間違いないであろう。

なお、このような、いわば酒屋の継承という事象を考える時、念頭に置かなければならないのが、天文一四年（一五四五）八月付上下京酒屋土倉申状(33)にみえる「応仁一乱ニ土倉・酒屋三百余个所断絶」という文言である。この文言は、酒屋・土倉自身の口から出たものだけに信憑性が感じられるが、これに従えば、酒屋・土倉もまた応仁・文明の乱の戦禍によって甚大な被害を被ったと想定される。実際、中興一族の当主と目され、しばしば登場する中興新左衛門尉家俊も文明九年（一四七七）、「近衛西洞院南頬居住之時」「就一乱私宅焼失」したと幕府に申し出ているぐらいであるが、ただこの史料は同時に、中興家俊が「六星紋」の付いた「柳桶」の独占を幕府に申請する直前においても柳酒屋の本貫地たる五条坊門西洞院に在所をおいていなかったという事実を示すものとして読み取ることも可能といえよう。

本書第一部でも触れたように、応仁・文明の乱以降の京都では、いわゆる「山門気風の土蔵」に系譜をひく正実坊・玉泉坊・定泉坊など坊号をもつ酒屋・土倉に比肩する形で角倉吉田や中村・沢村・野洲井といった俗称を名乗る酒屋・土倉が台頭してゆくようになるが、先にも述べたように中興の活動を追える史料が現在のところ戦国期以降のものに限られていることを考え合わせれば、中興もまたどちらかといえば後者の酒屋・土倉に属する存在であった蓋然性は高いであろう。

そして、中興はおそらくそのような立場から文明一〇年に「柳桶六星紋」の独占化を幕府権力を利用しながらはかり、ついで延徳四年からそう下らない時期に柳酒屋の本貫地を取得することによって完全に柳酒屋を継承していったのではないだろうか。戦国期、五条坊門に面して存在していた妙蓮寺の開基伝承が成立してゆく中で、五条坊門西洞院・柳酒屋・中興といったいくつかのキーワードが一体となって結実していった背景には、このような酒屋・土倉としての中興一族の台頭という事実が色濃く反映していたものと思われるのである。

むすびに

京都において法華宗が爆発的にその教線を拡大するのは、つとに知られるように応仁・文明の乱以降、つまり戦国期であるが、かかる状況を支えた大きな力とは、実は中興などに代表される系統の酒屋・土倉の台頭であったと思われる。もちろん『蔭凉軒日録』文正元年閏二月一八日条に「以洛中酒屋為壚度所信敬之甚如此」とみえるように、応仁・文明の乱以前においても酒屋が法華信仰の重要な担い手であったことは間違いないし、また、中興のような存在が突然出現したわけではないことはいうまでもないが、ただ、「文明之乱以後、京中充満」[34]、「当時法華宗繁昌驚耳目者也」[35]、「京都に日蓮宗繁昌して、毎月二箇寺三箇寺宛出来し、京都大方題目の巷となれり」[36]などと諸記録に記されるような状況が戦国期以降にしかみることができないのもまた事実なのである。そういう意味では、京都における法華信仰の隆盛と応仁・文明の乱を境とした酒屋・土倉を通して窺える、いわば都市民衆の存在形態の変化といった状況とは密接に連関していたといえるであろう。

したがって、この後の課題としては、室町・戦国期、さらにはそれ以降の時期における法華教団の動向を檀徒としての都市民衆の存在形態との連関において明らかにしてゆく必要があろう。次章以下において検討を加えてゆくことにしたい。

（1）　小野晃嗣「中世酒造業の発達」（『社会経済史学』第六巻一一号、一九三七年、後に同『日本産業発達史の研究』至文堂、一九四一年）。以下、本章で取り上げる小野氏の説は、本論文による。
（2）　豊田武『日本商人史　中世篇』（東京堂、一九四九年、後に『中世の商人と交通　豊田武著作集第三巻』吉川弘文館、一九八三年）。
（3）　林屋辰三郎「町衆の成立」（『思想』三一二号、一九五〇年、後に同『中世文化の基調』東京大学出版会、一九五三年）。
（4）　藤井學「西国を中心とした室町期法華教団の発展―その社会的基盤と法華一揆を中心に―」（『仏教史学』第六巻一号、一九五七年）、同「中世仏教の展開（その三）」（赤松俊秀監修『日本仏教史　中世篇』法蔵館、一九六七年）、同「新旧仏教の教線」（京都市編『京都の歴史3　近世の胎動』学芸書林、一九六八年）。
（5）　『続群書類従』第二三輯上。
（6）　内閣文庫写本。

(7) 増補続史料大成。
(8) 北野天満宮史料刊行会編『北野天満宮史料　古文書』六二号。
(9) 『親元日記』文明一〇年四月一八日条（今谷明・高橋康夫共編『室町幕府文書集成奉行人奉書篇』上、思文閣出版、一九八六年、一〇九八号）。
(10) 『親孝日記』（増補続史料大成）永正一三年九月一〇日条。
(11) 註(5)。
(12) 『蔭凉軒日録』文正元年閏二月八日条。
(13) 同右、長享三年七月八日条。
(14) 『蜷川家文書之二』（大日本古文書）三〇四号。
(15) 同右、三〇五号。
(16) 『政所賦銘引付』（桑山浩然校訂『室町幕府引付史料集成』上巻、近藤出版社、一九八〇年）文明九年一二月二一日。
(17) 増補続史料大成。
(18) 永正八年四月一七日付上下京酒屋役注文案（京都市歴史資料館写真版「小西康夫氏所蔵文書」）、（年月日未詳）酒屋役銭免除注文（同上）。
(19) 『政所賦銘引付』文明九年一二月八日。
(20) 同右、文明一〇年九月一七日。
(21) 『続群書類従』補遺三。
(22) この点をはじめて指摘されたのは、奥野高広『皇室御経済史の研究』（畝傍書房、一九四二年）である。
(23) 立正大学編『日蓮宗宗学全書第一八巻　史伝旧記部一』（山喜房仏書林、一九五九年）。以下の史料の年代比定は、同書該当巻に拠った。
(24) 同右。
(25) 『日蓮宗宗学全書第二三巻　史伝旧記部六』（山喜房仏書林、一九六〇年）。
(26) 『日蓮宗宗学全書第一九巻　史伝旧記部二』（山喜房仏書林、一九六〇年）。

(27) 宮崎英修『不受不施派の源流と展開』（平楽寺書店、一九六九年）。
(28) 註(4)。
(29)『鹿苑日録』（続群書類従完成会刊本）天文五年八月一六日条。
(30) 図書寮叢刊。
(31)『群書類従』第二八輯。
(32)『晴富宿禰記』文明一一年二月一二日条、四月一三日条、五月二〇・二一日条。
(33) 天文一四年八月日付上下京酒屋土倉申状（『別本賦引付』一、『室町幕府引付史料集成』上巻）。
(34)『後慈眼院殿御記』（宮内庁書陵部編『図書寮叢刊　九条家歴世記録二』）明応三年一〇月一三日条。
(35)『宣胤卿記』（増補史料大成）文明一三年三月二六日条。
(36)『国史叢書』（国史研究会、一九一五年）。

（補註1）東島誠「中世神泉苑と律宗長福寺―都城の《結界》性とそれを掘り崩すもの―」（『年報中世史研究』二一号、一九九六年）によれば、康正三年（一四五七）に柳酒屋が神泉苑の「土取」を東寺に申し出ているという今までに知られていない興味深い事実が指摘されている。

（補註2）近年、発見された『八瀬童子会文書』（京都市歴史資料館編『叢書京都の史料4　八瀬童子会文書』二〇〇〇年）所収の（文明二年以降）日吉神人在所注文断簡に「中興ト申候ハ、二条東洞院ノ柳也、柳ノ一当《(党)》ハ、為八幡神人馬上役免除也」とみえることからすると、中興が柳酒屋と血縁的に繋がっていた可能性が考えられるとともに、日吉神人に対置する八幡神人という立場がその強信なる法華信仰へと繋がっていったことも考えられる。

第二章　法華教団の政治的位置
——室町・戦国期における——

はじめに

室町・戦国期における京都法華教団＝法華宗の歴史をはじめて通史的に呈示されたのは、辻善之助氏(1)である。氏の極めて実証的な手法によって、日蓮の孫弟子、日像の京都布教からその門流の分派、公家衆との関係や応仁・文明の乱後の宗勢の伸張、さらには天文法華の乱などこの時期の基本的な史実の概要が明らかとなった。この後、辻氏の研究を受けて史実をより深化させるとともに、宗門史的・思想史的な考察が加えられることになる。『日蓮教団全史　上』(2)や藤井學氏(3)等に代表される研究がそれに当たるが、これらの研究によって、当該期における法華宗の歴史に、権門への接近や他宗への妥協的な態度に代表される摂取的な立場から純正法華信仰と不受不施を標榜する折伏的な立場への傾斜というような見解が添加された。なお、これ以降の宗門史からの研究としては、教団を構成する門流に焦点を当てた糸久宝賢氏(4)の研究が特筆される。

ところで、このようないわゆる宗派史的な研究に対して、近年、黒田俊雄氏(5)の「顕密体制」論に刺激を受けて全体史的な見地からの発言もみられるようになっている。例えば、平雅行氏(6)が、当該期の概要を体制回帰から従来の支配体制への依存の希薄な宗派の台頭と、また佐藤弘夫氏(7)が思想の変容ないしは軌道修正から再生、さらには佐々木馨氏(8)が体制内化からの覚醒とみているのがその代表であるが、ただ実際のところは、その論考および著書の性格上、三者ともに個々の史実に対して検討を加えたわけではなく、むしろ宗門史の成果に依拠しつつ思想史的な観点から展望を呈示されたというのが現状なのである。

しかし、室町・戦国期における法華宗の歴史を全体史の中でどのように位置付けるかという作業は、中世後期における宗教史を考える上でも重要で(9)、したがって、今後は、かかる見地や展望を考慮しつつ、宗派史的な研究によって明らかにされた史実について今一度、具体的に再検討を加えてみる作業が急務といえよう。

そこで、本章では、その作業の一環として、既知・未知の史実をできうる限り相対的な形で捉え直すことを通して室町・戦国期京都における法華宗の政治的な位置について考えてみたいと思う。ここでいう相対的とは、宗派史的な研究と全体史的な見地とのバランスを取るという意味であるが、具体的な作業としては、従来のように視点の重心を教団に置かず、むしろ他者が法華宗をどのように認識し、そしてその認識と実態、すなわち宗門史研究によって明らかにされてきた史実とがいかなる対比をみせるのかという点に注目したいと思う。

この点、他者をどこに設定するかが問題となるが、本章ではまず、法華宗のことを最も他者として意識した存在、すなわち天文法華の乱に代表されるように法華宗に対して弾圧的行為を加えた体制側たる山門、延暦寺にそれを設定しようと思う。とりわけ、ここでは、山門を構成する各勢力の中でも門跡（青蓮院、妙法院、梶井など）と並んで寺院経営を担った三塔（東塔、西塔、横川）や谷々に拠る大衆が焦眉となる。「存在理由をかけての、その本質からする行動」(10)といわれる弾圧的行為の主体とは実にこの大衆に他ならないからであるが、本章ではこの大衆の動向を検討することを出発点としてそこから派生する事象や言説にその認識を読み取り、またそこで結ばれる様々な関係性の中で議論を展開してゆきたいと思う。

一　山門（延暦寺）大衆との関係において―弾圧的動向を中心に―

(1)

日像が京都布教を開始したのは、鎌倉末期、永仁二年（一二九四）四月のことである。この後、徳治二年（一三〇七）、延慶二年（一三〇九）、元亨元年（一三二一）の三度に及び日像は、院宣によって京都を追放されまた許されるが、これを宗門では三黜三赦と呼んでいる。法華宗が公的に認知を受けるようになるのは、この日像創建による妙顕寺が元弘三年（一三三三）に護良親王令旨[11]によって「御祈禱所」とされたのが端緒であるが、その後、建武元年（一三三四）に後醍醐天皇綸旨[12]によって「勅願寺」、さらに建武三年（一三三六）には「将軍家御祈禱所[13]」とされるに至っている。暦応四年（興国二年、一三四一）には、光厳上皇院宣[14]によって四条櫛笥に寺地が与えられ、妙顕寺の門流は四条門流と呼ばれるようになる。この後、妙顕寺は、室町・戦国期にかけて大覚・朗源・日霽・月明・日具・日芳・日広へと受け継がれてゆくが、その間、門流自身は分散を繰り返し、妙覚寺・本覚寺・本能寺・立本寺・妙蓮寺・本隆寺といった本山寺院を生み出してゆくこととなる。

なお、この四条門流以外にも、室町期にかけては、本国寺を中心とした六条門流や本法寺・妙満寺・頂妙寺の中山門流など、複数の門流や寺院がその教線を拡大してゆくことになるが、当面の焦眉は四条門流の動向で、体制回帰や体制内化といわれるのは実にこの四条門流妙顕寺の日像から月明あたりの状況を指していわれるものである。

もっとも、そのように体制回帰・体制内化といわれるのとは裏腹に、すでに南北朝期から幾度にもわたって法華宗は山門大衆からの弾圧的行為に見舞われ続けている。今、管見の限りでそれらの年次をあげると、①正平七年（文和元年、一三五二）、②嘉慶元年（元中四年、一三八七）、③応永二〇・二一年（一四一三・一四一四）、④寛正六年（一四六五）、⑤文明元年（一四六九）、⑥明応六年（一四九七）、⑦大永四年（一五二四）、⑧天文五年（一五三六）のようになるが、これらを一瞥しただけでも法華宗が室町・戦国期を通して不断に山門大衆による弾圧の脅威に曝されていたことが了解できるものと思われる。従来においてももちろんこのような法華宗弾圧について触れた論考は枚挙に暇はないが、ただその詳細については天文法華の乱を除けばほとんど知られていない。そこで、ここではその逐一について検討を加えてみようと思うが、その前に山門大衆がその弾圧的な行為に至るまでの過程についても若干の分析を加えておきたい思う。

古来、山門における決定は僧伽和合による衆議（集議）を原則とし、そのため各レベルにおいて集会とか僉議が催されたことはよく知られているが、法華宗弾圧の場合も同様で、最高の議決といわれる大講堂前庭における三塔（三院）集会をはじめ諸集会が催されたことがまず確認できる。次いで、この集会における衆議内容が文書化され発給される。山門大衆が発給する文書には、奏状、事書、告文、申詞などが知られているが、ここでは事書が中心となる。

事書の文書様式は特徴的で、冒頭に日付、集会の場所、集会の主体などが記され、行を改めて衆議の内容が、そして最後に「衆議如件」「群議而已」「僉議而已」などの書止めがくるようになっている。衆議の内容は、山門の歴史をはじめ宗教的な言辞に彩られているが、その内容を分析することによって山門大衆の論理やその動向の基本的な部分を知ることができる。ちなみに、表1は①～⑧の中で管見の限りで確認し得た主な事書の事書部分と書止めを一覧表化したものである。

この事書に関する古文書学的な研究はさほど多くなく、わずかに相田二郎氏、(15)笠松宏至氏、(16)網野善彦氏、(17)下坂守氏(18)などの研究があげられるにすぎない。したがって、若干の見解の相違もみられ、例えば、網野氏が事書を宛所のない文書とみる一方で、下坂氏が事書部分に宛所を読み取るなどがそれに当たる。文書全体の内容からすれ

表1　法華宗弾圧に関する山門大衆事書

	事書	書止め	典拠
④	寛正六年十二月十三日山門楞厳院閉籠衆議曰早可相触日蓮宗事	衆議而已	諫暁始末記
⑤	文明元年七月廿六日山門楞厳院中堂閉籠衆義曰早可被相触山門奉行事	衆儀而已	京都大学所蔵文書
⑤	文明元年八月三日山門楞厳院閉籠衆議曰早可相触法花宗事	衆儀如件	同右
⑤	文明元年八月八日山門本院政所集会議曰早可被相触山門奉行事	衆議如此	同右
⑥	明応五年六月日山門政所集会議曰可被達早為山門奉行沙汰上聞事	衆儀如斯	本山制日蓮派号法華宗
⑦	大永四年七月廿三日山門大講堂集議会曰可早為庁務沙汰被申入座主宮事	群議如斯	叡山旧記
⑧	天文五年六月朔日大講堂三院集会議曰可早為山務沙汰被献覧天聴事	群議而已	天文五年山徒集会議
⑧	天文五年六月朔日大講堂三院集会議曰可被早為山門奉行沙汰申達公聞事	群儀而已	同右
⑧	天文五年六月朔日延暦寺大講堂三院集会議曰早可被為山門雑掌沙汰啓達園城寺事	僉議而已	同右
⑧	天文五年六月朔日延暦寺大講堂三院集会儀曰早可被為雑掌沙汰啓達教王護国寺事	群議而已	同右
⑧	天文五年丙申六月朔日山門大講堂三院集会儀曰可早被達公武之尊聞遍相触諸宗事	雷同如斯	同右

註・出典は以下の諸本による
『諫暁始末記』（立正大学編『日蓮宗宗学全書第一九巻　史伝旧記部二』）。『京都大学所蔵文書』（『大日本史料』第八編之二）。「本山制日蓮派号法華宗」（京都大学文学部閲覧室写本）。『叡山旧記』（『新訂増補国史大系第三七巻　後鑑第四篇』）。『天文五年山徒集会議』（辻善之助『日本仏教史第五巻　中世篇之四』）。

ば、下坂氏のように事書部分に宛所を読み取る方が自然と思われるが、ただ、この部分と関わって網野氏が、「日付を冒頭に置き、充所を欠く様式の文書」が「『音声』の世界と結びついた文書」とされている点は注目される。実際、事書の多くには返り点やカタカナ文字の振り仮名・読み仮名が付せられており、この文書が音読されていた可能性が考えられるからである。

なお、文書自体を作成するのは大衆ではない。下坂氏の研究によれば、事書を含め山門大衆が発給する文書は近江坂本にあった寺家[19]を介して発給されたとされるから、この寺家において文書は作成され、そしてその所司が事実上の事書の宛所へ文書を届け音読することによってはじめて衆議の内容は公となったものと推察される。

(2)

それでは、以上を踏まえた上で①~⑧について検討してゆくことにしよう。

①正平七年(文和元年)

『祇園執行日記』[20]によれば、西院の事書が祇園執行のもとへ届いたのは、二月二一日、二五日、二九日の三度である。事書の文面は伝わっていないものの、その内容は「犬神人」をもって「法華堂破却」「法花宗住所破却」せんがためのものであったことがわかる。この「法華堂」とは「妙顕寺」[21]のことで、大覚が住持であった時に当たる。この時、山門大衆がいかなる論理でもってかかる動向をみせたかについては不明であるが、結局は、「於法花宗者、依有退治之沙汰、悉以赴辺境」いたため、破却は沙汰やみとなった模様である。

②嘉慶元年(元中四年)

この時のことについては、今のところ一次的な史料で裏付けが取れないので具体的な状況は不明といわざるを得ない。宗門では、時の妙顕寺住持、日霽が若狭へ逃れたこと、これ以降、永正期に至るまで妙顕寺はその寺号の使用が許されず、妙本寺という寺号を称していたことなどが伝えられている。[22]

③応永二〇・二一年

この時もまた事書が伝わっておらず、『満済准后日記』[23]がわずかにその記事を伝えるだけである。それによれば、応永二〇年六月、「法華堂坊主」が僧正に任じられたため、「山門嗷訴」に及び、「犬神人」「宮仕」が発向したことが確認できる。この時、僧正に任じられたのは、後にも触れるように妙顕寺月明であることが確認できるが、『満済准后日記』応永二一年七月八日条によれば、「口宣召返」され、「本堂」は法勝寺五大堂に寄進、「長老坊」は犬神人へ、「自余并地等」は日吉十禅師社に下げ渡されたことがわかる。宗門では、月明はこの時丹波へ逃れたと伝えている。

④寛正六年

この時のことは、宗門側に『諫暁始末記』[24]（筆者未詳、立本寺日胤、本覚寺日住の三本が伝わる）という史料が残され、その中に事書や諸文書が収載されているので比較的状況がよくわかる。一二月一三日付の事書の主体は横川楞厳院閉籠衆、宗門では、本覚寺日住が鹿苑寺御成途中の将軍足利義政に対して諫暁したことがその契機とされているが、事書の文言としてはそのことに触れず、「非諸宗而致邪義条、言語道断之次第、前代未聞之乱悪也」というものが目をひく。楞厳院閉籠衆は、「公人并犬神人」の発向を衆議するが、この時、法華宗側は今までにない動きをみせる。その動きとは、まず諸寺が三条猪熊の本覚寺に「集会」、その結果、室町幕府の別奉行たる山門奉行布施貞基へ「伺」を立てたという点である。

『諫暁始末記』によれば、この後、布施貞基は「山門谷々」へ事情を尋問、「谷々不知」という言を得た後、一二月二五日付で「山門使節」に対して「洛中洛外法華堂」に対する「公人以下発向」阻止の旨の奉行人連署奉書を発給している。これを受けて、山門使節は、二八日付で横川の「学頭代」に奉書を発給、翌日には学頭代もまた「坂公文所」に折紙を発給し、公人・犬神人の発向が中止されるに至るのである。山門大衆による弾圧的動向が阻止されたのは、これがはじめてであるが、その際に、『諫暁始末記』に記されているように法華宗による幕府に対する働きかけが効を奏した点は特筆すべきことといえよう。

ただし、この時の事書の主体が閉籠衆とあり、「閉籠とは若干の者が重要な堂舎・社殿を占拠し、木戸・逆茂木などをめぐらしてここにたて籠ることで、大衆僉議や嗷訴など全山大衆の同意なしに一部の衆徒が要求を通すためにとる戦術[25]」である点、また山門使節が登場してくることからもわかるようにこの時期の幕府と山門大衆との盟約」を結ぶに至る。

の微妙な関係が影響したことは間違いないであろう。なお、この事件を契機として法華宗諸寺は、翌年に「寛正の盟約」を結ぶに至る。

⑤文明元年

応仁・文明の乱真っ只中、七月二六日、衆議を催したのは、またしても楞厳院中堂閉籠衆であった。その事書によれば、「軽毀余経、誹謗他宗」し、「地下人等」をして「就彼引汲、捨離余宗之信仰」せしめる「日蓮之遺弟等」を「搦捕」えて「唐崎霊波」に沈めるよう、つまり京都からの追放を山門奉行に対して要請、「若御成敗有停滞者」、「彼等住所」に対して「犬神人」を発向させる旨を伝えている。事書は、八月三日付のものも残されており、それには法華宗との「論決」、つまり宗論をも辞さない姿勢が読み取れる。

ところが、同八月八日付の本院（東塔）政所の事書はいささか趣を異にしている。それによれば、今回のことは「楞厳院一類別心之悪徒」による「希代之狼藉」であり、「三院一同之儀」ではないという。そして、最も注目すべきは、「於彼宗事者、先年粗雖被及其沙汰、以寛宥之儀、被捨置訖」という文言である。ここでいう「先年」とはおそらく寛正六年を指すものと思われるが、ここにおいて山門大衆の中に法華宗の存在を寛宥する集団が確認できた点は重要といえよう。

結局、幕府は、この本院政所の事書に沿って「山門三院宿老」に対して「楞厳院若輩」の「止其綺」旨の奉行人連署奉書を発給、[26]同日、法華宗に対しても追放に関する「無其謂」の旨の奉行人連署奉書を発給したのである。[27]なお、この時、法華宗側がいかなる動向を示したかについては不明であるが、寛正六年の事例が先蹤となって山門大衆による弾圧的動向が再び阻止されたことは疑いない。

⑥明応六年

『後法興院記』[28]『実隆公記』[29]『晴富宿禰記』[30]などによれば、この年の六月、妙蓮寺において妙覚寺と妙蓮寺の間で勝劣一致に関する「問答」「宗論」が行なわれた。勝劣一致というのは、法華経二八品の内、前半一四品（迹門）と後半一四品（本門）に勝劣（優劣）があるか否かという法華宗の宗義に関わるものであるが、この時の宗論では勝劣義の妙覚寺が勝っている。

ところが、これに対して一致義の妙蓮寺側は妙覚寺住持を打擲したのみならず、「一致門徒廿七ケ寺集会立本寺、有談合、其後妙覚寺矢倉等壊置」いたという[31]。諸記録が伝えるようにまさに「合戦」が展開されたのであるが、これに対して、山門政所集会は、「一致勝劣互有其功徳」、「致一致勝劣淨論、及殺害刃傷」ことは「希代狼藉」、「改日蓮宗、可致附念仏宗」旨を山門奉行に要請したのである。残念ながら、この後の経過については不明であるが、山門大衆が法華宗における融和性に欠く勝劣一致義に対して異種・異和の認識をもっていたことだけは間違いないであろう。

⑦大永四年

七月二三日付の大講堂衆議は、座主宮、つまり妙法院門跡覚胤を通して朝廷に対して「日蓮党」の「大僧正・大僧都高官」の叙任を改易するよう要請している。この大永四年に大僧正・大僧都にいかなる僧が叙任されたかについては、詳らかではないが、大永二年（一五二二）一〇月に妙顕寺日芳が大僧正に叙任されたこと[32]と関係があるのかもしれない。これに対する朝廷の返答が女房奉書によって下されたことが『実隆公記』八月六日条にみえるが、それによれば、「向後事」は「其意」を得るが、「已被成之宣下可被召返之条」は、「不可事行」という「勅答」であったという。ただし、後にも触れるようにこの「勅答」の旨が遵守された形跡はない。実際、この後にも法華宗僧が度々僧正・僧都に叙任されている事実が知られるからである。

⑧天文五年

いわゆる天文法華の乱がこの時である。この天文法華の乱に関しては、別の機会[33]に検討を加えたので詳細はそれに譲るが、細川晴元政権や近江守護六角氏など武家権力が山門大衆に合力している点は①～⑦とは大きく異なる。また、事書を含め山門大衆の文書が、その合力を求め園城寺・東寺・高山寺・平泉寺・興福寺・粉河寺・根来寺・東大寺・豊原寺・吉野山・多武峰・神護寺・高野山・本願寺・書写山円教寺・日光山等の諸寺院に対しても発給されており、当時の法華一揆の武力の強大さが窺えるとともに、この時期においてもなお顕密寺院の横断的な交流が存していたことが確認できる点[34]は注目すべきものといえよう。ただし、つとにいわれるように、この時、法華一揆の排除を強く望んでいたのはむしろ武家権力の方であったことからすれば、山門大衆主導方のこれ以前のものとは多分に異質なものとして考えた方が妥当と思われる。

以上、煩瑣ながらも山門大衆による弾圧的な動向に検討を加えてきたが、これらを通覧してみると山門大衆の動向にもおおよそいくつかの様式があったことが了解できる。それらとは、(イ)①④⑧のように、犬神人・公人・宮仕などさらには大衆も交えて直接的な武力行使を行なう発向、(ロ)⑥⑦のように、朝廷・幕府に対してその処置を要請する訴訟、(ハ)③⑤のように、その訴訟が叶わない時には発向するという二段構え、ということになろう。もちろん史料が限定されていることを考慮に入れれば、(イ)を(ハ)の訴訟部分の史料が欠けているだけとみることも可能かもしれないが、今のところは何ともいえない。

なお、訴訟に関していえば、管見の限りでは天文法華の乱を除けばこれによって朝廷や幕府が法華宗に対して直接的に弾圧的行為に及んだという形跡を確認することはできない。そこに当該期における法華宗に対する公武権力の認識の一端を垣間見ることができると思うが、山門大衆の動向とくらべればそれが極めて対照的なものであることだけは疑いないであろう。

また、概していえば、その様式においても、その動向の論理においても天文法華の乱を除けばとりたてて時期的な偏差が読み取れない点は特徴的といえる。しかし逆に、それは山門大衆が基本的に室町・戦国期を通じて法華宗を異種・異和な他者として認識し続けていたことを裏返すものと理解できよう。ただしその一方で、⑤で明確なように大衆内部に法華宗の存在を寛宥する集団が確認でき、その認識に若干の揺れがあった点には注目せねばならない。しかも、幕府は、寛宥する集団の意向に沿う形で奉書を発給、それによって弾圧的動向が阻止されたのであるが、さらにいえば、かかる事態を誘引したのが、④の寛正六年の事例であった点はより重要であろう。なぜならば、『諫暁始末記』にみえるように、それは法華宗側の幕府に対する働きかけによって実現したということになるからである。

しかし、にもかかわらず、事書の随所に「非諸宗而致邪義」「軽毀余経、誹謗他宗」などとみえることや勝劣一致義に対する反応などから山門大衆が法華宗を諸宗を非とする融和性に欠いた存在として認識し続けたこともまた事実である。もちろん、このことがただちに中世前期でいわれる「異端」認定と同事といえないことは、幕府や朝廷の動向からしても了解できようが、ただ、思想史的な意味での法華宗の体制回帰・体制内化という議論と山門大衆の認識との間に温度差があることだけは間違いないであろう。なお、佐々木馨氏は、一連の山門大衆による弾圧的動向を法華宗の体制内化に対する拒絶反応としてみられているが[35]、むしろそれは法華宗に対する以上のような認識に根ざしたものとみた方がわかりやすいのではないだろうか。実際、かかる認識はまた幾度となく起こされた僧綱、僧位僧官をめぐる対応とも密接に連関している。

そこで、次節では、この僧位僧官に焦点を絞って検討を加えてゆきたいと思う[36]。③⑦でもわかるように、法華宗の場合、僧位僧官は基本的に朝廷の専行事項であるが、この僧位僧官をめぐる事象や言説を追うことで、山門大衆とともに朝廷の法華宗に対する認識をも折り込むことが可能となろう。

二　朝廷との関係において―僧位僧官を中心に―

(1)

法華宗における僧位僧官は、妙顕寺大覚を嚆矢とする。延文三年（正平一三年、一三五八）に行なった祈雨の賞によって僧正に任じられたと宗門では伝えているが、この点については、例えば『大乗院寺社雑事記』(37)文明三年（一四七一）正月二三日条に「大覚上人任僧正例」とみえることなどからおそらく事実と考えられる。また、妙顕寺朗源も貞治四年（正平二〇年、一三六五）一二月に権律師から権少僧都に叙任(38)したことが確認できるが、さらに妙顕寺月明に至っては応永一七年（一四一〇）に大法師から法眼(39)、応永一八年（一四一一）に法眼から権大僧都(40)、応永二〇年（一四一三）には大僧都から権僧正に叙任(41)したことが確認できるのである。先にみたように、この応永二〇年の時、山門大衆による訴訟、発向によってその口宣案が召返されたと伝えられている。

ところで、法華宗をめぐる僧位僧官については、少なくとも史料で確認できる範囲では主に極官たる僧正が問題となっていることが特徴的である。例えば、『御湯殿上日記』(42)文明九年（一四七七）一二月一四日条にみえる「めうれん寺そう正（妙蓮寺僧正）の御れいにしこう（伺候）」という記事などもそれであるが、この「めうれん寺そう正」とは、妙蓮寺日応のことを指している。ちなみに、ここで「御れい」とみえるように、法華宗の場合、僧位僧官は個別に朝廷に申請、そのため所々に礼物などを捧げなければならず、それが公家日記に関連記事を見出すことのできる要因となっている。この点、本願寺などが本寺である青蓮院門跡を介して僧位僧官に叙任されているのとは少しく状況が異なろう。

さて、この妙蓮寺日応の僧正叙任に関しては、時の権中納言中御門宣胤が興味深い言説を残している。

　此住持者、源大納言入道（庭田重賢）弟也、親王（勝仁親王）御方外戚之間、任申請先年被任僧正云々、不可然事也、(43)

源大納言とは庭田重賢、親王御方とは勝仁親王（後の後柏原天皇）のことであり、この関係は『尊卑分脈』でも確認できるものであるが、留意すべきは宣胤がこれを「不可然事」と認識している点である。しかも、宣胤によれば「為山門憤申、被棄捐例也」、つまり山門大衆の訴訟により棄捐されたというのである。しかし、この記載をそのまま信じてよいかは判断の迷うところである。なんとなれば、この後、永正五年（一五〇八）の日応死去に関して『実隆公記』九月二二日条が、日応を僧正と記載しているからである。

それはともかく、この宣胤の認識のありさまは、この後、文亀三年（一五〇三）になるとより明瞭となる。この年正月二九日、右中弁万里小路賢房は、「遠国」の法華宗僧が「上人号」を申請してきたため、その先例の案内を請うべく権大納言となっていた宣胤のところへ書状を寄越したが、これに対する宣胤の勘返状の文面が伝わっているからである。宣胤はそこでまず「此宗事、不従公請、不被用朝家」、つまり法華宗は、「朝家」に関わる、いわゆる国家的法会・祈禱の「公請」に従いもしないし、用いられもしないと述べている。

室町期における国家的祈禱に関する富田正弘氏の「浄土宗や日蓮宗の僧が室町時代に公家のために祈禱したという例もみられるが、それも所詮私的なそれであった。室町幕府の手厚い保護を受け、興隆を極めた禅宗寺院でさえ、このような国家的な祈禱の秩序からは除外されていたのである」という叙述に従えば、法華宗に対して「公請」自体があったかどうかも判断の難しいところである。また、当該期においていかなる国家的法会・祈禱が存在し機能していたかについても別途検討が必要ではあるが、ただ少なくとも僧位僧官が顕密仏教によって担われる国家的法会・祈禱やその「公請」と不可分であるという認識を今なおもっていたことだけは間違いないであろう。したがって、それに関わらない法華宗に僧位僧官は「不可然事」という宣胤の認識は極めて合理的なものといえる。

もっとも、この時、焦眉となっていたのは上人号であるが、先の記事に続き宣胤が妙蓮寺僧正に関して「為山門及訴訟、被停止例」と記し、さらに「法華宗任官事、不可申入之由、先御代被定御法候」と記していることなどからすれば、それが僧位僧官に通底する言説であったことは疑いない。ちなみに、この「先御代」、後土御門天皇の「御法」というのは、おそらく『実隆公記』明応五年（一四九六）六月六日条にみえる「内府」（二条尚基）が「日蓮宗」に「帰依」したという風聞に対して「不可然」「可諫」とされた「勅定」に通じるものであろう。

従来、このような宣胤や後土御門天皇の言説については、個人的な信仰に帰納して語られてきた。(46) もちろん個人や家の信仰の影響について否定するつもりはないが、しかし事が僧位僧官に関わって語られている以上、これらは天皇を含め当時の朝廷の認識に基づいた公式的な見解とみた方が自然と思われる。なお、青蓮院門跡尊円の作とされ、室町・戦国期を通じて筆写が繰り返された『釈家官班記』(47) には、「権僧正」に関して「不勤仕公請之輩、拝除雖有其例、不可然事也」などの記事がみられるが、おそらくは本書などがかかる認識の典拠のひとつとしてあげられるものと推察される。

ただしそのような認識とは裏腹に、実態は、それらとの間に大きな落差をみせていた。例えば、この同じ年文亀三年三月においてすでに六条門流の本国寺日了の僧正叙任などが確認できるからである。『後法興院記』三月一九日条によれば、この時、朝廷へ日了の僧正叙任を申請したのは、「武家ニ被召仕者」で「法花宗信心異他者」である「椿阿弥」という人物であったというが、このように法華信者である武家関係者による申請も多分に存在していたかもしれない。なお、この叙任に関する官務小槻時元からの相談に対して時の権大納言三条西実隆は「不庶幾」、不快の念を示した上、「先朝仰之旨在耳底」、またしても後土御門天皇の「御法」をその日記『実隆公記』三月五日条に記している。

(2)

ところで、この六条門流本国寺日了の僧正叙任という事態は、四条門流に対して痛く刺激を与えたようで、同年四月より立本寺日締の僧正叙任の動きが俄に慌ただしくなる。この叙任については、九条政基の子息、関白右大臣九条尚経が関わっていたようで、この間に往復された書状類が彼の筆によって写され残されている。(48) 表2は、それらの書状類を年次順に一覧表化したものであるが、この中にみえる勧修寺政顕は時の上卿、唐橋在名・白川富秀はともに尚経の家司であり、日堯は立本寺の僧と考えられる。(49) 何分、書状類という史料上の難点からであろうか、当事者同士でしかわからない部分も少なくないが、その中でもこの叙任に関して明確なる認識を示しているのは14の三条西実隆の書状である。

極官事、顕密名僧猶以可被撰其器之条、古今通規候、無一段之儀者、異門□宗之輩、強而不可庶幾候、

僧正は「顕密名僧」ですら「其器」を選ぶのであるから、よほどのことでもない限り「異門」たる法華宗に対する僧正叙任は願うところではない、というこの言説が先の宣胤のものと通底することは明らかであろう。ただし、かかる認識を読み取れるのは、ここだけで、他の書状類で焦眉となっていたのは、立本寺僧の僧正叙任の先例に関わる「証文」「正文」の有無、つまり文書主義的な駆け引きである。それは、13にみえる「極官事」「無正文者、勅許如何候」の文言に端的に示されているが、これに対して立本寺側は、8にみえるように文書は「悉妙本寺奪取」と返答している。実は、この言葉を理解するには、少しく立本寺と妙本寺（妙顕寺）との関係を知っておく必要があろう。

先にみたように応永二〇年、妙本寺月明は山門大衆による弾圧により京都から丹波へ逃れたが、その弟子妙光坊は、四条櫛笥の妙本寺故地に柳酒屋・小袖屋経意の寄進をうけて本応寺を建て、月明の俗弟、具円を迎えた。ところが、別の弟子たちは五条大宮に本仏寺を建て対立、帰洛した月明も本仏寺に入りここを妙本寺と改称する

ともに本応寺の引渡しを要求したため、妙光坊等は分立し寺を立本寺と改称したのである。おそらくは、この分立騒ぎの際に妙顕寺関係の文書が妙本寺へ移されたと思われ、それゆえ、立本寺には文書が残されていないということになるのである。

表2　立本寺日禘僧正叙任に関する書状類

	月　日	文　書　名	宛　所	典　拠
1	卯・3	日堯書状	唐橋在名	後慈眼院殿雑筆7
2	(年月日未詳)	門流血脈譜		同上
3	(卯・4)	某消息案		同上
4	(卯・4)	某消息案		同上
5	卯・9	勧修寺政顕消息		同上
6	卯・13	勧修寺政顕消息		同上
7	4・14	勧修寺政顕書状		同上
8	卯・16	日堯書状	唐橋在名	同上
9	4・16	某(日堯)書状案	唐橋在名	同上
10	卯・19	某(尚経カ)書状案	勧修寺政顕	同上
11	卯・21		唐橋在名	同上
12	卯・25	日堯書状	唐橋在名	同上
13	4・27	三条西実隆書状		同上
14	(年月日未詳)	三条西実隆書状	白川富秀	同上
15	5・8	勧修寺政顕書状		同上
16	11・13	某(尚経カ)書状案	勧修寺政顕	後慈眼院殿雑筆8
17	11・13	某(尚経カ)書状案	三条西実隆	同上
18	11・14	三条西実隆書状	白川富秀	同上
19	11・15	某(尚経カ)書状案	三条西実隆	同上
20	11・15	某(尚経カ)書状案	勧修寺政顕	同上
21	(3・9)	後柏原天皇口宣案		同上

註1．以上の他、決め手となる情報量が乏しく現段階では表中に入れることのできない年月日未詳消息・文書が数通ある。
2．文書名は基本的に『図書寮叢刊』に拠ったが、一部変更したものもある。
3．書状という性格上、宛所の空白のうち、いくつかには事実上、九条尚経が入ると思われる。

ただし、立本寺側は、この点をはねのけるべく、8において「妙蓮寺極官勅許」や「本国寺極官」を先例とし「限当寺、勅許候ましきも無其謂」とも、「正文之事者、紛失之習、自他宗にも、又世間之庄園之支証ニ付候てもある子細候」という強弁も張っている。残念ながら、書状類が、15と16の間の約半年分を欠いているために、その経過は不明といわざるを得ないが、結論的にいえば、16に「無相違勅許」とみえるように僧正叙任は承認されることになる。しかも、17に「去春本国寺拝任之同日にて」とみえるように口宣案の日付を本国寺日了叙任の三月九日に遡らせるという細工まで認められるのである。この一事によっても立本寺側がいかに本国寺日了の叙任を意識していたかがわかるが、いずれにせよ、日禘僧正叙任は、実隆の認識もまた文書主義をも押しやる形で実現したことだけは間違いないであろう。

　となれば、これによって、法華宗僧の僧位僧官叙任が全くもって許可され続けたかといえば、事はそう簡単にはいかない。例えば『宣胤卿記』永正五年（一五〇八）六月一八日条には、「法華宗僧都」に関して宣胤が蔵人右少弁万里小路秀房より案内を受けているし、天文一六年（一五四七）六月山門大衆によって発給された告文[50]には、「可為律師極官、於大小(少)僧都・僧正等之宣者、努々勿預其許」という文言がみえるからである。天文法華の乱以降における山門大衆の僧位僧官に関する認識をここから読み取ることができるが、ただし、実際にはこの告文もあっさりと反故にされている。

　なんとなれば、天文一八年（一五四九）に本能寺日承が権僧都に叙任[51]、また弘治三年（一五五七）に頂妙寺日珖が権僧正に叙任[52]していることなどが確認できるからである。しかしそれでもなお、永禄元年（一五五八）に日請と名乗る僧が権大僧都を申請してきたことに対して権大納言万里小路惟房は「若於日蓮党者、不可然」とその日記『惟房公記[53]』後六月五日条に記しているから、少なくとも僧位僧官に関しては戦国最末期に至るまで宣胤や実隆の言説に共通する認識が朝廷内では継承されていたものと考えられる。

　以上みてきたように、法華宗に関わる僧位僧官に関しては、室町・戦国期を通じて山門および朝廷ともにその認識の上では認めるところではなかったことが了解できたと思う。それは、法華宗が顕密仏教とは「異門」であり、したがって「公請」や「朝家」と関係を保持しないという認識に根ざすものであった。ところが、実態はそのような認識とは大きく乖離していたことは縷々述べてきた通りである。かかる事態、とりわけ朝廷におけるいわば内なる矛盾をどのように解釈するかは難しい問題であるが、ひとつには先学が述べるように僧位僧官叙任をめぐる礼物等という経済的な状況が存していたことが指摘できるだろう。(54) ただ、すべてをこれに収斂させるのは無理がある。この点で留意しなければならないのは、法華宗寺院への貴種の入寺・得度、とりわけ摂家の子息のそれであろう。

例えば、先にみた立本寺日締は九条政忠の子息であるが、もとを辿れば「仁和寺相応院門主」であったところから入寺したと興福寺大乗院門跡尋尊はその日記『大乗院寺社雑事記』文亀元年（一五〇一）四月二六日条に記している。そして、その尋尊に最も衝撃を与えたのが、明応七年（一四九八）に七歳で妙本寺に入寺し、(55) 文亀元年に「出家」、つまり得度した「鷹司前殿若君」(56)の存在である。先の日締の場合、おそらくは仁和寺で得度した後に立本寺へ入寺したのであるが、今回の場合は「摂家若君法華堂出家初例」であり、「童形入室得度ハ無念事」であったからである。この「無念」さは、尋尊自身もまた一条兼良の子息であること、そして大乗院および一乗院の両門跡には基本的に摂家の子息が得度・入寺することを考え合わせた時、正しく理解できるものと思われる。

しかも、「寺僧の身分や寺格が国家的法会の担当と深く関わる構造となっていた中世寺院社会において、貴種の子息がほとんど入寺しない禅宗寺院は、門跡に匹敵しうる寺格を獲得しえ(57)」ないという大石雅章氏の叙述を考慮に入れれば、法華宗寺院の社会的実体としての寺格が顕密寺院のそれと比肩し得るものとなっていたことを確認できるのである。実際、かかる事態については、山門大衆も神経を尖らせていたようで、先の天文一六年六月の告文に「摂家・青花《(清華)》家之方々、縦雖為末息、被入彼門室、御崇敬之儀、曾以不可有」ともみえるのである。しかし、この文言も反故同前であったことは、この時期、妙顕寺には木寺宮から、(58) また本能寺には伏見宮から(59)住持が入寺していたことが確認できること、さらには永禄六年（一五六三）には本国寺の門跡昇進運動(60)がみられることなどからも明白といえよう。

いずれにせよ、このような実体的な寺格の上昇、とりわけ応仁・文明の乱以降のそれこそが、山門大衆や朝廷の法華宗に対する認識を押しやる形で相次いで実現した僧位僧官叙任の最も重要な背景であったと考えられるのであり、上杉本洛中洛外図に描かれる法華宗寺院にみえる僧綱襟の僧たちの姿とはまさにかかる状況を表象したものといえよう。[61]

三　武家権力との関係において―むすびにかえて―

おしなべていえば、室町・戦国期を通じて山門大衆、そしてそれに連動する朝廷の法華宗に対する認識は、ほぼ一定していたといえるのではないだろうか。その認識とは、繰り返し弾圧を加えなければならない融和性に欠いたものであり、同時に「公請」にかかわらず、「朝家」に用いられない、それゆえ、僧位僧官叙任は認められないという、顕密仏教を軸にしてみた場合において「異門」であるというものである。[62]その一定性については、室町・戦国期における山門大衆や朝廷の政治的・経済的・社会的変化を鑑みた時、少しく奇異に感じられなくもないが、逆にそれは顕密仏教が支配イデオロギーと不可分であるという中世前期以来の思惟の継続性を反映したものといえるのかもしれない。

ところが、その一方で、実態は認識と大きな隔たりをみせていた。例えば、山門大衆内部にもその存在を寛宥する集団があり、また繰り返し僧位僧官に叙任され、さらには摂家以上の子息が入寺・得度する寺格すら有していたようにであるが、つまるところ、このような認識と実態の乖離という矛盾した現実そのものが当該期における法華宗の政治的な位置を表相するものと評価できるのではないだろうか。

もちろん、それらは当初から乖離していたというものではなく、時間経過の中で生成されてきたものではあるが、そこにひとつの分水嶺を見出すとすれば、やはりそれは寛正六年をおいて他にはないものと思われる。なんとなれば、この時、山門大衆の弾圧的動向が法華宗による室町幕府に対する働きかけによってはじめて阻止され、またこれを機に山門大衆内部に法華宗の存在を寛宥する集団が引き出されることとなったからである。

なお、この時に至ってなにゆえ、法華宗が幕府に対してかかる関係をもち得たのかという点については、今のところは、『諫暁始末記』にしかその材料を見出すことはできないが、それによれば、時の侍所頭人京極持清が「当宗御信仰」であったことが、大きく作用したとされている。今、京極持清の法華信仰の状況を確認することは困難といわざるを得ないが、一方で、先にも触れたような「椿阿弥」の状況を考慮に入れれば、可能性としては十分考えられるものと思われる。

しかも、この持清の口を介して吐かれたとされるのが、有名な「京都半分為法華宗上、信心檀那等捨命身而防戦之者、洛中洛外以外可乱(63)」という一節である点は重要である。従来からこの一節は、後の法華一揆に通ずる武装の端緒として注目されてきたが、本章の趣旨からすれば、山門大衆による弾圧的動向に対してこれ以前においては一度として抵抗することのなかった法華宗が「防戦」の構えをみせたということにも注目しなければならないであろう。なぜならば、かかる行為を起こさせたその背景には、山門大衆からの弾圧がいわば不可避なものであるというような固定観念そのものの転換が存すると考えられるからである。

それは、換言すれば、山門大衆という他者の認識をもはや共通認識としては受容しないということを標榜することに他ならないのであって、そういう意味において、この時法華宗は、佐藤弘夫氏や佐々木馨氏が指摘されるような思想的な再生・覚醒をはじめたといえるのかもしれない。実際、この翌年に結ばれた「寛正の盟約」においては強義折伏・不受不施が高々と掲げられており、ここにおいて法華宗は、門流や勝劣一致などの教義的な差異を越えて「日蓮党」「法華衆」などと呼称されるような地域的に結合した教団としての姿を露にしはじめることとなるのである。

ちなみに、この同じ寛正六年正月、山門西院勅願不断経衆の集会によって犬神人・公人が大谷本願寺に発向している。いわゆる寛正の法難であるが、金龍静氏[64]によれば、この時、本願寺門徒もまた「防戦」し、それが史上初の一向一揆となったと言及されている。よく知られているように、かつて藤井學氏は、「真宗も法華宗も、鎌倉仏教というより、戦国仏教と考えた方がはるかに実態に即した呼称である」[65]と言及されたことがあるが、法華宗および本願寺の「戦国仏教」への端緒のひとつをこの寛正六年に求めることもまた可能かもしれない。

ただし一方で、その「防戦」が思想的な再生・覚醒とともに、宗派史的研究によって明らかにされてきた政治力・経済力などの肥大化に裏打ちされた武力という社会的実体に拠った点にも注意せねばならない。もちろんそれは、犬神人等の発向という武力発動に対応したものではあるが、同時に「防戦」の文言が京極持清の口から出たことからもわかるように、武家権力たる幕府との関係もまた無視し得ないものと考えられる。実際、先にみた文明元年の時に発給された奉行人連署奉書の中には、山門大衆によって、法華宗が「敵陣」を「遁来」、「御構」に「居住」したことに関しても「罪科」ありとする文言がみえるが、これは応仁・文明の乱において「御構」＝東軍に合力した山門大衆が、法華宗を「敵陣」＝西軍に合力したものと見倣していたことを意味するし、また、明応の政変に当たって、妙満寺に陣取しようとした足利義材方の赤松軍と細川軍との合戦の際にも「檀那衆」が「相妨」いだと『晴富宿禰記』明応二年（一四九三）五月一二日条が伝えているのである。

そして、その武力が最も明確に表出した法華一揆が細川晴元政権の傭兵的な存在であったことは、事態を最も象徴したものといえよう。しかも、天文法華の乱のことを諸記録が「山門与日蓮宗鉾楯」[66]「叡山与法花党忩劇」[67]「山門与日蓮衆相剋」[68]「法花衆与山衆戦」[69]などと伝えるように、その武力がいまや「防戦」を越えた「鉾楯」「相剋」「戦」の域に至っていた点にも留意せねばならない。いうまでもなく「戦」とは武力という社会的実体同士の並列的かつ全面的な衝突に他ならないのであって、かかる事態の現出自体、法華宗をめぐる認識がはるか後景に押しやられつつある状況を表象したものといえるからである。ただそれでもなお、別の機会[70]にも触れたように、山門大衆が天文法華の乱のことを「日蓮衆退治」と意識し、また細川晴元政権や六角氏など武家権力が山門大衆と法華宗との宗教的な関係には直接的に関与していないなど、認識もまた一定の存在感を示し続けていたことも間違いない。

しかし、天文法華の乱の内実が武家権力による法華一揆の排除に他ならないという現実を顧みた時、事態の推移はもはや押しとどめようもなく、認識が後景と化してゆく一方で武力を含め様々な社会的実体そのものが政治的な位置の指標として前面に押し出されつつあったということは認めざるを得ないであろう。そして、その位置に見合う形で法華宗は、ついには山門大衆の認識や存在を介することなく、分裂を極めつつも統一権力を模索する武家権力と直接対峙することになり、両者の関係において最も熾烈な戦国最末期を迎えることとなるのである。(71)

(1)　辻善之助『日本仏教史第五巻　中世篇之四』(岩波書店、一九五〇年)。
(2)　立正大学日蓮教学研究所編『日蓮教団全史　上』(平楽寺書店、一九六四年)。
(3)　藤井學「西国を中心とした室町期法華教団の発展―その社会的基盤と法華一揆を中心として―」(『仏教史学』第六巻一号、一九五七年)、同「中世仏教の展開(その二)」(赤松俊秀監修『日本仏教史II　中世篇』法藏館、一九六七年)、同「新旧仏教の教線」「法華一揆と「町組」」(京都市編『京都の歴史3　近世の胎動』学芸書林、一九六八年)。
(4)　糸久宝賢『京都日蓮教団門流史の研究』(平楽寺書店、一九九〇年)。
(5)　黒田俊雄『日本中世の国家と宗教』(岩波書店、一九七五年)。
(6)　平雅行「中世宗教の社会的展開」(日本史研究会・歴史学研究会編『講座日本歴史3　中世1』東京大学出版会、一九八四年、後に同『日本中世の社会と仏教』塙書房、一九九二年)。
(7)　佐藤弘夫『日本中世の国家と仏教』(吉川弘文館、一九八七年)。
(8)　佐々木馨『中世国家の宗教構造―体制仏教と体制外仏教の相剋―』(吉川弘文館、一九八八年)。

(9) 平雅行「前近代の宗教」(国際歴史学会議日本国内委員会編『歴史研究の新しい波日本における歴史学の発達と現状Ⅶ〈一九八三―一九八七〉』山川出版社、一九八九年)。
(10) 黒田俊雄『寺社勢力―もう一つの中世社会―』(岩波新書、一九八〇年)。
(11) 元弘三年五月一二日付護良親王令旨案(『龍華秘書』、立正大学編『日蓮宗宗学全書第一九巻　史伝旧記部二』山喜房仏書林、一九六〇年)。なお、『龍華秘書』所収文書に関しては、中尾堯・北村行遠・寺尾英智編「京都妙顕寺古文書目録」(『立正大学文学部研究紀要』八号、一九九二年)を参照とした。
(12) 建武元年四月一四日付後醍醐天皇綸旨(『龍華秘書』)。
(13) 建武三年八月二〇日付足利直義禁制(同右)。
(14) 暦応四年八月九日付光厳上皇院宣案(同右)。
(15) 相田二郎『日本の古文書　上』(岩波書店、一九四九年)。
(16) 笠松宏至「中世の政治社会思想」(『岩波講座日本歴史7　中世3』一九七六年、後に同『日本中世法史論』東京大学出版会、一九七九年)。
(17) 網野善彦「寺社文書」(日本歴史学会編『概説古文書学　古代・中世編』吉川弘文館、一九八三年)。
(18) 下坂守「中世大寺院における「寺家」の構造―延暦寺の「寺家」を素材として―」(『京都市歴史資料館紀要』一〇号、一九九二年)。
(19) 山門の寺家については、註(18)および下坂守「坂本の「寺家御坊」と山科家」(木村至宏編『近江の歴史と文化』思文閣出版、一九九五年)参照。
(20) 『八坂神社記録』(増補続史料大成)。
(21) 『祇園執行日記』正平七年閏二月二日条。
(22) 『門徒古事』(立正大学日蓮教学研究所編『日蓮宗宗学全書第五巻　顕本法華宗部一』山喜房仏書林、一九七〇年)、前掲『日蓮教団全史　上』他。
(23) 『続群書類従』補遺一。
(24) 『妙法治世集並同始末記録』(『日蓮宗宗学全書第一九巻　史伝旧記部二』)。
(25) 黒田氏前掲『寺社勢力』。

(26) 文明元年八月二二日付室町幕府奉行人連署奉書（『京都大学所蔵文書』『大日本史料』第八編之二）。
(27) 文明元年八月二二日付室町幕府奉行人連署奉書（同右）。
(28) 増補続史料大成。
(29) 続群書類従完成会刊本。
(30) 図書寮叢刊。
(31) 『晴富宿禰記』明応五年七月六日条。
(32) 大永二年一〇月二八日付後柏原天皇口宣案（京都大学文学部古文書室写真帳「京都御所東山御文庫所蔵文書」）。
(33) 本書第二部第四章。
(34) 矢田俊文「戦国期宗教権力論」（『講座蓮如』第四巻、平凡社、一九九七年）、註(33)。
(35) 佐々木氏前掲『中世国家の宗教構造』。
(36) 中世前期にくらべて中世後期における僧綱、僧位僧官の研究ははじまったばかりではあるが、当面、小笠原隆一「中世後期における僧位僧官に関する覚書」（『寺院史研究』四号、一九九四年）参照。
(37) 増補続史料大成。
(38) 貞治四年一二月三〇日付崇光天皇口宣案（『龍華秘書』）。
(39) 応永一七年一二月一八日付後小松天皇口宣案（同右）。
(40) 応永一八年四月七日付後小松天皇口宣案（同右）。
(41) 『大乗院寺社雑事記』（増補続史料大成）文明三年正月二三日条ほか。
(42) 『続群書類従』補遺三。
(43) 『宣胤卿記』（増補史料大成）文明一三年三月二六日条。
(44) 同右、文亀三年正月二九日条。
(45) 富田正弘「室町時代における祈禱と公武統一政権」（日本史研究会史料研究部会編『中世日本の歴史像』創元社、一九七八年）。なお、禅宗に関するかかる見解については、最近、修正が迫られつつある（原田正俊「中世後期の国家と仏教―禅宗の展開を通して―」、『日本史研究』四一五号、一九九七年、後に同『日本中世の禅宗と社会』吉川弘文館、一九九八年）。

(46) 辻氏前掲『日本仏教史第五巻　中世篇之四』、糸久氏前掲『京都日蓮教団門流史の研究』。
(47) 『群書類従』第二四輯。
(48) 『後慈眼院殿雑筆』七・八（『図書寮叢刊　九条家歴世記録三』）。
(49) 従来、この日堯は本国寺僧とされてきたが、表2―8に「妙蓮寺極官勅許候ぬ」「本国寺極官御免候ぬ」という文言に対して「限当寺　勅許候ましきも無其謂候」とみえ、この「当寺」は妙蓮寺・本国寺に対するものであるから、文意の上からもまた一連の文書全体の流れからしても立本寺と考えなければならないであろう。
(50) 天文一六年六月日付山門大衆等告文（「京都御所東山御文庫所蔵文書」）。
(51) 天文一八年九月一三日付後奈良天皇口宣案（京都大学文学部古文書室影写本「本能寺文書」）。
(52) 弘治三年四月一〇日付後奈良天皇口宣案（頂妙寺文書編纂会編『頂妙寺文書・京都十六本山会合用書類』一、大塚巧芸社、一九八六年）
(53) 『続々群書類従』第五。
(54) 糸久氏前掲書、小笠原氏前掲論文。
(55) 『後法興院記』明応七年二月二八日条。
(56) 『大乗院寺社雑事記』文亀元年四月二六日条。
(57) 大石雅章「寺院と中世社会」（『岩波講座日本通史8　中世2』一九九四年）、註(45)。
(58) 『実隆公記』享禄四年二月五日条、『言継卿記』（続群書類従完成会刊本）享禄四年一〇月一一日条ほか。
(59) 前掲『日蓮教団全史　上』。
(60) （永禄六年）閏一二月一四日付松永久秀書状（「京都御所東山御文庫所蔵文書」）、『御湯殿上日記』永禄六年閏一二月二一・二九日条ほか。
(61) 瀬田勝哉「公方の構想―上杉本洛中洛外図の政治秩序―」（同『洛中洛外の群像―失われた中世京都へ―』平凡社、一九九四年）。
(62) なお、本章と連続する本書第二部第四章においては、かかる認識と不可分である当該期の宗教界の枠組みを、便宜上「顕密体制」的な枠組みと記すが、この「顕密体制」概念については、平雅行「黒田俊雄氏と顕密体制論」（『歴史科学』一三八号、一九九四年）を参照としている。ちなみに、黒田俊雄氏は、「顕密体制は中世の前期・後期を通じて、基本的には変化がなかったとみている」とも「中世も最末期を迎え、顕密体制は最終的に解体の時期にいたる」とも述べられている（「仏教革新運動の歴史的性格―とくに仏教の近代化をめぐって―」、同『日本中世の社会と宗教』岩波書店、一九九〇年）。もちろんかかる叙述の当否については、今後さらなる実証的な検討が必要であることは多言を要しないが、近年、矢田氏前掲論文が「顕密体制」論と不可分である「権門体制」論と関わって「従来の宗教権力体制が戦国期においても強靱であった」点について検討が加えられていることも考慮に入れなければならないであろう。

(63) 立本寺日胤『諫暁始末記』。

(64) 金龍静「宗教一揆論」（『岩波講座日本通史10　中世4』、一九九四年）。

(65) 藤井學「近世初期の政治思想と国家意識」（『岩波講座日本歴史10　近世2』、一九七五年）。

(66) 天文五年七月二日付将軍足利義晴御内書案（『改訂増補国史大系　後鑑』同年条）。

(67) 『鹿苑日録』（続群書類従完成会刊本）天文五年五月二九日条。

(68) 『厳助往年記』（『改訂史籍集覧』第二五冊）天文五年七月一一日条。

(69) 『鹿苑日録』天文五年七月二五日条。

(70) 本書第二部第四章。

(71) ちなみに、京都の法華宗の場合、天文法華の乱後、永禄期に至り、直接対峙することとなった武家権力に対する対応を武力によるものから、会合（諸寺）という組織を媒介とした贈与経済に基づくものへと転換してゆくが（註70）、本章で多少とも触れた本願寺や山門の場合は、もちろん紆余曲折はあるものの、結局は「石山合戦」や焼討に至るまで基本的には武力による対応を継続していったものとも理解される。そして、かかる多種多様な対応の結果が、統一された世俗権力のもとに相互に対等でしかも自立的に分立した宗派という姿、すなわち近世的な宗教秩序に連続してゆくものと考えられるが（本書第二部第五章）、もとより、その具体かつ詳細な過程についてはさらなる実証的な検討が肝要であることはいうまでもない（なお、大まかな見通しを拙稿「近世移行期における権力と教団・寺院―豊臣政権と京都法華宗を中心に―」、『日本史研究』四五二号、二〇〇〇年、で述べた）。

第三章　法華宗檀徒の存在形態
――天正四年付「諸寺勧進帳」の分析を中心に――

一　天正四年の洛中勧進

昭和五七年（一九八二）、京都頂妙寺において、「十六山会合用書類」と上書された木箱に納められた多数の古記録・古文書が発見された。その発見に至る経緯および伝来の経過については、これらのうち主なものを影印・釈文を載せて『頂妙寺文書・京都十六本山会合用書類』一・二・三・四として刊行された頂妙寺文書編纂会の代表者中尾堯氏の研究に詳しいので(1)、ここではそれに譲るが、その中に「諸寺勧進帳丙子拾月十日始之」と表紙に上書された古記録四冊も含まれていた(2)。

上書にみえる「丙子」が天正四年（一五七六）であること、そして、「諸寺」が、当時京都に存在していた法華宗（日蓮宗）本山寺院一六カ寺（ちなみに、京都の法華宗諸本山寺院の数は、時期によって異なり、厳密にいえば、天正四年時点は、本禅寺・本法寺・妙顕寺・妙蓮寺・本隆寺・立本寺・本国寺・本能寺・妙満寺・頂妙寺・要法寺・妙泉寺・妙伝寺・本満寺・妙覚寺の一五カ寺(3)）の結合体である会合を意味するものであることは、すでに中尾氏によって明らかにされている(4)。

また、その成立時期についても、永禄七年（一五六四）のいわゆる「永禄の盟約[5]（規約）」を経た翌年、同八年（一五六五）であることが明らかにされているが[6]、注目すべきは、この「諸寺勧進帳」には、当時、洛中に在住し、しかもこの勧進に協力した法華宗檀徒の名前、募財額、そして帰依する寺院名が具体的かつ克明に記載されている点である（ただし、上京分だけが残されている）。つまり、この「諸寺勧進帳」からは、天正四年に諸寺（会合）によって行なわれた洛中、就中、上京での勧進の様をつぶさにみて取ることができるのである。

それでは、この勧進とはいかなる目的をもつものであったのであろうか。実は、この最も肝心な点については、『頂妙寺文書・京都十六本山会合用書類』の中に直接、回答を与えてくれるものは見当らない。しかも、かなりの規模の勧進であったにもかかわらず、当該期の他の諸史料にはその記事すらみえず、さらには、当時、頂妙寺[7]住持であった日珖の日記「己行記[8]」にもその記載が見当らないという、誠に不思議な代物なのである。

ただ、『頂妙寺文書・京都十六本山会合用書類』には、この勧進で集められた募財の支出を示すものと思われる、表紙に「諸寺勧進之内遣方」と上書された記録[9]が残されており、これをみる限り、「銀百匁　越前へ御音信上様《(織田信長)》　志ゝら五端」「銀五拾目　上様　雑賀御陣御見舞　てつはうのくすり十斤」「銀十五匁　綿三把　善七様《(矢部)》」「銀四百六拾弐匁七分金一枚　諸勧進停止之御折帋之時御礼　村井殿《(貞勝)》[10]」等の音信や礼銭（礼銀）、また天正四年六月ないしは天正六年（一五七八）五月の洪水で破損した四条橋[11]の修理のために拠出したと思われる「銀八拾五目八分　四条橋合力」等にその多くが支出されていることが読み取れるのである。つまりは、勧進とはいってもそれによって、諸寺に関わる修理・造営に支出された形跡が全くみえないということが確認できるのである。

実際、「諸寺勧進之内遣方」に記載される総支出額「五貫七百六拾六匁九分六リン五毛」（銀高）と、この勧進による募財を集計したものと推察される「天正四年十月廿日　諸寺勧進銭万納分」と上書された記録[12]に記載される総計「五貫八百拾壱匁弐分」（銀高・銭では都合一一三三貫四四五文、上京分八七三貫四四五文・下京分三六〇貫文）

とがほぼ一致していることからしても、先に述べたような支出の資金調達のためにこの勧進が行なわれた可能性は高いものと思われる。

　このような点に注目して、思い起されるのが、これより三年後の天正七年（一五七九）、安土宗論直後に織田政権が諸寺に対して礼金を課した際の、『耶蘇会士日本通信』[13]（一五七九年六月附、パードレ・オルガンチノが都よりパードレ・ルイス・フロイスに贈りし書翰）が伝える次のような記事である。

> 信長は三日前に矢部の七殿《（善七郎）》を都に派遣し、法華宗の檀徒一同に対し従前の通再起せんことを望まば金二千六百ゼシマイ《（枚）》を主要なる十三の僧院に分擔せしめて納付すべしと伝へしめたるが、彼等が所有する物一切を売却するも此金を払ふこと能はざるべしと思はる。堺は最も富裕なるが故に更に大なる罰金を課せん為め彼は又同地に赴きたり。（中略）事件の進行に従ひ法華宗徒が掠奪に依りて失ふ所は黄金一万を超え、其困却の極此の如く繁栄せる呪ふべき宗派は殆ど倒るゝに至るべく、（以下、略）

右の記事に関しては、その額こそ違え、『信長公記』巻一二にも[14]「浄土宗と法花宗宗論仕候。其時の御礼として、京の法花坊主より黄金二百枚進上候」とみえるし、また、「己行記」天正七年条にも「一、九月十二日御《（織田信長）》上洛、重而法難起、同十六日以金二百枚御礼無為」とみえる。

　ちなみに、『信長公記』巻一二によれば、この二〇〇枚の一部は、「伊丹表天王寺、播州三木方々御取出に在番候て、粉骨の旁へ、五枚、十枚、廿枚、三十枚宛下され候」という。また、堺の諸寺にもその負担が課せられたという右の記事は、「己行記」天正七年条の「一、同冬十月十二日為堺勧進京五ケ寺之使僧下向、当津諸寺ヨリ金廿枚勧進」から事実と確認できるのであるが、ここにおいて、この時期の法華教団内における「勧進」という文言が、織田政権に対する音信・礼銭・礼物・合力など、つまりは贈与に宛てられる資金調達と密接な関係をもっていたことだけは明らかとなろう。

もっとも、天正四年時の勧進が、「己行記」天正八年（一五八〇）条にみえる「一、五月京都諸寺へ公儀奉行衆ヨリ御礼ノ金催促」のように、政権側からの苛烈な収奪を伴うものであったかについては、詳らかではないが、いずれにせよ、このような諸寺の経済的負担を実質的に賄ったのが法華信仰を紐帯に諸寺に帰依するその檀徒たちに他ならなかったことは、先の記事やまた本国寺の事例ではあるが、『耶蘇会士日本通信』（一五七一年一〇月六日附、ゴア発、パードレ・ガスパル・ビレラよりポルトガル国アビスの僧院のパードレ等に贈りし書翰）にみえる「彼等（坊主等）の収入は大なるが、主たるものは檀家の寄進にして、彼等は之に依りて支持せられ、之に依りて贅沢に衣食す。其家の建築と修復は一切檀家之を負擔し、必要に応じ家を建て装飾をなし、又清掃す」という記事からも明白といえよう。つまり、「諸寺勧進帳」とは、天正四年時点における洛中法華宗檀徒の実態の一端を、諸寺に対する経済的助成という点から具体的かつ詳細に示す貴重な史料でもあるのである。

従来、寺院を中心とした中世および近世京都における法華教団の研究は、宗門史をはじめとして枚挙に暇がないが、その一方で檀徒に視点を据えた研究としては、後に触れる藤井學氏の一連の研究以外、天文法華一揆に関するものを除けば皆無といっても過言ではなかった。しかも、当該期に関するものについては、全くの未開拓の領域といって差支えないというのが実状なのである。

そこで本章では、この「諸寺勧進帳」の分析を中心に、当該期京都における法華宗檀徒の諸寺に対する経済的助成の一端を明らかにしながら、今までほとんど知られられたことのなかったその存在形態について検討を加えてみようと思う。なお、檀徒とはいっても本章での関心の的となる檀徒とは、公家・武家を除いた、主に都市民衆のそれであることをあらかじめことわっておきたい。

二　「諸寺勧進帳」と「洛中勧進記録」

さて、「諸寺勧進帳」は、先述のように四冊すべてに共通して表紙に「諸寺勧進帳丙子拾月十日始之、」と上書されており、また本文の書式もほぼ一定するという特徴をもっている。それはつまり、これらが諸寺側で最終的にまとめられた帳簿であることを意味しているが、ところが一方で、『頂妙寺文書・京都十六本山会合用書類』にはこの「諸寺勧進帳」と類似する記事を備えた文書[15]（『頂妙寺文書・京都十六本山会合用書類』では、「洛中勧進記録」と名付けられており、ひとまずここでもこの名称で通すことにする）が多数残されている。そこでまずは、具体的にその一通（前者）と「諸寺勧進帳」の該当部分（後者）とをくらべてみることにしよう。

○
五百文　立本寺左京殿　宗味内方
壱貫文　立本寺実相坊　たまや《玉屋》彦次郎殿
弐貫文　同知積院　はいや《灰屋》入道殿
五百文　妙覚寺十如院　たまや新兵へ殿
弐貫五百文　本能寺　八もんしや《文字屋》新介殿
壱貫文　妙顕寺光乗坊　か丶みや御にう《尼》
五百文　立本寺左京殿　ゑひや新七郎殿
五百文　妙顕寺真乗坊　すわまや弥五郎殿
弐百文　本国寺大扇坊　かわや又五郎殿
三貫三百文　妙満寺　臨真入道殿

壱貫文　頂妙寺学泉坊　万五郎殿
壱貫文　立本寺実相坊　紹二内方
壱貫文　本国寺大扇坊　かわや与五郎殿
弐貫文　同大雄坊　ゑ屋与五郎殿
弐貫文　本能寺　宗たく(琢)内方
弐貫文　妙顕寺法音院　くらぬき内方
皆済
○合弐拾貫文　西大路(16)

西大路
立本寺左京殿　五百文　は　宗味内方
同　実相坊　壱貫文　は　玉屋彦二郎殿
同　知積院　弐貫文　は　はいや(灰屋)了左
妙覚寺十如院　五百文　ル　玉や新兵衛殿
本能寺　弐貫五百文　ち　八文字や新介殿
妙顕寺光乗坊　壱貫文　ト　か丶ミや尼公
立本寺左京殿　五百文　は　ゑひや新七郎殿
妙顕寺十乗坊　五百文　ト　すはまや弥五郎殿
本国寺大扇坊　弐百文　り　かハや又五郎殿
妙満寺　参貫三百文　よ　臨真

頂妙寺学泉坊　壱貫文　ニ　孫《万》五郎殿
立本寺実相坊　壱貫文　は　紹二内方
本国寺大扇坊　壱貫文　り　かはや与五郎殿
同　大雄坊　壱貫文　り　ゑや与五郎殿
本能寺　弐貫文　ち　宗琢内方
妙顕寺法音院　弐貫文　ト　くらぬき内方
以上弐拾貫文　皆済[17]

右は、西大路（町）の「洛中勧進記録」および「諸寺勧進帳」であるが、一見してわかるように両者に共通する特色は、各々、町名・町内の法華宗檀徒名・帰依する寺院名・募財額が事細かに、しかも町名の同じ分に関してその内容がほぼ一致する点にあり、このことは、すでに中尾氏が指摘されるように[18]「諸寺勧進帳」が「洛中勧進記録」をもとに作成されたことを意味するものといえよう。

次に、記事の内容に目を移して、まず目を引かれるのが、檀徒が各寺院の大坊・塔頭ないしは僧侶毎に各々結び付いているという事実が読み取れる点である。かの天文法華一揆の頃の記録には、洛中の法華宗檀徒は「廿一ケ之寺々へ、師檀之契約を成シ」[19]とか、「上下京衆日蓮門徒ハ、其寺々ニ所属」[20]するなどと現われるが、その実態は、このような僧侶とそれに帰依する個人という師檀関係が基本であったのである。また、檀徒の名前に「殿」や「公」などの敬称が付けられている点に注目すれば、彼らが町の有力者である可能性も指摘できよう。[21]ちなみに、この点は、西大路（町）に限られたわけではなく、他の町でも数多く見出すことができるが、さらに「宗味内方」や「かつミや尼公」などのような女性檀徒の名も数多く確認でき、法華信仰の特色である女人成仏の弘通の模様も窺われる。

そして、「諸寺勧進帳」と「洛中勧進記録」の比較の上で、最も注目しなければいけないのは、文書である「洛中勧進記録」の方の書式や事項の記載順序、そして筆跡が、右の西大路（町）の例をはじめ一通一通、異なっている点である。これは、すなわち「洛中勧進記録」が諸寺側で作成されたものでなく、檀徒側でしかも明らかに町単位に作成され提出された(22)ことを意味するものといえよう。したがって、この点からすれば、「洛中勧進記録」とそれをもとに作成された「諸寺勧進帳」は、天正四年時点における洛中、就中、上京に存在した町に関する一次的史料ともいえるのである。そこで、とりあえず「諸寺勧進帳」の冊単位に「洛中勧進記録」「諸寺勧進帳」にみえる町名とその募財額を一覧表化し（表1）、この当時、上京にいかなる町が存在していたかを確認しながら、そこから読み取れる特色を検討してみることにしよう。

大体において、この勧進に関する募財の仕方にいかなる方針・方法が存在したのかについては、『頂妙寺文書・京都十六本山会合用書類』の中に明記する史料がないため、現段階では詳らかにすることができないが、ただ、表1からは、ひとつの興味深い事実を読み取ることができる。それは、第二冊、第三冊に記載される町のほとんどが、町組（表1では天正四年に近い元亀三年付「上下京御膳方御月賄米寄帳」(23)にみられる町組の名称と所属を参照とした）でいえば前者が「立売組」、後者が「川ヨリ西組」所属である事実である。実際、第三冊の表紙には「川西」と記された当時の文字をその左上に見出すことができるのであり、したがって、この点に注目するならば、募財の仕方と町組に何らかの関わりがあった可能性がないともいえない。が、他の二冊に関しては、町組が必ずしも一定しているとはいえず、判断には迷うところである。

また、新町弁財天町（「しんまちへんさいてんちゃう」）の「洛中勧進記録」(24)の奥には「そうふくよりあつ（め脱カ）中候て参候（花押）」とあり、この「そうふく」（宗福）が「ほんこくちくわせうはうのたんな」（本国寺勧乗坊之檀那）として記載され、当町住民であることが明らかであることから、勧進の受皿として町単位の集団・組織が存在し

表1　「諸寺勧進帳」と「洛中勧進記録」の対照

第1冊

諸寺勧進帳	洛中勧進記録	現町名	町組	募財額	備考
一条小島町	一条小島町	小島町	立売組	31貫	
新屋敷弁才天町	しんまちへんさいてんちやう	弁財天町	小川組	2貫610文	
近衛町(近衛室町)	このへ町	近衛町	一条組	5貫20文	
舟橋辻(町)	ふなはし辻			1貫500文	
下柳原町	下柳原町	下柳原町(南北)	立売組	5貫200文	
冷泉室町	冷泉室町(冷泉町)	冷泉町	一条組	11貫300文	
頂妙寺ノ前町	ちやうめうちのまへ町			1貫350文	
一条出口東町	一条出口東町			1貫700文	筆10対・紙1帖
一条室町	●			31貫300文	
大炊御門室町鏡屋町	大炊御門室町鏡屋町	鏡屋町		12貫文	
五霊通子西東二町	五霊通子西東二丁	中御霊図子町	中筋組	13貫	
新町二条町	新町二条町	二条新町	中筋組	500文	
鷹司室町	鷹司町	鷹司町	一条組	17貫400文	
白雲町	白雲町	元新在家町	中筋組	15貫文	
裏築地町	裏築地町	裏築地町	立売組	30貫文	
畠山殿辻子	●	畠山町	中筋組	5貫文	
立売	立売町(南北)	上立売町	立売組	149貫文	銀3枚・金1両
新在家中町	新在家			34貫文	882文め5分銀
新在家北町東	●			13貫500文	
同　　北町之西	●			21貫500文	
中小川	●	中小川町	小川組	19貫300文	427文目4分
へうたんの辻子	●	瓢箪図子町	立売組	3貫800文	
立売頭町	●			1貫文	
二本松町	二本松町	岡松町	立売組	2貫320文	
頂妙寺下町	●			1貫750文	
今辻子	●	今図子町	中筋組	5貫文	
上小川	●	上小川町	小川組	40貫文	
花立薬屋町	●	花立町		10貫文	
うつほ屋町	うつほや町	靫屋町	小川組	22貫文	

第2冊

諸寺勧進帳	洛中勧進記録	現町名	町組	募財額	備考
安楽小路町	安楽光院小路町	安楽小路町	立売組	8貫310文	
西舟橋町	西舟橋町	西舟橋町	川ヨリ西組	25貫700文	
一条日野殿町	一条日野殿町	(東西)日野殿町	立売組	5貫100文	
惣門築山上半町	惣門築山上半町	築山北半町	立売組	10貫25文	
築山町下半町	惣門築山南半町	築山南半町	立売組	10貫750文	
西大路	西大路	西大路町	立売組	20貫文	
山名殿辻子	(町名が欠けてはいるが残存)	山名町	川ヨリ西組	7貫100文	
石屋辻子	石屋之辻子	(東西)石屋町	川ヨリ西組	11貫800文	
藤木下	●	藤之木町	川ヨリ西組	2貫文	
風呂辻子	ふろのつし	裏風呂町	立売組	2貫800文	
北小路室町	北小路室町	北小路室町	立売組	11貫150文	
羅漢風呂町	らかんのふろの町			15貫文	
室町頭上半町	室町頭上半町	室町頭町	立売組	4貫700文	
室町頭下半町	室町頭下半町				

弁才天町	弁才天町			3貫文	
堀出町	堀出町	堀出町	立売組	7貫文	
南猪熊町	南猪熊丁		川ヨリ西組	13貫550文	
上柳原	●	上柳原町	立売組	1貫文	

第3冊

諸寺勧進帳	洛中勧進記録	現町名	町組	募財額	備考
伊佐町	●	元伊佐町	川ヨリ西組	51貫文	
大宮観世町	大宮観世町	観世町	川ヨリ西組	45貫文	
芝大宮町	●	芝大宮町	川ヨリ西組	35貫600文	
けいかい院大宮町	●	花開院町	川ヨリ西組	3貫400文	
香西殿町	●			1貫600文	
西北小路町	西北こうしちやう	西北小路町	川ヨリ西組	10貫10文	
芝薬師町	●	芝薬師町	川ヨリ西組	24貫500文	
北舟橋町	北舟橋町	北舟橋町	川ヨリ西組	32貫100文	
堀上町	堀上町	堀之上町	川ヨリ西組	5貫270文	
北猪熊町	北猪熊町	北猪熊町	川ヨリ西組	20貫文	
五辻町	五辻子町	五辻町	川ヨリ西組	14貫670文	
御屋形様町	●			400文	
大宮薬師町	●	薬師町	川ヨリ西組	7貫600文	
廬山寺町	ろさん寺町		川ヨリ西組	2貫30文	

第4冊

諸寺勧進帳	洛中勧進記録	現町名	町組	募財額	備考
飛鳥井殿町	飛鳥井殿町 飛鳥井殿西町	飛鳥井町	小川組	53貫200文	
狩野辻子	狩野殿辻子	元図子町	小川組	16貫200文	銀17匁2分ヒタ5貫文
西無車少路	西無車少路	西無者小路町	中筋組	6貫文	
中無車少路	中武者少路	武者小路町	立売組	5貫100文	
大炊道場町	大炊之道場町	道場町		3貫300文	
今町	今町	(東西)今町	小川組	7貫300文	
革堂町(川堂)	かうたうの町	革堂町		20貫650文	
北少路町	北小路町			31貫400文	
一条材木町	一てうまちさいもくちやう			1貫400文	
薮内丁	●	薮之内町		200文	
安禅寺殿町	あんせん寺之ちやう	東裏辻町	中筋組	2貫830文	
一条殿町	一条殿町	一条殿町	中筋組	4貫400文	
小川羅漢橋下町東面	小川らかんの橋下町ひかしのつら			31貫300文	
小川羅漢橋南町西面	羅漢橋南町にしのかた			31貫800文	
春日町(春日室町)	春日町	春日町		8貫文	
徳大寺殿町	徳大寺殿町	徳大寺殿町	中筋組	2貫950文	

註1．いくつかの漢字を当用漢字に直した以外は、町名はその原状を記した。
2．影印の方をもとに補訂したところもある。
3．( )は、「洛中勧進記録」「諸寺勧進帳」の中で異なった記載をされたもの。
4．●は、「洛中勧進記録」の該当町の分が残されていないもの。
5．参考としての、現町名・町組の比定は、『日本歴史地名大系第27巻　京都市の地名』(平凡社、1979年)を参照とした。町組名は、元亀2・3年頃のものを記した。
6．「洛中勧進記録」が残されていて、「諸寺勧進帳」に記載されていないものとしては、「中すち町」「しからきつし」「立売ひかし町」「御所八まん町」「かたおかつし」「新町五霊前」「御りゃうのつし」があるが、その経緯は未詳である。
7．他に、「洛中勧進記録」としては断簡が数通残されている。

ていた可能性も考えられる。しかし、その一方で白雲町の「洛中勧進記録[25]」の「十一月三日」の日下には、当町住民でない「立入祐信」（妙顕寺教蔵坊に帰依する北猪熊町住民の立入祐泉[26]の一族か）が署名と花押を据えていたり、また、「諸寺勧進帳」には記載されていないので表1に載せなかったが、「中すし町」「しからきつし」「立売ひかし町」「御所八まん町」「かたおかつし」の「洛中勧進記録[27]」は同筆で一通にまとめられていることなどからすると、町や町組の枠を越えた広域な集団・組織の存在の可能性も考えられるのである。さらに、「諸寺勧進帳」の羅漢風呂町の部分[28]には、「以上拾貫文　十月廿七日　皆済　但此内九百文は講銭にて出申候」とみえ、講の存在も垣間見ることができるのである。

いずれにせよ、以上のように「諸寺勧進帳」「洛中勧進記録」からだけでは、天正四年の洛中勧進の受皿としての集団・組織については判然としない部分が多く、複数の可能性を留保せざるを得ないのが現状といえよう。そこで、次節では少し視点をかえて、「諸寺勧進帳」に記載されるいくつかの個別町に焦点を絞ってその具体相を探ってみることにしよう。

三　町における檀徒

新在家中町

本国寺　艮（銀）四十五文目　・江村既在

同　同十匁　・加藤孫十郎

同　玄哉

同　銀百弐拾九匁　・妙為

本国寺　四貫文　・清水彦二郎

（中略）

同　　銀七十匁　　清水九郎二郎

（中略）

立本寺　　　　　　狩野弥三郎

妙蓮寺　四貫文　ぬ　松長又七

（中略）

以上八百八拾弐文め五分艮也、　皆済

代卅四貫文　　皆済(29)

右に掲げた新在家中町は、元亀四年（一五七三）の上京焼討後、織田信長によって再興された新在家絹屋町の一部であるが、表1によれば、当時の新在家には「中町」のほかに「北町東」「北町之西」が存在していたことがわかる。また、この新在家には「構」が存在していたことでも著名であるが(30)、特筆すべきは、右にみえる「江村既在」が、かの『老人雑話(31)』の著者江村専斎の父であることが確認できることであろう。実際、その『老人雑話』には、「法華乱と云ハ、承応二年より百二十年計り以前のこと也、（中略）老人の父既在なと一二歳の比と聞へたり、（中略）大なる合戦有、今の新在家の者に、法華宗の旦那多し、合戦の時討死したる人数多也、老人の外曾父も討死しけり」とみえ、新在家における強信なる法華信仰の様がよく窺える。さらに、「己行記」天正二年（一五七四）八月条には「一、在京中惣弘通所可立談合、於新在家在之」ともみえ、当地が洛中における法華宗弘通の一大中心地であったことも知られるのである。

また、次は中小川の部分である。

中小川

本法寺	金壱匁	ろ	（本阿弥）本三郎
同	艮壱匁一分	ろ	おこま
同	三百文	ろ	本孫左内
同	艮五匁	ろ	くほ与九郎
妙顕寺			はせ川三郎兵衛
本国寺	艮十五匁	・	まき内
本法寺	五百文	ろ	本新九郎
本法寺	五百文不出	・	本弥四郎
妙顕寺	艮二匁	ト	漆原与左衛門
本法寺	三百文	ろ	本光意
本満寺	二百文	い	木南常円
本法寺	五百文	ろ	本光仁

（中略）

以上銀四百弐拾七文目四分　皆済

以上銭拾九貫三百文

但此内弐貫未進、[32]

右にみえる「本三郎」[33]「本孫左内」「本新九郎」「本弥四郎」「本光意」[34]「本光仁」とは、これまた強信なる法華信者として知られる本阿弥一族であり、しかも彼らがすべて本法寺に帰依している点が注目されるが、この事実は、藤井學氏が紹介された[35]「日親上人徳行記」にみえる「子々孫々末葉のものまで、法花の正法をすてて、邪師の法

表 2　「諸寺勧進帳」の奥書

第 1 冊

寺名	家数	募財総額	備考
要法寺	26家	代19貫190文	又銀3枚
本法寺	35家	代22貫900文	銀32匁 此内金有
本満寺	22家	代 7 貫950文	
頂妙寺	29家	代48貫850文	銀94匁
本国寺	86家	代99貫430文	銀1貫138匁
立本寺	24家	代56貫550文	
妙顕寺	41家	代27貫600文	
妙覚寺	34家	代22貫900文	
妙満寺	6 家	代 2 貫400文	
本隆寺	10家	代 3 貫450文	
妙蓮寺	14家	代33貫200文	
本能寺	7 家	代12貫文	

第 2 冊

寺名	家数	募財総額	備考
妙蓮寺	22家	代 7 貫980文	
本国寺	50家	代29貫170文	
本法寺	13家	代 3 貫800文	
妙顕寺	36家	代20貫300文	
本満寺	25家	代 8 貫200文	
立本寺	21家	代29貫550文	
妙覚寺	12家	代 4 貫800文	
本隆寺	36家	代12貫925文	
本能寺	8 家	代 6 貫770文	
頂妙寺	13家	代12貫700文	
妙満寺	2 家	代 5 貫200文	
妙伝寺	10家	代 3 貫500文	
本禅寺	13家	代 4 貫文	
要法寺	5 家	代 2 貫900文	
妙泉寺	1 家	代 1 貫文	
意東	1 家	代100文	

第 3 冊

寺名	家数	募財総額	備考
本満寺	1□家	代10貫920文	
本法寺	14家	代26貫文	
立本寺	37家	代26貫500文	
頂妙寺	4 家	代 1 貫300文	
意東	18家	代15貫250文	
本隆寺	64家	代26貫520文	
妙顕寺	34家	代16貫600文	
本能寺	3 家	代 1 貫300文	
本国寺	23家	代26貫800文	
妙蓮寺	43家	代21貫450文	
妙覚寺	11家	代15貫200文	
妙伝寺	9 家	代 7 貫500文	
要法寺	4 家	代 2 貫文	
本禅寺	23家	代 8 貫550文	
妙満寺	13家	代23貫900文	

第 4 冊

寺名	家数	募財総額	備考
本法寺	29家	代26貫文	
本国寺	31家	代25貫800文	
立本寺	29家	代21貫800文	
本満寺	17家	代 6 貫850文	
妙満寺	6 家	代 7 貫100文	
頂妙寺	14家	代10貫530文	
妙顕寺	20家	代56貫685文	
妙覚寺	36家	代21貫100文	
本能寺	6 家	代10貫50文	
妙蓮寺	7 家	代 5 貫文	
本隆寺	8 家	代 4 貫900文	
本禅寺	1 家	代100文	
意東	3 家	代 5 貫400文	
要法寺	5 家	代 1 貫800文	

註 1．寺院の配列は、「諸寺勧進帳」の冊毎のままとした。
　2．意東は諸寺の一寺院の前身か、現段階では未詳。

をうくるときは、家門災難をまぬがるべからず、われ弘法相続し、ながくわが寺さかふるにおゐては、同じく本阿弥の家もさかふべし、わが地おとろふるときは、本阿弥の家もおとろふべし」という文言を当時の史料で裏付けるものといえよう。ちなみに、狩野辻子[36]には、「狩野法眼[37]」「狩野与次」など、妙覚寺に帰依する、著名な絵師の狩野一族の名を見出すこともできるのである。

ちなみに、「諸寺勧進帳」には、次のような記事もみることができる。

新町二条町
妙顕寺　百文　ト　三郎左衛門尉
同　同　百文　ト　源右衛門尉
同　玉林坊　百文　ト　孫兵衛
同　金山坊　百文　ト　小五郎
同　法音院　百文　ト　五郎左衛門尉
以上五百文　皆済[38]

この新町二条町では、町内の法華宗檀徒五人がすべて妙顕寺に帰依しており、まるで申し合わせたかのように一〇〇文を均一的に募財していたことが読み取れる。もちろん募財額の高低がその法華信仰の強弱を示すわけではないが、先にみた西大路（町）・新在家中町・中小川とくらべれば、少なくとも檀徒の間に経済的格差が存在していたことだけは窺えよう。

ところで、このような法華宗檀徒は、当時の上京全体の住民のうちでどれぐらいの比率を占めていたのであろうか。この点は、当時の人口や家数自体が判明していないので、俄には詳らかにはできないが、ただ、鷹司町の「洛中勧進記録[39]」には「一町五拾八間　内当宗廿五間」とみえ、一町の約半数の「家」が法華宗檀徒であったことが読み取れ、その教線の裾野の広さが窺える。また、「諸寺勧進帳」には各々、奥書として寺毎の檀徒数が「家」単位に集計されており（表2）、天正四年時点における各寺の上京における教線の規模が知られるが、少なくともここで確実に読み取れることといえば、上京在住の法華宗檀徒であっても下京に所在する本国寺・本能寺・妙顕寺・妙覚寺などに帰依する者が多数いたということ、すなわちその帰依の仕方に寺院の所在や檀徒の居住地などという地理的な要素は無関係であったという事実であろう。

以上、本節では、いくつかの個別町における檀徒の具体相に迫ってみたが、次節では改めてこれらと洛中勧進との関わり、ひいてはその存在形態について検討を加えてみることにしよう。

四　檀徒と洛中勧進

『耶蘇会士日本通信』（一五六九年六月一日附、都発、パードレ・ルイス・フロイスよりパードレ・ベルショール・デ・フィゲイレドに贈りし書翰）によれば、天正四年を遡ること五年前の永禄一二年（一五六九）、信長は、「公方様の宮殿」、つまり将軍足利義昭の新屋敷（二条城）を建設する際に本国寺の「美麗なる座敷其他の部屋を破壊し、悉く屏風（画きたる布の折り畳むもの）及び甚だ良き絵画を取り、直に之を公方様の城を飾るに用」いようとした。ところがこれに対して「市の法華宗徒約千五百人会合し、殿下の望に任せ金銀何程にても出し、日本全国に有名なる彼寺院に対し此の如き屈辱を加ふることを中止せんことを信長に請願」したが、結局、「何等の効なくして悉く破壊」されてしまったという。

ここにみえる「市の法華宗徒約千五百人」は、おそらく本国寺に帰依する檀徒のことと思われ、一カ寺の檀徒だけにおいてすらこのような結集力や募財力をもっていたという事実自体、注目に価するが、この点と関連して参考となるのが、従来、唯一公にされてきた勧進帳である「本能寺本堂勧進帳」(40)（天正期前後のものと考えられる）

の存在である。この記録には「諸寺勧進帳」のように募財した檀徒の名がその募財額とともに記載されており、本能寺一カ寺の本堂の建造のための勧進の模様が具体的に窺われるが、その記載の仕方は、檀徒がすべて「惣檀那」として一括され列挙されている。つまり、洛中の檀徒であっても「諸寺勧進帳」のようにはその居住の町の名を記載されてはおらず、またもちろん町単位にまとめられて記載されてもいないのである。

おそらくは先の本国寺の場合も含め個別の寺院の勧進はこのような状況が一般であったと考えられるが、この点からしても、天正四年の洛中勧進が多分に異質なものであったことは明白といえよう。実際、「諸寺勧進帳」が、各寺院に帰依する檀徒単位で作成されることがなかったことは先にみた如くであるからである。それでは、このような事実の背景にはいかなる状況が存在していたのであろうか。

そこで、留意せねばならないのが、天正四年の洛中勧進の主体が本国寺や本能寺をも含めた一五カ寺の結合体である諸寺（会合）であったという事実である。つまり、その勧進の受皿としての檀徒の集団・組織もまた当然、個別の寺院の場合とは異なったものであったはずで、この点で気にかかる記事が「己行記」にはみえるのである。

一、此度、諸寺之檀那衆御登講アリ、

これは、天正二年（一五七四）条の記事であるが、これにより「諸寺之檀那衆」が一同で日珖の講義を聴くべく頂妙寺に参詣していることが読み取れ、諸本山寺院の結合にともなって、本来、個別の寺院に帰依してきた檀徒もまた一同に会していた模様が知られるのである。そして、この「諸寺之檀那衆」の一部がどうやら天正期の勧進に深く関わっていたようで、このことを窺うことのできる史料が『頂妙寺文書・京都十六本山会合用書類』の中に残されている。

従堺運上金子日記

一、金子　参枚　但此内壱匁五ふん不足、

一、金子　参拾匁
　　以上
同銀子
一、銀子　四百目
一、銀子　四十四匁六ふん　但此内三ふん不足、
　　以上
右之分、本阿三郎殿、後藤源四郎殿江渡申也、
　天正七年卯霜月廿七日　諸寺より(41)

右は、先にみた安土宗論後の織田政権に対する礼銭の一部が堺の法華宗寺院にも課せられた際に関わる新出文書であるが、これによって、堺の「諸寺より」の「運上」を「本阿三郎」「後藤源四郎」が請取っていたことが読み取れるのである。また、表紙に「従天正七己卯十一月至天正九辛巳五月日」の日付が記載される「堺勧進」に関する「諸寺下行帳」という記録(42)にも「三百七十文《六ノ二》　後源・本又三安土へ下向ニ付而五ケ寺之談合酒料」や「四百三十二文《巳四ノ七》　矢善《(矢部善七郎)》より礼銭催促ニ付テ於舟橋弘通所五ケ寺之談合酒料、後源・本又三出座也」という記事がみられ、これらによって彼らが使者として安土に下向したり、また諸寺の談合にも出席するなど、天正四年を含めた天正期の勧進に深く関わっていたことが確認できるのである。

いうまでもないことではあるが、この「本阿三郎」「本又三郎」とは、先にみた中小川に居住し本法寺に帰依する刀剣鑑定・磨礪・浄拭を職能とする本阿弥一族（光刹か光徳）のことであり、また「後藤源四郎」(43)とは、妙覚寺に帰依する彫金を職能とする後藤一族（光乗か。(44)ただし、「諸寺勧進帳」「洛中勧進記録」ではその名を確認できなかった）のことである。(45)彼らがいかなる事由でこのような位置を占めていたかについては現段階では分明には

できないが、ともかく、この本阿弥と後藤が共同活動していることに代表されるように、当該期の洛中法華宗檀徒が、その職能の差異はもちろん、勝劣・一致や門流などという帰依する寺院が永年抱え続けてきた宗義的な差異をも越えて、法華信仰の一点において連帯・結合している状況は注目に価しよう。そして、「己行記」にはさらに注目すべき次のような記事もみることができるのである。

一、八月末九月始学問所建立築地ツキ在之、
一、学問所東ハ立売衆也、
一、西ハ新在家衆也、
一、北ハ西陣衆、大坊東ハ船橋衆、成就坊跡玉昌院、大行坊ノ前ハ下京衆也、大坊裏門両方ハ一条二条ノ間衆也、

右は天正三年（一五七二）条であり、これによって再興しつつある頂妙寺（元亀四年の上京炎上の際に類焼[46]）の学問所と大坊などの築地「ツキ」に「立売衆」「新在家衆」「西陣衆」「船橋衆」「下京衆」「一条二条ノ間衆」という町もしくは町組・惣町の名を冠した檀徒が、その作事に奉仕している模様が読み取れるが、留意せねばならないのはここにみえる檀徒が頂妙寺の檀徒だけではなかったと考えられる点である。というのも、例えば、新在家で頂妙寺に帰依する檀徒の数は、「諸寺勧進帳」でみるかぎり、「中町」「北町東」を合わせてもたった一人、同様に舟橋には「西舟橋町」「舟橋辻」「北舟橋町」を合わせてもわずか二人しかおらず、常識的に考えてもその数だけでの奉仕には無理があると思われるからである。実際、一人や二人の檀徒を指して町などの名を冠して某衆と呼ぶことはないであろう。

また、安土宗論での法華宗の敗北が伝わった直後、京都も騒然となった際に山科言経の所へ「新サイ《（新在家）》家衆速水・江村・大藤・黒川、其外大勢来[47]」たことがその日記『言経卿記』に記されているが、この場合の「新サイ家

衆」が新在家に居住する住民という意味以上に使われていることは、この時点の状況に加えて、江村をはじめ速水（新在家北町に居住し本国寺に帰依）・大藤（新在家北町東に居住し妙覚寺に帰依）が法華宗檀徒であることが確認できることからも想像できよう。[48]つまるところ、頂妙寺の築地の作事に奉仕した某衆とは、各寺院に帰依しつつも法華信仰という点において共通項をもつ同じ町・町組・惣町に属する檀徒と頂妙寺の檀徒との連帯・結合集団と考えた方が妥当なのである。

かくして、以上のような状況が背景に存在していたがゆえに、天正四年を含めた天正期に諸寺が洛中の法華宗檀徒全体に対して勧進を行ない得たのであり、またその過程において「諸寺勧進帳」「洛中勧進記録」が町単位に作成され提出されたものと考えられる。もちろんそれは、当該期京都において顕著にみえる地縁集団である町の生成と複雑に交差し、その影響を色濃く帯びたものであろうことはいうまでもない。また、その背景には、先述来のように当該期の諸寺の結合という状況が存在していたことも間違いないであろう。しかし、より重要なのは、町の住民でもある法華宗檀徒がその職能の差異や帰依する僧侶・寺院など様々な枠を越えて法華信仰の一点において連帯・結合する状況を当該期に指摘できたという事実なのである。

それでは、このような状況を惹起せしめた歴史的背景とはいかなるものであったのであろうか。次章では、この点を中心に検討を加えてゆくことにしよう。

（1）　中尾堯「寺院共有文書と寺院結合―『京都十六本山会合用書類』をめぐって―」（『古文書研究』三五号、一九九一年）。また、中尾堯・寺尾英智編『京都十六本山会合用書類　目録Ⅰ』（『立正大学大学院紀要』四号、一九八八年）、同『京都十六本山会合用書類　目録Ⅱ』（同上五号、一九八九年）、頂妙寺文書編纂会編『頂妙寺文書・京都十六本山会合用書類』一～四（大塚巧芸社、一九八六～一九八九年）の中尾氏による解説。

（2）　『頂妙寺文書・京都十六本山会合用書類』四、一〇～九七頁。

(3) 中尾氏前掲論文。

(4) 註(3)。

(5) 立正大学日蓮教学研究所編『日蓮教団全史　上』(平楽寺書店、一九六四年)。

(6) 註(3)。

(7) 当時の所在地は、現、元頂妙寺町であったか(藤井學「社寺の復興」、京都市編『京都の歴史4　桃山の開花』学芸書林、一九六九年)。

(8) 京都大学文学部閲覧室写本。立正大学日蓮教学研究所編『日蓮宗宗学全書第一九巻　史伝旧記部二』(山喜房仏書林、一九六〇年)も参照とした。

(9) 『頂妙寺文書・京都十六本山会合用書類』四、一〇六～一一一頁。

(10) この折紙の写が、同右一(一一〇頁)に収められている。次がそれである。

法花宗中事、為祖師已来之制法不受施他宗志、殊諸勧進以下不被出之儀、尤得其意候、向後上下京中江申出旨、
雖在之、当宗之事者、可相除之状如件、

天正五

二月朔日　村井長門《(貞勝)》守

在判

法花宗真俗御中

(11) 『兼見卿記』(史料纂集)天正四年六月一日条、天正六年五月一二日条。

(12) 『頂妙寺文書・京都十六本山会合用書類』四、九八～一〇六頁。

(13) 『異国叢書　耶蘇会士日本通信下巻』(雄松堂書店、改定復刻版、一九六六年)。

(14) 奥野高広・岩沢愿彦校注『信長公記』(角川文庫、一九六九年)。

(15) 『頂妙寺文書・京都十六本山会合用書類』三、一七三～一五三頁。

(16) 同右、一二三頁。

(17) 同右四、四一頁。

(18) 同右三、一七二頁。

(19) 『座中天文記』(藝能史研究会編『日本庶民文化史料集成第二巻　田楽・猿楽』三一書房、一九七四年)。

(20)『経厚法印日記』(『改定史籍集覧』第二五冊）天文元年八月二三日条。
(21)杉森哲也「町組と町」（高橋康夫・吉田伸之編『日本都市史入門Ⅱ　町』東京大学出版会、一九九〇年）。
(22)この「洛中勧進記録」の現状をみれば、天正一五年（一五八七）に行なわれた洛中検地の際に町毎で作成・提出された「軒別坪数書」といくつかの類似点がみられる。例えば、「饅頭屋町文書」（京都市歴史資料館写真版）所収の天正一五年九月九日付のものと大炊之御門室町鏡屋町の「洛中勧進記録」（『頂妙寺文書・京都十六本山会合用書類』三、一九四～一九七頁）は、その書式において縦に線を引き軒別に区別している点において類似している。
(23)「立入家文書」（京都市歴史資料館写真版）。
(24)『頂妙寺文書・京都十六本山会合用書類』三、二一六頁。
(25)同右、二一四頁。
(26)同右、二四一頁。
(27)同右、二二八頁。
(28)同右四、四九頁。
(29)同右、二九頁。
(30)元亀四年七月日付織田信長条々案（京都国立博物館寄託「上下京町々古書明細記」）。また、『老人雑話』にも、「新在家は他所にかはり、四方にかきあけの堀有て、土居を築木戸ありて構の内也」とみえる。
(31)『改定史籍集覧』第一〇冊。
(32)『頂妙寺文書・京都十六本山会合用書類』四、三一頁。
(33)宗家のいわゆる「三郎兵衛家」を指すものと思われる（藤井學「近世初頭における京都町衆の法華信仰」、『史林』第四一巻六号、一九六二年）。
(34)光悦の伯父にあたる（林屋辰三郎「本阿弥家」、『国史大辞典』第一二巻、吉川弘文館、一九九〇年）。
(35)藤井氏註(33)論文。「日親上人徳行記」（京都大学附属図書館架蔵本）も参照。
(36)『頂妙寺文書・京都十六本山会合用書類』四、八一頁。
(37)当該期で法眼といえば、永徳の父松栄ないしは弟の宗秀と思われる（谷信一「狩野宗秀に関する一小事歴」、持丸一夫「狩野宗秀に就いて」、ともに『美術研究』一四七号、一九四八年）。

(38)『頂妙寺文書・京都十六本山会合用書類』四、二三頁。
(39)同右三、二一九頁。
(40)「本能寺文書」(東京大学史料編纂所影写本)。糸久宝賢氏は、この勧進帳が、本能寺の変で焼失した本堂の再建に関するものと考えられたが(「法華一揆論—日蓮教団における「門流」の機構を中心として—」、中尾堯編『論集日本仏教史6　戦国時代』雄山閣出版、一九八八年、後に同『京都日蓮教団門流史の研究』平楽寺書店、一九九〇年)、変の際に本堂が焼失したか否かは史料上、未確認であるので慎重にすべきと考える。また、この史料に関する藤井學氏のご教示によれば、後世の写の可能性があるとのことである。
(41)『頂妙寺文書・京都十六本山会合用書類』二、二五頁。
(42)同右四、一四二〜一四四頁。
(43)宗家のいわゆる「四郎兵衛家」を指すものと思われる(註33)。
(44)藤井學「西国を中心とした室町期法華教団の発展—その社会的基盤と法華一揆を中心として—」(『仏教史学』第六巻一号、一九五七年)。
(45)ちなみに、『頂妙寺文書・京都十六本山会合用書類』一(一七九頁)にも、本阿弥と後藤が諸寺の会合に参加していることを窺わせる次のような文書(戦国期・近世初頭カ)が残されている。

猶々申入候、早々罷下可申承候を、少御用之儀候ておそく罷さかり申候、以上、
御折紙令拝見候、仍御寺ニて会合御座候段、事之外御さうさも無申計候、将又同源四(後藤)・本阿ミ驪而さそひ申可参候、定而おそく成可申候間、各々其御心得可被成候、恐惶謹言、
後藤六へ
乗喜(花押)
十一月六日
妙満寺
御行事
まいる御報

また、『頂妙寺文書・京都十六本山会合用書類』一(一七八頁)には、近世前期のものと思われる、後藤・本阿弥と並んで中島(茶屋)四郎次郎の連署による、(年未詳)九月一三日付書状(諸寺御老僧衆宛)が残されているが、この三者の状況と、藤井學氏が紹介された「両山歴譜」(本能寺所蔵)中の法華一揆の際の記事「後藤・本阿ミ・茶屋・野本等旦那巳下三千余、西陣東陣ヲ支タリ」(註44)との連関がいかなるものであったかについては、『頂妙

寺文書・京都十六本山会合用書類』では詳らかにできない。後考に期したい。
(46)「己行記」によれば、頂妙寺は、元亀四年四月四日に類焼したという。
(47)『言経卿記』(大日本古記録)天正七年六月二八日条。
(48)『頂妙寺文書・京都十六本山会合用書類』四、二一九頁。

(補註)本章発表後、古川元也「天正四年の洛中勧進」(『古文書研究』三六号、一九九二年)、同「中近世移行期の法華宗寺内組織と檀徒の構造」(今谷明・高埜利彦編『中近世の宗教と国家』岩田書院、一九九八年)が発表された。ちなみに、法華宗檀徒の存在形態と町との関係については、古川氏は親近性を読み取る一方で、本書では、人的結合という点において基本的に交差しないものと考えている。この点の詳細については、拙稿「『京都十六本山会合用書類』所収「洛中勧進記録」について—中世京都における「都市文書」との関連において—」(『古文書研究』四九号、一九九九年)も参照頂きたい。

第四章　法華教団の変容
――『京都十六本山会合用書類』の成立をめぐって――

はじめに

戦国期京都における法華教団＝法華宗（日蓮宗）について論じようとする時、常に引き合いに出されるいくつかの有名なトピックがある。それらとは、いうまでもなく天文法華の乱（法華一揆、天文法難）や安土宗論などであるが、通説的にいえば、応仁・文明の乱以降とりわけ隆盛をみせた法華宗は、これら山門や統一権力との対立・弾圧を段階的に経験することによって近世教団へと変貌を遂げていったとされている。むろんその大筋については概ね首是されるべきものと考えられるが、ただ、周知のように法華一揆に関して、西尾和美氏[1]や今谷明氏[2]等が、細川晴元政権との密接な関係やこれ以前には常識とされていた都市民衆の自衛・自治の問題との一定の距離感など、いわば戦国期京都という環境に即した実態論というべきものを提示されたことは大きな変化であったといえよう。

したがって、その流れでいえば、安土宗論を含め天文法華の乱以降に関する状況についてもまた再検討がなされてしかるべきはずであった。ところが、実際は、法華一揆に関しては、その初期段階における戦闘分析をされ

た藤井學氏(3)や門流を視点に分析を加えられた糸久宝賢氏(4)など、また安土宗論に関しても、『信長公記』の史料性

を検討された半田実氏(5)など極めて僅かな研究にとどまっているのが現状なのである。むろん、この現状を受け天

文法華の乱と安土宗論を繋ぐ時期の研究もまた、門流融和運動を中心に叙述された『日蓮教団全史　上』(6)や南蛮

史料を駆使しました「町衆」の信仰などを詳述された藤井學氏など、いわば古典的な研究に対して何程も付け加えることなく現在に至ってしまっているのである。

このような研究の進展を阻んだ最大の要因とは、他ならない史料の寡少という最も深刻な問題にあったが、実は、近年、この陥穽を埋める新史料の発見がみられたのである。その新史料とは、いわゆる『京都十六本山会合用書類』(8)と呼ばれるもので、本山寺院の結合体である会合（諸寺）の共有文書に相当するものであった。本史料を発見し整理に尽力された中尾堯氏(9)の研究によれば、会合の成立は戦国最末期、永禄八年（一五六五）とされており、このことからもわかるように、本史料の発見はまさに天文法華の乱以降の研究に大きく道を開くものといえる。しかも、会合の名が示す通り、本史料は、個別の寺院史料では捉え切れない、いわば教団全般の動向を示すものとしても貴重な発見であった。

したがって、現在の研究史からいえば、本史料の分析は何にもまして急務といえるのだが、残念ながら、史料自体の内容が断片的かつ膨大なためであろうか、これを扱った研究もいまだ緒についたばかりというのが実状である。(10)著者もまた先に、本史料のうち、天正四年（一五七六）付「諸寺勧進帳」の分析を通じて、主に織田政権に対する音信・礼物・礼銭調達のために教団が行なったいわゆる洛中勧進の状況とこれに応じた檀徒の存在形態を明らかにしたが、(11)むろんその全体からいえばごく一部に光を当てたにすぎず、とりわけ、洛中勧進という状況に至った経緯と背景、さらにはその展開については、本史料を含め同時期の他史料にも直接的な手がかりが得られなかったため今後の課題とせざるを得なかったのである。

そこで本章では、先に課題として残した問題に対して、その分析の対象を前後史にまで広げて、いわば俯瞰的な見地からの検証を試みようと思う。なお、このような作業を行なうことは、おのずと戦国期京都における法華教団史の再検討にも繋がると思われるが、ここにおいて留意すべきは、かつて平雅行氏[12]が、古代中世史の緊密化に比して中近世史研究の断絶が相変わらず大きいこと、就中、室町・戦国期に関して全体的視角を内包した個別宗派史研究の必要性について指摘された点であろう。もちろん平氏が全体的視角といわれる時、その背景に存するのが黒田俊雄氏[13]の提唱された「顕密体制」論であることはいうまでもないが、仮に室町・戦国期における「顕密体制」論の適用の可否という大問題についてはしばらく措くとしても、もはやいかなる宗派や教団を考察する上においても顕密寺院や国家ないしは世俗権力との関係性を捨象して論じることは困難な状況といえる。

この点、法華宗もまたその例外たりえず、したがって本章においても、できうる限り室町幕府や統一権力など世俗権力並びに顕密寺院（ただし、法華宗の場合、焦眉となるのは山門であるが）との関係性に目配りしながら考察を進めてゆこうと思う。もちろん以上の点に加えて、いわゆる鎌倉新仏教といわれた法華宗や真宗が教団としての実態をもちはじめたのが実際は戦国期であるという、藤井學氏[14]の著名な指摘も踏まえなければならないことはいうまでもない。そこで、本章では、法華教団を戦国社会に息づく一箇の社会集団としてみ、それがいかなる社会的対応を取りながら変容を遂げてゆくかを基軸に行論してゆきたいと思う。そうすることがまた、西尾氏や今谷氏の研究の流れを受け継ぐことにもなるであろう。

それでは、前置きはこれぐらいにして、早速本論に入ろうと思うが、話としては天文五年（一五三六）、すなわち天文法華の乱直後から説き起こしてゆきたい。これは、ひとつには、従来の研究においてはある意味自明と考えられてきた山門による弾圧という当該事件の帰結部分について捉え直しが必要であると考えるからであるが、いまひとつには、先にも述べた洛中勧進に至る経緯と背景の起点もまたここに存するものと考えるからである。

一　天文法華の乱直後をめぐって

(1)

ところで、天文法華の乱に至る危機的状況はどのように訪れ、また直面していったのであろうか。一般には、天文五年の春、一条烏丸観音堂において談義を行なっていた山門西塔東尾の僧花王院（房）に対して関東出身の法華宗檀徒松本新左衛門久吉なる人物が問答を仕かけ、その問答において花王院が敗けるという、いわゆる「松本問答」に加えて、この前後に起こったとされる「宗号諍論」（山門が法華宗という宗号の停止を幕府に求めたが、結局は認められなかったというもの）が原因となって山門が洛中の法華宗寺院破却を決めたとされている。ただし、このふたつの事件については、ともに『天文法乱松本問答記』[15]など後の編纂物によって言及されているきらいが強く、必ずしも一次的な史料によるものとはいい難い。むしろかつて辻善之助氏[16]が紹介されたところの、山門がこの時に発給したり、また取り交わした文書や案文などの分析を優先すべきと思われる。そこで、それらの史料とまた辻氏が取り上げられていない史料を合わせて一覧表にしたのが表1である。

この表を一瞥すればわかるように、この時、山門は最高の議決機関といわれる大講堂三院集会において衆議し事書を発給していることが読み取れる。しかも、その事書は、寺家に発給されたのみならず、園城寺・東寺（教王護国寺）にもそのまま送りつけられている。また、三院執行代がその連署書状を高山寺衆徒・平泉寺衆徒・朝倉氏に発給し、加えて犬神人の発向要請のためであろう祇園執行に折紙も発給しているのである。さらには、興福寺・粉河寺・根来寺の返蝶が残されているから、これらに対しても何らかの文書が発給されたことは間違いなく、その他、東大寺・豊原寺・吉野山・多武峰・神護寺・高野山（表1―⑬）や、また別の史料からは本願寺[17]・書写山円教寺（表1―⑫）・日光山[18]に対しても同類の文書が発給されたことが知られるのである。

表1　天文法華の乱に関する顕密寺社発給文書

	年月日	文書名	宛所	典拠
①	天文5・6・朔	大講堂三院集会事書案	(為山務沙汰被献覧天聴)	三院衆議集
②	天文5・6・朔	大講堂三院集会事書案	(為山門奉行沙汰申達公聞)	同右
③	天文5・6・朔	延暦寺大講堂三院集会事書案	園城寺	同右
④	天文5・6・朔	延暦寺大講堂三院集会事書案	教王護国寺	同右
⑤	天文5・6・朔	延暦寺大講堂三院集会事書案	(被達公武之尊聞遍相触諸宗)	同右
⑥	(天文5)6・2	山門三院執行代連署書状	栂尾山衆徒御中	雨森善四郎氏所蔵文書
⑦	(天文5)6・2	山門三院執行代連署書状	執当御房	京都御所東山御文庫記録
⑧	(天文5)6・2	山門三院執行代連署書状案	平泉寺衆徒御中	天文五年山徒集会議
⑨	(天文5)6・2	山門三院執行代連署書状案	朝倉弾正左衛門入道殿	同右
⑩	(天文5)6・5	西塔院若輩中政所折紙案	楞厳院若輩御中	同右
⑪	天文5・6・8	山門三院執行代折紙	祇園社執行御房	八坂神社文書
⑫	天文5・6・8	山門三院執行代連署書状案	書写山衆徒御中	円教寺長吏実祐筆記
⑬	天文5・6・□	大講堂三院衆儀《(ママ)》条々案	(宛所欠)	阿刀家文書
⑭	天文5・7・4	西塔院政所集会事書案	(宛所欠)	天文五年山徒集会議
⑮	(天文5)7・6	粉河満寺年預善照返牒案	山門三院御報	同右
⑯	(天文5)7・7	大伝法院預沙汰所証秀返牒案	山門三院執行代御返報	同右
⑰	(天文5)7・7	大伝法院行人沙汰所秀範返牒案	山門三院執行代御返報	同右
⑱	(天文5)7・7	大伝法院三綱代融貞返牒案	山門三院執行代御返報	同右
⑲	(天文5)7・13	興福寺供目代盛祐返牒案	山門別当代御房	同右

註・典拠は以下の諸本による
「三院衆議集」（京都大学文学部閲覧室写本）。「雨森善四郎氏所蔵文書」（東京大学史料編纂所影写本）。「京都御所東山御文庫記録」（同上写本）。『八坂神社文書』（臨川書店）。『円教寺長吏実祐筆記』（『兵庫県立博物館総合調査報告書Ⅲ』）。「阿刀家文書」（京都国立博物館寄託）。『天文五年山徒集会議』（『日本仏教史　中世篇之四』）。

おそらく実際は、これ以上の寺社に対しても文書を発給した可能性が考えられるが、もちろんその意図は本願寺証如がその日記『天文日記』[19]六月一七日条に記すように「就日連《ママ》宗退治之儀合力」、すなわち山門への合力に他ならなかった。しかも、これら事書やその返牒の文面の端々に読み取れる文言が、「是公武御恥辱、為山門之瑕瑾矣」（表1—⑬）「仏法破滅、王法陵夷」（表1—①）「逆仏家之讎敵、違王法之朝敵」（表1—②）という王法仏法相依に基づくものや「仏法破滅眼前之事」（表1—⑥）「諸宗既及断絶躰候」（表1—⑨）をはじめ、「昔於帝都諸宗張行有之時者、為当山加炳誡事、上古嘉例也」（表1—⑬）などという、弾圧の相手を「異端」と規定し自らを「正統」に任じるものであることからもわかるように、今回の事件に対する山門の認識がいわゆる「顕密体制」的な枠組みの中での問題であったことは瞭然といえよう。

ただし、このような事件に対する山門の認識や文書の交流という次元の問題とは別に、実際、史料でわかる範囲で軍勢を差し向けたのが日光山・平泉寺および園城寺にすぎなかったという現実[20]もまた覆うべくもなかった。また、大講堂三院集会という言葉とは裏腹にその山門内でも横川楞厳院で「別心」、つまり異論を含む者もおり（表1—⑩）、その足並みは必ずしも統一されたものではなかった。しかも、当該期の法華宗や一向宗の弾圧の事例からしても、むしろ現実味を感じさせないほど広範囲への合力要請という事態が今回の事の異例さを示すものに他ならなかった。そして、実際、東寺執行をつとめた阿刀家に残される、一五カ条に及ぶ「天文五年六月□□於大講堂三院衆儀《ママ》条々」と題された衆議の内容を示す文書の中にも、「一、於此儀者、早就公方様《足利義晴》・細川《細川晴元》家并佐々木霜台《六角定頼》、可成其届、然者三執行代下向観音寺、有相談事」というような気にかかる一条を見出すことができるのである。

従来は、これを山門が法華宗を攻撃するのに際して、いわばその断りを申し出たものなどとみられてきたが、翻って考えてみるに、今まで幾度となく繰り返された山門による法華宗弾圧において、例えば山門奉行に事書を送りつけその成敗を要請するようなことはあっても、右にみえるように事前に幕府等に届けをするなどの例は寡聞にして聞かない。しかも、細川晴元が摂津芥川にいまだ足どめされているとしても、将軍足利義晴は在京しており、にもかかわらず、三院の執行代がわざわざ近江守護六角定頼の居城観音寺城にまで下向し相談を行なうなどは、とりわけ異例の部類に入るのではないだろうか。

むろんこれは、当該期の世俗権力、とりわけ武家権力としての幕府の実質的軍事力を支えていたのが六角氏であったという現実を反映したものではあろうが、一方で妙顕寺に伝わる『龍華秘書』[21]という宗門側の記録によれば、「宗号諍論」の際にも「判者」として「佐々木霜台」、つまり六角定頼とその奉行五人が加わっていたと伝えているのである。従来、天文法華の乱における六角氏の存在については、山門とともに法華一揆壊滅の主力として働いた事実以上のことにはあまり意がかけられてこなかったが、どうやらこの六角氏に注目してみると今までとは異なった事件の様相を知ることができそうに思われる。

実際、興味深いことに、六角氏の動向は次のような方向にもみられる。すなわちそれは、山門と法華宗との「扱」、すなわち中分・仲裁というものである。すでに、天文五年五月の段階において、被官九里源兵衛が「叡山与法花党忩劇無為之調法」のために上洛[22]しており、また攻撃が開始される直前七月にも被官進藤氏が「山門と日蓮党扱之儀」のために上洛し木沢長政と醍醐寺理性院で会していることが複数の記録[23]から読み取れるのである。しかも、戦闘の真最中にも「山徒寺日蓮衆終ニハ可為和睦之由、近江ノ六カク其分也」[24]という風聞が後奈良天皇のところまで伝わっている。ちなみに、この最後の記事に関しては、今谷明氏はこれを法華一揆を油断させるために六角氏側が意図的に流したデマであるとされているが[25]、この点は詳らかではない。

しかし、いずれにせよ、先にみたように山門大講堂で三院集会が決する六月以前にすでに六角氏側が「扱」に動き、また先にみたように衆議自体に六角氏の存在が折り込まれていることなどを考えてみると、いよいよその関わりの重要性がみえ隠れしてくるのである。そこで、少し見方を換えて、従来のようにこの一連の流れを天文五年に法華宗寺院が京都を退去させられた時点で切ってしまうのではなく、この後再び退去先の堺から京都に還住するまでを含めて検討することにしよう。

表2は、その京都還住に関わる史料を一覧表化したものであるが、この表でもわかるように法華宗寺院の京都還住の動きは、天文法華の乱からわずか六年後の天文一一年（一五四二）、それを認可する旨の後奈良天皇綸旨（表2―②）が出されたことによって本格化する。ところが、天文一五年（一五四六）に至って、本能寺・本興寺（尼崎）両本山の事歴が綴られた「両山歴譜」という記録に「当宗帰洛勅許ニ付山門憤猶不止、自今ハ諸法花宗ハ叡山可為末寺」とみえるように、山門による法華宗寺院の末寺化という要求が突きつけられる。この事態に際し、法華宗側は、かつての仇敵ともいうべき六角氏にその仲介を頼むこととなるが、その事由については、史料上詳らかではない。幕府内部における晴元と義晴との不和や将軍職の義藤（義輝）への移動など極めて不安定な政局の中で占める六角氏の存在に関係したものであろうか。それはともかく、史料でいえば、定頼の被官である平井加賀守高好・進藤山城守貞治に宛てた諸寺代立海・宗仙連署書状（表2―④）がこの交渉の発端となるが、それによればもし事がうまくゆけば「弐万疋御礼」をなすことなどが言及されている。

そして、翌天文一六年（一五四七）二月に至り、法華宗一五カ寺が連署して種々の条件を盛り込んだ申状（表2―⑤⑥）を六角氏側に提示し本格的に交渉が開始される。しかし、この申状では細部にわたり折り合いが着かなかったとみえて、同年六月に至り再び修正された申状（表2―⑪⑫）が提示された。その内容とは、法華宗僧の着用すべき装束の規定や乗輿の禁止をはじめ、法席以外での宗論の禁止などであり、もし万一これに違犯した場合は各寺で成敗する旨を本国寺日泰・法花寺（妙顕寺）日要・本能寺日宗の連署で申請けるものであった。合わせて、今回の「無為之御取合」の礼銭として六角氏には「毎年万疋宛進納」する旨の書状（表2―⑩）も添え

表2　法華宗寺院の京都還住に関する史料

	年月日	文書名・記事	宛所	典拠
①	天文8・9・15	「法華宗還住之事、御佗言之段申之、不可然之由同申之」		大館常興日記
②	天文11・11・14	後奈良天皇綸旨案	法華宗二十一箇寺御房	両山歴譜
③	天文15	「当宗帰洛勅許ニ付山門憤猶不止、自今ハ諸法花宗ハ叡山可為末寺」		同右
④	(天文15カ)11・6	諸寺代立海・宗仙連署書状	平井加賀守殿・進藤山城守殿御宿所	本能寺文書
⑤	天文16・2	十五ケ寺連署申定条々案	平井加賀守殿・進藤山城守殿	同右
⑥	天文16・2	十五ケ寺連署申定条々案	山門三院執行代御房	同右
⑦	(年月日未詳)	加州(平井高好)・城州(進藤貞治)連署書状案	諸寺代雑掌	同右
⑧	(天文16)6・7	進藤貞治・平井高好連署書状案	諸寺代御坊	同右
⑨	(天文16)6・17	進藤貞治・平井高好連署書状案	本能寺・法花寺・本国寺諸寺代御中	同右
⑩	天文16・6・17	本国寺日泰・法花寺日要・本能寺日宗連署書状案	進藤山城守殿・平井加賀守殿	蜷川家文書
⑪	天文16	惣代三ケ寺申定条々案	平井加賀守殿・進藤山城守殿	本能寺文書
⑫	天文16・6・17	本国寺日泰・法花寺日要・本能寺日宗連署申定条々案	進藤山城守殿・平井加賀守殿	蜷川家文書
⑬	(天文16)6・17	六角定頼書状案	三院執行代御坊	同右
⑭	天文16・6・17	進藤貞治・平井高好連署書状案	三院執行代御坊	同右
⑮	(天文16)7・29	六角高頼書状	諸寺代法鏡坊	本能寺文書
⑯	(天文16)7・29	平井高好書状	諸寺御代法鏡坊御返報	同右
⑰	(天文16)8・22	山門三院執行代連署書状案	佐々木弾正少弼殿	同右
⑱	(天文16)9・14	楞厳院別当代・西塔執行代連署書状案	(宛所欠)	同右
⑲	(天文16)9・15	長頼・光頼連署書状	本国寺・本能寺人々御中	同右
⑳	(天文16)9・28	平井高好・朽木稙綱連署書状案	諸寺役者御中	同右

註1．典拠は以下の諸本による
『大館常興日記』(増補続史料大成)。「両山歴譜」(東京大学史料編纂所写本)。「本能寺文書」(京都大学文学部古文書室影写本)。『蜷川家文書』(大日本古文書)。
2．⑯文書の写が「本能寺文書」に竪紙と折紙で二通収められている。

られていた。これに対し、六角定頼は、三院執行代に書状（表２―⑬）を遣わして、法華宗側が「若相違此旨、被加退治」ことに言及し、合わせて次にみえるような三カ条を取りまとめて山門に提示したのである。

就日蓮衆還住条々事

一、為惣分、妙伝寺一円放火事、
一、向後法度条目在別紙、定頼一札相副之、事、
一、為　日吉御祭礼料之足付、毎年百貫文宛、三月中ニ永進納事、
以

右、三ケ条之儀、懇望之旨、依霜台（六角定頼）被執申、御落居之上者、向後自他不可有別儀候、万一相違之儀候者、可被任定頼一札之旨候也、仍状如件、

天文十六年丁未年六月十七日

進藤山城守
貞治判在
平井加賀守
高好　同

三院執行代御坊（表２―⑭）

第一条にみえる妙伝寺の放火というのは、妙伝寺が「松本問答」の原因となった松本久吉の帰依する上総国藻原の妙光寺と門流が同じであったためと考えられ、いわゆる戦国の作法[26]における謝罪・降参の儀礼としての放火の一種と推察される。ちなみに、この点に関してはこの後も山門は固執し続けた模様であるが（表２―⑳）、実際に妙伝寺が焼亡されたかについては詳らかではない。また、第二条にみえる「法度条目」とは、先に触れた申状の内容であり、定頼一札もまたこれに添えられた書状を意味する。そして、第三条にみえるように、法華宗は、いわば礼銭として山門に対して日吉社祭礼の料足一〇〇貫文の毎年進納を誓約したのであった。

結局のところは、この段階でようやく決着をみたようで、実際、翌七月二九日には法華宗側がもたらした「十

合十荷」に対する定頼の返書（表2―⑮）に「山門与当宗和談尤珍重」という文言もみえるのである。しかし、いずれにせよ、ここでもやはり六角氏が中分に入っている事実には留意すべきであり、そして、以上の一連の流れを天文五年を含めひとつの構図としてまとめてみれば次のようになろう。

すなわち、〈俗人の法華宗徒が山門僧に問答を仕掛ける〉→〈問答が起こる（松本問答）〉→〈法華宗側の勝ち〉→〈山門による弾圧の恐れ〉→〈六角氏の中分〉→〈天文法華の乱〉→〈隠形としての堺への退去〉→〈再び六角氏を中人に山門並びに六角氏へわびごとをし礼銭を支払い還住が認められる〉というものであった。これをさらに簡潔に略せば、〈紛争〉→〈中人による中分〉→〈わびごと・礼銭〉というものになるが、これがこの時期のあらゆる紛争の一般的な解決手法として知られる戦国の作法に則ったものであることは間違いあるまい。つまりは、六角氏は、山門と法華宗との紛争という構図において常にその中人として存在していたといえるのである。

しかし、翻ってみるに、つとにいわれるように、法華一揆の壊滅を真に願っていたのは、晴元や義晴であり、それはひいては彼らを常にその軍事力で支え続けてきた六角氏自身を含めた、いわば武家権力そのものであった。実際、中人として役割を果たしていたはずの当の六角氏自身が山門とともに最終段階で軍事的攻撃を行なったことは何よりの証左といえる。従来、この六角氏の山門への合力についてもまた自明のように扱われてきたが、このように考えてみると、先の構図が六角氏を含めた武家権力にとって極めて都合良く組み立てられたものにみえてこよう。例えば、法華一揆は、三好元長を倒した後の一向一揆のように暴走的かつ直接的に武家権力に反旗を翻していたわけではない。それどころか、天文二年（一五三三）以降にみられるいわゆる「洛中警固」についても、つとに知られるように晴元・義晴の意向に添ったむしろ遵行というべき行為であった。またその警固下の洛中において頻発したといわれる地子銭不払いについても、それが法華一揆の指示によるものであったかについては何ら根拠もなく、むしろ時局の不安定による混乱状態に乗じたものと考えた方が妥当と思われる。

したがって、武家権力にとって仮に法華一揆が邪魔な存在となっていたとしても、それを排除すべき正当なる事由を保持していない以上、望むべくは、法華一揆が自ら何らかの紛争に巻き込まれるか、もしくは無理矢理でも敵を設定し紛争を惹起させることにあったと推察する。なんとなれば、その時点においてはじめて武家権力は中分や介入を名目にその処理に乗り出すことができたからである。そして、まさにそのような時に「松本問答」並びに「宗号諍論」は起こったのである。これを単なる偶然か、さらに穿って仕組まれたものと考えるかは史料上、詳らかにはできないが、いずれにせよ、鎌倉末期、日像によって洛中におけるその弘通が開始されて以来、事ある毎にこれを弾圧し続けてきた山門をここで誘発させることにさほどの困難は伴わなかったに違いない。このようにしてみると、山門もまたかつての一向一揆や法華一揆同様、武家権力に利用されたものともいえるのであり、先に触れた「阿刀家文書」の衆議の内容とは、まさにかかる現実を反映したものといえるのではないだろうか。

ただしその一方で、この一連の過程が、先にも触れたように、いまだ「顕密体制」的な枠組みの中で山門が問題視し、武家権力もまたその枠組み自体を十分に認識しながら事の処理に当たっていたという事実にも注目せねばなるまい。実際、六角氏など武家権力は、「松本問答」という宗教上の争論自体に介入したわけではないし、また「宗号諍論」における判定も、つとに知られるように妙顕寺に保存される有名な後醍醐天皇綸旨に基づいただけの、いわば文書主義的なものに他ならなかったからである。さらにいえば、六角氏が中分したのも、「山門与日蓮宗鉾楯」(27)「叡山与法花党忩劇」(28)「山門与日蓮衆相剋」(29)「法花衆与山衆戦」(30)などと史料にみえるように、いわばその武力衝突であって決して宗教的対立ではないのであり、この点は法華宗寺院の京都還住の場合も同様と考えられるのである。

しかし、現実に目を向けた時、武家権力にとって、時にはその軍事力を利用しまた時には全力をあげて排除せねばならない存在として焦眉にあった宗教勢力が、むしろ山門ではなく一向宗でありまた法華宗であったことは紛れもない事実であった。それは、裏返せば「顕密体制」的な枠組みではもはや捉えきれない次元において、これらが世俗権力の指向や利害と直接抵触する存在となっていたことを示すものに他ならなかったのである。

(2)

法華宗を構成する僧俗がまさに一揆的に結合し軍事的に合力するに至ったその最も基本的な事由とは、護教のためであり、また自力救済の戦国社会にあって自らの教団を保全せんがためであったことはいうまでもない。そして、細川晴元政権の要請に基づいて軍事行動を起こしたこともまた同様の事由であり、それは錯綜する武家権力間の抗争下の京都にあって晴元政権という一方の勢力に合力することが最良であると判断した結果に他ならなかったのである。しかしながら、その結末はといえば、詳しくみたように六角氏や山門までも巻き込んだ武家権力間の政治力学に翻弄された末、その武力による弾圧と京都からの退去という手痛い仕打ちを受けることとなってしまった。この段において、法華宗がその存続をかけて直面せざるを得なかった課題とは、とりもなおさず京都への還住と軍事的な合力以外による教団の保全方法の模索であったと考えられる。そして、先にもみたように還住の方は、その粘り強い交渉の末、天文一六年において実現に至るが、この後、各寺院の復興が進む中で教団の保全方法として辿り着いたひとつの形が、永禄八年（一五六五）に諸寺院が会合（史料では「諸寺」と出てくる）として結合することであったと推察される。(31)

もとより寺院の結合ということだけであれば、これ以前の寛正七年（一四六六）のいわゆる「寛正の盟約」時や天文期の法華一揆にもみられる。しかし、会合がそれらと大きく異なるのは、なんといってもその結合体の運営そのものに関わる共有文書、すなわち『京都十六本山会合用書類』が残されている点であろう。実際、その最古の史料がともに永禄八年の年次をもつ「到来帳」(32)「下行帳」(33)「出銭覚」(34)という会合に関わる会計書類であることからもわかるように、会合とは、個別の門流や寺院の利害を越えて「一宗」として消費する共有財政をもつ、まさに惣的な結合組織を意味するものであった。

しかも、注目すべきは、その会計書類のひとつである永禄八年八月一三日付「下行帳」にみえるように、将軍義輝暗殺直後に鋭く対立する恐れのあった三好三人衆のひとり三好長逸と六角承禎(義賢)への均分な音信をはじめとして、共有財政の大部分が諸方への音信やもしくは礼銭・礼物など贈与経済に消費されている事実である。なんとなれば、それは、成立なった会合がその教団保全の具体的な手段として選択したものが、もはやかつてのような一方への軍事的合力というのではなく、このような音信や礼銭・礼物など贈与経済を媒介にした両属・多属的な対応であったことを意味するに他ならないからである。

実際、『京都十六本山会合用書類』には、この時期のものだけでも、先の会計書類の他、音信の返書として、三好長逸(35)並びに六角承禎の書状(36)をはじめ、三好三人衆である石成友通(37)・三好政康(38)の書状や彼らとともに義輝を暗殺した松永久秀(39)・久通(40)父子の書状、さらには当時最も著名かつ強信なる法華信者として聞こえた「竹三」こと竹内季治の書状(41)などがみられ、この前後会合がいかに広範にしかも過不足なく諸勢力へ音信していたかは容易に判断できるのである。そして、この延長線上に、天正四年の洛中勧進が存在していることは、前章でも触れたようにその募財のほとんどが織田政権に対する音信・礼物・礼銭などに支出されていた点からも疑いを入れないものといえよう。

もちろんその事態も天正四年に突然起こったわけではない。それは、永禄一一年(一五六八)の上洛以来、六角氏や三好三人衆、はては室町幕府など種々の武家権力との格闘の末に次第に統一権力の容貌をみせはじめた織田政権に対して結果的に諸方への贈与が収斂されてゆく過程を経たものであり、実態としてはこれに対応して結ばれた天正三年（一五七五）のいわゆる「天正の盟約」を踏まえて準備されたものと考えられるのである。

ところで、このわずか数年後天正七年（一五七九）五月二七日、会合はその成立以来、最大の危機的状況を迎えることになる。いうまでもなく安土宗論である。この事件もまた、俗人の法華宗檀徒である大脇伝介・建部紹智が、安土で法談を行なっていた浄土宗僧、霊誉玉念に問答を仕かけ、それが宗論に発展し、その結果、法華宗が再び弾圧を受けるという天文法華の乱のアナロジーを感じさせるものであるが、実は『京都十六本山会合用書類』にはこの直後の年紀をもつ史料が多数残されている。そして、それらを分析すると、従来判然としなかった宗論直後における教団の織田政権に対する対応、すなわち天正四年の状況後の展開がつぶさにみて取ることができるのである。

そこで次節では、この点をめぐって検討を進めてゆくことにするが、ただ、宗論そのものの経過や意図については従来の研究[42]にさほど疑義をはさむ必要もないと思われるので、話としては直接、宗論直後からはじめることにしたい。

二　安土宗論直後をめぐって

(1)

さて、『耶蘇会士日本通信』（一五七九年六月附、パードレ・オルガンチノが都よりパードレ・ルイス・フロイスに贈りし書翰）[43]によれば、宗論直後、「信長は三日前に矢部の七殿《善七郎》を都に派遣し、法華宗の檀徒一同に対し従前の通再起せんことを望まば金二千六百ゼシマイ《枚》を主要なる十三の僧院に分擔せしめて納付すべし」と命じたという。この三日前がいつに当たるのかは詳らかにはできないが、この書簡を受け取ったルイス・フロイスの著作『日本史』[44]では、このあたりのことを「長谷川《竹千世》と称する信長の家臣が、殿が（右の男《普伝院日門》以外の者）に生命を許した恩恵に対して〔もし敗北した場合には彼らを殺してもよいと述べた署名入りの文書を渡していたので〕黄金二百枚を差し出すべきであると付言した」[45]と記している。矢部の代わりに「長谷川」の名前がみえることやまた礼金の金額が「黄金二百枚」とみえるなど若干の異同がみられ、『耶蘇会士日本通信』と同一の事実を伝えているか否かについてはこれだけでは判断できない。

ただ、文中の「もし敗北した場合には彼らを殺してもよいと述べた署名入りの文書」については、宗論に参加した久遠院日淵の『於江州安土法華宗与浄土宗問答略記』[46]にも「罷下ル所ノ法華宗寺々住持并代僧連判イタシ、問答負ケ申ニ於テハ京都并ニ分国中寺々破却アルベキ由一札」という類似した記事がみえ、その存在は事実と思われる。しかし、いずれにせよ、これら南蛮史料からは、宗論直後、法華宗が織田政権から莫大な礼金を賦課されていた事実が読み取れるのであるが、それでは、この点について日本側の史料では、どのようにみえるのであろうか。

さいわい、わずかではあるが、これまた宗論に参加した頂妙寺日珖の日記「己行記」[47]に、「一、頂妙寺諸寺支配之外金五枚」[48]、「一、九月十二日、（織田信長）御上洛、重而法難起、同十六日、以金二百枚御礼、無為」[49]とみえるのがそれらに該当するものと思われる。まず前者によれば、頂妙寺が宗論直後の六月に「諸寺支配」、すなわち何らかの分担金のほかに金五枚を提出したということがみえる。時期的なことを考慮すれば『耶蘇会士日本通信』にみえる礼金に対応するものとも考えられる。また、後者の記事は、その三カ月後の九月条にみえるもので、金二〇〇枚という額から考えてみると、『日本史』の記事に対応するものとも考えられる。

ちなみに、藤井學氏[50]はすでに早くから後者の「重而」という文言と『耶蘇会士日本通信』の記事に注目され、礼金が二度賦課せられていたということを指摘されている。また、『日蓮教団全史　上』[51]では、「己行記」にみえる「法難」が同年八月に岐阜で起こりそうになった対キリシタンとの宗論に関わるものであったという指摘もなされている。さらには、年次が定かではないものの、『信長公記』[52]巻一二にみえる「以前、浄土宗と法花宗宗論仕候。其時の御礼として、京の法花坊主より黄金二百枚進上候」という記事なども加えてみると、法華宗が賦課された礼金が複数度に及ぶものであったという事実も明らかとなってこよう。

なお、先の『耶蘇会士日本通信』の記事のすぐ後には、「堺は最も富裕なるが故に更に大なる罰金を課せん為め」矢部善七郎が堺にまで赴いたという記事もみえるが、この点、「己行記」天正七年条では、「一、同冬十月十二日、為堺勧進京五ヶ寺之使僧下向、当津諸寺ヨリ金廿枚勧進」とみえ、実態としては、矢部自身が堺にまで赴いたのではなく、「堺勧進」と称して京都の諸寺（会合）が直接的に堺の法華宗諸寺院や檀徒から礼金の取り集めを行なっていたようである。

このように諸記録を突き合わせてみると、宗論直後、法華宗が織田政権によって一度ならず礼金を賦課せられていたという事実やそれに付随する「堺勧進」なる事実が浮き彫りとなってくるが、実は『京都十六本山会合用書類』中に残されていた史料とはこれらの事実に関連するものなのである。例えば、「諸寺支配之金子弐百枚」として「四拾枚七両弐分　本国寺」というような記載以下、諸寺の分担が列記された頁などをもつ、表紙に「天正七己卯暦拾月廿六日」「諸寺取納帳」と上書きのある帳簿[53]や、さらには、天正七年霜月一五日付で「金子百五十枚分之内未進」と題して「本国寺　皆済」というような記載以下、諸寺の状況が書き連ねてある注文[54]などがそれに相当するものであるが、これらによって賦課された礼金が会合においてどのように分担されていたかを具体的に読み取ることができる。また、「諸寺取納帳」には「堺勧進」における堺の諸寺院の分担に関わる史料も多く所収されており、堺での勧進が予想以上に広範に行なわれていたことも読み取ることができるのである。

いずれにせよ、諸記録の記事と注文類や帳簿類の関連だけを探ってみても、宗論直後、織田政権が法華宗に対して賦課した莫大な礼金の存在やそれに対応する会合の具体相が浮き彫りとなってくるが、ここでは少し素材を広げて書状類などにも触れながら作業を進めてゆくことにしよう。

(2)

まず、礼金を賦課した織田政権の動向をもう少し詳しくみてみると、政権によるかかる行為が天正七年の時だけではないことがみえてくる。例えば、「己行記」天正八年（一五八〇）条に「一、五月、京都奉行衆ヨリ御礼ノ金催促」とみえる他、表紙に「従天正七年己卯十一月至天正九年辛巳五月日」という年次と「諸寺下行方堺勧進之内参拾貫文」と書かれた記録(55)には、天正八年三月一九日条に「礼銭催促ニ付而平《(平子)》与御行事衆来」、七月二七日条に「九《(菅屋)》右御行之衆礼物催促ニ来」、一一月二〇日条に「落《(落合)》平兵へ礼物」、翌天正九年（一五八一）七月七日条には「矢善《(矢部善七郎)》より礼銭催促」など、矢部などの奉行衆をはじめその下代と思われる侍たちからまで礼銭や礼物の催促を受けていることが知られるのである。

これらが信長の指示によるものであったか、また個々の恣意的なものであったかについては詳らかではないが、一方で、これ以外にも会合が京都所司代村井貞勝をはじめとした政権関係者に対して種々に音信を行なっていたであろうことはいうまでもない。にもかかわらず、このように、天正七年以降にも礼銭・礼物などを催促されるという状況はどのように理解すればよいのであろうか。いわゆる非分狼藉の類であろうか、それとも何らかの根拠があるのであろうか。

この点で思い起こさねばならないのが、先にみた『日本史』の記事であろう。すなわち、かの時の礼金二〇〇枚を差し出すべき根拠とされた「もし敗北した場合には彼らを殺してもよいと述べた署名入りの文書」の存在である。しかし、先にも述べたようにこの文書についてはその存在は事実としても原本や写は残されていない。だが、よくよく考えてみると、その文書が伝わっていないのは当然である。なんとなれば、宗論後の段階では、すでにそれ以上の文書が法華宗から提出されていたからである。

　その文書とはいうまでもなく、宗論直後に提出された、いわゆる「詫証文」である。ちなみに、この「詫証文」は当時の史料では、「誓帋」[56]「起請文」[57]とみえ、文書としての実態も起請文である。よく知られているように、その形態は三カ条からなるもので、「日本国中大小神祇并大乗妙典、殊者三十番神」に文面の旨を誓約、宛所として奉行衆の菅屋長頼・堀秀政・長谷川竹千世《（秀一）》の三人を据えているものである。この文書がいかに法華宗にとって痛恨事であったかについてはつとに説かれるところであるが、ここでは、従来あまり注目されていない点として、この時、同時に提出された、「詫証文」と一対をなす「一行」なる文書に注目したい。

　その「一行」とは、「今度当宗被立置之儀、忝存候、就其、向後他宗法難之儀、聊以異儀不可有御座候、若猶自今以後、不届之儀於申出者、以此一行之旨、当衆悉可被成御成敗候、其時毛頭御恨不可申上候、此旨可預御披露候」という文面をもつ菅屋等奉行衆に宛てた妙覚寺代日諦等連署書状（案）（〈天正七年〉五月二七日付）[58]である。なお、知恩院に残される本文書の写では紙背に村井貞勝の裏判があった模様であり、これによっても「一行」がいかに重い意味をもつ文書であったかがわかるが、もちろん文面は「詫証文」とともに、『於江州安土法華宗与浄土宗問答略記』に「此ハ一々文章御前ノ御好也」、すなわち信長の意向に沿ったもので、事前に政権側が用意していたものと思われる。内容は、「詫証文」の三カ条を前提にしたもので、法華宗が宗論に敗れたにもかかわらず「立置」、すなわち存続されたことに感謝し、合わせて以後他宗との宗論の厳禁を誓い、これらの点においてもし万が一でも「不届」が起こった場合は、「此一行之旨」に従っていかなる「御成敗」も辞さないと述べたものである。

　この文書が、「詫証文」と一体かつ不可分のものであったことは、諸史料に「誓帋并一行」[59]とか「起請文如此、并一行如此」[60]とみえることより明らかで、したがって、論理的には「詫証文」で誓約した内容を違背した場合に蒙る「御罰」と「一行」にみえる「御成敗」がイコールの関係であるということになる。いわば、諸神・法華経にかわって織田政権が「御罰」を下すことを認めたものなのである。しかも、この「詫証文」並びに「一行」の本文は各々二通作られ、一対は浄土宗本山の知恩院に、もう一対は安土城に納められた。加えて、『言経卿記』や『耶蘇会士日本通信』にそれらが所収されていることからもわかるように、その全貌は村井貞勝によって「洛中洛外」に広く「相触」れられ(61)、宗論後の法華宗が置かれた状況を何より象徴するいわばプロパガンダともされたのである。

ところで、「一行」とは、「いっこう」とも「いちぎょう」とも読み、一般には「書状。一通の手紙」の意味をもつが、別の意味としては「許可、賞与、借用書などの証拠文書」というものもある(62)。この点に注目すれば、『武功夜話』巻一〇(63)の「安土宗論の事」に載せられる「一行」の写に「御免許」という文言がみえることなどは、少なくとも、この「詫証文」並びに「一行」が法華宗存続のいわば許可書と一般に流布されていたことを想像させる。

実はこのように考えるのも、『京都十六本山会合用書類』には、経王寺以下五カ寺の堺の法華宗寺院宛に出された「今度一宗就御免許、御礼物金子弐百枚之通被仰出候、迷惑雖不及是非候、上意にて候間、先百枚去八日進上令申候、然者、相残百枚之儀、於爰元難相調候間、其津（堺）へ勧進儀被申越候、此度之事、別而五ケ寺被成御内談、京都へ宗旨相続候様ニ御馳走奉頼存候、巨細使僧衆申含候」という文面の文書案が残されている(64)からである。本文書案は、年次も差出も欠くためいつのものに当たるのか詳らかではないが、文意としては、法華宗の存続（ここでは「相続候様」とみえる）が「御免許」されたが、その御礼として「金子弐百枚」を命じられたものの、全額が調わないので堺へ「勧進」をするという内容であり、「御免許」の対価としての「御礼物金子弐百枚」、そしてその不足分を補うための「堺勧進」という一連のパターンの論理を端的に示したものとしても重要である。

「己行記」天正七年条などによれば、「詫証文」と「一行」が提出されたのが五月二十七日、そして日珖等が「御赦免」されたのが翌六月二日であることがわかるが、これらと文中の「先百枚去八日進上」を考え合わせてみると、本文書案が書かれたのが『耶蘇会士日本通信』にみえる礼金の時のものとも考えられる。が、一方で金額の「金子弐百枚」に注目すれば、『日本史』や「己行記」天正七年九月条の時のものとも考えられなくもない。(65)いずれにせよ、法華宗が「詫証文」並びに「一行」に基づいて「忝」なくも存続することを「御免許」された状態を継続させるためには、その文面の旨を是が非でも遵守せねばならないという状況に置かれていたことだけは間違いないものと思われる。

ところが、にもかかわらず、現実は、『日蓮教団全史　上』が指摘するように、安土宗論直後の八月の時点でさえ岐阜でキリシタンとの宗論が起こりそうになり、『日蓮教団全史　上』の説に従えば、ために「金二百枚」を支払ったということになるのであるから、会合並びに法華宗にとって「詫証文」や「一行」の文面を遵守し、宗論や折伏による布教を押さえるというようなことは容易ならざることであったと考えざるをえない。そして、事実、『耶蘇会士日本通信』では、「彼等は傲慢尊大なるが故に、討論をなさずと言ふと雖も常に誓いを破るべく、之に依りて彼等の迫害虐待せらるゝ」と、喝破されているのである。

つまるところ、度重なる礼金や礼銭・礼物催促の事実はかかる状況と密接に関係していたものと考えられるのであり、こういう点からいえば、『耶蘇会士日本通信』にみえる「事件の進行に従ひ法華宗徒が略奪に依りて失ふ所は黄金一万を超え、其困却の極此の如く繁栄せる呪ふべき宗派は殆ど倒るゝに至るべく」というのもまた、必ずしも誇張した表現ではなかったのである。

さて、このようにみてくると、宗論によって法華宗が失ったものは、莫大な金銭だけであったように映ってしまいかねない。が、いうまでもなくこの時に法華宗が失った最大のものが、つとに触れられるように織田政権に屈したという事実と宗祖日蓮以来の伝統的な折伏・宗論という教化の方法に一大転換が迫られたという事実であることもまた間違いない。しかし、にもかかわらず、事実として物理的な金銭の損失というのが教団に与えた影響がいかに深刻なものであったかということを認めざるを得ない史料も『京都十六本山会合用書類』には残されているのである。

定条々

一、就被相懸今度一宗江金子弐百枚、諸寺之旦方衆其寺々へ啓相互不届旨、向背本寺令参詣他寺之輩、曽以不可有許容事、

一、以隠密檀那令誘引寺於有之者、科料百貫文可被出、於其上可被放諸寺之門徒事、

一、此刻諸寺共以旦方へ歳暮・年頭之会尺、堅可有停止事、

右条々、以諸寺衆儀《ママ》所定如件、

天正七年十二月十六日

本国寺代妙音坊
日夬（花押）
（以下、略）(66)

周知のように不受不施制法に基づいて他宗の寺院や神社への参詣などを禁止した定や信心法度は従来よりみられる。しかし、それらと右の定条々が大きく異なる点は、文中に出て来る対象の寺が諸寺内の寺であること、すなわち会合内での取り決めであるということである。文面で明らかなように、第一条では、帰依している僧侶の付嘱している寺院「本寺」以外の檀徒の参詣を禁止し、逆に第二・三条では寺の方が檀徒を誘取ることを厳禁、さらにはその違犯に対しては科料賦課や諸寺からの放逐までを規定しているのである。

翻ってみればわかるように、法華宗の経済的基盤とは、いつにその檀徒の数やその喜捨の度合に関わっている。

しかし、ここで留意せねばならないのは、当時の檀徒のあり方が、開基檀越などの系譜をひく有力檀徒を別とすれば、近世の「檀家」とは違って必ずしも固定されたものでもまた寺院に付嘱していたものでもなかったという点である。そのつながりは、むしろ個々の僧侶との人格的な師檀関係の様相が強かったのであり、それは、例えば宗論の発端となった檀徒である大脇伝介（塩屋伝内）や建部紹智などが普伝院日門の布教によって他宗から帰伏したといわれていることからも端的にわかるし、さらにはその日門にしても日珖が「普伝ハ近日帰伏ノ人」[67]と述べたように、少なくとも京都諸寺の寺院には固着しない折伏弘通の僧侶であったのである。

もちろん、中世以来、例えば「永禄の盟約（規約）」に「一、諸門和談之間、本末衆徒檀那互不可誘取之事」[68]、すなわち檀徒の誘取が度々、禁止事項とされていることからも明らかなように、檀徒がどの僧侶もしくはどの寺院に付嘱するかということについては常に焦眉の的であったのであるが、この定条々は、従来以上に檀徒の寺院への固着化を進める旨を会合が決したという点において重大な転機を示す史料といえるのである。しかも、このような定条々を決する最大の要因が、他ならない第一条の冒頭にみえる「金子弐百枚」の存在であったことは事態を象徴するものといえる。この金二〇〇枚が前節まででみたどの礼金に当たるのかは詳らかではないが、いずれにせよ一連の織田政権によるものであることは間違いなく[69]、政権による礼金・礼銭・礼物の賦課・収奪という行為はかかる檀徒の寺院への固着化を誘発せしめることにもなったのである。

また、「堺勧進」についても次のようなことが考えられる。従来、京都の諸寺と堺の諸寺院との関係は、創建における開山やその法系を巡る密接な関係をはじめとして各寺院によってその事情や状況は種々様々であった。したがって、例えば、妙顕寺の末寺である堺の妙法寺が「末寺頭之謂」として「其昔京都錯乱万不首尾之時分、田舎ノ末寺ハ山賊・海賊方々多々ニシテ便宜モ無之時節也、于時妙法寺衆檀対本山常志最厚也」[70]と伝えるように、個別の寺院間で経済的な援助が行なわれていたとしても、それは必ずしも近世的な意味での本末関係にあったのではない。ところが、一度、導入された「堺勧進」のシステムは、後に触れるように天正七年以降も事ある毎に使われるようになる。しかも、「堺勧進」は、勧進とはいっても金銭の動きは、史料をみる限りでは堺から京都へという一方通行に結果、それがひとつの慣習となっていたことがわかる。したがって、かなりの限定は付けざるを得ないものの、この方向性は、結果として堺の諸寺院の総体的な形での京都諸寺への従属化の道の一先蹤となったとも考えられるのである。

檀徒の寺院への固着化といい、堺の諸寺院の従属化といい、これらが高度にシステム化されれば、いずれ近世的な寺檀制度や本末制度に繋がってゆくことは容易に想像される。こういう点からしても、「詫証文」と「一行」の存在を前提とした織田政権による礼金・礼銭・礼物の賦課・収奪という行為は、法華宗にとって莫大なる富の損失をもたらしたのみならず、教団のあり方そのものにも深刻な影響をもたらすものであったのである。そして、かかる行為の前提が、先にみたような法華宗の武家権力に対する対応にあったことはいうまでもない。むしろ、これを織田政権に逆手に取られた結果が、礼金・礼銭・礼物などの賦課・収奪に他ならなかったのである。

(3)

ところで、中世の起請文について斬新な視点から研究を進められている千々和到氏[71]によれば、織田政権から豊臣政権にかけての時代にみられる「起請破り」や「起請返し」という行為は、中世の「起請文の死」に到る過渡期を意味するものであるとされている。この認識は、自然、時期を考慮すれば法華宗にとっての「詫証文」と「一行」にも対応するものと考えられ、したがって、「詫証文」と「一行」から解き放たれる「起請返し」を行なうためには、是が非でも織田政権そのものないしはそれを継承したものによって「起請破り」が行なわれなければならなかったのである。そして、興味深いことに事実はこの文脈に沿ったものとなった。

「己行記」天正一三年（一五八五）条によれば、「一、七月十四日、以秀吉御義、彼一筆取返相破云々」とみえ、天正一三年七月に豊臣政権によって「詫証文」並びに「一行」が破棄されたのである。すでに安土城が廃されていることを勘案すれば、この時、実際に破棄されたのは、おそらく知恩院に納められたものと思われる。そして、法華宗に対しては、七月一八日付で「先年於安土法問以来、逼塞之衆在之由候、今度誓帋以下被相破、如前々与被仰出候上者、早々可被罷出候」という文面の前田玄以書状（案）（法花宗中宛）[72]が発給されたのである。本文書並びに「己行記」の記事をそのまま信用すれば、「誓帋以下」、すなわち「詫証文」と「一行」は実際に「相破」られたものと推察されるが、ともかく、これによって、法華宗はようやく物理的には「詫証文」と「一行」から解放されることになったのである。

ところで、「起請返しは、他人との間の約束の破棄ではあるが、その破約は、相手との合意のうえでのそれであるようで、そうした事情があったからこそ、いわば新たな契約の出発としての意味をこめて、起請返しが手順をふんで行われた」[73]とも千々和氏は付け加えている。とすれば、法華宗は、「詫証文」と「一行」の破棄を契機に豊臣政権と新たな契約を行なったことにもなるが、この点については、我々は今も京都市左京区に残される頂妙寺山門（一般に仁王門と呼ばれ、この前の通りを「仁王門通」という）に掲げられる扁額の文面を目の当たりにすることによってその意味を窺うことができるであろう。なんとなれば、その扁額とは、先の文書の二日後付の（天正一三年）七月二〇日付前田玄以書状（日珖上人宛）[74]をもとに偽作されたと思われる（天正一三年）七月二五日付前田玄以書状案[75]を木版に彫りつけたものであるからである。[76]この事実こそは、豊臣政権による法華宗の存続許可という新たな契約の出発を端的に象徴するものといえるのではないだろうか。

むろん、その新たな契約が無償であろうはずはなく、事実、「己行記」天正一三年条には「一、同月《（七月）》廿三日、参大坂秀吉へ御礼」「一、十七日《（八月）》社寺へ万疋御礼、玄以《（前田）》へ礼」などとみえ、方々へ礼金・礼銭などを持参していることが確認できるのである。しかも、『京都十六本山会合用書類』には、「先年〇《江州》於浄厳院之誓紙、今度従関白殿様（豊臣秀吉）一宗江被返下候申、外聞実儀名誉不可過之候、然者御礼之儀、如形申上候、此度之儀候間、南北之諸寺被仰合、相当之於御助成者、諸寺以可為祝着候」という文面の堺諸寺に宛てた会合の文書案（〈天正一三年〉七月二五日付）[77]も残されており、会合が、この時、「詫証文」と「一行」を破棄されたその代償として豊臣政権に「御礼」をし、しかもその「御助成」を以前と同様に堺の諸寺院に要請していたことが判明するのである。

安土宗論から六年、「詫証文」と「一行」は確かに地上から消滅した。しかし、このことは、法華宗が「詫証文」と「一行」の呪縛から真に解放されたことを意味するものではない。それは、むしろ、法華宗と豊臣政権との関係が、もはや「詫証文」と「一行」のような中世的な起請文などを必要としない新たな段階に入ったことを示すものというべきなのである。

このようにみてくるとわかるように、安土宗論もまた極めて巧妙に組み立てられたものと理解できる。そして、これを前節でみた天文法華の乱と比較してみるとさらにその特色が明らかとなろう。例えば、浄土宗と法華宗の宗論にもかかわらず、勝ちと判定された浄土宗は、法華宗を弾圧することはなく、わずかに「詫証文」「一行」各一通を受け取ったにすぎなかった。しかも、象徴的なのは、その「詫証文」「一行」の宛所が浄土宗ではなく、菅屋・長谷川・堀という織田政権の奉行衆であったことである。元来、宗論そのものには因果居士など禅僧の判者がいたはずであるが、にもかかわらず、ここにまで奉行衆が表に出てくるということ自体、織田政権が弾圧者と中人を兼ねるという異例の形であったということを意味するものといえよう。

さらに事態を端的に示すのは、先にも触れたように「詫証文」と「一行」が対になることによって、法華宗は自らの誓約を世俗権力であり武家権力である織田政権に対して行なうという形を取らされた点である。そこにはかつてのような「顕密体制」的な枠組みを尊重しながらの処理という景色は微塵もみえず、むしろ織田政権自身が起請文の奥に並べられる諸神や法華経などになり代るという論理さえ読み取れるからである。しかし、それは、ルイス・フロイスが伝える信長自身が神になろうとしたという有名な逸話をもち出すまでもなく、すでに元亀二年（一五七二）に山門焼討に衝撃を受けた山科言継がその日記に「仏法破滅、不可説々々、王法可有如何事哉」と記したように、織田政権がもはや「顕密体制」を支える王法・仏法相依の王法の範疇に入らない異質なものとして直感されていた以上、避けがたいものであったのかもしれない。

むすびに

戦国期京都における法華宗は、その極めて流動的な社会の変化に対応し、しかもその中で自らを保全すべく、ある時には一揆的に結合し、またある時には一方の勢力に合力、さらには盟約を結ぶなど様々に模索を続けながら変容を遂げてきた。その間、とりわけ「寛正の盟約」以降に顕在化してきた軍事的な合力という志向については、天文法華の乱によって頓挫させられてしまうが、その後、辿り着いたひとつの形が、個別の門流や寺院の利害を越えた惣的な結合体、すなわち会合（諸寺）の結成とその結果としての共有文書『京都十六本山会合用書類』の成立であった。法華宗は、結局のところこの会合をもって戦国最末期の社会の変化に対応することになるが、中でもとりわけ交替の激しい世俗権力たる武家権力の動向にその対応の主眼をおかざるを得なかったことは、首都京都にある以上、むしろ当然であった。

そして、その会合が対応の手段として選択したのが、他ならない音信・礼物・礼銭・礼金など贈与経済を媒介としたものであったが、統一権力を志向する織田政権の登場によってこの傾向にさらに拍車がかかってゆくのはむしろ自然のなりゆきであった。それはある意味では、やむを得ない方向であったとは思われるが、いずれにせよ法華宗がこのような贈与経済を媒介とした対応を続けてゆく以上、この後の洛中勧進やまた安土宗論直後にみ

られた「詫証文」「一行」に基づく莫大な礼金・礼銭・礼物の賦課・収奪という事態もまた必然であったのである。(80)

一方、以上の事実を山門との関係性も絡めて宗教史的な枠組みからみれば、それは、かつての「異端派」に系譜をひく法華宗が「正統」を自任する山門を介することなく直接武家権力と対峙してゆく過程であったともいえる。もちろん、それは同時に、法華宗が世俗権力にとって無視し得ぬ存在に肥大してゆく過程を裏返すものではあるが、しかしそれでもなお、天文法華の乱やその直後においては、少なくとも山門の存在や「顕密体制」的な枠組みが武家権力によって認識され、法華宗と武家権力が直接的にしかも全面的に対峙する形になっていなかったこともまた事実であった。

ところが、その天文法華の乱のわずか二十余年後の永禄期頃を端緒に、法華宗は混迷を極める武家権力と直接対峙せざるを得ない状況に置かれ、その結果会合の成立をみ、さらには洛中勧進、安土宗論へと向かってゆくことになる。このことは裏を返せば、京都では、焼討を迎える以前にすでに山門がその「正統」としての面目や「顕密体制」的な枠組みを他者に認識させる力を急速に失っていったことを示すものといえよう。

もとより、かかる事態は、一向一揆や法華一揆など宗教一揆が武家権力に対して合力など直接的な関係を結びはじめた時点においてすでに予期された結果ではあったが、いずれにせよ、このような山門の凋落を含めた全体的な枠組み自体の解体的状況こそ法華宗をしてその変容ならしめた宗教史的背景であったと考えられるのである。むろん、その延長線上には、新・旧や正統・異端などといったかつての範疇を問わず、各寺院や教団が個別もしくは宗派毎に武家権力（織豊政権・幕藩権力）と対峙するという新たな枠組みが控えていたであろうことは多言を要さず、むしろこのような枠組みへの過渡的な事象として山門焼討や「石山合戦」など他の有名なトピックも理解できるのではないかと思われるのである。

ただし、話題を法華宗に戻していえば、直接対峙することとなった武家権力の一元化（統一化）とそれへの摂受的な対応の継続という事態が、教団の現状と不受不施制法に代表される教説との矛盾を改めて問い直す結果にもなった点は留意しておく必要があろう。そして、その矛盾が早晩、表面化することは火をみるより明らかであり、それが最も先鋭に現われたのが、他ならない文禄四年（一五九五）の京都東山大仏千僧会への出仕を契機に起こった妙覚寺日奥を中心とした不受不施派と受布施派との対立であったのである。

(1) 西尾和美「「町衆」論再検討の試み―天文法華一揆をめぐって―」（『日本史研究』二二九号、一九八一年）。
(2) 今谷明『言継卿記―公家社会と町衆文化の接点―』（そしえて、一九八〇年）、同『天文法華の乱―武装する町衆―』（平凡社、一九八九年）。
(3) 藤井學「初期法華一揆の戦闘分析」（北西弘先生還暦記念会編『中世社会と一向一揆』吉川弘文館、一九八五年）。
(4) 糸久宝賢『京都日蓮教団門流史の研究』（平楽寺書店、一九九〇年）。
(5) 半田実「安土宗論について」（『年報中世史研究』五号、一九八〇年）。
(6) 立正大学日蓮教学研究所編『日蓮教団全史　上』（平楽寺書店、一九六四年）。
(7) 藤井學「日蓮宗徒の活躍」（京都市編『京都の歴史4　桃山の開花』学芸書林、一九六九年）。
(8) 頂妙寺文書編纂会編『頂妙寺文書・京都十六本山会合用書類』一～四（大塚巧芸社、一九八六～一九八九年）。
(9) 中尾堯「寺院共有文書と寺院結合―『京都十六本山会合用書類』をめぐって―」（『古文書研究』三五号、一九九一年）。
(10) 註(9)のほか、古川元也「天正四年の洛中勧進」（『古文書研究』三六号、一九九二年）。
(11) 本書第二部第三章。
(12) 平雅行「前近代の宗教」（『歴史研究の新しい波日本における歴史学の発達と現状Ⅶ〈一九八三―一九八七〉』山川出版社、一九八九年）。
(13) 黒田俊雄『日本中世の国家と宗教』（岩波書店、一九七五年）。

(14) 藤井學「近世初期の政治思想と国家意識」(『岩波講座日本歴史10　近世2』、一九七五年)。
(15) 『史籍雑纂』第一。
(16) 辻善之助『日本仏教史　中世篇之四』(岩波書店、一九五〇年)。
(17) 『天文日記』(北西弘編『真宗史料集成第三巻　一向一揆』同朋舎出版、一九七九年)天文五年六月一七日条。
(18) 『快元僧都記』(『新校群書類従』第二〇巻)天文五年八月二九日条。
(19) 註(17)。
(20) 註(18)。
(21) 『日蓮宗宗学全書第一九巻　史伝旧記部二』(山喜房仏書林、一九六〇年)。
(22) 『鹿苑日録』(続群書類従完成会刊本)天文五年五月二九日条。
(23) 『天文日記』天文五年七月一〇日条、『厳助往年記』(『改訂史籍集覧』第二五冊)天文五年七月一一日条。
(24) 『後奈良天皇宸記』(増補続史料大成)天文五年七月二六日条。
(25) 今谷氏前掲『天文法華の乱』。
(26) 藤木久志『戦国の作法―村の紛争解決―』(平凡社、一九八七年)。
(27) 天文五年七月二日付将軍足利義晴御内書案(『改訂増補国史大系　後鑑』天文五年七月二日条)。
(28) 註(22)。
(29) 『厳助往年記』天文五年七月一一日条。
(30) 『鹿苑日録』天文五年七月二五日条。
(31) 会合成立の経緯については、中尾氏前掲論文参照。
(32) 『頂妙寺文書・京都十六本山会合用書類』四、一九九頁。
(33) 同右二、一九頁。
(34) 同右、二〇頁。
(35) (永禄八年)八月二一日付三好長逸書状(同右一、一〇〇頁)。
(36) (永禄八年)八月一七日付六角承禎書状(同右、一〇五頁)。
(37) (年未詳)六月二六日付石成友通書状(同右、九七頁)。

(38)（年未詳）七月六日付三好政康書状（同右、一〇一頁）。
(39)（年未詳）一〇月二八日付松永久秀書状（同右、一〇二頁）。
(40)（年未詳）八月二三日付松永久通書状（同右、一〇三頁）。
(41)（年未詳）八月二五日付竹内季治書状（同右、一一九頁）、（年未詳）一〇月二五日付竹内季治書状（同上、一二〇頁）。
(42) 辻善之助「安土宗論」（同『日本仏教史第七巻　近世篇之一』岩波書店、一九五二年）、中尾堯「安土宗論の史的意義」（『日本歴史』一一二号、一九五七年）、高木豊「安土宗論拾遺」（『日本歴史』一六八号、一九六二年）、註(7)。
(43)『異国叢書　耶蘇会士日本通信下巻』（雄松堂書店、改定復刻版、一九六六年）。
(44) 松田毅一・川崎桃太訳『フロイス日本史5』（中央公論社、一九七八年）。
(45)『日本史』第二部二九章。ちなみに、本文の〔〕内の部分は地の文である。
(46)『大日本仏教全書97　宗論叢書第一』。
(47) 京都大学文学部閲覧室写本。立正大学日蓮教学研究所編『日蓮宗宗学全書第一九巻　史伝旧記部二』も参照とした。
(48)「己行記」天正七年六月条。
(49) 同右、天正七年九月条。
(50) 註(7)。
(51) 註(6)。
(52) 奥野高弘・岩沢愿彦校注『信長公記』（角川文庫、一九六九年）。
(53)『頂妙寺文書・京都十六本山会合用書類』四、一三三頁。
(54) 同右二、一二二頁。
(55) 同右四、一四二頁。
(56)（天正七年）五月二八日付織田信長朱印状案（『知恩院文書』、水野恭一郎・中井真孝編『京都浄土宗寺院文書』同朋舎出版、一九八〇年）ほか。

(57)『言経卿記』(大日本古記録) 天正七年六月二日条ほか。
(58) 同右、天正七年六月二日条。
(59) 註(56)。
(60) 註(57)。
(61) 註(56)。
(62)『日本国語大辞典』第一巻 (小学館、一九七二年)。
(63)『武功夜話』第二巻 (新人物往来社、一九八七年)。
(64)『頂妙寺文書・京都十六本山会合用書類』三、二一頁。
(65)『大日本史料』第一一編之二〇 (一九九三年刊) では、註(64)史料と文面が非常に似通った (年未詳) 九月二八日付諸寺代本満寺日順等連署書状案 (『頂妙寺文書・京都十六本山会合用書類』一、一四〇頁、以下、「書状案」とする) を、後にみる註(72)史料 (同上、一五五頁) と関連付けて天正一三年という年次に比定されている。註(64)史料と「書状案」が同時期のものか否か、その筆跡などをみても判断の分かれるところであろう。ただ、両文書に共通する「御免許」という文言を本章のように読み取るとすれば、「書状案」の年次も天正七年ということになろうが、まだまだ検討を要する問題である。
(66) 天正七年一二月一六日付京都諸寺定条々 (『頂妙寺文書・京都十六本山会合用書類』一、一二七頁)。
(67)『於江州安土法華宗与浄土宗問答略記』。
(68) 註(6)。
(69) 礼金の金額だけみると、金二〇〇枚というのが、『日本史』、「己行記」、『信長公記』、註(53)史料、註(64)史料に共通しており、宗論直後に織田政権が賦課した礼金はもしかすると金二〇〇枚の一度だけであったという可能性もまた否定できない。
(70) 慶安三年一〇月二三日付『妙法寺中興之末興隆古老所伝并日遥現見記録』(『堺市史第四巻　資料編第一』一九三〇年)。
(71) 千々和到「中世民衆の意識と思想」(『一揆4　生活・文化・思想』東京大学出版会、一九八一年)。
(72) (天正一三年) 七月一八日付前田玄以書状案 (『頂妙寺文書・京都十六本山会合用書類』一、八七頁)。

(73)　註(71)。

(74)　(天正一三年)七月二〇日付前田玄以書状案(『頂妙寺文書・京都十六本山会合用書類』一、八八頁)。

(75)　同右、八九頁。

(76)　ただし、京都府教育庁文化財保護課編『京都府の近世社寺建築　近世社寺建築緊急調査報告』(京都府教育委員会、一九八三年)によれば、山門は享和元年(一八〇一)に再建されたものとされており、また扁額自体には文政一二年(一八二九)の銘がみえる。

(77)　(天正一三年)七月二五日付日禛等連署書状案(『頂妙寺文書・京都十六本山会合用書類』一、一五五頁)。

(78)　朝尾直弘「「将軍権力」の創出」(『歴史評論』二四一・二六六・二九三号、一九七一・一九七四年、後に同『将軍権力の創出』岩波書店、一九九四年)。

(79)　『言継卿記』(続群書類従完成会刊本)元亀二年九月一二日条。

(80)　もちろんこの対応はある意味で時限的なものと考えられるが、会合の覚書や定の冒頭に「一、上様幷諸大名御礼事」(〈年未詳〉巳一二月一八日付京都諸寺覚書『頂妙寺文書・京都十六本山会合用書類』三、三〇頁)、「一、公儀之御音信不可有油断事」(文禄二年一二月二〇日付京都諸寺定条々、同上二、三二頁)などと明言されるように、少なくとも織豊政権期には継続されていたものと推察される。ただ、あえてその転換期を求めるとすれば、書類箱の名称が「銭箱」から「帳箱」へと変化した慶長七年(一六〇二)あたりではないかと推察される。

(補註)「堺勧進」については、勧進に応じた寺院の実態を含めて、拙稿「中世末期堺における法華宗寺院―天正七・八年の「堺勧進」を中心に―」(『年報中世史研究』二四号、一九九九年)でさらに詳しく触れている。

第五章　京都東山大仏千僧会について

――中近世移行期における権力と宗教――

はじめに

文禄四年（一五九五）九月二五日、完成間近の京都東山大仏の奥、妙法院経堂において、八〇〇人に及ぶ僧を招請して盛大な法会が行なわれた。いわゆる、京都東山大仏千僧会のはじまりである。この千僧会が、史上、名高いのは、いうまでもなくこれへの出仕を拒んだ妙覚寺日奥を中心とした法華宗不受不施派が近世仏教の中でいわば「異端」として扱われてゆくその濫觴となった重要な契機であったからに他ならない。したがって、この千僧会の存在に重大な関心をもって接した研究が、藤井學氏(1)、宮崎英修氏(2)などの不受不施派研究であったのは、むしろ自然のなりゆきであった。そこでは、いうまでもなく、不受不施派をめぐる思想的・社会的分析にその多くの時間を割かれるとともに、日奥や不受不施派の歴史的研究が重厚に蓄積されてきた。

ところが一方で、不思議というべきか、その発端となった肝心の千僧会そのものについては、ほとんどといってよいほど考察の手が加えられてはこなかったように思われる。それは、想像するに、先学の関心が不受不施派の動向の方に集中していたのと同時に、千僧会そのものはあたかも自明のものであると考えられてきたためとも思われる。実際、現在においてもなお、この千僧会に関して依拠できる研究が皆無に等しいのがその証左といえようが、ただその中でも敢えて参考にできる研究を捜すとすれば、今のところは、近世仏教史の通史を叙述された圭室文雄氏[3]の著作の中のわずか数頁しかないものと思われる。とはいえ、氏の研究においてもそれが通史という性格上、詳細な考察が展開されているとは到底いえないのが実状なのである。

他方、見方を換えてこの千僧会が行なわれた場に注目し、豊臣秀吉が建立した大仏・大仏殿に関する研究を捜してみると、これに関してはやはり、辻善之助氏[4]、大桑斉氏[5]、三鬼清一郎氏[6]、西山克氏[7]など比較的多数の研究をみることができる。中でも三鬼氏・西山氏の研究では、この千僧会にも触れられているので大いに参考となるが、当面、先行研究を踏まえた西山氏の研究が本章の内容と交錯することになろう。ただし、後述するように氏の研究においてもまた千僧会の実像そのものを明らかにしないまま議論を展開しているがため、事実誤認とみられる箇所も少なからず存するように思われるのである。

以上をみればわかるように、つまるところ、我々は、大方の予想に反して、いまだこの千僧会に関する専論をもってはいないのである。そこで、本章では、この京都東山大仏千僧会について、できうるかぎりその実像を明らかにすることを最大の目的としたいと思う。そして、それを踏まえた上で、西山氏の研究を批判的に継承しつつ、合わせて豊臣政権の宗教政策についても議論ができればと思う。

一　千僧会の実体

(1)　法会の場

さて、まず千僧会が行なわれた場についてであるが、史料にも「大仏出仕」とか「大仏千僧会」「大仏斎会」「大仏毎月法事」「大仏法事」などとみえるので、一般的にはやはり千僧会は大仏殿や大仏の前で行なわれたと見做されることが多い。しかし、事実はまずここから微妙に異なってくる。例えば、醍醐寺座主にして三宝院院主である義演がその日記『義演准后日記』[8]に明確に記すように、その場とは「会場事、大仏殿東、先年太閤御所御建立、妙法院御移徙、則号妙法院、彼宮御旧跡故也」[9]であったのである。しかも、その「会場」は「中央仏壇本尊尺迦三尊」が安置された「東西廿一間」に及ぶ巨大な建物で、別の史料では「妙門跡千僧供養堂」[10]とか「大仏之奥妙法院殿経堂」[11]「大仏経堂」[12]と呼ばれる妙法院内に存在した堂舎であった。

　したがって、千僧会の場が大仏殿や大仏の前でないことは動きようのない事実といえるものなのであるが、ここで問題となってくるのが、当該期における大仏や大仏殿という寺院の実態についてであろう。例えば、一般に知られる「方広寺」という寺号自体、初発のものではないようで、実際、この時期の史料においては南蛮史料をも含めて一貫して「大仏」としか出てこず、おそらくその初見は、管見の限りでは『扶桑京華志』巻之二（寛文五年、一六六五）[13]の「大仏殿方広寺」あたりと思われる。むろん、その寺号の由来もかつて辻善之助氏が引用されたように『雍州府志』四（寺院門上、愛宕郡）[14]の「斯像華厳説法方広仏之体相也故、号方広寺」が文字として残されている最初のものではないかと思われる。

　また、伽藍や寺観については、現在のところ正確な絵図などが発見されていないので、断片的な文献史料から窺うしかないのであるが、管見では、大仏殿・廻廊（中門・南門を含む）の他に「本願」[15]たる木食応其の「興山上人坊」[16]やこれに連なる「文殊院」[17]「愛染院」[18]「持明院」[19]という坊舎、さらに「御室」[20]などがあったことがわかる。さらに、文禄四年九月二一日に「大仏住持」に任命された寺門派聖護院（照高院）道澄の照高院が大仏殿の東部にあったことが確認でき[21]、少し時代を下げれば、「七重塔并講堂」[22]の計画や築地（いわゆる太閤塀）を三十三間堂にまで築いて同堂を寺内に取り込んだこと[23]なども確認できるのである。

　なお、経堂が置かれた妙法院についてであるが、この時期の同寺の状況が未詳であるので確定的なことはいえないものの、妙法院に対する「河内国交野郡渚村内参百石」寄付の内容をもつ文禄四年九月二五日付豊臣秀吉朱印状の宛所が「大仏妙法院」であることなどからすれば[24]、当該期においては照高院に隣接する形で大仏の一部として取り込まれていたと考えた方が妥当と思われる。

ちなみに、「大仏住持」の職は慶長一二年（一六〇七）に道澄から同じく聖護院興意に譲られてゆき[25]、近世のように妙法院が「大仏住持」を兼帯するようになるのは、豊臣家が滅亡し千僧会が停止された慶長二〇年（一六一五）七月九日のこととなるが、いずれにせよ、千僧会が行なわれた場が大仏殿や大仏の前ではないということ、つまり法会そのものの意味合いからいえば、後でも詳しく述べるように、大仏殿で行なわれる諸法会との間には明確な差異が存していたという、この事実については銘記しておきたいと思う。

(2)　法会の実体

それでは次に、法会そのものについてみてゆくことにしよう。実は千僧会が行なわれる徴証が史料の上で確認できるようになるのは、そう早いことではない。

東寺ゟ一宗中へ可被相触候、已上、

大仏於妙法院殿、毎月　太閤様御先祖之御吊として、一宗より百人宛彼寺へ出仕候て、被有勤一飯分可参旨御掟候、然者今月廿二日より初而被執行候、可被成其意候、百人まて無之寺ハ書付可被申越候、恐々謹言、

民部卿法印

玄以（花押）

（文禄四年）
九月十日

東寺

醍醐寺

其外
　真言宗中

右の史料は「東寺文書」(26)に残されるものであるが、これでわかるように千僧会が行なわれるわずか十数日前になって俄に所司代前田玄以から「毎月　太閤様御先祖之御吊」として同月二二日より大仏妙法院において行なわれる法会のため、一宗につき百人宛の出仕が命じられたのである。もちろんこの命令は「真言宗」のみではなく史料としても類似の文書が「法華宗」宛にも発給されているように、(27)他の諸宗に対しても命じられたものであった。なお、二二日という日付は、天正二〇年（一五九二）に没した秀吉の生母大政所（天瑞院）の月命日であるが、実はここで重要なのは、実際に千僧会が行なわれた日付が二二日ではなく二五日であること、すなわちこの日付のずれが法会の中心としての彼女の存在を外す結果になった点である。

大仏経堂ニテ　太閤ヨリ御母儀故大政所御父母栄雲院道円凶儀・栄光院妙円凶儀等御吊トメ、八宗ニ被仰付法事有之、昔ヨリ八宗都ニ無之分有之間、新儀ニ先真言衆〈東寺・醍醐寺・高山（寺脱）〉・天台宗〈七十人、加三井寺三十人〉・律僧・五山禅宗・日蓮党・浄土宗・遊行・一向衆等也、一宗ヨリ百人ツ、也云々、一宗ツ、ニテ済有之、

右の記事は、山科言経の日記『言経卿記』(28)の九月二五日条であるが、これでもわかるように法会の中心は大政所ではなく、その父母、すなわち秀吉の母方の祖父母に当たる「栄雲院道円」「栄光院妙円」なる人物であったのである。しかも、この二五日という日付は、「御祖父様」の月命日であり、またその祥月命日が四月二五日であることも他の千僧会関係の史料に明記されているのである。(29)なお、同史料には「御祖母様」の祥月命日が六月二九日であることも明記されており、さらにいえば、これ以降の千僧会はこの二五・二九日にしか行なわれず、とりわけその祥月である四月と六月には盛大に行なわれる慣行が定着してゆくのである。

これらの点については、従来あまり意にかけられてこなかったが、千僧会とは、秀吉の先祖の弔いとはいうものの、実にその対象は祖父母、しかも母系に限定された法会であった点はやはり留意しておく必要があろう。も

とより、秀吉の祖父母がいかなる人物たちであったのか、秀吉や大政所の出自すら議論が繰り返されている以上、俄に詳らかにすることはできない。この点、西山克氏は、秀吉の先祖の法会という点からただちにこの千僧会と外交文書にしかみえないといわれる日輪受胎神話とを結び付けられているが、この議論には慎重にならざるを得ないと思われる。というのも、一般的に秀吉の祖父母ということですぐさま思い起すものといえば、それは、秀吉が祐筆大村由己に記させたという『関白任官記』（『天正記』）[30]の「祖父祖母禁囲に侍す、萩の中納言と申すにや」という記事であり、またその娘である大政所が禁中に仕え、その後誕生したのが秀吉であるという、いわゆる天皇落胤譚であろうと思われるからである。

もちろんこの話についてもよく知られているように事実とは認め難いものではあるが、ただことさらここで母系の祖父母の存在を法会を行なうことによって既成事実とすることの意味としては、やはり当時としては一種閉ざされた言説ともいえる日輪受胎神話よりもむしろ自らが天皇の血縁であるという『関白任官記』の内容を合理化させようとしたものと考えた方が現実的なのではないだろうか。

いずれにせよ、この点については、確実な決め手となる史料に欠けるので、これ以上詰めることはできないが、しかし、千僧会の対象である先祖がこの祖父母であることは明確で、したがってここにその娘大政所を含めることはおくとしても、西山氏のいわれるようにこの直前に秀吉が自ら惨殺せしめた秀次などを含める余地はないものと思われる。

ところで、右の記事は、このこと以外にも重要な内容に富むものである。例えば、豊臣政権はこの千僧会を「八宗」に仰せ付けたが、「昔ヨリ八宗都ニ無之」、すなわち京都には八宗が揃っていないので真言宗・天台宗・律宗・禅宗・日蓮宗（法華宗）・浄土宗・遊行（時宗）・一向宗（真宗）を「新儀」に八宗としたというのである。一般に八宗とは、南都六宗と天台・真言の二宗を合わせたものであるが、『義演准后日記』文禄五年（一五九六）

正月二九日条によれば、この時、「法相・三論・花厳既召請之有増有之、雖然南都遠路難渋之由懇望歟」、つまり南都は遠路であるため出仕しなかったというのである。しかし、これをそのまま額面通りに読むことにも躊躇せざるを得ない。というのも、日奥がこの後、その著『宗義制法論』[31]上巻幷序に「妙法院門跡において千僧供養の事は、ただ京中の諸寺に課せて他国に亘らず」（原文漢文）と述べているように、この千僧会は京都の諸寺を招請したもので、ある意味限定されたものといえるからである。

とはいえ、真言宗以下一向宗に至るこの八つの宗派を新儀の八宗として同座させようとするその志向性だけでも、中世における「顕密体制」などを想起した時、注目に価するものであることは間違いないであろう。しかも、八宗という文言自体が、院政期以来、顕密仏教と同義であったことを考えた時、あえて南都をはずしたのもまた、法華宗や真宗などをも統合した新儀の八宗を創設するための意図的な行為であり、それゆえ、千僧会でなければならなかった可能性も考えられる。実際、義演が「浄土宗以下八宗与同日同請、当時為躰応威命計也」[32]と嘆息し、また法華宗以下を意識的に「―党」や「―衆」と蔑んでいることが事態の深刻さを端的に示したものといえる。ただし、彼ら顕密仏教側からすれば許しがたい事態を招いた「威命」を拒む力も論理もすでに醍醐寺座主にしてもち合わせていないという現実もまた覆うべくもなかったのである。また、前田玄以がこの千僧会を「国家之祈禱」と同事であると明言していることから[33]すれば、千僧会はまさに国家的法会に他ならず、これに出仕することはいわば「公請」に准じることと同事であったものと思われる。

ちなみに、先の八宗の序列は、『義演准后日記』文禄五年正月二九日条などに「最初真言宗、第二天台宗、第三律、第四禅宗、第五浄土宗、第六日蓮衆、第七自衆（時）、第八一向衆」とみえることでもわかるように極めて厳正なものであった点には留意しておく必要があろう。もちろんこの序列自体を豊臣政権がこの時に案出したか否かについては詳らかにはできないが、おそらく大枠としては当時の宗教界において通念的に認知されていた序列とみてよいのではないかと思われる。実際、後にも詳しく触れるようにこの序列をめぐってはいくつかの相論が惹起するにもかかわらず、例えば最初の真言宗と第八の真宗が争ったりするような大きな組替えに至るものはむしろ起こらず、例えば天台と真言や、または浄土と法華などある枠内のものに限定されているからである。

　とはいえ、仮にここでの序列がいわば現状を豊臣政権が追認したものであったとしても、それでもなお重視すべきは、それを可視化しまた諸宗に対しても再認識を迫った点であろう。なお、この序列は、具体的には千僧会の中の法事の順番としてその姿をみせている。実際、法事自体は早暁から行なわれていたようだが、例えば、文禄五年二月二五日の千僧会を見学した山科言経が、たまたま経堂に参着したのが「四時分過」であったため聴聞できたのが「日蓮党・時衆・門跡ノ衆等」だけであったという事実[34]は、このことを如実に示していよう。実に千僧会は終日行なわれていたのであり、また「貴賤群集」とたびたび記されるように多くの人々に公開されてもいたのである。

　ところが、この序列自体の意味合いも慶長四年（一五九九）五月以降、一変することになる。なんとなれば、この月より「大仏千僧会、一ヶ月一宗宛ニ被減[35]」、すなわち一種の月番制に転換されたからである。この変化の経緯自体については、残念ながら詳らかにはできないが（おそらくは施主秀吉自身の死去などに関係あるか）、ただこれによって一日の法会における八宗の縦系列の序列が一年にわたる横系列に転換されたことの影響は極めて大きいものがあったと考えられる。なぜならば、これによってたとえ月毎とはいえ法華宗や真宗などもまた一宗として天台や真言同様に導師を立て法会を主催するようになったのであり、この千僧会においては実に諸宗の存在が同列に置かれるようになったことを意味するに他ならないからである。

　このことに衝撃をうけた義演は、ここでもまた「末世末法アサマシキ次第也[36]」と嘆いてはいるものの、事態は変わりようのないものであった。実際、妙法院の史料で確認できる千僧会について一覧表とした表1（史料としては慶長一〇年分より残されているが、紙幅の都合上、慶長一五年以降に限定した）でもわかるように、慶長二〇年に至るまで秀吉の祖父母の祥月である四月と六月は八宗で、それ以外は各月一宗宛に先の序列に従って千僧会はほぼ毎月行なわれていたことが確認できるからである。

なお、この二十余年の間には、地震による大仏の大破、突然の善光寺如来の遷座・帰国、秀吉の死、さらには豊国社の建立や大仏殿の焼失から再建、そして鐘銘事件などめまぐるしく周囲の環境は激変する。にもかかわらず、千僧会の方は途絶えることなく行なわれ続けており、その一貫性および継続性という点においてもその存在は改めて確認しておく必要があろう。もっとも、それではなにゆえ、慶長二〇年をもって千僧会が実施されなくなったのかという点については、残念ながら現在のところ史料的に捉えられず、今のところは前年の豊臣家滅亡というのが唯一の要因として考えられる。

ところで、盛時においては八〇〇人に及ぶ僧を招請した千僧会におけるその法事の内容とはいかなるものであったのであろうか。実のところ、この点については、史料の壁があって不明な点が多いのであるが、例えば、真言の場合は導師・調声・讃を中心に理趣三昧が行なわれていた模様であり、(37)また天台では懺法や釈迦行法、(38)さらには五山では焼香・問訊(39)などが行なわれていたことが窺われる。この点、法華宗・真宗などが経堂の釈迦三尊の前でいかなる法事を執り行なっていたかはそれ自体興味深い問題といえよう。

さて、この千僧会は、「千僧供養」とも「斎会」とも呼ばれるように、法事を行なった多数の僧に斎することが今ひとつの重要な課題であった。ちなみに、この斎に関する史料としては、文禄四年のものしか残されていないが、それによれば、僧一人に対して「一、本膳　こはう　こんにやく　汁あつめ　いりふ　いりこふ　あらめめし　一、小汁　ひや汁　一、御くわし　一、中酒　一返」(40)であったことがわかる。また、その費用は、一人分、米で換算して五舛七合七夕、八〇〇人で四六石一斗六舛、それが一二カ月で五五三石九斗二舛、さらに諸費用合

表1　京都東山大仏千僧会一覧(慶長15年以降分)

慶長15年

月 日	宗 派	寺 院 名	千僧会布施米請取状発給者
正・29	浄土	黒谷	黒谷
2・25	日蓮	本国寺	
閏2・29	遊行	二寮	
3・25	遊行	二寮	
4・25	八宗	①天台(導師梶井・青蓮院)　②真言(大覚寺・名代)　③律(二尊院・泉涌寺)　④禅(妙心寺)　⑤浄土(知恩院)　⑥日蓮(立本寺)　⑦遊行(二寮)　⑧本願寺(名代)	青蓮院(導師・3人)
5・29	本願寺		5・29、本願寺
6・29	八宗	①天台(導師竹内・名代)　②真言(導師三宝院・名代)　③律(泉涌寺・二尊院)　④禅(五山)　⑤浄土(禅林寺)　⑥日蓮(本禅寺)　⑦遊行(二寮)　⑧本願寺(名代)	
7・25	真言	導師三宝院(名代)	7・25、土佐・但馬(東寺)
8・29	天台	導師青蓮院	8・29、蓮蔵坊(1人)・横川(8人)・東塔南谷(1人)・無動寺(4人)・養源院(5人)・東塔南谷(3人)・東塔東谷西谷(8人)・西塔(13人)・三井寺(30人)
9・25	律	泉涌寺・二尊院	9・25、泉涌寺・二尊院
10・29	禅	五山	五山<10・27、竹内30人・革堂1人>
11・25	浄土	百万遍	11・25、知恩院
12・25	日蓮	妙満寺	12・25、本能寺

慶長16年

月 日	宗 派	寺 院 名	千僧会布施米請取状発給者
4・25	八宗	①真言(導師三宝院・名代)　②天台(導師照高院・名代)　③律(二尊院・泉涌寺)　④禅(大徳寺)　⑤浄土(黒谷)　⑥日蓮(本能寺)　⑦遊行　⑧本願寺(名代)	
5・29	真言	三宝院(名代)	土佐・豊後・但馬・円安
6・29	八宗	①天台(導師梶井・名代)　②真言(導師三宝院・名代)　③律(泉涌寺・二尊院)　④禅(妙心寺)　⑤浄土(知恩院)　⑥日蓮(妙伝寺)　⑦遊行　⑧本願寺	
7・25	律	泉涌寺・二尊院	泉涌寺・二尊院
8・29	禅	五山	五山
9・25	浄土	禅林寺・誓願寺	誓願寺
10・29	日蓮	本国寺	妙伝寺
11・25	遊行	二寮	遊行之内二寮
12・25	本願寺	名代	本願寺

慶長17年

月 日	宗 派	寺 院 名	千僧会布施米請取状発給者
正・29	真言	導師三宝院	東寺・豊後・阿波
2・25	天台	導師竹内(名代)	真如堂・西塔五谷(13人)
3・29	律	二尊院・泉涌寺	二尊院・泉涌寺
4・25	八宗	①天台(導師青蓮院・76人) ②真言(東寺・78人) ③律(二尊院・泉涌寺・70人) ④禅(五山・92人) ⑤浄土(百万遍・87人) ⑥日蓮(本法寺・78人) ⑦遊行(二寮・52人) ⑧本願寺(名代・42人)	
5・29	禅	大徳寺(98人)	大徳寺
6・29	八宗	①天台(導師妙法院・70人) ②真言(三宝院・名代・70人) ③律(泉涌寺・二尊院・65人) ④禅(妙心寺・80人) ⑤浄土(黒谷・72人) ⑥日蓮(導師要法寺・本能寺・本満寺・64人) ⑦遊行(二寮・60人) ⑧本願寺(名代・56人)	
7・25	浄土	知恩院(95人)	知恩院
8・29	日蓮	妙伝寺(67人)	妙伝寺
9・25	遊行	68人	豊国寺(法国寺)
10・29	本願寺		本願寺
閏10・25	遊行		
11・29	真言	導師東寺	
12・25	天台	導師照高院(名代)	12・29、山門西塔(11人分)

慶長18年

月 日	宗 派	寺 院 名	千僧会布施米請取状発給者
正・29	律		泉涌寺・二尊院〈正・29、山門西塔観範坊13人〉
2・25	禅	五山(96人)	万寿寺・建仁寺・相国寺・天龍寺・南禅寺
3・29	浄土	禅林寺・誓願寺(90人)	禅林寺
4・25	八宗	①天台(導師梶井・名代・67人) ②真言(導師名代・70人) ③律(二尊院・泉涌寺・86人) ④禅(五山・32人) ⑤浄土(百万遍・76人) ⑥日蓮(妙伝寺・65人) ⑦遊行(二寮、60人) ⑧本願寺(50人)	
5・25(ママ)	日蓮	本能寺	5・29、頂妙寺・妙伝寺
6・29	八宗	①天台(導師竹内・名代) ②真言(導師三宝院・名代) ③律(泉涌寺・二尊院) ④禅(大徳寺) ⑤浄土(黒谷) ⑥日蓮(本満寺) ⑦遊行 ⑧本願寺(名代)	
7・25	遊行	導師永福寺	時宗永福寺
8・9・10月		仏殿修理ニ付法事延引	
11・25	本願寺	名代・50人	本願寺
12・25	真言	導師三宝院(名代)	東寺・敬法・円秀・豊後

慶長19年

月 日	宗 派	寺 院 名	千僧会布施米請取状発給者
正・29	天台	導師青蓮院	横川(8人)・三井寺(30人)・革堂(1人)・鞍馬寺(2人)・真如堂・東塔西谷(4人)・養源院(2人)・竹内(3人)・青蓮院(導師・3人)・東塔北谷4人・東塔東谷4人〈正・晦、南谷4人・無動寺4人〉〈正・29、誓願寺〉
2・25	律	二尊院・泉涌寺	二尊院・泉涌寺
3・29	禅	妙心寺	妙心寺〈3・晦、梨本内大原寺5人〉
4・25	八宗	①天台(導師妙法院・名代) ②真言(導師三宝院・名代) ③律(二尊院・泉涌寺) ④禅(五山) ⑤浄土(知恩院) ⑥日蓮(妙覚寺) ⑦時宗(二寮) ⑧一向宗(本願寺・名代)	
5・29	浄土	誓願寺・禅林寺	
6・29	八宗	①天台 ②真言 ③律 ④禅 ⑤浄土 ⑥日蓮 ⑦時宗 ⑧一向宗	
7・25	日蓮	妙顕寺	本禅寺・項妙寺
8・29	遊行	導師七条ノ住持	
9・25	本願寺	名代	本願寺
10・29		延引	〈10・25、本願寺〉
11・25	天台	導師梶井(名代)	梶井(3人)・大原(2人)・東塔西谷(4人)・東塔東谷(4人)・蓮蔵坊(1人)・西塔(13人)
12・25	真言	三宝院(名代)	東寺〈12・21、三井寺30人・横川8人・革堂1人・妙法院1人〉

慶長20年

月 日	宗 派	寺 院 名	千僧会布施米請取状発給者
正・29	律	泉涌寺・二尊院(焼香)	泉涌寺・二尊院
2・25	禅	大徳寺	2・26、大徳寺
3・29	浄土	黒谷	黒谷

年未詳等

月 日	宗 派	寺 院 名	千僧会布施米請取状発給者
10・29			妙心寺
未 詳			西塔南尾(13人)・横川(7人)・東塔東谷(4人)

註1．ここでは宗派の順番が明確に読み取れる慶長10年以降のうち慶長15年以降に関して『妙法院史料第5巻 古記録・古文書』所収の『千僧会出仕次第』『千僧会布施米請取状』より作成した。
2．『千僧会出仕次第』は、慶長10～20年分のみ残されている。
3．千僧会と請取状の日付が異なる場合にのみ請取状の日付を記した。
4．〈 〉は、請取状の日付が明らかに千僧会と食い違うもの。
5．寺院名は、明らかに誤りがあると思われる部分を修正した。
6．丸番号は、八宗法会の順番。

わせて一年に七九九石四斗四舛必要であるという試算も残されている。(41)なお、この費用などを支弁すべく、慶長元年一〇月一日に妙法院に対して「毎月千僧供養為法事料」して一六〇〇石の知行が寄附されているが、(42)表1にもみえるように、妙法院に多数の「布施米請取状」が残されていることからすると、ある時期より斎の代わりに布施米が支給されていた可能性も考えられる。もっとも、これもまた表1でわかるように、実際に一宗一〇〇人を集めることは容易でなかったと思われ、それに伴って名代や雇などが頻繁にみられたことにも留意しておかねばならないであろう。

以上、ここまでみてきた千僧会の実体を簡潔にまとめると次のようになろう。まず第一に千僧会の場は、妙法院内の経堂と呼ばれる巨大な建物であったこと、第二に千僧会が行なわれる日付は、秀吉の母系の祖父母の月命日二五・二九日であったこと、第三に真言宗・天台宗・律宗・禅宗・日蓮宗（法華宗）・浄土宗・遊行（時宗）・一向宗（真宗）の新儀の八宗が出仕するという画期的かつ恒常的な法会であったこと、の以上である。したがって、これらに該当しない法会は、本章が問題とする千僧会とはいえないが、周知のように、この大仏をめぐっては豊臣政権期においてもいくつかの法会が予定・実施されている。そこで、少しくそれらとの差異を通じて本章が問題とする千僧会の歴史的意義について明らかにしておく必要もあろう。

管見では、それらの法会とは、文禄五年の大仏開眼供養〈予定〉、慶長三年の秀吉の夢想によって遷座させられてきた善光寺（如来）（堂）供養〈実施〉、慶長一九年の大仏開眼供養〈延期〉の三法会である。文禄五年の開眼供養は周知のように地震で大仏が大破したために中止となったが、善光寺供養は、善光寺如来が秀吉死去前日に帰国したにもかかわらず盛大に行なわれている。これは一見すれば奇異にもみえるが、先年の地震のため行なわれなかった供養のうち、地震でも崩れなかった大仏殿の堂供養のみを行なったと捉えれば自然である。実際、慶長一九年の開眼供養についても一般的には、いわゆる鐘銘事件によってのみ延期されたとみられているが、実は本尊供養と堂供養を同日に行なうか否かでも豊臣方と徳川方で意見が対立、ために延期とされたことが知られているからである。[43] そしてここで最も留意しなければならないのは、くしくも義演が自らの呪願懃仕をめぐってその日記に詳細を記しているように、いずれの法会においてもその先例がすべて、建久六年（一一九五）の東大寺大仏供養におかれているという事実であろう。

なんとなれば、それは、これらの法会が、導師・誠証・呪願・引導などに天台・真言の諸門跡を据えるとともに、千僧会の員数を天台五〇〇人・真言五〇〇人などに限定するような、いわゆる中世来の顕密法会の臨時的なもののひとつとして予定されていたということを意味するに他ならないからである。したがって、そこに律宗以下の五宗派が入る余地はもとよりないのであり、おそらくそれが経堂と大仏殿という法会の場の明確な差異として表出した最大の要因であったと考えられるのである。

つまるところ、いかに千僧会という文言がみえるとしてもこれらの法会と本章が扱う千僧会との間には決定的ともいうべき差異が存在していたことだけは間違いないのであり、そこに本章が取り扱う千僧会の歴史的意義を見出すことができると思われるのである。

二　諸方に与えた影響

さて、かかる規模にしてかつ恒常的な法会への出仕が諸方に与えた影響が、少なかろうはずがないことは容易に想像がつく。そこで、本節ではその影響について具体的にみてゆきながら、別の角度から千僧会の実像に迫ろうと思う。

(1)　座次相論

千僧会が与えた影響が最も直接的に現われたのが、実は法事の座次、すなわち新儀の八宗の序列をめぐる相論である。とりわけ、一番、二番をめぐる天台・真言の相論は、当事者である義演の日記が残されているだけに比較的よくわかる。そこでまず、この天台・真言の座次相論をみてみることにしよう。

実のところ、この問題は、初発から波乱含みではじまっていたのである。例えば、『華頂要略』門主伝第二四(44)によれば文禄四年一〇月の千僧会が行なわれる直前、「天台・真言千僧供養座次訴訟」のため「山門並三門跡」が使者を前田玄以のもとへ送っていることが読み取れる。しかし、この時の訴訟は、「真言・天台前後、種々雖及訴訟、任道理、依先例、自宗最初相定了」と『義演准后日記』文禄五年正月二九日条にみえるように、真言が一番、天台が二番としてひとまず決着が付けられたのである。もちろんこの決着に天台側が満足するはずもなく、この後すぐに巻返しがはかられることになるが、その転機は、翌々慶長二年（一五九七）五月二九日、秀吉がはじめて千僧会を聴聞し、しかも「大仏住持」照高院道澄がこれまたはじめて導師を勤めるという、天台側にとって願ってもない事態が訪れることによって実現する。

『義演准后日記』慶長二年五月二九日条によれば、「依訴訟、一番ニ天台宗出仕也、当時儀不及力次第歟、仍真言宗初而第二番ニ出仕云々、尤無念也」とみえ、ここにおいて天台一番、真言二番に交替されることになってしまったのである。こうなれば、真言側も訴訟に打って出るほかはなく、実際、義演が「来月速可訴訟者歟(45)」と記すように、翌六月より「天台与真言前後相論」の記事が頻繁にその日記にみられるようになる。しかしながら、真言側がもち出す何が何でも自らを一番としようとするやや強引ともいうべき「道理」や「先例」にくらべると天台側が主張する論理は、むしろ理路整然としたものであったようである。

その論理とは、他でもない「戒臈次第」というもので、例えば、これでゆけば、慶長二年七月二五日の時のように「大覚寺宮ハ聖護院宮ノ兄、戒臈上首也、故ニ自宗一番也」(46)、すなわち状況によっては座次は変わり得るものであった。にもかかわらず、真言側は、以後も訴訟を続けていったようで、例えば、『義演准后日記』同年一〇月二九日条には「先度以来訴訟不叶、于今如此」、一一月二五日条には「于今訴訟不究」、さらに慶長四年（一五九九）六月二八日条に至っても「新儀之御沙汰、無念次第也、自宗ヨリ訴訟、無沙汰ニヨリテ打過了」などとみえるが、結局のところ、その座次は、先に触れた慶長四年五月に各月一宗宛に千僧会の次第が変更されてもなお変わることはなく結末を迎えたようである。(47)

ところで、このような座次相論は天台・真言の間だけの問題とは限らない。例えば、つとに触れられるように浄土宗と法華宗の座次もすでに相論となっているからである。(48)注意深くみればわかるように、文禄四年の時には、五番法華宗、六番浄土宗であったものが、翌年になると逆転しているのであるが、実際、この序列は先の表1でもわかるようにこれ以降も変更されることなく固定されるに至ったのであった。

また、宗派毎の座次だけではなく、一宗内でも相論がみられたことにも留意せねばならない。その宗派とは、例えば真宗であるが、仏光寺に残される『仏光寺先規作法記録』(49)という史料によれば、最初の文禄四年の千僧会の時に真宗として出仕したのが本願寺だけであったため、秀吉は妙法院門跡に対して仏光寺も出仕すべしという仰せを下した。ちなみに、ここに妙法院が関わってくるのは、当時、仏光寺が妙法院の院家であったからに他ならないが、問題がこじれた原因は、その秀吉の仰せが本願寺と仏光寺が同座せずに各月毎に出仕するようにというものであった点である。つまり、各月毎に出仕するしても、それではどちらを「ハジメ」として開始するか、その座次が仏光寺と本願寺の間で問題になったのである。

結局、仏光寺は、自らが「サキニハジマリ開山ノ御跡ツギノ寺ナレバ」という論理までもち出して「公事ニカチ」、一一月二九日に出仕に至っているが、仏光寺がこの訴訟のために、前田玄以をはじめとした関係者に送った音信・礼銭・礼物などの記録も「文禄五年仏光寺寺中惣日記[50]」として残されている。ところが、当然というべきか本願寺もこれには黙ってはおらず、すぐさま訴え出、翌正月には「一向宗躰之事、本願寺・仏光寺月替出仕之旨（中略）自今以後、仏光寺事、本願寺に付而可出仕」との決定が出されるに至っている。この後、仏光寺がどのような動きをみせ、またこの問題がいかなる形で決着をみたかは、残念ながら史料では明確にはできないが、先の表1をみる限りでは、仏光寺の出仕はこの前後に限られたようで、真宗の出仕は結局本願寺のみとなったのである。

なお、真宗のように一宗内である順番をもって出仕するという方式は、他の宗派でもみられたようで、例えば表1でもわかるように、少なくとも、禅宗では五山と林下（但し、曹洞宗は含まれない）が、また浄土宗でも知恩院・百万遍（知恩寺）・永観堂・誓願寺などが交互に出仕するようになっていた模様である。ちなみに、中世禅宗史の関心からいえば、五山と林下が同じ法会にたとえ交替であれ同座するということ自体、画期的な出来事であったと思われるが、実は禅宗の場合、すでに桜井景雄氏が明らかにされているようにこの直前に紫衣をめぐって激しい座次相論を経験し、前田玄以の裁定という洗礼を受けていたのであった[51]。

このように諸宗が座次をめぐって相論を繰り返したのは、いうまでもなくそれが新儀の八宗ないしは一宗内における序列の上下を決定するからに他ならない。そして、その最上部には、秀吉の祖父母の霊ひいては施主である秀吉の姿が存在していたのであるが、この点からすれば、座次の高下とはすなわち世俗権力との関係の遠近を表象するものであったといえよう。とはいえ、もとより座次相論を起こすことが千僧会の本来的な目的とは考えられないし、またその発端からいえば、額面どおり秀吉が純粋に先祖供養を思い立っただけであった可能性も否定できない。にもかかわらず、これに対応した諸宗が座次にこだわり、しかもその裁定を豊臣政権にゆだねるという既成事実を積み重ねることで、結果的にはむしろ諸宗の方が自ら世俗権力との関係を枠付けしてゆくこととなったともいえよう。

しかし、翻ってみればわかるように、千僧会というものが諸宗に突きつけた問題とは、このような座次に終始する類のものだけではなかったはずである。例えば、史料が残されていないため日奥の存在が突出しているようにはみえるが、中世を通じてその基本的な教説において兼修兼学を忌避し一向や専修を説き続けることによってその教線を拡大した法華宗や真宗などにとって世俗権力の命令に従い千僧会に出仕することに何らジレンマを、感じ得なかったとは考えられない。同様に、「顕密体制」下には有り得べくもなかった国家的法会における法華宗や真宗などとの同座に対するジレンマを顕密仏教側が日記にその不満を綴ることによって解消できたとも思われないのである。にもかかわらず、伝わる事実といえば、座次をめぐることばかりということは、つまり諸宗の大勢が、千僧会に伴うその思想的ジレンマに対して正面から対峙することなく、むしろ、問題を座次をめぐる相論にすり替えて埋没させてしまうという道を取ったことに他ならないのではないだろうか。

しかも、その座次すらも、先に触れたように各月一宗宛に減ぜられた時点では、四・六月の八宗法会における天台・真言の導師座次を除けばほとんど意味を失ってしまった以上、ここにおいて、新儀の八宗は、統一された世俗権力のもとに相互に対等でしかも自立的に分立した宗派という姿、(52)すなわち近世的な宗教秩序をこの千僧会を通して最も可視的に現出することになったといっても過言ではないであろう。そして、これこそが、豊臣政権によって千僧会が実施されるに至ったいまひとつの歴史的意義といえるのではないだろうか。しかし、それはまた、遡れば中世末におけるいわゆる「顕密体制」の解体など宗教秩序の混乱状況の中にあって直接対峙・苦闘し続けた世俗権力との関係のひとつの帰結の姿であったといえるのかもしれない。(53)

(2) 諸宗への影響

ところで、諸宗を成り立たせているものは、ここまでみてきた京都の寺院や僧侶だけではもちろんない。いうまでもなく地方に広がる裾野としての末寺やその檀徒・信徒の存在も無視することはできないのである。そこで次に諸宗への影響についてもみようと思うが、ただ史料の制約も大きいため、ここでは主に法華宗を中心にみてゆくことにしたい。

というのも、実をいえば、近年、この点を窺うことのできる新史料が発見されたのである。その新史料とは、いわゆる『京都十六本山会合用書類』[54]といわれるもので、京都諸寺の結合組織である会合の共有文書に含まれていたものなのである。なお、中尾堯氏がすでに明らかにしているように[55]、この共有文書が納められていた書類箱である「帳箱」には、慶長四年（一五九九）一一月二〇日に徳川家康の命令によって大坂城内で行なわれた不受不施派と受不施派の対論、いわゆる「大坂対論」の結果はぎ取られた日奥の衣・袈裟も納められていた。つまり、『京都十六本山会合用書類』とは、受不施の道を取った会合の共有文書でもあったのである。したがって、この文書を分析することは、従来の研究でもあまり触れられてこなかった受不施派の動向を知ることにもなるであろう。

さて、『京都十六本山会合用書類』には、慶長二年（一五九七）付「大仏出仕人数帳」[56]という史料が残されているが、それによると、法華宗に課せられた一〇〇人は、各寺によってある比率をもって支配されていたことがわかる。ちなみに、この史料に有力寺院である本国寺の名がみえないのは、日奥に同意して文禄五年四月二七日に嵯峨常寂光寺に隠棲した前住日禛の意向が強く反映したためであろうか。実際、『京都十六本山会合用書類』には、「日禛も出仕可被仕旨」を要請した（年未詳）一一月二二日付前田玄以書状[57]も残されており、事態の緊迫度が伝わってくる。

なお、これまた年未詳だが、三月の日付をもって、各寺から出仕する僧の名前と年齢を具体的に書き上げた折紙も数通残されているが、[58]これらは、慶長二年五月二六日に本能寺でもたれた会合で決せられた「諸寺集会法度」[59]の第二条「一、諸寺御出仕之配符、毎月廿日可被持参事」にみえる「配符」と思われ、毎月二〇日に会合へ持参することとなっていたようである。実は、この「諸寺集会法度」には、これ以外にも重要な決定をみることができる。その決定とは、第三条「一、近国諸末寺、大仏御出仕可有之様、御談合来二日ニ会合之事」、すなわち京都諸寺で賄いきれない人数を末寺へ転嫁してゆこうという方向性である。

『京都十六本山会合用書類』に残された史料からは、具体的には若狭・大坂・堺に関するものをみることができるが、とりわけ大坂・堺に関してはかなりの圧力をもってこれを強制していったものと思われる。実際、慶長二年付「大仏出仕催促使僧人数書立」[60]という史料にみえるように、京都諸寺は六月から八月にかけて四度にわたってしかも多数の使僧を派遣しこれの督促に奔走していたことが窺われるが、結局、大坂では同意した末寺妙光寺・本伝寺・円明寺・長久寺・妙徳寺・薬王寺・法明寺・大法寺・雲雷寺・妙経寺・本行寺などのうち、[61]一一人が「大坂衆」として慶長二年九月二五日の千僧会に出仕したようである。[62]また、堺の末寺からの出仕はこれ以上強行に督促されたようで、興味深いことに次のような文書案も残されているのである。

諸寺誓状連判之事

（第一条）一、今度依　上意　妙法院殿出仕之儀、堺南北之諸寺一同御請申事、

（中略）

（第三条）一、就出仕之取沙汰、逐電之輩自今已後南北之出入、羅斎已下内外共、不可令参会事、

付、南北之檀那之中ニ万一於有許容者、諸寺一同ニ経公儀可達存分事、

右条々、当津之諸寺、且者為護法、且者異躰同心之故、各令領掌候畢、若及異儀、雖為一言非之嘲之輩者、

深可為破法之因縁者也、此旨於違犯輩者、可蒙法花経中三宝并三十番神別而元祖大聖人御罸者也、仍衆議如件、

慶長二丁酉年八月廿三日(63)

右からもわかるように、堺の諸寺は、千僧会出仕に関して起請文の形をとった請文までも京都諸寺に対して提出させられていたのである。結局のところ、堺でも二九人が大坂と並んで出仕したようだが、(64)この請文のもつ強烈さは、その第三条目の付けたりにみえるように寺のみならず檀徒に対してまで京都諸寺の意向を強制している点であろう。これによって、京都諸寺が末寺の出仕を梃子に教団そのものの締め付けまでも強行しようとしていたことが知られるのである。

実際、妙伝寺末寺「堺南庄観乗坊」などは「大仏出仕不参之儀」によりその身を追放されているが、(65)このような状況を惹起させた背景とは、この後、慶長三、四年に京都諸寺が提出したと考えられる「法花宗門中衆徒等謹言上案」(66)に読み取れるように、日奥や日禛など不受不施派が「辺土遠国をまはり、宗門中大仏出仕之者をそしり、諸旦那をまねきとり、諸末寺之者ニ申含め悉之本寺をそむかせ、一人もまいらさるやうにしなし候事」や「京堺にも大旦那なとも彼者に力をあはせわめきまはり候て諸寺を悪口仕候」事によって「京都諸本寺、いつれも旦那末寺をうはいとられ候によりたちまちに及衰微躰候」事態に対する危機感にあったものと思われる。それはある意味では、京都諸寺の方がむしろ教団全体からすれば浮き上がっていたことを裏返すものともいえるが、いずれにせよ千僧会出仕の影響は京都にとどまらず地方へも波及していたことだけは間違いないのである。

なお、堺にみられるような強硬な姿勢はこの段階では若狭に対してはみられない。実際、若狭の末寺妙興寺・長源寺・本承寺・本福寺の四カ寺は「当年之儀者、寒気殊難所」という事由で罷り難い旨の書状を京都諸寺へ送(67)っているからである。ただし、この猶予もさほど長続きはしなかったようで、慶長七年（一六〇二）には、「本

国寺之為末寺之上者、（中略）大仏之出仕等も無相違可仕」旨の京極高次折紙(68)が長源寺に発給されている。

一方、このような地方の末寺が千僧会へ出仕するという事実は、徴証ではあるが、他の宗派からも窺うことができる。例えば、山門末寺である播磨斑鳩寺に対して正覚院豪盛が発給した「御出仕待申候」旨の書状(69)などがその一例であるし、また真宗でも、阿波安養寺、讃岐福善寺・福成寺・願誓寺・西光寺に対して「来五月廿九日大仏御法事」のため各寺二〇人宛の出仕を坊官下間氏が法主の「御意」をもって要請しているのである。(70)また、要請がないにもかかわらず、逆に自ら進んで出仕を願い出る場合もみられた。例えば、真言系の太秦広隆寺は「大仏毎月千僧会出仕」に「本寺次ニ被仰付者、可為過分」と義演のところへ訴えに来ているし、(71)また同じ真言系の「八幡山衆」（石清水八幡宮寺）が慶長元年に「初卅人ほと出仕」したことも、わざわざ礼物を義演のところへ持参して来ていることからして同様のことであったものと考えられる。(72)さらにいえば、吉田社の社僧の神龍院梵舜（吉田兼見の弟、後に豊国社別当）までもが出仕していることが、彼の日記『舜旧記』(73)慶長元年一一月二五日条などから読み取ることができるのである。

このように、直接的に豊臣政権の命令を受けた京中の新儀の八宗諸寺院のみならず、その末寺までが、時には強制、時には吸引されるように千僧会に出仕させられていた事実には注目せねばならない。なんとなれば、それは、「国家之祈禱」と同事と政権自らが明言した千僧会が、その年序が経る中で次第にその強制力と吸引力を増しながら諸宗統合を表象するまさに国家的法会としての実をあげてゆく過程を意味するに他ならないからである。

ところで、所司代前田玄以といえば、いうまでもなくこの千僧会の責任者であるが、彼の息子である前田茂勝の家来にソウタンというキリシタンがいた。このソウタンは、大胆にも主君の父玄以をキリシタンにしようという野望をもっていたが、そのひとつの手段として玄以に対して次のような質問を浴びせかけたことがルイス・フロイスの書簡(74)に載せられている。

「毎月太閤様の命令によって、汝は新しい大仏の寺院に彼の母親の霊を弔うために、八百名の仏僧たちが集まるよう命じている。それゆえこの勤行を務めるために、あらゆる宗派から犠牲を捧げる祭司たちが集まっている。私が知りたいのは、彼らは自分たちのそれぞれの儀式に従っているのに、なぜキリシタンの指導者である伴天連様らを呼ばぬのですか」と。

これに対する玄以の答えは明確であった。「伴天連方の法は日本の諸宗派とは非常に異なっていて、キリシタンたちにはその法によって、仏僧たちのとは何ら一致したるものをもっていないからである」と。諸宗派との不一致、この一言にも世俗権力のもとでの諸宗の統合という千僧会の姿を垣間見ることができる。そして、この千僧会の趣旨に合致しなかったキリシタンと不受不施派の両宗派が、この後、いわゆる「近世的異端」として禁圧されてゆくという事実の符合は、まさに千僧会が統一権力の宗教政策の先蹤として位置付けられることを予感させるものといえよう。

　実際、施主である秀吉が死去し、江戸幕府が成立してもなお十数年にわたって千僧会が続けられたこと自体がこのことを裏付けるものであるし、また先にも触れたように慶長四年には、徳川家康の面前で千僧会出仕をめぐる日奥と受不施派との対論、いわゆる「大坂対論」が行なわれ、その結果日奥の対馬配流が決定されるに至るのである。なお、この時、家康は日奥に向かって「此上ニ於テ猶同心セシメスハ、天下政道ノ手初メ、万人見セシメノ為ニ厳重ノ御成敗アルヘシ」[75]といったというが、もはやこの段では秀吉の祖先を供養するという名目すら完全に後景に退き、世俗権力たる統一権力の命令に従うか否かという千僧会の本性がむきだしとなっている点が読み取れる。

　この点において、注目されるのは、『京都十六本山会合用書類』に「大仏妙法院殿出仕之義付而、雖諍論有之、　東照権現様於大坂　御裁許、京都諸寺曽以異義無之候、是併為令法久住也」の文言をもつ、京都諸寺住持の代替りの際に提出された、いわゆる大仏供養出仕誓状が、寛永六年（一六二九）から延宝八年（一六八〇）にかけて数十通[76]も残されている事実である。もちろんこれらが提出された時期にはすでに千僧会は行なわれておらず、問題は、「大坂対論」における家康の「御裁許」に従うか否かという一点にまで収斂されてはいる。しかしそれでもなお、千僧会が停止された六十数年後の延宝八年に至るまで繰り返し法華宗が千僧会の存在を意識させられ続けたことには注目せねばならない。それは、まさしく千僧会が豊臣政権ひいては江戸幕府に至る統一権力における宗教政策の基調として存在していたことを意味するに他ならないからである。

むろん、この千僧会のみをもって宗教政策のすべてが語り尽くせるなどといっているわけではない。むしろ、強調したいのは、この千僧会をめぐって蓄積されてゆく様々な事実が豊臣・徳川という政権の枠をも越えて引き継がれてゆくというその方向性についてなのである。時の世俗権力者秀吉の祖父母の命日にしかも釈迦三尊の前で諸宗が各自の法事を行なわされ、その斎を請けるという形ではじまった千僧会の辿り着くところとは、実にここに存していたのである。

むすびにかえて

それでは最後に、はじめにも述べたように西山氏の研究を批判的に継承すべく、本章の内容と交錯する部分の問題点について明らかにしてむすびにかえたいと思う。

ところで、西山氏の研究は、善光寺如来がなぜ大仏殿に遷座させられたかその謎解きから出発していることが特徴的であるが、その際、氏はまず三鬼氏の「方広寺は京都における南都寺院」であるという説を受けつつ「方広寺」と「聚楽第城下町」との位相という視角を設定、豊臣秀次事件後によってその「聚楽第城下町構想」が破綻し、それと連動して「方広寺構想」も同時に変化せざるをえなかったであろうという想定の上に善光寺如来遷座の要因を求める。そして、その要因の中心として、絵解きでも有名な『善光寺縁起』の内容を据え、この縁起の内容から「王権の救済」と「堕地獄」というプロットを抽出、秀吉が「月蓋長者・聖明王・本田善光と続く輪廻転生の第四のリンクに、自らを位置付けることを望んだ」ことが善光寺如来遷座の「根源的な要因」であると考え、さらには善光寺如来が三国伝来の仏であるという縁起から、耳（鼻）塚供養の話題もからめて秀吉の朝鮮侵略を仏教東漸を遡行する行為として理由付けするのにも利用価値が高かったと述べられるに至るのである。

このように西山氏の研究は、大仏・大仏殿をめぐる問題を思想的にも総合的に読み解く試みをなされた点、貴重な成果と評価すべきと考えるが、ただ論旨が雄大かつ多岐にわたり、その全面的な批判を行なうことが容易ではないと思われるので、とりあえずここでは本章との関わりにおいてその事実関係の差異を確認しながらその問題点を明らかにしてゆくこととしたい。

そこでまず第一にあげられるのが、本章が扱った千僧会と善光寺如来との関係についてである。西山氏は、千僧会の継続性を念頭において「慶長二年の盛夏に善光寺如来堂が成立して以降、既成の仏教諸宗派は国家的序列のもとで善光寺如来に奉仕することになった」と述べられているが、しかし、先にも述べたように千僧会は大仏殿において行なわれていた法会ではない。また妙法院経堂が大仏という寺院の一部であったとしても、繰り返すように千僧会は大仏殿の本尊が大仏であろうと善光寺如来であろうと、さらには本尊が物理的になかったとしても毎月恒常的に行なわれていたものであるから、西山氏の理解は千僧会と大仏殿で行なわれた顕密による法会との差異を吟味しない上での言説といわざるを得ないであろう。

なお、氏は言及されていないが、地震で空洞となった大仏殿に遷座させられてきた霊宝が善光寺如来だけでなかったことにも留意せねばならない。例えば、『当代記』によれば、「奥州平泉中尊寺一切経」もまた「如来堂」に置かれ還されているが(77)、さらに、このような霊宝の移動ということでいえば、病篤くなった豊臣秀長が、天正一六年（一五八八）四月に「多武峰大織冠」像を大和郡山に遷座したものの、その後死去の一カ月前に還したこと[78]などもあげられねばならないであろう。つまり、西山氏のように善光寺如来が大仏殿に遷座させられた事実だけに注目してしまえば、なるほどそれは異形のようにみえはするが、一方で類似した事例をあげることもまたそう難しいことではないのである。むしろ、これらに共通すべき点を探すとすれば、それはすでに善光寺如来の問題で北川央氏[79]が述べられているように病気平癒という一点にかかるというのが最も事実に近いのではないだろうか。しかも、実際には、「多武峰大織冠」像の時と同様、「善光寺如来上り給て後、太閤無程、病気之間、不吉之兆[80]」と『当代記』が伝えるようにもはやいかなる霊宝の力によっても秀吉の病もまた癒されることがなかったというのが現実であったのである。

右の事実の差異とも関連するものであるが、第二として西山氏の研究で気にかかるのが、『善光寺縁起』をはじめとして、仏教東漸の遡行という発想や善光寺如来と秀吉をアナロジー的に結び付ける西笑承兌の言説、さらには外交文書にしかみえない日輪受胎神話などに至るまでその高度な宗教的教養に裏付けられた理念や言説もしくは思想をそのままストレートに受容し、またそれらを再構成してゆくという姿勢に窺える一種の危うさについてである。いうまでもなく、世俗のあらゆる事象を仏教側、とりわけ顕密仏教の理念から説き明かしてゆこうとするその姿勢とは、中世における王法仏法相依論の常套手段に他ならないからである。

しかし、豊臣政権ひいては統一権力が志向したいわば王法とは、むろんこのような仏法と並び立つものではなく、いわゆる「武威」に裏付けられたものとされているから[81]、そこにはある種の矛盾を感じざるを得ないのである。実際、地震で大破した大仏をみて秀吉が吐いたとされる「仏力柔弱[82]」や「か様に我身をさへ保不得仏体なれは衆生済度は中々不思寄[83]」という言葉などはむしろこのことを最もよくいい表わしているものといえよう。

ただとはいうものの、一方で当該期においては、かかる矛盾もある意味では止むを得なかったものと考えざるを得ない。なんとなれば、当該期においては、いまだ儒教を含め知識の体系は宗教から明確には分離してはいなかったのであり、世俗権力がその正当性を模索しようとすれば、例えば、この時期の「神国」観が吉田神道や五山の濃厚なる影響下にあったとされているように(84)、必ずといって宗教による言説と理念によってまとわりつかれる危険性も残されていたからである。しかし、逆にそれがゆえ、統一権力は宗教と対峙しその関係を千僧会のように可視的にも明確にしておく必要があったのであり、そこにまた宗教政策が成り立つ土壌が存在していたといえるのではないだろうか。

なお、宗教政策といえば、近年、中世宗教史・寺院史において顕密仏教による国家祈禱・国家的法会の存在が注目されていることはよく知られていよう(85)。ただ、この研究分野もその現状からいえば、やはり中世前期が中心で、中世後期においてすらようやく緒についたばかり、まして本章が扱っている時期については全くの手付かずといってよいという状況である。したがって、本来ならば、当該期における国家祈禱や国家的法会における千僧会の位置付けを確定し、その客観的な意義を考察するというのが方法論としては定石といえるのであるが、今のところはこの作業は留保しておく他はない。とはいえ、国家祈禱の枢要といわれる後七日御修法でさえ義演自身が語るように応仁・文明の乱以来退転している現状で(86)、他のものが有機的に機能していたと考えることもまた無理があるかもしれない。

この点からすれば、千僧会の存在はやはり当該期においては突出したものと考えてもよいのではないかと思われる。実際、慶長四年五月以前や四・六月の八宗法会における導師は基本的に天台・真言系の門跡クラス以上ではあるし、またその天台・真言両宗があれほど熾烈に座次相論を繰り広げたのも国家的な祈禱・法会の寡少さを示すものといえるのではないだろうか。この点において、政権自身が千僧会のことを「国家之祈禱」と同事と語ったことは決して誇張ではなかったのである。

しかし、繰り返すようだが、この千僧会は、中世的な国家祈禱や国家的法会の復興や創設が目的ではない。むしろ秀吉の祖父母の供養という名目はおろか、法会そのものの意味さえも希薄化し、最終的には世俗権力たる統一権力の命令に従うか否かという一点に収斂されてゆく結果に至るものであった。それはまた、中世思想史が明らかにしてきた支配イデオロギーとしての王法仏法相依論の軌跡、そしてその帰結としての王法為本という議論[87]とも重なるものなのである。極言すれば、世俗権力の絶対的優位こそ、統一権力が宗教との関係においてめざした方向性なのであり、千僧会とはそのための政策の濫觴として結果的に位置付けられるものと考えられるのである。

ただしその一方で、出仕員数の不足や名代・雇の存在、さらには仏光寺の離脱やキリシタンの排除から法華宗における不受不施派の抵抗などを鑑みた時、千僧会の出仕に関して各宗で微妙な温度差があったことにも留意せねばなるまい。それは換言すれば、法会というものを梃子として宗教を統制しようとするかつての政策の限界もまた露呈していたといえよう。そういう意味においても、千僧会とは、法度による統制という江戸幕府の政策に至るまでの中近世移行期における過渡的な政策として評価することが可能といえるのである。[88]

(1) 藤井學「法華宗不受不施派についての一考察―近世初頭におけるその思想と社会的基盤を中心として―」(『日本史研究』三六号、一九五八年)。
(2) 宮崎英修『不受不施派の源流と展開』(平楽寺書店、一九六九年)。
(3) 圭室文雄『日本仏教史　近世』(吉川弘文館、一九八七年)。
(4) 辻善之助『日本仏教史第七巻　近世編之一』(岩波書店、一九五二年)。
(5) 大桑斉「天正寺の創建・中絶から大仏造営へ―天正期豊臣政権と仏教―」(『大谷学報』第六三巻二号、一九八三年、後に同『日本近世の思想と仏教』法藏館、一九八九年)。

(6)　三鬼清一郎「方広寺大仏殿造営に関する一考察」（永原慶二・稲垣泰彦・山口啓二編『中世・近世の国家と社会』東京大学出版会、一九八六年）。
(7)　西山克「王権と善光寺如来堂」（『古代・中世の信濃社会　塚本学先生退職記念論文集』銀河書房、一九九二年）。
(8)　史料纂集。合わせて東京大学史料編纂所写本・京都大学文学部古文書室写本も参照とした。
(9)　『義演准后日記』文禄五年正月二九日条。
(10)　『華頂要略』門主伝第二四（『大日本仏教全書129　華頂要略』）文禄四年九月二五日条。
(11)　『言経卿記』（大日本古記録）慶長二年正月二九日条ほか。
(12)　同右、文禄四年九月二五日条ほか。
(13)　『新修京都叢書』第二巻（光彩社、一九六七年）。
(14)　同右、第三巻（光彩社、一九六八年）。
(15)　『言経卿記』天正一九年四月二九日条ほか。
(16)　『義演准后日記』慶長四年一一月五日条ほか。
(17)　註(15)ほか。
(18)　『言経卿記』天正一九年六月一一日条ほか。
(19)　註(18)ほか。
(20)　『義演准后日記』慶長四年正月八日条ほか。
(21)　同右、慶長七年一二月四日条ほか。
(22)　同右、慶長五年三月一八日条ほか。
(23)　同右、慶長五年五月一二日条ほか。
(24)　文禄四年九月二五日付豊臣秀吉朱印状（妙法院史研究会編『妙法院史料第五巻　古記録・古文書一』吉川弘文館、一九八〇年）
(25)　『御湯殿上日記』（『続群書類従』補遺三）慶長一二年八月九日条。
(26)　（文禄四年）九月一〇日付前田玄以書状（「東寺文書」楽甲八、上島有編著『東寺文書聚英』同朋舎出版、一九八五年）。

(27)（文禄四年）九月二四日付前田玄以書状案（京都大学文学部古文書室影写本「妙顕寺文書」、『龍華秘書』、立正大学日蓮教学研究所編『日蓮宗宗学全書第二〇巻　史伝旧記部一』山喜房仏書林、一九六〇年）。
(28) 大日本古記録。
(29)（年月日未詳）毎月八宗御斎覚書（『妙法院史料第五巻　古記録・古文書一』）。
(30) 桑田忠親校注『戦国史料叢書1　太閤史料集』（人物往来社、一九六五年）。
(31) 柏原祐泉・藤井學『日本思想大系57　近世仏教の思想』（岩波書店、一九七三年）。
(32) 註(9)。
(33) 註(27)。
(34)『言経卿記』文禄五年二月二五日条。
(35)『義演准后日記』慶長四年五月二四日条。
(36) 同右、慶長五年正月二五日条。
(37) 同右、文禄五年正月二九日条ほか。
(38)『華項要略』門主伝第二四、文禄四年一〇月二五日条、文禄五年七月二九日条。
(39)『鹿苑日録』（続群書類従完成会刊本）慶長八年七月二九日条。
(40) 文禄四年一〇月一五日付大仏八宗御供養膳部入用帳（『妙法院史料第五巻　古記録・古文書一』）。
(41) 註(39)。
(42) 慶長元年一〇月一日付豊臣秀吉朱印知行目録（『妙法院史料第五巻　古記録・古文書一』）。
(43)『大日本史料』第一二編之一四、慶長一九年五月一八日条。
(44) 註(38)。
(45)『義演准后日記』慶長二年五月二九日条。
(46) 同右、慶長二年七月二五日条。
(47) なお、西山氏はこの天台・真言の相論の発端を善光寺如来の遷座と結び付けて考えておられるが、ここでみたように相論はすでに文禄四年にはじまっており、氏の立論は成り立ち難いと思われる。
(48) 立正大学日蓮教学研究所編『日蓮教団全史』上（平楽寺書店、一九六四年）。

(49)『古事類苑』宗教部四三。
(50)平松令三編『真宗史料集成　専修寺・諸派』(同朋舎出版、一九八二年)。
(51)桜井景雄「紫衣をめぐる問題」(『禅文化』三五号、一九六五年、後に同『禅宗文化史の研究』思文閣出版、一九八六年)。
(52)黒田俊雄『日本中世の国家と仏教』(岩波書店、一九七五年)。
(53)本書第二部第四章。
(54)頂妙寺文書編纂委員会編『頂妙寺文書・京都十六本山会合用書類』一～四(大塚巧芸社、一九八六～一九八九年)。
(55)中尾堯「寺院共有文書と寺院結合—『京都十六本山会合用書類』をめぐって—」(『古文書研究』三五号、一九九一年)。
(56)『頂妙寺文書・京都十六本山会合用書類』四、一四七～一四八頁。
(57)(年未詳)一一月二二日付前田玄以書状(同右一、一二四頁)。
(58)(年未詳)三月二〇日付立本寺大仏出仕人数覚ほか(同右二、四〇～四四頁)。
(59)慶長二年五月二六日付諸寺集会法度案(同右、五八頁)。
(60)同右、六五頁。
(61)慶長二年付大坂諸寺出仕覚(同右、五七頁)。
(62)慶長二年九月二二日付大仏出仕人数覚案(同右、六三頁)。
(63)慶長二年八月二三日付堺諸寺大仏出仕誓状案(同右、五九頁)。
(64)註(62)。
(65)慶長二年一〇月二三日付妙音院日現・妙伝寺役者日忍連署書状(『頂妙寺文書・京都十六本山会合用書類』二、六八頁)。
(66)「本能寺文書」(京都大学文学部古文書室影写本)。
(67)(年未詳)一〇月七日付妙興寺日賢等連署書状(『頂妙寺文書・京都十六本山会合用書類』二、三九頁)。
(68)慶長七年四月二二日付京極高次書状(『小浜市史　社寺文書編』、一九七六年)。

(69)（文禄四年カ）九月六日付正覚院豪盛書状（『兵庫県史史料編　中世3』一九八八年）。
(70)（慶長二年）三月晦日付下間頼廉等連署書状（千葉乗隆編著『安楽寺文書』上、同朋舎出版、一九九〇年）。
(71)『義演准后日記』慶長二年九月一〇日条。
(72)同右、慶長元年一〇月二九日条。
(73)史料纂集。
(74)一五九六年一二月一三日付、長崎発信、ルイス・フロイス師の一五九六年度・年報（松田毅一監訳『十六・七世紀イエズス会日本報告集』第I期第2巻、同朋舎出版、一九八七年）。
(75)「御難記」（「萬代亀鏡録」五、大谷大学図書館写本）
(76)『頂妙寺文書・京都十六本山会合用書類』二、一一七～一二一、一五二～一五三、一五六～一六一、一七六～一八二、一九四～一九七頁。
(77)『当代記』（『史料雑纂』第二）慶長三年此春条。
(78)『多聞院日記』（増補続史料大成）天正一六年四月三日条、天正一八年一二月一五・一八日条。
(79)北川央「方広寺大仏殿に祀られた善光寺如来」（上）（下）（『観光の大阪』四五八・四五九号、一九八九年）。
(80)『当代記』慶長三年八月一六日条。
(81)早くは、朝尾直弘「鎖国制の成立」（歴史学研究会・日本史研究会編『講座日本史4　幕藩制社会』東京大学出版会、一九七〇年、後に同『将軍権力の創出』岩波書店、一九九四年）、藤井學「近世初期の政治思想と国家意識」（『岩波講座日本歴史10　近世2』、一九七五年）参照。近年では、朝尾氏「東アジアにおける幕藩体制」（朝尾直弘編『日本の近世第一巻　世界史のなかの近世』中央公論社、一九九一年）参照。
(82)『鹿苑日録』慶長二年七月一八日条。
(83)『当代記』慶長元年夏の比条。
(84)早くは、三鬼清一郎「豊国社の造営に関する一考察」（『名古屋大学文学部研究論集　史学33』、一九八七年）参照。近年では、高木昭作「秀吉・家康の神国観とその系譜—慶長一八年「伴天連追放之文」を手がかりとして—」（『史学雑誌』第一〇一編一〇号、一九九二年）参照。
(85)最近のものとしては、上島享「中世前期の国家と仏教」（『日本史研究』四〇三号、一九九六年）、原田正俊「中世後期の国家と仏教―禅宗の展開を通して―」（『日本史研究』四一五号、一九九七年、後に同『日本中世の禅宗と社会』吉川弘文館、一九九八年）参照。

(86)『義演准后日記』文禄五年正月九日条。

(87) 黒田俊雄「王法仏法相依論の軌跡」（黒田俊雄編『大系仏教と日本人2　国家と天皇』春秋社、一九八七年、後に『黒田俊雄著作集第二巻　顕密体制論』法蔵館、一九九四年）、藤井氏註(81)論文。

(88) 寡聞にして江戸幕府による国家的法会に関する研究の存在を知らないので、不用意なことはいえないが、国家祭祀ないしは宗教政策における豊臣政権と江戸幕府の連関についていえば、やはり豊国社と東照社（宮）の問題が一方であげられねばならないであろう。ただ、著者は、この点に関しても西山氏と意見を異にするものであるが、残念ながら本章の行論上、触れ得る余裕はなく、この点については拙稿（「豊国社の成立過程について―秀吉神格化をめぐって―」、『ヒストリア』一六四号、一九九九年）に譲ることとしたい。

(補註) 東山大仏千僧会の歴史的意義については、一九九九年度日本史研究会大会近世史部会共同研究報告関連報告（拙稿「近世移行期における権力と教団・寺院―豊臣政権と京都法華宗を中心に―」、『日本史研究』四五二号、二〇〇〇年）の中で再度触れている。

第三部　地縁と町

第一章　「上京地下人」「下京地下人」
――室町幕府関係史料を中心に――

は じ め に

　戦国期京都の都市民衆は、林屋辰三郎氏が指摘された「町衆」「町人」(1)をはじめ、瀬田勝哉氏が指摘された「百姓」(2)、網野善彦氏が指摘された「地百姓」(3)など様々な呼称で史料上、現れる。「町衆」「町人」が地縁集団である町との関連において使用された呼称であることはいうまでもないが、「百姓」「地百姓」の方は、概していえば収取関係など領主との関連において使用された呼称といえる。また、その一方において「地下人」という呼称、わけても「上京地下人」「下京地下人」「上下京地下人」などのように上下京という、いわゆる惣町の名称を冠する独特なものが、天文期頃から室町幕府関係史料を中心にみられるようになる。

　ところが、「地下人」(『日葡辞書』(4)によれば「町や村の土着の人、または、そこの住人」)という文言が「町人」や「百姓」などにくらべてあまりにも一般的なものと見做されてきたためであろうか、この「地下人」については、今までほとんど顧みられることはなかったように思われる。よく知られているように戦国期以降に成立したとされる都市民衆の地縁的な社会集団（共同体）は、個別町をその基礎単位として惣町―町組―町の重層構造をなすものとされている。惣町とは、いわば個別町の集積体の最も上位に位置する存在として理解されているのであるが、実はこの重層構造自体についても成立期におけるその実態は必ずしも明らかではないというのが現状なのである。

以上の点から、本章では惣町名を冠する「上京地下人」「下京地下人」「上下京地下人」（以下、「地下人」と略す）などについて、その呼称の指すところの人々の動向やその実態の一斑を検討することによって、成立期を含めた戦国期における地縁集団やその重層構造のあり方について考えてみたいと思う。ただし、先にも述べたように「地下人」という文言自体は極めて一般的なものであり、対象とする史料を無限定とするわけにはゆかない。そのため、ここではひとまず幕府関係史料（例えば、文書では奉行人奉書をはじめとした書状類、記録では日記類）にみえる事例の分析を中心に作業を進めてゆこうと思う。

一　「上下京地下人」と上下京の酒屋・土倉

ところで、幕府内談衆大館常興（尚氏）の日記『大館常興日記』[5]の天文八年（一五三九）一二月二六日条には、次のような記事がみえる。

一、夜前御倉正実（円運カ）申、納銭方事、京都上下ニ地下輩廿人くミ候て、毎月七百疋充御倉へ可納申也、然者、正実より不可及催促之段、以勢州（伊勢貞孝）申上之、勢州同心にて上意其御分也、然時者正実事五百疋可致執沙汰間、如此間無相違被仰付者、可忝存候、今二百疋の事に地下人に可被仰付事ハなけかしく存候、連々相触儀緩怠をいたし無沙汰仕候もの共如此くミて申上候事、言語道断之御儀と存候由、常興（大館）かたへ之申状にて申之、

右からは、「地下輩廿人」が「京都上下ニ」「くミ候て」「御倉正実」に毎月七〇〇疋を納めるのに際し、何らかの事由で「正実より不可及催促」となったことが読み取れる。ために正実坊は政所執事伊勢貞孝をもって申上げ

たものの、七〇〇疋のうち、二〇〇疋が「地下人に可被仰付」、正実坊としては「なけかしく存」、常興方へ申状をもって訴えるに至った、というのがおおよその文意である。この七〇〇疋とは、正実坊が「御倉」、つまり公方御倉であること、そしてその正実坊の訴えが「納銭方」に関するものであることから、納銭、つまり酒屋・土倉役であったことが明白となる。

翌二七日においても正実坊の訴えは続けられ、「正実も失面目」とまで述べられたものの、この時点では「不及御許容」ということになる。また、二九日にも「正実坊重而申状」があったが、この日、驚くべきことに「内々承及候へハ、はや地下より以勢州申候方へ被成御下知」たとの報が伝わる。はたして、政所代蜷川親俊の日記『親俊日記』[6]一二月三〇日条に「納銭方事、上下京地下人廿人捧連判、致加増依望申、被仰付之訖」とみえ、納銭増加を申請した事実も明白となるのである。実際、「地下人」は、同年「十二月日」の日付と「上京十人」「下京十人」の差出でもって「洛中洛外酒屋土倉納銭執沙汰之儀、就被仰付之、御請申上条々」、つまり請文[7]を提出するに至っている。

ところが、年が明けて天文九年（一五四〇）になると、事態は急転回することとなる。『大館常興日記』三月二二日条によれば、「細川豆州(細川勝久)来臨、納銭方、正実以豆州歎申候、千疋加増旨申候、此儀木沢左京亮(長政)内々執申分也、巨細共在之、仍可被仰付之由、各御内談衆之何も尤可然由被申分也」とみえ、これによって、今度は正実坊が内談衆細川伊豆守勝久に「千疋加増旨」を歎申出、これを河内守護代木沢長政が「内々執申」すことによって納銭執沙汰を再び仰せ付けられることとなった模様が読み取れるのである。実際、翌卯月二五日には、「就納銭方之儀、去年地下人捧申候請文」、つまり先の請文が取り返され、二八日には常興のところへ勝久から「納銭方之事、正実ニ可被成下御下知候由、被仰出候」旨の折紙が到来している。一方、これに対して「地下人廿人京御被官分也、右京兆(細川晴元)へ歎申」して、「為京兆以勢州被申上」たものの、「然共不可申付」となったことが『大館常興日記』

五月八日条からは読み取れるのである。

以上が、天文八年から九年にかけて認められる納銭執沙汰をめぐる「地下人」の動向であるが、実はここに登場する「地下人」については、従来より様々な解釈がなされてきた。例えば、すでにはやく小野晃嗣氏[8]がこれを酒屋・土倉であると指摘する一方で、林屋辰三郎氏等[9]が上京中・下京中の「惣代」として理解されたようにである。しかしながら、『親俊日記』天文八年一二月三〇日条に「地下人納銭為礼三百疋到来之、佐野・中山・野洲井来也」、すなわち蜷川親俊のところへ「地下人」の代表と思われる者たちが礼銭を持参していることがみえ、これらの名と在所がともに（明応期頃）酒屋・土倉注文[10]や（永正期頃）酒屋注文[11]などで確認できることからすると、やはり小野氏の理解の方が妥当と考えられる。実際、野洲井が上京をその在所とする酒屋・土倉であること[12]はよく知られているし、また『大館常興日記』天文九年五月二五日条においては「地下之倉方」という文言もみえるなど、この「地下人」が公方御倉を除いたところの上下京の酒屋・土倉集団を指す呼称であることは動かし難いものと思われる。

ところで、右でみたような状況については、すでに延徳二年（一四九〇）においてその濫觴を認めることができる。この年、幕府は、足利義材の「将軍宣下要脚」三万疋を「洛中酒屋土倉」に進納させようとしたが[13]、その執沙汰を公方御倉にではなく、中村定家と沢村定広という俗称を名乗る酒屋・土倉に行なわせようとしたのである。この背景には、「此両人雖非御倉、納銭方之儀、近年依執沙汰如此」[14]という事態が存在していたようだが、この後、「洛中洛外酒屋・土倉并味噌等役銭」に関して発給された明応七年（一四九八）一〇月六日付幕府奉行人連署奉書[15]の宛所も「野洲井殿」「沢村殿」「酒屋・土倉中」であったことからすると、公方御倉でない酒屋・土倉による納銭執沙汰という状況は、応仁・文明の乱以降、断続的に継続していたものと思われる。

もっとも、天文八・九年の状況とこれらの事実が直接的にどのように連関しているかについては、今のところ詳らかにすることはできない。しかし、その底流に共通して認められるのが、納銭執沙汰をめぐる公方御倉とそうでない酒屋・土倉、つまり「地下之倉方」との対立という様相であることは間違いないであろう。その対立の原因が何であったのかについても現段階では明確にし得ないが、例えば、少し時期は下がるが、天正元年（一五七三）付の正実坊掟運の「知行分目録」[16]に「一、納銭方請之本知十分一之事、但員数年々不定、」というものがみえることなどからすると、納銭請負に伴う「十分一」[17]という、いわば得分の存在が争点となっていた可能性も考えられる。

ただしかし、ここで最も注目しなければいけないのは、佐野や野洲井など「地下之倉方」が、「山門気風の土蔵」に系譜をひく公方御倉の正実坊に対抗するために、「上下ニ」「くミ候て」、つまり上京・下京という地縁を前面に出して集団を形成している事実であろう。従来、酒屋・土倉は、同業者組織を形成しないとされてきたが、ここに山門や幕府による編成とはまた異なる論理や紐帯でもって形成された酒屋・土倉集団の存在を確認することができるからである。しかも、興味深いことにこの集団は、これより先、すでに次のような動向もみせていたことも知られている。

一、徳政之御下知之儀被仰出之、佐々木少弼殿（六角定頼）へ御談合処、可然之由候間、可申遣之□、
　今度上下京地下人申、徳政停止之儀、佐々木霜台返事被申上候、然者、可被成下御下知候、□□恐々、
　　（天文八年）八月廿四日
　　　松田丹後守（晴秀）殿

右は、『親俊日記』天文八年八月二四日条の記事であるが、これからは、「上下京地下人」の申請と近江守護六角定頼の返事でもって徳政が停止されるという事実が読み取れる。この天文八年の徳政は、三好長慶が河内十七箇所料所代官職を要求して細川晴元に叛乱を起こしたことに対して、晴元側が軍事的な目的で実施しようとしたも

のとされているが、[18]結局、右にみえる「地下人」の迅速な対処により、徳政自体は、『大館常興日記』九月六日条に記されるように洛外でのみ実施されるに至ったのである。

ここに登場する「地下人」についても、『親俊日記』九月四日条に「上下京土倉、今度徳政停止之御下知御礼罷下候、中山・臼井、上八佐野・野洲井、貴殿ニ千疋□□千疋」とみえるように「上下京土倉」であり、しかもその代表が中山・臼井・佐野・野洲井の四名であったことが判明するが、ここでは同時に、徳政をこのような、いわば平和的な形で停止させたことにも留意する必要があろう。なぜならば、応仁・文明の乱以降、徳政を求める土一揆に対しての酒屋・土倉の動向としては、例えば、明応四年（一四九五）の時には「大将細倉」[19]、つまり先にも出てきた沢村を大将にして「諸土蔵衆払土一揆之処」[20]、「倉方及合戦」[21]、「町人并土蔵方衆相戦」[22]など、また天文元年（一五三二）の時にも「京衆・土蔵衆上下二万人計相卒、一揆帳本之在所（中略）令放火」[23]、「土一揆出張、土蔵方衆一万計率掃之」[24]などのように誠に戦闘的な解決方法が取られていたからである。

この天文八年の時に、なにゆえ、先のような方法が取られたかについては、史料上、詳らかにすることはできないが、これ以前において、例えば公方御倉や納銭方一衆が徳政停止を申請したということなどが知られていないことからすれば、その画期性は明らかであり、同時に「地下人」がこのように武家権力と交渉をもち得る自律的な社会集団であったことも認めることができよう。

なお、権力との交渉という点に注目するならば、これ以前にも次のような事実も存在していた。その事実とは、すなわち「先皇様(後柏原院)御十三年」の「御懺法講」の「御香銭万疋」の拠出[25]に関する『親俊日記』天文七年（一五三八）三月二三日条の記事である。

一、来月七日為御用、上下地下人万疋□□物事、御足付在之間、到来次第可有□□□□然者、無役在所へも
　被仰付、所々可有進納□□□□恐々、

親俊折帋納遣之、
(天文七年)三月廿三日
松田丹後守(晴秀)殿御宿所

右からは、後柏原院懺法講の「御香銭万疋」の要脚が「上下地下人」に仰せ付けられたことが読み取れるが、翌四月五日条によれば、実際に「地下人万疋御引替申候、仍大裏(内)様御進上」されたことがわかる。そして、二八日条には、「今度地下人御借物万疋被返下之由、被仰□以河村・渕田・執事代(松田晴秀)、御倉(正実坊)へ案内申之」とみえ、借物は「地下人」へ返弁されることになるが、これらによって幕府が「地下人」を「御用」を担う主体として認知していたことが知られるのである。なお、翌五月には「御返弁依御取合」て、六日に「上京地下人」、七日に「下京地下人」が蜷川親俊のところへ参上していることも読み取れるが、全体を通して「御倉」の存在が希薄であるという印象は否めないものと思われる。

このように、天文八・九年の納銭執沙汰をめぐって正実坊と対立的な様相をみせた「地下人」とは、実はそれ以前において土一揆との戦闘やまた権力との交渉など様々な集団的行動を通じて自律的にしかも上下京という惣町レベルの地縁をもとに結集した酒屋・土倉集団であったことが了解できるものといえよう。この点において、「地下人」は、「山門気風の土蔵」や公方御倉・納銭方一衆などこれまでのように山門や室町幕府によって編成された集団とは大きく異なる存在といえるが、いずれにせよ、本節でみてきた「地下人」という文言が、住人一般を指すようなものではなく、公方御倉を除いたところの「地下之倉方」「上下京土倉」、つまり上下京の酒屋・土倉集団という限定された呼称であったことは明白といえよう。

そういう意味では、上下京という惣町名を冠しながらも町組や町との連関が全くみえないのは、むしろ当然ともいえるが、しかし本節で扱った『大館常興日記』『親俊日記』から一歩離れて他の幕府関係史料に当たってみるとそういうわけにはいかなくなる。そこで次節では、ここでみた「地下人」とそれら他の幕府関係史料にみえる「地下人」との連関についてさらに検討を加えることにしよう。

二　「上下京地下人中」と惣町

いわゆる法華一揆の活動が最も隆盛であった天文二年（一五三三）八月、下京の住人が通常の六月を遅れること二カ月後に重ねて祇園山鉾を調えることは迷惑である旨を言上した。次の文書はそれに対して発給された幕府奉行人連署奉書（案）(26)である。

祇園会七日山鉾事、重可調之儀、迷惑通、就先度言上之、可相談社家旨、被仰出訖、而無山鉾者、云神慮、云天下御祈禱、如形令執行者、可為神妙之由、所被仰出之状如件、

天文二
八月九日　　　　盛秀《（松田）》判
　　　　　　　　尭連《（飯尾）》判

下京地下人中

右の「下京地下人中」は、実は「地下人」の初見であると同時に文書の宛所としての惣町の初見と考えられているものであるが、これによって、山鉾を調える主体を幕府が「下京地下人中」と呼称し認知していたことが読み取れる。また、祇園社執行宛にも同年月日付のほぼ同内容の奉書(案)(27)が発給されているが、その文中よりこの「下京地下人中」が、「下京町人等」とも「彼地下人」とも呼称されていることが確認できる。

ところで、この八月に下京の住人が山鉾を調え難いと言上したのは、前々月の六月に日吉社祭礼延引に連動して山鉾巡行も延期されそうになった際、「神事無之共、山ホコ渡シ度事ジャケニ候(28)」という有名な一節でもって願い出たにもかかわらず、それが叶えられなかったことに対する一種の抵抗と考えられている。(29)この旨を申出に

来たのは、「下京ノ六十六町ノクワチキャチ《（月行事）》共、フレ《（触）》ロ、雑色ナト皆々」(30)であったが、これらがつまり「下京地下人中」の実体であったと思われる。ここにみえる「六十六町」の六六という数字が実数であるのか否かについては詳らかにはできないが、この「地下人」もまた、住人一般というよりも月行事の存在が示すようにその指導的な位置にいる集団という限定された呼称であるといえよう。また、同時にこの「地下人」が個別町との接点をもつ存在であったことにも留意する必要があるが、ここにみえる月行事の実態については、同時代史料が極めて少なく不明な点も少なくない。しかし、月交代の役職の存在からは個別町における平準性が窺われ、朝尾直弘氏のいう「地縁的・職業的身分共同体」(31)としての町の生成過程を詳細に跡付けられた仁木宏氏(32)の一連の研究を裏付けるものといえよう。

ただその一方で、注意を払わなければいけないのは、ここで月行事と並んで登場する触口・雑色の存在である。すでに指摘されているように(33)この時期の触口や雑色には、他の諸役人同様、諸特権が付帯しており、有力な商工業者がそれを取得することによって地子銭免除や諸役免許などを獲得していたのであるが、実はその中に沢村（在所、下京「あや小路」）や水谷（「ちきりや」。在所、下京「六角町」）といった著名な酒屋・土倉の名も確認することができるのである(34)。しかもこれらはともに元亀二年（一五七一）時点においては、沢村が「東綾小路町」の「行事」(35)、水谷が「六角町」の「年寄」(36)などのように、行事や年寄の地位にあったことも確認でき、つまりは、これらによって、「地下人」が、個別町においては月行事よりもむしろ固定的な役職である年寄におさまっていた事実を指摘することができるのである。もっとも、その度合いが全体の中でどれぐらいであったのか、沢村や水谷などを除けばその同定作業は難しく、また年寄と月行事との関係もいまひとつ明確ではないが、ただ「地下人」が成立期の個別町においても有力な位置にあった可能性は高いものと思われる。

ところで、右とほぼ同時期、天文三・四年（一五三四・三五）にかけて、琵琶法師の座である当道座においては、本座と新座をめぐって激しい相論が巻き起こっていた。興味深いのは、両座ともに、「其比、京中に法花宗執権柄ヲ事在、公方・管領之御成敗をもとに、洛中洛外之政道は、一向法花宗のまゝ也」と『座中天文記』(37)に記された法華一揆に対して、「廿一ケ所之寺々へ、師檀之契約を成シ、肩を入」、つまり俄にその檀徒となることによって自らを有利に導こうとした事実が知られていることである。しかも、本所である久我家は当初より新座に肩入れしており、新座だけで当道座の重要法会である積塔会を行なわせようとして天文四年一一月には幕府奉行人連署奉書まで手に入れていたのである。ところが、これに対しては、細川晴元の奉行人である茨木長隆が次のような奉書(案)(38)をその直後に発給したことが知られている。

座《(頭)》等座中申事、御紏明半処、為新座斗、可遂積塔旨、有其聞、為事実者、以之外次第也、所詮、早可相支之、
若有許容之族者、一段可被仰付由候也、仍執達如件、

天文四

拾一月十五日　　　　　　　　長隆《(茨木)》

上京地下中　下京中へも如此、

右の奉書が幕府奉行人連署奉書とは正反対の内容をもつものであることは明白であるが、それ以上に留意すべきは、宛所の「上京地下中」「下京中」の存在である。当時の状況から考えて、これらを法華一揆と解釈することも可能かもしれないが、ただ、本書第二部でも述べたように、また『座中天文記』が的確に述べているように、法華一揆とは、「法花宗之諸旦方ニ衆会之衆とて、別而権柄を取輩」、つまり本山寺院毎に附属する「旦方」＝檀徒や僧侶等による集団であり、その人的結合における根本的な相違をまずは認めなければならないものと思われる。実際、武家権力が法華一揆に宛てて文書を発給する際には「諸法華衆諸檀方中」(39)や「諸法花宗中」(40)という文言を使用するのが一般的であったことからすれば、この「上京地下中」「下京中」とは、「下京地下人中」と同系

統の地縁集団、すなわち惣町とする方が妥当といえよう。

この点において、参考とすべきは、先に触れた月行事が、同時期に法華一揆の主力が大坂に滞陣中であったことから、法華一揆とは別系統の組織により選出された存在であるとする西尾和美氏の指摘である(41)。つまり、この時期の京都においては人的結合の異なる同レベルの集団が併存していたということになるのであるが、ただその一方で、注意しなければならないのは、人的結合が異なる集団であっても、それを構成する人的要素が重複する可能性は残されるという点である。実際、先にも触れた天文元年に洛外の土一揆の本拠地を焼き払った「京衆・土蔵衆」や「土蔵方衆」などが法華一揆であることがすでに明らかにされており(42)、このことは、法華一揆と「下京地下人中」「上京地下中」の共通項として上下京の酒屋・土倉集団が存在していたことを意味するものといえよう。

なお、天文法華の乱後のことではあるが、天文一四年（一五四五）に文安元年（一四四四）の「麹騒動(43)」以来、約一〇〇年ぶりに復活された西京神人に関わる「北野宮寺領麹役」安堵をめぐって、幕府奉行人連署奉書が「上下酒屋土倉中」（「上下京酒屋土倉中(44)」）宛に発給されたのに対して、ほぼ同内容をもつ晴元奉行人の飯尾元運奉書が「上京地下中」「下京地下中(45)」に発給されていることからも、惣町の中核に上下京の酒屋・土倉集団が存在していたことが知られるのである。

従来、本章で対象としてきた「地下人」の解釈については、先にも触れたように必ずしも定まったものではなかったが、それは、当時の幕府など権力側においても一定していなかったことからすれば、むしろ当然というべきものであろう。しかし、それは、どの場合においても共通してその存在の認められる上下京の酒屋・土倉集団に視点を据えることで一定の結論を得ることができるものと思われる。すなわち、「地下人」という文言は、公方御倉や正実坊などを除いたところの酒屋・土倉によって形成された上下京という地縁を前面に出した職縁集団が、同時期に顕著となる個別町との接点をもちつつも惣町レベルでひとつの階層として移行してゆくその姿態を捉えて表出されたものであった、と。逆にいえば、地縁を前面に出しながらも必ずしも個別町に基礎を置かず、むしろ惣町レベルで結集していたがために、公文書においては、「百姓」でも、また「町人」でもない「地下人」という曖昧な呼称しか使いようがなかった、と。

なお、本書第一部第二章でも触れたように、戦国期の酒屋・土倉集団は、商工業座の一部とも重層する存在となっていたが、このことが惣町の性格にも色濃く影響を与えていたと思われる。また、先にみた当道座や西京神人に関わる文書のように、それ以前であれば座中宛であったものが、同時に「地下人中」宛にも発給されていることからすれば、この時期、地縁的結合の方が職縁的結合の存立を補完する存在として立ち上がりつつあったともいえよう。そして、そういう意味でも、次の室町幕府奉行人連署奉書(案)[46]は重要な意味をもつものと考えられる。

案文

左衛門府領洛中洛外塩商買事、不相交新儀非法為根本業処、近日或号過書馬、或非衆輩、猥令売買条、太不可然、所詮、於非分商買物等、随見合可打、其段重而被成奉書訖、為六人百性(姓)如先々進止不可有相違之条、可令存知之由、所仰出之状如件、

永禄十一

十一月廿九日　　(松田)親隆在判

(諏訪)俊郷在判

上下京地下人中

右にみえる「六人百性(姓)」とは、本書第一部でも詳しく触れた「塩座六人百姓」のことであり、文意は、この塩座

の「進止」、すなわち「於非分商買物等、随見合可打」という自力救済的な座特権保護行為を「上下京地下人中」に「存知」するように命じたものである。永禄一一年（一五六八）一一月といえば、すでに織田信長が上洛した後のことであるが、右の文書は、織田政権が京都において座の保護政策をとり、(47)また既存の町共同体を利用した(48)という先学の指摘と合致したものであると同時に、いわゆる「町人さばき」(49)を連想させるこの時期の惣町の性格を物語るものといえるのである。

三　地縁と町組

本章で対象とした室町幕府関係史料に即していえば、惣町と個別町はほぼ同時期、すなわち天文二年前後において確認することができる。ところが、惣町と町の中間に存在すべき町組は、史料の上ではこれらとは若干遅れて確認されるのである。実際、複数の町の集まりとしては、天文三年（一五三四）の六町(50)や天文一〇年（一五四一）の「小河七町々人中」(51)、さらには天文一八・一九年（一五四九・五〇）頃の「立売四町衆」（「当四町中」）などが知られるにもかかわらず、明確に「組」（与）の名称がみられるようになるのは、元亀二年（一五七一）一〇月に織田政権が「禁裏様為御賄」、京中へ米を貸し付けた際に作成された「元亀二年御借米之記」、元亀三年付「上下京御膳方御月賄米寄帳」(53)以降とされているのである。この間隔をいかに理解するかが次の問題である。

例えば、町組の成立および発展過程を詳細に検討された杉森哲也氏(54)は、町組の成立の契機として統一権力による行政的な側面を重視されている。確かに、「元亀二年御借米之記」「上下京御膳方御月賄米寄帳」や上京立売組の帳簿である「十四町与惣帳」(55)などをみていると、その内容は権力による諸賦課に対応するものがほとんどであり、統一権力の登場に連動して行政組織として町組が立ち上がった可能性は高いように思われる。ただしかし、次章において詳しくみるように実際には町組の存在は、元亀二年一〇月の直前においてすでに確認することができるのである。すなわち、この年七月に上下京あげて催された風流踊の編成単位としてみられる「上京中之踊」を構成する「一条室町」「西陣廿一町与」「立売」「絹屋町小川」[56]がそれらである。残念ながら下京の分に関しては確認できないが、住民自らによって催された芸能の単位として町組が機能していたという事実は、町組が必ずしも権力によって一方的に成立させられたというわけではなかったことを示していよう。しかも、「元亀二年御借米之記」においては上下京ともに五組であるのに対して、風流踊の編成は各四組（四基の風流花傘）であるなどの相違点もみることができるのである。

それならば、民衆側からみた場合、その成立の契機とは一体何であったのであろうか。もちろん、これに対する回答も簡単に出せるわけではないが、ここでは、本章の考察を踏まえてとりあえずひとつの可能性を呈示することができると思われる。すなわち、町組とは、惣町と個別町、そして個別町における年寄と月行事の関係から透けてみえる惣町レベルと個別町レベルにおける地縁的結合の一種のせめぎ合いの結晶ではなかったか、と。より具体的にいえば、一六世紀後半以降に拡大するといわれている人口や個別町の増加に対峙すべく、「地下人」が自らの位置を実質化するため、その居住町（おそらくは、単独で禁制を取得できるような有力な町であろう）において年寄の位置を確保するとともにその町を基礎として成立せしめたのが町組ではなかったかという見方である。実はこのことを連想させる最大の要因は、つとに知られる古格を誇る町組のエリート色の濃さである。

例えば、立売組でいえば、「上下京御膳方御月賄米寄帳」における構成は、親町が一四町であるのに対して寄町（枝町）が一五町であるように、成立時においてすでに町間格差が厳然と存在しており、しかもその運営は近世前期においてもなお親町以外には許されず、さらには町組の別名すらながく「十四町組」や「親町組」と称され続けたようにである。また、成立期の惣町―町組―町の重層構造における意志決定が、個別町の意志の集積として町組や惣町のそれに反映されるというようなことがなかったことも重要である。むしろ、元亀四年（一五七三）に織田政権による焼討を免れた下京において、「都の住民の年寄等協議し、（中略）市の将来の安全の為め及び下の都を焼かざりし恩恵に対する感謝の為め（中略）大小の町に銀十三枚を課したり。之に依り貧民の叫と過去の損害に対する悲痛の聲は此地に満ちたるが、何等彼等に利する所なく、彼等に課せられたる所を払ふこと能はざる者は、暴力を以て貧家より追はれ、其家の売却代金の内より彼等に課したるものを徴収せられたり」[(57)]とみえるように、その意志は惣町・町組からトップダウン的になされることが通常であったのである。

従来、成立期の惣町と個別町における地縁的結合は、同じ地縁として同列に扱われてきた。しかし、それらを多分に質の異なるものとして理解すれば、その中間に存在する町組の成立を説明することができるのではないかと考えられるのである。それでは、その質の差とはいかなるものであったのであろうか。これに対する回答も準備できているわけではないが、惣町と個別町という空間的な広狭もさりながら、第一節の納銭執沙汰でもみたように「地下人」が地縁を前面に出す一方で、「京御被官」でもあったことからすれば、地縁以外にも公家・武家・寺社など諸領主・諸権力との個別的・垂直的関係など複数のネットワークを保持していたという点は重要であろう。「京御被官」の実態については詳らかではないが（右京兆、つまり細川晴元の被官か）、酒屋・土倉が被官以外にも先にも触れたように雑色や触口、さらには公人・四府駕輿丁など様々な側面をもつことはよく知られているのである。

そういう意味からいえば、「地下人」にとっての地縁は、例えば公方御倉や正実坊などとの関係を相対化するためのひとつの方法であったともいえるが、逆に個別町における地縁的結合は、地縁以外の人的結合を選び得ない人々によって最も先鋭的に支えられたものであったと推察できよう。これに結集する人々の実態を追究することは、より困難を極めるが、おそらくは前述のような「貧家」を追われたり、また風流踊においては「町々之見物之衆」としてしか参加できなかったような住民がそれに相当するものと思われる。

もちろん本章は、戦国期以降における個別町の生成や自律性を低く評価するものでは決してない。ただ、それらの意志が重層構造全体に影響を与えるまでには、やはり若干の時間のずれがあるのではないかと考えるのである。例えば、立売組において枝町が親町に対して抵抗の姿勢をみせはじめるのが文禄四年[58]（一五九五）であること、また吉田伸之氏[59]が上京冷泉町を事例として個別町における平準性を指摘されたのもまた文禄二年であることからすれば、その時期とはおそらく、楽座、座の棄破をはじめとした諸領主・諸権力との個別的・垂直的関係の否定などの諸政策が執行された豊臣政権期を経過した後であったのではないだろうか。

もっとも、その一方で「地下人」に系譜をひく者たちの残映もまた重層構造の中に色濃く残ってゆくものと思われる。例えば、それが、杉森哲也氏[60]によって解明された町代（上町代）に転成してゆく惣町年寄や町組年寄の存在であり、またこの後の章で検討を加える文書管理のあり方や慶長九年（一六〇四）を最後として飾る風流踊、さらには江戸への年頭拝礼や大割勘定[61]などであったと思われるが、そういう意味においても、戦国期にみえる「地下人」の存在は、安国良一氏[62]の指摘された惣町を指導・統括する「由緒も政治的・経済的力量も有する古町・親町の年寄層」の前身として位置付けることができるのではないかと考えられるのである。[63]

（1）　林屋辰三郎「町衆の成立」（『思想』三一二号、一九五〇年、後に同『中世文化の基調』東京大学出版会、一九五三年）。ちなみに、「町衆」については、その読み方をめぐる論争やその概念の拡散を含めて馬田綾子氏（「「町衆論」の検討―概念の拡散をめぐって―」『新しい歴史学のために』一七四号、一九八四年）が議論の整理をされている。また、本書の序も参照。

（2）　瀬田勝哉「近世都市成立史序説」（宝月圭吾先生還暦記念会編『日本社会経済史研究　中世篇』吉川弘文館、一九六七年）。

（3）　網野善彦「中世都市論」（『岩波講座日本歴史7　中世3』一九七六年、後に同『日本中世都市の世界』筑摩書房、一九九六年）。
(4) 土井忠生・森田武・長南実編訳『邦訳日葡辞書』（岩波書店、一九八〇年）。
(5) 増補続史料大成。
(6) 増補続史料大成。
(7) 天文八年一二月付上下京酒屋土倉納銭徴納請文案（大日本古文書『蜷川家文書之三』五四〇号）。
(8) 小野晃嗣「室町幕府の酒屋統制」（『史学雑誌』第四三編七号、一九二八年、後に同『日本産業発達史の研究』至文堂、一九四一年）。
(9) 林屋氏前掲論文。なお、村山修一『日本都市生活の源流』（関書院、一九五三年）、藤井學「法華一揆と「町組」（京都市編『京都の歴史3　近世の胎動』学芸書林、一九六八年）も林屋氏の見解を踏襲している。
(10) （年月日未詳）土倉・酒屋注文（『蜷川家文書之二』三〇五号）。
(11) 永正八年四月一七日付酒屋注文（京都市歴史資料館写真版「小西康夫氏所蔵文書」）ほか。
(12) 須磨千頴「土倉による荘園年貢収納の請負について―賀茂別雷神社の所領能登国土田庄の年貢収納に関する土倉野洲井の活動―」（『史学雑誌』第八〇編六号、一九七一年）。
(13) 延徳二年付将軍足利義材仰事条々事書（『蜷川家文書之二』二七五号）。
(14) 『将軍宣下記』延徳二年六月九日条（『大日本史料』第八編之三七、延徳二年七月五日条）。
(15) 『蜷川家文書之二』三三八号。
(16) 天正元年一一月二八日付織田信長朱印状（『建勲神社文書』、奥野高広『増訂織田信長文書の研究』上巻、吉川弘文館、一九八八年、四二三号）。
(17) この得分は、少なくとも宝徳三年（一四五一）には確認できる。（宝徳三年四月二五日付室町将軍家御教書、『前田家所蔵文書』、佐藤進一・池内義資編『中世法制史料集第二巻　室町幕府法』岩波書店、一九五七年）。
(18) 今谷明「細川・三好体制研究序説―室町幕府の解体過程―」（『史林』第五六巻五号、一九七三年、後に同『室町幕府解体過程の研究』岩波書店、一九八五年）。
(19) 『大乗院寺社雑事記』（増補続史料大成）明応四年一〇月二四日条。
(20) 『後法興院記』（増補続史料大成）明応四年一〇月二〇日条。

(21) 註(19)。
(22) 『後法興院記』明応四年一〇月二二日条。
(23) 『二水記』(大日本古記録)天文元年一二月一〇日条。
(24) 『実隆公記』(続群書類従完成会刊本)天文元年一二月一〇日条。
(25) 『親俊日記』天文七年三月一六日条。
(26) 天文二年八月九日付室町幕府奉行人連署奉書案(今谷明・高橋康夫共編『室町幕府文書集成奉行人奉書篇』下、思文閣出版、一九八六年、三三一九号)。
(27) 天文二年八月九日付室町幕府奉行人連署奉書案(同右、三三一八号)。
(28) 『祇園執行日記』(『増補続史料大成　八坂神社記録』)天文二年六月七日条。
(29) 村井康彦「祇園祭と風流踊」(『京都の歴史3　近世の胎動』)。
(30) 註(28)。
(31) 朝尾直弘「近世の身分制と賤民」(『部落問題研究』六八輯、一九八一年、後に同『都市と近世社会を考える―信長・秀吉から綱吉まで―』朝日新聞社、一九九五年)。
(32) 仁木宏「戦国・織田政権期京都における権力と町共同体―法の遵行と自律性をめぐって―」(『日本史研究』三一二号、一九八八年)、同「中近世移行期の権力と都市民衆―京都における都市社会の構造変容―」(『日本史研究』三三一号、一九九〇年)。
(33) 丹生谷哲一「室町幕府の下級官僚機構について」(『大阪教育大学紀要』第II部門三〇巻三号、一九八二年、後に同『検非違使―中世のけがれと権力―』平凡社、一九八六年)、高橋康夫『京都中世都市史研究』(思文閣出版、一九八三年)。
(34) (永正期頃)小舎人・雑色衆家間数注文(『蜷川家文書之二』四〇七号)。
(35) 「元亀二年御借米之記」(京都市歴史資料館写真版「立入家文書」、『立入宗継文書・川端道喜文書』国民精神文化研究所、一九三七年)。
(36) 「六角町古記録集写」(京都市歴史資料館写真版「北観音山町文書」)。
(37) 『座中天文記』(藝能史研究会編『日本庶民文化史料集成第二巻　田楽・猿楽』三一書房、一九七四年)。

(38) 註(37)。
(39) 天文三年一二月五日付室町幕府奉行人連署奉書（宮内庁書陵部所蔵「土御門家文書」）。
(40) 天文二年一二月五日付室町幕府奉行人連署奉書案（同右）。
(41) 西尾和美「「町衆」論再検討の試み―天文法華一揆をめぐって―」（『日本史研究』二二九号、一九八一年）。
(42) 藤井學「初期法華一揆の戦闘分析」（北西弘先生還暦記念会編『中世社会と一向一揆』吉川弘文館、一九八五年）。
(43) 小野晃嗣「北野麹座に就きて」（『國史学』一一号、一九三二年、後に同『日本中世商業史の研究』法政大学出版局、一九八九年）。
(44) 天文一四年八月七日付室町幕府奉行人連署奉書（北野天満宮史料刊行会編『北野天満宮史料　古文書』八八号）、天文一四年八月二五日付同文書（同上、九四号）。
(45) 天文一四年八月一三日付飯尾元運奉書（同右、九〇号・九二号）。
(46) 永禄一一年一一月二九日付室町幕府奉行人連署奉書案（京都市歴史資料館写真版「饅頭屋町文書」）。
(47) 脇田修『近世封建制成立史論―織豊政権の分析II』（東京大学出版会、一九七七年）。
(48) 仁木氏前掲両論文。
(49) 桜井英治「中世商人の近世化と都市」（高橋康夫・吉田伸之編『日本都市史入門III　人』東京大学出版会、一九九〇年、後に同『日本中世の経済構造』岩波書店、一九九六年）。
(50) 『言継卿記』（続群書類従完成会刊本）天文三年三月三日条、六町については、高橋氏前掲書参照。
(51) 天文一〇年四月一二日付茨木長隆奉書（京都市歴史資料館写真版「誓願寺文書」）。
(52) （年未詳）七月二一日付三好長慶書状（京都国立博物館寄託「室町頭町文書」）。
(53) 「立入家文書」。
(54) 杉森哲也「近世京都町組発展に関する一考察―上京・西陣組を例として―」（『日本史研究』二五四号、一九八三年）、同「近世初期京都町代の系譜―一七世紀上京における町組と町代―」（『論集きんせい』一〇号、一九八七年）、同「町組と町」（高橋康夫・吉田伸之編『日本都市史入門II　町』東京大学出版会、一九九〇年）。
(55) 「上京文書」（京都国立博物館寄託）。
(56) 『言継卿記』元亀二年七月二五日条。

(57)　一五七三年五月二七日附、都発、パードレ・ルイス・フロイスよりパードレ・フランシスコ・カブラルに贈りし書翰（『異国叢書　耶蘇会士日本通信下巻』雄松堂書店、改定復刻版、一九六六年）。
(58)　文禄四年九月二九日付立売組親町申合状（「上京文書」）。
(59)　吉田伸之「公儀と町人身分」（『歴史学研究別冊一九八〇年度歴史学研究会大会報告　世界史における地域と民衆（続）』一九八〇年、後に同『近世都市社会の身分構造』東京大学出版会、一九九八年）、同「町人と町」（歴史学研究会・日本史研究会編『講座日本歴史5　近世1』東京大学出版会、一九八五年、後に同上）。
(60)　杉森哲也「近世京都における町代の成立について」（『史学雑誌』第九八編一〇号、一九八九年）。
(61)　安国良一「京都の都市社会と町の自治」（岩崎信彦編『町内会の研究』御茶の水書房、一九八九年）。
(62)　註(61)。
(63)　笹本正治氏の研究によれば「武田氏の出した文書の中にみえる地下人は、その多くが百姓の一部ではあるものの、すべての百姓と重なるのではなく、特に百姓の中の裕福な者・土豪的な者を指す場合が多かった」（「武田文書に見える「地下人」について」、磯貝正義先生喜寿祈念論文集刊行会編『甲斐の成立と地方的展開』角川書店、一九八九年、後に同『戦国大名武田氏の研究』思文閣出版、一九九三年）とされている。「地下人」という呼称が百姓の一部、しかも裕福な有力者を限定的に呼称している点には共通点が感じられるが、村落と都市との差異や甲斐武田氏領国と京都という地域的な差異などを含め、慎重に比較検討すべきものと思われる。

(補註)　本章発表後、仁木宏『空間・公・共同体―中世都市から近世都市へ―』（青木書店、一九九七年）、同「戦国時代京都の惣町と町組をめぐる一考察―都市共同体の結集原理をさぐる―」（薗田香融編『日本仏教の史的展開』塙書房、一九九九年）が発表され、成立期における惣町―町組―町の重層構造の歴史的展開について再検討がはじめられつつある。

第二章　「町衆」の風流踊

――都市における権力と民衆の交流をめぐって――

はじめに

いわゆる「町衆」[1]の風流踊という話題を出した時、多くの人がまず思い浮かべるのは、慶長九年（一六〇四）豊臣秀吉七回忌の豊国臨時祭の際に催されたものではないだろうか。それは、何よりも『徳川黎明会本豊国祭礼図屏風』『豊国神社本豊国祭礼図屏風』などの屏風絵に描かれる乱舞ともいうべきその姿が人の目を引き付けることによるものであろう。この点は、研究者も同様で、従来よりこの風流踊をめぐっては様々な解釈が試みられてきた。しかし、その解釈も必ずしも統一されているわけではなく、大まかにいえば、赤井達郎氏[2]、藤木久志氏[3]、久留島浩氏[4]、横田冬彦氏[5]などのように京都の平和を謳歌するものであるという解釈があるかと思えば、一方で高尾一彦氏[6]、守屋毅氏[7]などのように徳川と豊臣の緊張関係から生じる不安や不満が現出したものであるというように、いわば正反対のものが並存し現在に至っているのである。

もっとも、これはこれで後述するように風流踊に潜在する「静謐」と「物忩」という対立する両側面をいい得ており興味深い現象といえるのだが、ただ、これらの中で、久留島浩氏が近世都市における祭礼研究という視角からこの風流踊に触れられたことは注意すべきと思われる。氏の研究は、必ずしもこの時の風流踊について全面的に検討を加えたものでなく、またその主な対象は近世中・後期におかれているものである。が、しかし、都市における権力と民衆の交流という問題関心から祭礼や風流踊などのような年中行事もしくは芸能を歴史的変化を踏まえて考察しようとする、その視角を受け継ぐことは重要と考える。

というのも、「町衆」の祭礼の代表とされる祇園祭（祇園会）の研究でさえ、久留島氏も指摘されるようにいくつかの研究(8)を除けば歴史的変化を踏まえない一種、文化論的なものも少なくはないからである。しかも祇園祭は下京という限定された地域の祭礼なのであり、一方で上京の祭礼ともいうべき御霊祭の研究などは皆無といってよいのではないだろうか。この点からいっても、風流踊は、上下京のみならず六町などに至ってもみられる共通の行事もしくは芸能のひとつとして注目できるものといえる。

もとより、本章は慶長九年の事例だけを議論することを目標とするわけではない。しかし、従来の研究においては、この慶長九年の事例が最後の風流踊、すなわちひとつの終着点として扱われている以上、これを避けて通るわけにはゆかないのである。自然、慶長九年の事例を考えるにもそれだけの検討では不十分といわざるをえず、むしろこの状況を現出せしめるに至った前史にまで遡り検証する必要があると思われる。

この点において、本章が依拠すべき研究は、守屋毅氏による一連の論考(9)である。氏はすでにはやくから「京都における風流踊の時代的推移と社会的基盤」について基礎的な考察を展開し、その後また多くの事例を提示された。したがって、本章もまたその多くを氏の成果に負っていることを最初に告白しておかねばならないが、その上で本章の目指すところを述べるならば、それは、まず第一に、今一度、知り得る限りの風流踊の事例を一同に並べ、その上でその歴史的変化に留意しつつ詳細に検討を加えてみることである。この作業を行なうことによって、おそらくは、個別の事例ではみえてこない風流踊に通底した属性を読み取ることができるものと思う。そして、その作業をより効果的に行なうため、第二に、守屋氏の研究においても十分には言及されなかった、京都における権力と民衆の交流という視角からのアプローチを試みることにしたい。もちろん研究方法の定石として、従来の研究で触れられなかった史料をできるだけ取り上げることにもつとめたが、風流踊の場合、史料が極めて限定されるという難点があるため、このようなアプローチによって従来とは異なる側面を見出せるものと思われるのである。

また、周知のように、芸能史プロパーによる風流踊を含めた風流そのものに関する研究の蓄積も非常に厚いものがあり、その逐一をここで取り上げることは到底不可能といえる。この点、本章では、その基本的な点に関しては、小笠原恭子氏(10)並びに山路興造氏の研究(11)にその多くを負った。ただし、著者の能力ではその成果を十分に活かすことは難しく、とりわけ風流の風流たる所以であるその芸態、例えば衣装や踊歌などにはあまり言及できなかったことをあらかじめ断わっておきたいと思う。

ただ、その一方で、実のところ風流踊については、その定義が現在の研究においても必ずしも一定しているとはいい難い面もある。しかも、実態としてもその様相は多様であり、加えて、その目的すら史料の中で文言として説明されることがないのである。したがって、概念の拡散によって論旨がぼやけることを避けるためにも、一応、本章がいうところの風流踊について限定を付けた形で説明しておくと次のようになろう。

それは、まず第一に旧暦七月の盂蘭盆時に基調として催されるものであること、また第二に史料上の文言として「風流」という言葉だけではなく「踊」「躍」「跳」「ヲトリ」などという言葉も付帯するものであること、さらに第三に武家や公家などが主体となったものではない踊であること、の以上である。就中、第二については、『日葡辞書』(12)の「風流」の説明「踊り一般をいうが、それは踊りの中にはいつも趣のあることなどが含まれているからである」に拠るものである。ともかく、歴史学から風流踊をみればどうみえるのか、本章は、そのようなことを考えながらはじめたささやかな試論である。

それではまず、はじめに話題として取り上げた慶長九年の事例(13)から検討してゆくことにしよう。

一　慶長九年豊国臨時祭における風流踊

(1)

豊国社神宮寺別当の神龍院梵舜の日記『舜旧記』によれば、梵舜が伏見城で将軍徳川家康より「臨時祭」に関する「御尋」を受けたのは、慶長九年（一六〇四）五月二日、これをうけて「豊国臨時之祭次第」を申上げたのが同月一九日であったことがわかる。したがって、豊臣秀吉七回忌に際しての臨時祭の次第が本格的に構想されたのは、慶長九年五月頃と考えられる。ちなみに、この時点ではすでに「三番上京・下京之町人ニ作花笠ニテ罷出候事」、すなわち上下京による風流踊が祭次第に組み込まれていることが読み取れるが、この後、八月一四日条では、一番御幣、二番騎馬二〇〇騎、三番田楽、四番申（猿）楽四座・新儀能一番、六番非人施行と変更されて、風流踊が五番に順序を変更されたことがみえる。

翌六月四日条にも「御尋」の記事がみえ、そして一一日条では豊臣秀頼の後見である片桐且元と「談合」し、さらに一二日条では同道して家康のもとへゆき、実兄でもある神祇大副吉田兼見の書いた最終的な次第の「書立」を「懸御目」ていることが読み取れる。ちなみに、この「書立」には「三番上下京衆千人ニ作花笠鉾ニテ作法」とあり、この時点ではすでに風流踊の員数設定がなされていた模様である。この後、八月四日条において、最終的な日程が伏見城で家康から直接に「当月十三日与被仰出」、梵舜は且元および所司代板倉勝重とともに「三人奥ノ間被召、数刻御尋」を受けていることがみえるが、以上の経緯からわかるように、今回の風流踊は臨時祭のために徳川政権が動員したものであったこと、すなわち、その性格においては、近世城下町でみられる将軍や藩主の主催による「官祭」の一環に組み込まれた町人による練り物・山車・行列など[14]と同種のものであったと考えられよう。

(2)

さて、祭の当日である八月一三日は、醍醐寺座主の義演准后の日記『義演准后日記』同日条によれば「頻降雨」し「終日大雨」であったため、予定はすべて延引となった。したがって、風流踊も実際には一五日に催されているが、太田牛一の筆になる『豊国大明神臨時祭日記』によれば、「上京之踊ハ、先内裏へ参り踊申、御叡覧有テ、面白被思食、御感不斜、其後豊国大明神ノ神前にて踊申候し也」「下京之踊ハ、先豊国大明神にておとり、其後禁中にて踊申候し也」とみえ、豊国臨時祭の一環にもかかわらず、上下京の風流踊がともに内裏、しかも『御湯殿上日記』八月一五日条によれば「志、てん（紫宸殿）の御にわ（庭）にて」も催されていることがわかる。また、このことは、山科言経の日記『言経卿記』八月一五日条に「兼日可参之由」とみえることから、事前に予定に組み込まれていたことも判明する。

ところで、このように内裏では上下京の風流踊は紫宸殿の庭において催されていることが知れるが、豊国社の方ではどこで催されたのであろうか。一般的には、この臨時祭の模様を描写したものとされる屏風の映像から東山大仏殿石壇の前で催されたと思われているが、すでに宮島新一氏[15]や武田恒夫氏[16]の指摘される通り、慶長九年当時には大仏殿は焼失して存在せず、しかも先にみたように交互に内裏にいるはずの上京の集団と下京の集団が同時に風流踊を催しているという状況は事実ではない。おそらくは屏風絵の構図の都合などによって配置された映像と思われる。

それでは、この時、上下京の風流踊はどこで催されたのであろうか。この点については明証はないが、義演は、その日記『義演准后日記』八月一五日条によると、風流踊を「明神楼門ノ前ノ桟敷」において見物しており、この点からすれば、「京都東山豊国神社古図」[17]にみえる本社の「楼門」の前の「豊国ノ馬場」か、もしくは「豊国廊門」の付近、三十三間堂北方辺りであったと考えられる（もちろん石壇しか残らない大仏殿の前においても風流踊が催されたという可能性も否定できないが）。ちなみに、『妙法院本豊国祭礼図屛風』では五条橋のたもとでも風流踊の輪がみられるが、これによって洛中での移動中にも風流踊が催されていた模様が推測される。

当日の風流踊の員数は、『舜旧記』八月一五日条にみえる「上京・下京町人五百人躍衆、金銀花餅出達、百人ニ笠鉾一本ツ、アリ」より、当初の一〇〇〇人より五〇〇人に変更されており、『慶長日件録』八月一五日条によれば「上京より三百人、下京より二百人、都合五百人」であることがわかる。また、その集団の編成としては、『豊国大明神臨時祭日記』八月一五日条では「上京三組・下京二組」、『当代記』八月一八日条では「其体六組」で、前者においては「かミたちうり《（上立売）》くみ百人」「下裁《（立）》売くミ百人」「新在家組百人」とも記載されており、これらに西洞院時慶の日記「時慶卿記」[18]八月一五日条にみえる「先小川組・西陣・上立売一連也、其次ムロ《（室）》町・中筋組也、其次六丁町也」という記事を擦合わせてみると、どうやら町組を基礎単位としたもので、上京では小川組・西陣（組）・上立売組（立売組）で一組一〇〇人、室町（一条組）・中筋組で一組一〇〇人、六丁町（新在家六町組）[19]で一組一〇〇人という混合編成であったことが判明する。そして、その表徴として各組ごとに「笠鉾一本」と町組名を書いた大団扇が立てられていたものと思われる。

なお、諸記録にはなぜか下京の編成が記載されていないが、この点を補うため、『豊国神社本豊国祭礼図屛風』『徳川黎明会本豊国祭礼図屛風』の二本に描かれるところの町組名を書いた大団扇の文字を参照してみると、その構成としては「うしとら《（丑寅）》くミ」「中のくミ」「川西（組）」が存在していたことが想定される。もっとも、これらがどのようにして二組二〇〇人を編成していたかまでは残念ながら詳らかにすることはできない。

ところで、上京一条組に所属する冷泉町に残された大福帳[20]には、「慶長九年八月十五日　弐百七十弐匁五分ハとよ国おとりノ時、おとり□つるかけ　万そう用までの入用也」という記事がみえる。簡潔な記載であるため、文意を読み取ることは難しいものの、少なくとも八月一五日の一条組の風流踊に関連する費用を冷泉町が分担していた事実が知られる。また、同じ大福帳の一〇月一五日条には「百八十四文　秀頼《（豊臣）》様おとりの時、米くたされ候時、大坂江御礼ニ参候時入用」という記事もみえるが、これは、『豊国大明神臨時祭日記』八月二一日条に記載される「秀頼公より八木五千石、従大坂京著なされ、踊の者ともに被下」たことに関連するものである。

実はこの点については、下京占出山町に残される古記録[21]にも「慶長九年八月十五日ニ豊国御祭ニ付上下京ヨリ踊子五百人出申候、下京弐百人之内当町踊子二人小一人也、（中略）此時、従　秀頼様御下行之米踊子一人ニ拾石ツ、被下候也」とみえ、これによって、占出山町からは「踊子二人」が出ていること、そして秀頼からの下行米が「踊子一人ニ拾石ツ、被下」ていたことが明らかとなるのである。ちなみに、五〇〇人に一〇石宛と換算すると計五〇〇〇石となってひとまず『豊国大明神臨時祭日記』の記事とは照合するが、以上のことに関する次のような文書も残されている。

請取申候米之事
合拾石者　但花かさのおとり衆一人分也、
右一人分慥請取申候、於当町ニ豊国大明神へおとりニ出申候、若いつわり候ハヽ、重而可被仰付候、仍如件、
慶長九年
壬八月三日
東魚屋町
年寄　林衛門尉（花押）
同　吉左衛門（花押）

行事
助右衛門（花押）
同
孫右衛門（花押）

行事町参

右は、下西陣組町代の古久保家伝来の「古久保家文書」[22]に残される上京東魚屋町の秀頼からの下行米請取状であるが、これによって、踊子一人宛に米一〇石が下行されたことが文書によっても確認できることになる。しかも、この請取状が町の年寄・月行事の連判のうえ、「行事町」すなわち町組の行事町に提出されている事実からは、今回の風流踊の動員を、先にみた員数設定などを含めてまず惣町ないしは町組が受け、それに見合う負担をさらに個々の町に分担させてゆくという、いわゆる「役」（「町人足役」[23]）賦課と同系統のルートに乗せて実質化していたということも明らかとなるのである。

なお、「古久保家文書」には、右とほぼ同文言の請取状が二一通残されており、それらを一覧表にしたものが表1であるが、同文言であるという点からまずこの二一の町では、統一的に踊子を一人宛（先の占出山町の古記録の事例では二人であった）供出していることが読み取れる。また、これらの町は、近世においてはすべて上川東組・下川東組のいずれかに所属する古町であり[24]、それは表1の宛所としてみえる「聚楽川東組月行事町」（行事町・月司町・当行事町・奉行町というのも同意と考えられる）からも確認できるが、一方で「六町之内行事町」というのもみえることからすると、この聚楽川東組の踊子二一人は、おそらく諸記録に「新在家組」とも「六丁町」とも記載されている組一〇〇人に組み込まれて参加していたものと想定される。『徳川黎明会本豊国祭礼図屏風』には、「新在家くミ」と書かれた大団扇のすぐ付近に「上京　川西　川東」と書かれた大団扇がみえるが、このように絵師の記憶の中にも聚楽川東組の参加の模様が印象に残されていたものと思われる。

表1　聚楽川東組の下行米請取状（「古久保家文書」所収分）

年　月　日	差　出（肩　書）	宛　　所
慶長6・後8・3	にしのとうゐん通うらつち町2名（肩書なし）	行事町まいる
慶長9・壬8・3	鶴屋町3名（肩書なし）	聚楽川東組月行事町まいる
慶長9・壬8・3	西洞院こくもん町3名（月司）	月司町まいる
慶長9・壬8・3	東魚屋町4名（年寄・行事）	行事町参
慶長9・後8・3	西洞院通薬師町2名（肩書なし）	行事町参
(慶長9)壬8・3	上かちや町2名（肩書なし）	六町之内行事町まいる
慶長9・壬8・3	西魚や町3名（月司）	月司町まいる
慶長9・後8・3	あふらやノ小路米や町2名（肩書なし）	当月行事町まいる
慶長9・壬8・3	四町め1名（肩書なし）　五町め1名（肩書なし）　六町め1名（肩書なし）	月司町まいる
慶長9・壬8・3	丁子ふろ町2名（肩書なし）	当行事町まいる
慶長9辰・壬8・3	東ゑひす川町3名（行事）	当行事町・同少斎老まいる
慶長9・後8・3	あふらのかうちはし本町2名（東かわ行事）	当行事町まいる
慶長9辰・壬8・3	田中町3名（肩書なし）	当行事町・少斎まいる
慶長9・後8・3	油こうしうらつち町3名（行事）	行事町まいる
慶長9・後8・3	堀川二町目1名（行事）同三町目1名（行事）	少斎公まいる
慶長9・後8・3	長者町中町2名（肩書なし）	当行事町参
慶長9・壬8・3	よこかちや町2名（肩書なし）	六町之内行事町まいる
慶長9・後8・3	このへ町1名（肩書なし）	奉行町まいる
慶長9・後8・3	中立売はしつめ町2名（肩書なし）	行事町まいる
慶長9・後8・3	かいの守町2名（肩書なし）	行事町まいる
慶長9・壬8・3	たかつかさ町3名（行事・としより）	しゆらくかわひかし月行事まいる

　ところで、『言経卿記』八月一六日条には、「六町々風流、女院御参也」とみえ、六町の風流踊が女院に参入、また、その四日後の八月二〇日には、『豊国大明神臨時祭日記』に「将軍様へ踊衆参り、伏見御館庭にて踊申、御一覧候し也」とみえるように、伏見城の庭にまで来た風流踊を将軍家康が見物していることが読み取れる。若干の日数の差はあるが、先に風流踊が内裏でも催されていることを考え合わせると、今回は、外形上、まさに公武の権力と民衆が祭礼を共に楽しむという様相を呈していたともいえる。ただし、徳川政権にとっては、祭神が豊臣秀吉という難点はあったし、(25)また、米五〇〇〇石を下行した豊臣秀頼もその場に直接参加してはいなかったが。

　このように慶長九年における風流踊

を詳細に検討してみると、従来のイメージでは捉えきれない多くの様相に改めて気づかざるを得ないが、それらのうち、とりわけ留意すべきものをあげるとすれば、次の四点に絞ることができよう。まず、第一としては、今回は、その経緯などから明白なように最初から豊国臨時祭に限定して徳川政権が「役」の一環として動員したものであったこと。次いで、第二としては、その編成が、上下京並びに六丁町に至るまで町組を基礎としたものであったこと。また、第三としては、豊国臨時祭に組み込まれたものにもかかわらず、内裏への参入も事前に取り決められていたこと。さらに、第四としては、公武の権力と民衆が祭礼を「共に楽しむ」(26)観がみて取れること、の以上である。

そして、従来からいわれるように、今回の風流踊がこれ以前の風流踊のひとつの終着点であるとするならば、当然、ここであげた四点の様相もまたその前史、すなわち一六世紀段階においてすでに準備されていたはずである。そこで次節では、この点を念頭におきつつ、その前史、すなわち一六世紀における風流踊について検討してゆくことにしよう。

二　一六世紀における風流踊

(1)

京都において盂蘭盆の季節に人々が風流踊を催しはじめるのは、一体いつのことからなのであろうか。守屋氏は、洛中における風流踊の初見として、三条西実隆の日記『実隆公記』(27)文亀三年（一五〇三）七月一八日条にみえる「入夜、有踊躍拍子」をあげておられるが(28)、これがいわゆる「町衆」によるものかは詳らかではない。また、翌々永正二年（一五〇五）七月一八日条には「京中踊躍、鐘鼓聲満足」ともみえるが、これでもやはり明快とはいえず、民衆レベルという限定を付けた場合、少し下って永正一七年（一五二〇）七月二五日条「下京大拍子物所々懸之」が、とりあえず初見ということになろう。したがって、少なくとも一六世紀初頭にはかなり活発に催されていたものと判断される。ただ、これでもなおその実態を窺うには十分とはいえず、この点、従来の研究ではあまり取り上げられてこなかったものではあるが、次の文書は注目すべきものと考えられる。

急度申候、仍去十六日立売四町衆、於生嶋弥六前跳之刻、号打飛礫、無謂於其庭令破損彼宅以下由候、如何在之儀候哉、生嶋事致在国、足弱茂留守中如此之儀、迷惑之旨候、以糺明之上、可為有様之間、可申分事肝要候、恐々謹言、

（天文一八・一九年頃）七月廿一日　　　（三好）長慶（花押）

当四町中

右は上京「室町頭町文書」(29)に残される、従来の研究では立売組という町組の初見として知られてきたものであるが、その内容をよくよく吟味してみるならば、七月一六日のまさに盂蘭盆時に「立売四町衆」が「生嶋弥六」なる人物（おそらくは三好氏被官）の屋敷の庭で「跳」、すなわち風流踊を催したこと、しかもその際に「飛礫」が打たれ、ために生嶋屋敷の家屋を破損してしまったことなどが読み取れるのである。

ここでまず目につくのは、「飛礫」の存在であろう。ただし、風流踊に「飛礫」が付帯するという事例はこれ以外には見出せず、この時は、踊の熱狂のためにかかる仕儀に至ったのであろうか。いずれにせよ、「跳」という文言が使われていること自体、その熱狂の様を十分に想像させる。知られている範囲では、風流踊は永正三年(30)（一五〇六）と天文一三年(31)（一五四四）に幕府から禁止令が出されているが、これらの場合、史料に即してみる限りでは燈籠に伴う夜行を禁ずるのが主な目的であったと思われる。しかし、右の文書にみえるような踊による熱狂という状況もまた禁止令の出される背景となったであろう。

この点において、よく知られた記事ではあるが、勧修寺家が催した風流踊を見物した鷲尾隆康がその日記『二

水記』[32]永正一七年（一五二〇）七月二三日に記した「天下静謐之所為歟、但又物忩之基也」の文言は、多くの祭礼や年中行事がそうであるように風流踊もまた「静謐」と「物忩」という心性の間を揺らぎながら成り立っていたことをいい得たものといえよう。なお、立売四町衆の風流踊が生嶋弥六屋敷の庭にやってきたのは、もとよりかかる暴力を働くのが目的ではない。風流踊の慣習ともいうべき、懸けては返すという「懸け踊り」の作法によるものであったと考えられる。

また、右の文書が「当四町中」宛に発給されていることからも明らかなように、この風流踊は後に立売組と呼ばれる町組を主体とするものであったことが読み取れる。全体的に史料が限定されしかも少ないという問題はあるが、この時期の風流踊が「立売四町衆」など地域名を冠して史料上現れてくる事実は、やはり従来からいわれてきたように、京都における風流踊の成立ちとその地縁的結合の進展がパラレルな関係にあったことを意味するものと考えてよいであろう。ただし、そこで留意せねばならないのは、その地域名が、ある限られた町組か、もしくは町組の中核というべき町や街区の名称である点である。

例えば、山科言継の日記『言継卿記』[33]天文二二年（一五五三）七月二〇日条には、「近所室町衆風流今日之様風聞之間、清涼殿御大工伴二郎召寄、禁裏へ可参之由申付、然処延引之由申之」、すなわち六町の「近所室町衆」の風流踊が催されることを聞いた言継がそこの住人である「清涼殿御大工伴二郎」に内裏へも参ることを「申付」けていることが読み取れるが、この「室町衆」の「室町」というのも、『言継卿記』の他の記載からみても後に一条組と呼ばれる町組の中核街区（一条室町・正親町室町）[34]を指すものと考えられるのである。

なお、この時、言継にわざわざ召寄せられた「清涼殿御大工伴二郎」なる人物は、この「室町衆」の風流踊で重要な役割を果たす中心的な人物であると考えられるが、彼は代々「伴二郎」の名を世襲する禁裏御大工[35]であり、いわば「室町」の有力住人であったことが知られている。『言継卿記』ではこの翌日の記事にも「自下京風流上之間、門前へ罷出見物了（中略）風流禁裏へ参之間、祇候見物」、すなわち下京の風流踊が内裏に参っていることが読み取れるが、このように風流踊が内裏へ参るというその背後には、言継のような公家が伴二郎のような内裏に関係の深い住人に招請を懸けていたという事実が存在したものと思われる。

このような点からいえば、風流踊とは、京都に居住する住人であれば、どこでも誰でも催せたという代物ではなく、むしろそのうちのごく限られた地域や住人によって催されていたということが想定される。それはまた、風流踊の主体として現れる町組というものが、かなり後代に至るまでエリート色の濃い組織であったことにも由来するものと思われる。実際、町組に所属できる町は、元亀三年（一五七二）の時点において、立売組では一四町（ただし、寄町〈枝町〉として一五町が下部として属している）、一条組に至ってはわずか四町しか所属できておらず、[36]しかも、立売組では近世前期に至っても「十四町組」や「親町組」と自称し、それ以外の町や住人にはながく町組に関わる発言権すら与えなかったのである。

さらに、様々な衣装や文芸・教養に満ちた意趣、楽器など、それらを揃えるだけでもかなりの費用がかかったであろう風流踊が、有力住人の居住する町や街区、またそれを核とした町組を主体とするものとして現れてくることはごく自然なことであったのかもしれない。この点、かつて林屋辰三郎氏が風流踊に触れた文章の中で「その中核にある土倉衆の財力を推想せざるを得ない[37]」と述べられたのは的確な指摘といえよう。

繰り返すようだが、従来より風流踊が語られる時には、必ずといっていいほど、その地縁的・地域的集団生活の所産のひとつとして扱われてきた。確かにそれは誤りではないが、ただ、その範囲を無限定に拡大して語ってはその実態を見誤ることになるであろう。事実、後にもみるように、これ以降の風流踊もまた、少なくとも史料の上では町組を主体とした形で現れて来るのであって、慶長九年に至ってもなおその編成は、立売組・小川組・西陣組（川西組）・中筋組・六丁町（新在家組）など古格を誇る町組を中核としていたのである。ここにおいて、一六世紀における風流踊とは、実に限定された住人、つまり「町衆」（前章の考察に従えば「上下京地下人」を中核とする住人）の風流踊であったのである。

ところで、一六世紀京都を描写したという初期洛中洛外図にも風流踊の模様はみて取ることができる。管見の限りでは、『歴博甲本洛中洛外図屏風』、『東博模本洛中洛外図屏風』、『上杉本洛中洛外図屏風』の三本にその模様がみられるが、その構図は、ほぼ共通している。すなわち、花笠らしきものを頂き手にはびん簓やすり簓をもちながら少し前かがみの姿勢をみせる揃いの衣装の一重の輪が、鼓や太鼓をもったいわゆる中踊りを取り囲んで踊っているというものである。ただし、その描かれる場所については、若干の異同があり、『歴博甲本洛中洛外図屏風』並びに『東博模本洛中洛外図屏風』では上京一条町通の辻、『上杉本洛中洛外図屏風』では下京五条室町上ル、下京の惣構の釘貫を目前にした路次となっている。

おそらく、これらは風流踊に潜在する属性を表象したものと考えられるが、例えば、辻とは、民俗学ではこの世とあの世の境界で盆行事とも深い関係がある空間とされており[38]、風流踊が盆行事と密接な関係をもっていたことを示すものであろう。また、釘貫の前とは、すでに下坂守氏が指摘されているように[39]、この時期の最大の都市問題ともいうべき疫病・疫神を追い出す行為を表徴するものと考えられる。

さらに、洛中洛外図屏風でもそうだが、文献の上でも、風流踊は室内で行なわれることはなく、すべて路次など大地の上で行なわれている。しかも、「跳」や「躍」「踊躍」、場合によっては「踏」[40]とも史料上現れ、まさに大地を踏みしめ跳躍する動作が基本であったことが読み取れる。仏教民俗学や社会史の成果によれば、（芸能を伴って）大地を踏むことは、大地の霊を鎮めるという意味がこめられているとされているが[41]、この点と関連して注目すべきは、先の三本の洛中洛外図屏風にほぼ共通して描写される特異な扮装の二人の人物のうち、そのひとりの姿が幣帛をもった形などから陰陽師（声聞師）の扮装（もしくはそのもの）と考えられる点である（ちなみに、もうひとりは閉じた傘をもっている点だけでいえば暮露の扮装であろうか）。というのも、周知のように陰陽師の職能のひとつには地の神を鎮めるというものがあり、しかもその中には足で地を踏む呪法としての反閇というものが知られているからである。今のところこの点については、文献史料で確認はできないものの、少なくとも後にみるように風流踊が普請などと関連して現れてくる事実との間には何らかの関係が想定できるのではないだろうか。ちなみに、豊国祭礼図屏風や大英博物館所蔵の『免税踊図屏風』においても傘をもった人物と幣帛をもった人物が描かれていることからすると、むしろ風流踊自体にかかる呪術性が潜在していたのかもしれない。

なお、絵画資料に描かれる風流踊は、昼間に行なわれているのか夜間に行なわれているのか判然としない。それは、もちろん当該期の絵画が夜を描くことをしなかったためではあるが、奈良では昼にも夜にも行なわれており[42]、この点はあまり神経質にならなくてもよいのかも知れない。ただし、夜に行なわれる場合には燈籠が必要であったと思われる。

(2)

さて、「町衆」の風流踊にひとつの画期が訪れるのは、室町幕府と織田政権による二重支配が続く元亀二年（一五七一）のことである[43]。『言継卿記』七月一六日条によれば「近所六町衆躍有之、見物了」とみえ、この六町の風流踊がその端緒となり、翌々一八日条には「夜半計一条室町之踊来、見物了」、つまり一条組の風流踊が催されたことが読み取れる。そして、二五日条に至って「今日上京中之躍、武家へ参之由有之間、巳刻参武家」とみえるようになるが、この「上京中之躍」の編成は、『元亀二年記』同月二五日条に「上京中躍四花」とみえるように四組（花とは、おそらく風流花笠の意であろう）であり、そしてその四組とは、『言継卿記』同月二五日条によって「一条室町」「西陣廿一町與」「立売」「絹屋町小川」という町組単位であることが判明する。ちなみに、守屋

氏は、「絹屋町小川」を中筋組と小川組の混合編成であったと指摘されている。(44)

また、『言継卿記』同月二九日条には「下京衆四鼻(花)有之、二百余人宛」とみえ、下京もまた四組編成で、しかも各組二〇〇人余、総計八〇〇人余に及ぶものであり、加えて同条に「先日上京衆踊不足数、不可説々々々」とみえることから、上京もまた八〇〇人には及ばなかったもののそれに近いものであったと推測されるが、ここに至って、この元亀二年の風流踊が、総計で一六〇〇人近い人数、しかもその規模においては慶長九年と同様、上下京をあげてのものであったことが明らかとなるのである。

さらに、この上下京の風流踊は、その催された日にちは異なるものの、ともにまず「武家」、すなわち将軍足利義昭御所に参り、ついで「桜之馬場」、そして「伏見殿」(誠仁親王邸)に参っていることが『言継卿記』同月二五日条・二九日条から読み取れる。ちなみに、言継は、義昭御所では「南之楯」や「御矢倉」において見物し、伏見殿では「御門之前」の「御桟敷」において見物していることが『言継卿記』同月二五日条・二九日条より読み取れるが、これに「伏見殿・武家・桜之馬場以下町々之見物之衆十余万人可有之」という二五日条の記事を加味してみると、伏見殿の位置が不明なものの、今回の風流踊が室町通かもしくは烏丸通を中心に南北に移動しながら、しかもその路次においても催されていたことが読み取れるのである。

加えて、七月一七日条には、「今夜武家奉公真木嶋興行踊、禁裏北御門抜通之外にて四踊有之」、つまり幕府奉公衆真木嶋昭光の風流踊が、また、同月二四日条には「上野佐渡守(信恵)兄弟以下奉公衆、於門前被踊」、翌二五日条には「上京中へ之返」という文言、さらに三〇日条には「久我・藤宰相(高倉永相)・飛鳥井中将(雅敦)・日野(輝資)・驢庵(半井)等踊」という公家衆の風流踊なども催されていることがみえ、日付を追ってみると「町衆」・武家・公家の風流踊が七月一六日から三〇日に至る半月の間に並行して催されていたことがわかるのである。

従来より指摘されるように、この時期、「町衆」・武家・公家が互いに風流踊を懸け合うという現象はさほどに珍しいものではない。しかし、今回がそれらと大きく異なる点は、「町衆」の風流踊が「上京中之踊」「下京衆」とみえるように今までにない惣町規模によるものであったことであろう。こういう点からいえば、今回は、まさに公武の権力（ただし、織田政権関係者の姿は確認できないが）と民衆が風流踊を「共に楽しむ」という観がみて取れるのであり、後の慶長九年の端緒として注目される。

なお、この元亀二年という時期は、すでに織田信長と義昭の間にはかなりの緊張関係が存在し、しかも前年冬に成立した浅井・朝倉との講和、いわゆる「江濃越一和」も信長が一方的に破棄、この後一カ月足らずで山門焼討などが行なわれるなど必ずしも見通しは明るいものではなかったはずであるが、にもかかわらず、このような盛大な風流踊を催すその心性とは、一体いかなるものであったのであろうか。一時の「静謐」を権力と民衆が「共に楽しむ」というものであったのだろうか。しかしそれは、同時に間近に迫る「物忩」を予期するものであったのかもしれない。また、風流踊の進んだコースからみてもやはり何がしか仕組まれた感（例えば幕府による動員）も拭えないが、ただし、それを詳らかにする材料も今はない。

ところで、この翌年の元亀三年（一五七二）、信長は、「上京むしや《（武者）》の小路あき地」（『兼見卿記』[45]三月一一日条によれば「徳大寺殿御屋敷」の跡）に屋敷を構えることになった。その際、『信長公記』[46]巻五によれば、「三月廿四日、御鍬始ありて、先方に築地をつかせられ、請取の手前手前に舞台をかざり、児・若衆色々美々敷き出立にて、笛・大鼓・つゝみを以て拍子を合せ囃立、各も興に乗ざらる。いとゞさへ都は人の群集と申候へば、御普請の上下、見物の貴賤、花を手折り、袖を連ね、衣香を撥四方に薫し、様々諸の仕立あり」とみえ、ここでは家臣たちの風流が催されていることが読み取れる。また、同じく『信長公記』巻五によれば、この普請は「公儀より御普請」として「御普請奉行、村井民部《（貞勝）》・島田所助《（秀満）》」が事に当り、普請に動員されたのは「畿内の面々」で、「尾・濃・江三国御伴衆者、御普請被成御赦免、不仕候」ともみえる。実際、『兼見卿記』三月二七日条には「三太・

細兵自今日普請云々」、つまり三淵藤英・細川藤孝の参加が確認できるのである。

なぜ、ここでこのような点にこだわるのかといえば、実は、このわずか数年後、天正五年（一五七七）になると状況が大きく変化していることが読み取れるからである。すなわち、『信長公記』巻一〇によれば、「村井長門《貞勝》守馳走仕り、内裏御築地、洛中として築かせられ候て然るべきの由候ところ、上下最と一同の御請けなり。（中略）三月十二日より、番々につもり、請取の手前々々、（中略）舞躍、御築地つかれ候」とみえ、所司代村井貞勝によって洛中の上下に内裏の築地築が命ぜられ、それを請けて三月一二日より「舞踊」しながら築地築を行なったことが知られるのである。

このことは、『御湯殿上日記』三月一二日条にも「むらゐ《村井》この御所のつし《築地》はしめてつく」とみえるところから事実であり、また二〇日条では「六ちやう《六丁町》のまちの人数」が築地築をする一方で「しまい」をしたり、女房の詰所である「大はんところ《台盤所》の御まへにておとる」など、六町（六丁町）という町組が風流踊を催しながら普請に参加していたことも判明するのである。また、先にも触れた下京占出山町の古記録にも「天正五年四月七日　内裏様御築地の入目　九貫四百五十文　料足」という記事がみえ、今回の築地築に九貫四五〇文を費用として拠出したことも確認できるが、さらに、従来、風流踊の研究としては取り上げられていないものとして、次のような文書も残されているのである。

今度禁裏様　御築地并為御作事奉行之忠恩、親子酒役其外諸公事・諸役等、令免許訖、殊御下知在之之上者、
弥無別儀者也、仍如件、

天正五　　　村井長門守
十二月《ママ》　　貞勝（花押）
道㐂《喜》入道(47)

文言に明らかなように、今回の内裏の築地築に尽力したその「忠恩」によって「道喜入道」なる人物が「親子酒役其外諸公事・諸役等」を織田政権から免除されたことが読み取れるのであるが、この時の築地築が風流踊と一体であることはみた如くであるから、自然、「道喜入道」もまた風流踊で重要な役割を担っていたものと判断される。

ちなみに、この「道喜入道」とは、粽で著名な川端道喜（餅屋渡辺弥七郎）のことであるが、彼はまた正親町天皇上臈局佐子の被官人並びに六町の年寄という有力住人でもあり、右の特権は、高橋康夫氏が指摘されるように個人としてではなくむしろ年寄としての功績によるものと考えられる。ここでいう年寄とは、後年の町の代表者である職制としての年寄とは異なるもので、町組や町の運営上大きな発言力を有し重要な役割を担う文字どおり長老としての地位に基づくものであるが、この年寄という点に注目してみると、『豊国大明神臨時祭日記』にみえる「かミ下京惣警固五百人、年寄共きんの棒を手々に持て、踊を廻り」という記事が思い起こされる。これによれば、慶長九年の風流踊においては、町組もしくは町の年寄衆は、風流踊そのものに参加せずに輪の外で警固の任を果たしていたというのである。実は、この点は、豊国祭礼図屏風の映像からもよくみて取れ、長棒を持って踊衆とは異なった揃いの衣装を着た人々、彼らこそが年寄衆であったと思われるのである。このように考えると、道喜もまた警固に当たっていたものと推測され、先にみた禁裏大工伴二郎も同様であった可能性は高いであろう。

しかし、この天正五年の事例で最も注目しなければいけないのはやはり、これ以前にはみられなかった風流踊の動員という事実が確認できること、すなわちこれが権力による風流踊の動員の端緒と考えられる点であろう。それも、日時が通常の七月ではなく三月であるということからもわかるように、盂蘭盆の行事とは全く無縁な状況において動員されているのであり、かかる経験が風流踊に質的な変化をもたらしてゆくであろうことは、容易に想像されるものと思われる。実際、史料の少なさのゆえかとも思われるが、これ以降、このような動員の記事が目立つようになる一方で、基調である盂蘭盆時の風流踊の記事をみつけることが難しくなってゆく。もちろん、それは消滅を意味するのではなく、おそらくは後の盆踊りにつながっていったものと思われるが、ただ、それは裏を返せば、風流という点にかけて当該期の記録者の耳目を引き付ける踊が、もはや普請などに伴って催される大規模なもの以外には少なくなっていったという事実を示すものともいえよう。しかも、かかる傾向は次の豊臣政権の時代に入るとさらに強くなってゆくのである。

(3)

『兼見卿記』天正一三年（一五八五）二月一七日条によれば、「仙洞御屋敷築地築初之、上下京罷出也、為見物出京」とみえ、仙洞御所の築地築に上下京が参加、その模様を「見物」すべく兼見は洛中に向かうのであるが、それもそのはず「上下京普請之仕立、人々一曲、誠餝花」という、普請に参加するといっても人々の出で立ちは華やかなものであったからである。また、山科言経もその模様を書き残しているが、その日記『言経卿記』[51]二月一九日条によれば「錦繡綾羅数ヲ尽了、美麗々々」で、しかも「御築地ツキ囃し有之」とみえることから音曲も備わったものであった。この点については、本願寺顕如の右筆宇野主水の日記『宇野主水日記』[52]にも記載があり、その二月条によれば「京都院御所ノ御築地、二月十六日ヨリツカセラル、、町人種々ノ風流ヲスル也」とみえ、これらによって仙洞御所の築地築に際して上下京による風流踊が催されていた事実が判明するのである。

なお、同条には「風流乃衆、内裏御庭上ニテモ毎日二度ハカリツ、オトル也、玄以(前田)庭上ニ祗候」ともみえ、今回の風流踊が京都奉行前田玄以の監督のもと、すなわち豊臣政権の動員に基づいて実行されたものであったことも読み取れるのである。

それでは、この天正一三年の上下京の風流踊の編成はいかなるものであったのであろうか。この点について、『兼見卿記』二月一九日条には「上下京・六丁町・新在家」、二月二五日条には「下京壱所、上京弐所西チン（陣）立売」、また『言経卿記』二月一九日条には「六町々・南新在家等」「其外上下京町人」とみえ、築地築自体が数日続けられていることを考慮に入れれば、六町・新在家、そして上京からは立売組・西陣組という町組単位での編成であったことが明らかとなる（ちなみに、今回も下京の状況は詳らかではない）。また、立売組に残される「十四町与惣帳」(53)という帳簿には、「一、天正拾参年霜月下柳原月行事算用　○御築地誂入目（中略）九百文　五組御築地わり付」という記載もみえ、風流踊を含めた築地築全般に「五組」、すなわち当時の上京を構成する立売組・一条組・西陣組・中筋組・小川組の五つの町組が風流踊を含めた築地築の普請に参加したことが読み取れるのである。

なお、この天正一三年の風流踊には後日談もある。『宇野主水日記』天正一三年七月六日（七日の誤り）条によれば、「秀吉御上洛、洛中衆ニ風流サセラルベキ由アリ、但町人、去春　内裏　院御所御築地ツキノ時、ハヤシ物ニ、上下京種々様々ノ事共以外之造作也、重而又風流、京都各迷惑可仕候」とみえ、また、興福寺多聞院の日記『多聞院日記』(54)七月一一日条によれば、「京中へ躍申付於内裏見物云々、（中略）ヲトリハ上下事之外悩ノ間、閣之」とみえるように、内々関白任官が決まって上洛した秀吉が風流踊を内裏で見物せんがため動員を懸けた。ところが、この七月においては上下京は先の仙洞御所築地築の風流踊を事由に「重而又風流」の動員を「迷惑」として拒否したというのである。結局は、代わりに「上下京ノ手能」や「上下京衆ヨリ盃台六七百ハカリ、折五百合ハカリ」を「今度盆ノオトリヲ御免ニつきて」馳走することになり、「能ノ大夫、上京にてハほりけ（堀池）、ワキハほりけが伯父リウハ（隆巴）ト云、入道マヘ虎屋ト云タル」著名な手猿楽能者(55)が手能を披露したことが『宇野主水日記』七月一三日条にみえるが、これらによれば、この時期、こと風流踊に関しては、秀吉からの命令であるからといっても上下京は必ずしも無条件にそれを受け入れるものではなかったことが確認されるのである。

この時の拒否の事由がいかなるものであったかについては、史料では「迷惑」という文言でしか窺い得ない。もちろん風流踊が度重なればそれにかかる費用の問題ということはあったであろうが、ただしかし、ここまでみてきた事例がすべて内裏（もしくは院）の普請との関連をもっていたという事実に注目してみると、この七月の場合はやはり直接的にそれらとの関連がなかったということが事由のひとつとして考えられる。というのも、先にも触れたように、風流踊で中心的役割を果たす年寄の中には、禁裏大工伴二郎や正親町天皇上臈局佐子被官人川端道喜など内裏に関係の深い者たちがおり、しかもこれはこの二人に限られたことではなく、知られるところでいえば、立売組の年寄を勤めた室町頭下半町住人の「永喜」が「御朝夕」(56)、また下京六角町年寄の「水谷」（土倉としても著名）も四府駕輿丁左兵衛座兄部職(57)など数多くの事例をあげることができるからである。

風流踊の風流たる所以は、つとに説かれるようにその華やかな衣装・踊歌など意匠が一回性のものであるということに尽きる。ために、それを構想するのには莫大な費用や時間が必要で、それを繰り返すことが困難であるのはいうまでもないが、一方で本来的には年中行事的な芸能である以上それを催す前提として、盂蘭盆という季節感や「静謐」「物忩」など心性に関わる部分も少なくなかったものと思われる。

そして、その心性のひとつとして、戦国期以来継続してきた内裏ないしは公家社会（これに室町幕府も含まれるかも知れないが）との日常的かつ密接な交流に根ざしたものがあっても不思議ではなく、むしろそれが京都の風流踊たる所以であったのではないだろうか。戦国期以来しばしばみられた内裏をはじめとした公家や武家への風流踊の懸け合いという事実は、このことを何より物語るものであり、そして、おそらくは慶長九年でみた上下京の風流踊の内裏への参入という事実もまたかかる状況を背景としたものであったに違いない。こういう点からいえば、この七月の場合にはそこのところに微妙なズレが存在し、結果として風流踊の中止ということになったのではないだろうか。しかし、このような状況もこの三年後には大きく変化をみせることとなるのである。

宣教師ルイス・フロイスの『日本史』[58]第三部一〇章によれば、天正一六年（一五八八）、「暴君」（豊臣秀吉）は京都東山に大仏を建立すべく、その大仏殿の「礎石を築くにあたって、都じゅうの（人々を）召集し、種々の踊りや遊戯、祭り、その他の催物を行い、全員が盛装して参加するようにと呼びかけ」、その際、「米で作った団子である餅を百五十台の車に満載して運ばせた」という。実はこれが正確な事実を伝えていることが、『多聞院日記』同年五月一二日条に「京ニハ大仏建立トテ石壇ヲツミ土ヲ上テ、其上ニテ洛中上下ノ衆ニ餅酒下行シテヲトラセラル、」とみえることから判明する。それではその踊とは、いかなるものであったのであろうか。

大仏殿可被建為御祝儀、来ル十五日今度彼地形江石垣築候普請之衆へ御酒可被下由候、就其酒肴車ニつみ、京ゟ大仏之地形所迄可被遣ニ而候、然者京中ニ而笛太鼓打之者、善悪ニよらす悉罷出、はやしものニ而京ゟ大仏迄可相届旨被仰出候、笛太鼓之者之外ニも、京中其町々ニて年寄かましき者、其外子供夫々ニ出立、上京ゟ人数二千、下京ゟ二千可罷出旨、上意ニ候間、急度成其意、笛太鼓之者今明日ニ相改書立可上候也、

（天正一六年）
五月八日　　　　玄以花押

下京中

右は、下京に発給された所司代前田玄以書下の写[59]であるが、これによって、まず前田玄以の命令によって上下京から各々二〇〇〇人が五月一五日の日程でもって動員をかけられていること、またその際、笛太鼓の囃しをつけることも指示されていることが判明する。そして、これに五月一三日の日付でもって同じ下京中に発給された前田玄以書下写[60]にみえる「大仏へのおとり」という文言、また『多聞院日記』五月一五日条にみえる「今日京都新大仏ノ屋敷風流京中各出」という記事を加えることによって、上下京四〇〇〇人による風流踊の事実が浮かび上がってくるのである。さらに、右の前田玄以書下写が惣町である下京中に発給されていることからわかるように、

この風流踊の動員には、町組や町も深く関わっていたことが予想される。

　　　大仏殿御おとり入目
拾九貫四百四十九文　小巻拾端立売ニ預り申候、さけ弐荷預り申候、
家数四百弐拾九間　壱間ニ四十七文ツ、
　合弐拾貫百六拾文　くゝり申候、
入目指引七百拾文余也、帳箱ニ入置申候也、
（中略）
　　天正拾六年五月廿九日　　　立売

右は、先にも触れた「十四町与惣帳」にみえる記事で、すでに守屋氏によって紹介されているものであるが、これによって、惣町に命ぜられた風流踊の動員が町組において実質化されたこと、すなわちこの立売組においては踊に必要とした費用の一部と思われる一九貫四四九文を町組の把握する家々四二九間（軒）に一間宛四七文分担させていたことが判明する。しかも留意せねばならないのは、翌天正一七年（一五八九）段階で立売組の親町の家数が三八六間、寄町（枝町）一八二八間であることが確認できることから[61]、この四二九間の家数には寄町（枝町）は入っておらず、親町に限定されたものであったと考えられる点である。つまり、この段階においても風流踊には、町組の中核である町しか参加していなかったということになるのである。

なお、先の前田玄以書下写にみえる「年寄かましき者」というのは、もちろん老人を指すものではなく宿老としての年寄衆の謂であり、おそらく彼らは警固の任に当たったものと推測される。

また、個々の町においては、立売組の事例ではないが、先にもみた一条組所属の冷泉町の大福帳に「天正十六年　五月廿一日　さん用日記　御ちやうにくゝりつけ申候、弐〆（貫）六百文　たいふつてん　なかひつ万サカナ　さけ、又御も

とりニて御おとり衆の御ふるまい」という記事がみえ、冷泉町が「御おとり衆」の振舞を含めて二貫六〇〇文を拠出していたことなども読み取れるが、以上の事実から注目しなければいけないのはやはり、おおよそ天正五年以来幾度かなされた風流踊の動員が、この天正一六年に至って、町組側の史料の中で明確に人足役などと同列の形でおかれたこと、すなわち「役」として固着されたという点であろう。しかも、同じ普請に関わるものであったとはいえ、もはや内裏などとは無縁な大仏殿の普請に関わる形で動員された点も重要である。それは、わずか三年とはいえ、統一権力として飛躍的に強力になった豊臣政権の命令にはもはや拒否し得ない状況、つまり『多聞院日記』の言葉を借りれば「オトラセラル、」という状況に至っていたということを意味するに他ならないからである。

ところで、統一権力がこのように風流踊を、とりわけ普請に伴って動員するという行為にはいかなる意味があったのであろうか。この点、守屋氏は「もともと建設事業に何らかの芸能を不可欠とするのは、この国の人々が育んできた古い伝統的観念であった」が、「いまや粧いを新たに、天下人の権威を問う建設諸事業を荘厳する」ために動員されたと述べられている。おそらくは、そういう面も強かったとは思われるものの、一方でかかる動員が慶長九年に至って豊国臨時祭という祭礼の一環に組み込まれてゆくという事実を勘案してみると、一概にそれだけでは説明できない面も出て来よう。例えば、動員したものであろうとなかろうと、町組を中心に極めて組織だって編成された、時に数千人に及ぶ集団行動を目の当たりにした統一権力がそれに対して何らの危惧も抱かなかったとは考え難い。それは、すでにみたように室町幕府が二度にわたって禁止令を出したことからも窺えよう。

周知のように祭礼の中で発散される膨大なエネルギーと一揆などで発散されるエネルギーとの同質性が指摘されて久しいが、先にみた諸相を思い起こす時、風流踊にも同様のことがいえるものと思われる。したがって、権力が何らかの方策をもってこのエネルギーを制御しようとしたと考えることはむしろ当然であり、おそらく室町幕府による禁止令もまたその一環であったと考えられる。こういう点からいえば、織豊政権が内裏などの普請に伴う形で風流踊の動員を開始したというのは、風流踊がもつ様々な属性を踏まえた的確な方策といえるのであり、天正五年を端緒としたその方向性は天正一六年の大仏殿の石壇普請において一応の完成をみるに至ったといえよう。

いずれにせよ、ここにおいて、慶長九年の風流踊でみられた様相のほぼすべてが出揃ったのであり、以上を先蹤・前例として徳川政権は風流踊を豊国臨時祭に組み込む形で動員することが可能となったのである。

むすびに―風流踊と町組―

以上、本章では、二節を割いて「町衆」の風流踊について詳細に検討してきた。ここでその逐一を繰り返すことはしないが、とりあえず第二節で検討してきたことを第一節のおわりにあげた点とからめてまとめておくと次のようになろう。

まず、第一に、権力による動員については、天正五年の織田政権による内裏の築地普請が史料上、その端緒として指摘できること、そしてそれが「役」として固着したのが天正一六年の豊臣政権による東山大仏殿の石壇普請においてであったこと。また、その動員は一方で、集団行動のエネルギーを制御する方策としても利用できたこと。次いで、第二に、踊の編成については、ほぼ初見の段階から町組およびその中核となる町や街区を主体としたものであり、しかもその構図は惣町規模のものになっても古格を誇る町組が中核となるという点においてほぼ変わることがなかったこと。さらに、第三に、内裏への参入については、それが、風流踊の中心的な役割を果たす年寄などが戦国期以来、禁裏の被官人など内裏ないしは公家社会と日常的かつ密接な交流をもっていたこと、また具体的な状況としては公家の招請があったこと。そして、第四に、権力と民衆が祭礼や風流踊を「共に楽しむ」ということについてであるが、これについては、以上の点を踏まえた上でなければ言及できないものと思われるので、最後に、多少の検討を加えておくことにしたい。

ところで、本章ははじめにその目標として歴史的変化に留意することを掲げておいたが、実はそのひとつの視点として注目したのが権力による動員というものであった。ただ、この視点は、一方で動員という言葉が象徴するように権力側に立った見方に終始しかねない危険性ももっている。したがって、ここで、今一度、最も素朴な問題に立ち帰る必要もあろう。すなわち、はたして「町衆」は、権力の動員にひたすら従順に従って風流踊を踊っていただけなのか、と。しかし、おそらくはそうではあるまい。もし仮に、そう考えたとすると、一方で豊国祭礼図屛風の映像からみて取れるその絢爛たる意匠や熱狂の様との大きなギャップに苦しまざるを得ないであろう。また、事実として、すでにみたように動員の記事を伝える多くの記録からでさえ、風流踊を催す人々の躍動感すら読み取ることができるのである。つまりは、こと風流踊に関していうならば、それが動員によるものではあってもむしろ意欲的にこれに情熱を傾け参加していたともいえるのである。

この点においてまず念頭におかねばならないのは、やはり風流踊が、一般の人足役などとは根本的に異質なものであるということ、すなわち本来的には年中行事的な芸能の部類に属するものであり、その前提としての心性についてであろう。とりわけ、最も考えねばならないのは、「町衆」はその風流踊を誰にみせ、またみられることを意識していたのかという点である。もちろん権力による動員であるから時の権力者にみられるためであることは当然であるが、一方で何度となく触れてきたように、風流踊が慶長九年に至るまで、一貫して古格を誇る町組を中核として編成されていたという事実に注目した時、これに参加できない多くの人々の存在に思いを致さねばならない。例えば、元亀二年の時にみた「町々之見物之衆十余万人」という記事を思い起こした時、それがかなりの誇張であったとはいえ、見物人としてしか参加できない住人の数がいかに多かったことかが了解できよう。しかも、横田冬彦氏の研究(64)に従えば、京都は天正年間に入って爆発的に人口が増大、その都市域は数倍に拡大していたのであり、もし仮に、動員された風流踊が忌避すべきものであるならば、他の人足役などと同様に日用などの雇用労働によってでも十分賄えたはずである。にもかかわらず、風流踊を編成していたのが相も変わらず限られた町組や町であったという事実（もちろん聚楽川東組が六丁町に組み込まれていたように、裾野の広がりはあったが）は、参加できないこれら多数の住人にみせる意味もあったのではないだろうか。

いうまでもなく町組や町はそこに住む住人の地縁的結合を紐帯とした社会集団であり共同体である。しかし、多くの人的結合がそうであるように、その結合は強固になればなるほど、その反作用としての排除の力も強力になる。それは、近世初頭京都の個別町の町掟にみられる職種制限や居住制限の厳しさをみても了解できるであろう。しかも、何度もみたように風流踊は、それを編成する町組の名称をわざわざ大団扇に書き込みそれを風流花傘とともに高く掲げるというようなことを行なっていた。それは、風流踊が祇園祭や御霊祭のように氏子や宮座などによる編成でなかったためにもよるが、実際としてはこれほど自らの地縁的結合をむきだしにしたものは他に例をみない（逆に祇園山鉾の名称が町名となった例はみられるが）。それは裏を返せば排除の証に他ならないのであって、つまるところ「町衆」がその風流踊をみせるもう一方の相手としておいていたものとは、彼らが排除した多数の住民（もちろん非人や芸能者なども含む）であったと考えられるのである。

このように考えた時、風流踊が動員された普請や祭礼という場が、権力と「町衆」にとって特別な意味をもつものであったことにも気づくであろう。それはすなわち、権力にとっては自身の権威をみせる場であり、また「町衆」にとってはその権威に帰属していることを誇示する場、いわば権力と民衆のあるべき交流の姿を劇的にみせる舞台に他ならなかったのである。この点において、風流踊が豊国臨時祭という祭礼の場に組み込まれて象徴的に現れたのはむしろ当然なことであった。『日本耶蘇教史』[65]が語る「内府様《徳川家康》は、其先代よりも己の幸福なることを誇り、人心を収攬せんがために、太閤様の制度と、其紀念とを甚だ重んずるの風を示し、今年、太閤様の年回にメアコに於て、非常なる祭礼を催ふし」という記事と『豊国大明神臨時祭日記』が語る「国家豊饒に納り、目出度おとりを仕り、天下御威光有難キ御代かな」という記事は、権力と「町衆」が祭礼を、また風流踊を「共に楽しむ」模様（ただし、それはかなりの幻想に満ちたものではあったが）を余すところなく伝えるものといえよう。そしてまた、かかる盛大な舞台を描き残すための屏風絵が、存在しない大仏殿を描き、ともに同じ場所にいるはずのない上下京の風流踊を同場面に描く必要があったのもまた当然なことであった。

こういう点からすれば、この時の風流踊が京都の平和を謳歌するものであるとか、また徳川と豊臣の緊張関係から来る不安・不満が現出したものであるとかという解釈は、「町衆」にとってはむしろ次元の異なる問題であったと思われる。なんとなれば、杉森哲也氏[66]が明らかにされたように、この慶長期においては、その支配機構の転換に伴い惣町年寄や町組年寄が町代（上町代）へ転成してゆくという事実が知られているからである。つまりは、風流踊で中心的な役割を担う者たちの支配機構への組み込みが一方で進みつつあったのであり、慶長九年の風流踊が最後になった事由もまた、もはやかかる幻想的な交流の姿をみせる動機自体が失われつつあったことがその背景にあったものと考えられる。そして、おそらくそれが天正五年以来、権力との交流を通して質的変化をとげた「町衆」の風流踊の至るべき終着点であったに相違ないのである。

なお、豊国社・大仏殿付近の地は、この後も風流踊にとって特別な場として人々の記憶には残されたものと想像される。というのも、一七世紀京都を描写したといわれる洛中洛外図屏風にはかつてのように風流踊の姿がみられないにもかかわらず、わずかに『舟木本洛中洛外図屏風』に五条橋（大仏橋）上で、また『萬野A本洛中洛外図屏風』では大仏殿石壇脇に風流踊らしきものを踊る人々の姿をみて取ることができるからである。しかし、それは裏を返せば、「町衆」の風流踊がもはやこの場と一体となった形でしか人々の記憶の中に残っていなかったことを意味するものといえるのかもしれない。

(1)「町衆」という文言および概念がその読み方までを含めて議論のあるものであることは、馬田綾子「「町衆論」の検討―概念の拡散をめぐって―」(『新しい歴史学のために』一七四号、一九八四年)によって指摘されるところである。馬田氏によれば、「町衆」とは中世後期の京都住民のうちの「英雄的存在」であり、概念の拡散とは、それが住民一般にまで汎用されることを意味するとされている。したがって、本章でもこの文言については後に述べるように限定的に使っており、ために表題以下、「町衆」と書き記しているが、ここで、あえてこの文言を使用する所以は、前章で検討した町をめぐる地縁的結合の多様性を踏まえるとともに、惣町・町組レベルでイニシアチブを取る限定された民衆の存在を改めて確認したいがためである。

(2) 赤井達郎「統一と鎖国」(日本史研究会編『講座日本文化史第四巻　応仁―元禄』三一書房、一九六二年)。

(3) 藤木久志『豊臣平和令と戦国社会』(東京大学出版会、一九八五年)表紙。

(4) 久留島浩「近世における祭りの「周辺」」(『歴史評論』四三九号、一九八六年)、同「祭礼の空間構造」(高橋康夫・吉田伸之編『日本都市史入門Ⅰ　空間』東京大学出版会、一九八九年)。

(5) 横田冬彦「城郭と権威」(『岩波講座日本通史11　近世1』一九九三年)、同「秀吉の都市改造と町衆」(『朝日百科日本の歴史別冊12　洛中洛外―京は〝花の都〟か』、一九九四年)。

(6) 高尾一彦『国民の歴史13　江戸幕府』(文英堂、一九六九年)。

(7) 守屋毅『「かぶき」の時代―近世初期風俗画の世界―』(角川書店、一九七六年)、同「洛中の風流踊―その基礎的考察と若干の問題点―」(『藝能史研究』五四号、一九七六年)。

(8) 脇田晴子「中世の祇園会―その成立と変質―」(『藝能史研究』四号、一九六四年)、富井康夫「祇園祭の経済基盤」(同志社大学人文科学研究所編『京都社会史研究』法律文化社、一九七一年)、瀬田勝哉「中世祇園会の一考察―馬上役制をめぐって―」(『日本史研究』二〇〇号、一九七九年、後に同『洛中洛外の群像―失われた中世京都へ―』平凡社、一九九四年)、川嶋將生『町衆のまち　京』(柳原書店、一九七六年)、同『中世京都文化の周縁』(思文閣出版、一九九二年）など。
(9) 註(7)。
(10) 小笠原恭子「かぶきの成立」（藝能史研究会編『日本芸能史4　中世―近世』法政大学出版局、一九八五年）。
(11) 山路興造「風流踊」（『日本芸能史4　中世―近世』）、同『翁の座―芸能民たちの中世―』（平凡社、一九九〇年）。
(12) 土井忠生・森田実・長岡実編訳『邦訳日葡辞書』（岩波書店、一九八〇年）。
(13) 主要な史料は、『大日本史料』第一二編之二、慶長九年八月一四・一五・一六日条にも収められている。
(14) 註(4)。
(15) 宮島新一「豊国臨時祭礼図について―妙法院本写本を中心に―」（『藝能史研究』四九号、一九七五年）。
(16) 武田恒夫「豊国祭礼図の特質と展開」（『日本屛風絵集成第13巻　風俗画　祭礼・歌舞伎』講談社、一九七八年）。
(17) 『舜旧記』（史料纂集）第二。
(18) 京都府立総合資料館写真帳。
(19) 新在家六町組については、高橋康夫『京都中世都市史研究』（思文閣出版、一九八三年）参照。
(20) 天正一〇年七月～慶長一二年一二月付大福帳（京都冷泉町文書研究会編『京都冷泉町文書』第一巻、思文閣出版、一九九一年）。
(21) 「元亀年中巳後雑書」（京都市歴史資料館写真版「占出山町文書」）。
(22) 京都府立総合資料館所蔵。
(23) 吉田伸之「公儀と町人」（『歴史学研究別冊一九八〇年度歴史学研究会大会報告　世界史における地域と民衆（続）』一九八〇年、後に同『近世都市社会の身分構造』東京大学出版会、一九九八年）。
(24) 秋山國三『近世京都町組発達史』（法政大学出版局、一九八〇年、『公同沿革史』上巻、一九四四年の改訂版）。
(25) 註(5)では、豊国大明神が「都市京都の守護神たらんとした」ものとされている。
(26) この言葉は久留島氏が使われたもので、事実認識としては必ずしも適当な使い方であるか判断の難しいところだが、一応、祭礼における権力と民衆の交流の様相を表す言葉のひとつとして本章では「　」付で使用する。
(27) 続群書類従完成会刊本。
(28) 註(7)。

(29) 京都国立博物館寄託。
(30) 『実隆公記』永正三年七月一一日条「停止条々　撰銭事　盗人事　火つけの事　辻切事　諠譁事　相撲事　博奕事　踊事　以上八ヶ条也」。
(31) 『言継卿記』天文一三年七月一四日条「今日京中風流、至幼少之物停止云々、同燈籠見物停止云々」。
(32) 大日本古記録。
(33) 続群書類従完成会刊本。
(34) 註(19)。
(35) 桜井英治「一六世紀京都の職人組織」(『歴史学研究』五七九号、一九八八年)。
(36) 元亀三年付「上下京御膳方御月賄米寄帳」(京都市歴史資料館写真版「立入家文書」)。
(37) 林屋辰三郎「郷村制成立期における町衆文化」(『日本史研究』一四号、一九五一年、後に同『中世文化の基調』東京大学出版会、一九五三年)。
(38) 笹本正治『辻の世界―歴史民俗学的考察―』(名著出版、一九九一年)。
(39) 下坂守「祇園会と風流踊」(CDI編『京都庶民生活史』京都信用金庫、一九七三年)。
(40) 『鹿苑日録』(続群書類従完成会刊本)天文九年七月一六日条。
(41) 五来重『踊り念仏』(平凡社、一九八八年)、三鬼清一郎「普請と作事―大地と人間―」(『日本の社会史第8巻生活感覚と社会』岩波書店、一九八七年)。
(42) 『明応六年記』(『続群書類従』第二輯下)明応六年七月一五日条「南都中近年盆ノヲドリ(中略)昼新薬師寺ニテ躍リ、夜不空院ノ辻ニテ躍之」。
(43) 主要な史料は、『大日本史料』第一〇編之六、元亀二年七月二五日条にも収められている。
(44) 註(7)。
(45) 史料纂集。
(46) 奥野高弘・岩沢愿彦校注『信長公記』(角川文庫、一九六九年)。
(47) 天正五年一二月付村井貞勝書下(京都市歴史資料館写真版「川端道喜家文書」)。
(48) 元亀三年八月三日付室町幕府奉行人連署下知状(同右)。

(49)　註(19)。
(50)　杉森哲也「町組と町」(高橋康夫・吉田伸之編『日本都市史入門II　町』東京大学出版会、一九九〇年)。
(51)　大日本古記録。
(52)　北西弘編『真宗史料集成第三巻　一向一揆』(同朋舎出版、一九七九年)。
(53)　「上京文書」(京都国立博物館寄託)。
(54)　増補続史料大成。
(55)　能勢朝次『能楽源流考』(岩波書店、一九三八年)、千賀聖子「虎屋隆巴と虎屋弥兵衛」(『藝能史研究』一一九号、一九九二年)。
(56)　(年月日未詳)室町頭下半町役人衆書上(「上京文書」)。
(57)　註(19)。
(58)　松田毅一・川崎桃太訳『フロイス日本史2』(中央公論社、一九七七年)。
(59)　「上下京町々古書明細記」(「上京文書」)。
(60)　註(59)。
(61)　守屋毅・木下政雄・横井清「町衆生活の基盤」(京都市編『京都の歴史4　桃山の開花』学芸書林、一九六九年)。
(62)　註(7)。
(63)　澤登寛聡「「一揆」集団の秩序と民衆的正当性観念―安永七年五月、都市日光の惣町「一揆」を中心として―」(『歴史学研究増刊号一九八五年度歴史学研究会大会報告　民衆の「平和」と権力の「平和」』五四七号、一九八五年)。
(64)　註(5)。
(65)　『大日本史料』第一二編之二、慶長九年八月一四日条。
(66)　杉森哲也「近世京都における町代の成立について」(『史学雑誌』第九八巻一〇号、一九八九年)。
(補註)　風流踊の輪にみえる特異な扮装をした人物の存在については、拙稿「一六世紀京都の風流踊にみえる二人の人物像について―初期洛中洛外図を中心に―」(『藝能史研究』一四一号、一九九八年)でさらに詳しく触れている。

第三章　町共有文書の保存と伝来について

――「御朱印」を中心に――

はじめに

かつて京都では、いわゆる「上京文書」[1]や「室町頭町文書」など中世以来の多数の古文書・古記録が、惣町・町組・町の共有文書として保存・伝来されていた。周知のように、これらのうちのいくつかは博物館や資料館に寄託され、また活字化されることによって中近世京都の研究に大いに貢献してきた。一般に一度発給・作成された文書・記録が破棄されずに古文書・古記録として保存・伝来されるには、それなりの事由や苦心が存在する。よって、これらの文書もまた漫然と保存・伝来されたわけではなく、様々な事由や苦心があったであろうことは当然予想される。ところが、これらの点については、その内容が頻繁に利用されている割[2]には、思いのほか検討された形跡[3]がないように思われるのである。

そこで本章では、これら共有文書（古文書・古記録）のうち、古文書が近世当時どのように保存・伝来されていたのか、その実態の一斑を、「御朱印」と呼ばれた中近世移行期に発給された文書群に焦点を当てることによって明らかにしようと思う。もっとも、本書の関心からすれば、中世における状況を検討することが本来の姿ではあるが、残念ながら史料の壁があまりにも大きいため、かかる方法によって少しでも問題に迫ろうとするものである。なお、作業の進め方としては、その実態が最も明確な上京（上立売親九町組・上立売親八町組）の事例の検討を端緒に、次いで下京（八組）、聚楽組・禁裏六丁町組、と順に追ってゆこうと思う。そして、それを踏まえて文書の保存・伝来をめぐる共通の問題についても考えてゆこうと思う。

一　上京（上立売親九町組・上立売親八町組）の事例

ところで、上京上立売親九町組・上立売親八町組では、表1にみえる織豊政権発給の一八通の文書群を近世当時、「御朱印」と呼び厳重に保存・伝来していたことが知られている。この「御朱印」をめぐる保存状況の特徴としてまず第一にあげられるのは、各々が「(竪)信長公御立文御朱印・寄宿御免御朱印・御墨印」（1～3）、「太閤様御朱印　九通」（4～12）、「秀長公　御折帋　壱通」（13）、「民部卿玄以法印　壱通」（14）、「浅野弾正殿　弐通」（15・16）、「牧野右兵衛殿　壱通」（17）、「山中橘内殿 木下半介殿 両人ノ壱通」（18）と上書された封紙（包紙）に包まれ、かつまた成巻されていないウブな状態であることである[4]。次いで、その第二としては、この一八通の文書群が一括され「御朱印箱」と呼ばれる両町組の「年寄中封印附」した「黒塗之箱」に入れられて、他の文書と明確に区別されていたことがあげられる[5]。

ちなみに、この「御朱印箱」は、他の文書・記録とともに寛文一〇年（一六七〇）に「新調」された「外箱」にも入れられていた模様であるが、この「御朱印」の保存・伝来をめぐる事実として最も注目しなければならないのが、上立売親九町組・上立売親八町組で行なわれていた「御朱印預り」「御朱印虫払」という行事の存在である。まず、「御朱印預り」とは、毎月、両町組を構成する町が交代で「御朱印」を保管する行事のことであるが、それはおおよそ次にみえるように、一月と半月に分けて、一般の月行事とは別個に決められた順番を追って、各町が「御朱印」（「御朱印箱」）を請取っては送るというものであった。

一、毎月御朱印両組預り順番、○印一ケ月、△印半月預り也、但半月之分朔日ニ請取、十六日朝次へ送り可申、左候得者、十六日朝受取、朔日朝次町へ送り可申也、

壱番○上立売町　弐番○西大路町
三番○上立売東町　四番○裏築地町
五番△築山上半町　六番△築山下半町
七番○掘出シ町　八番○北小路室町
九番△中武者小路東半町　十番△中武者小路西町
十壱○福長町　十二○小嶋町
十三○上柳原町　十四△下柳原北半町
十五△下柳原南半町　十六△室町頭上半町
十七△室町頭南半町　以上

「御朱印」を預かった町は、町組月行事町へ「当月は何町ニ守護可有之段」を報告しなければならず、「御朱印」を次の町へ送る際にも「其月之預り町より落手書渡可申候事」ということも行なったが、延享元年（一七四四）には、「新調」された「預り順番板」なるものも存在した模様である。

次に、「御朱印虫払」とは、「隔年六月」に「御朱印」を虫干しする行事のことであるが、延享元年・明和六年（一七六九）・寛政二年（一七九〇）・享和元年（一八〇一）・文化一四年（一八一七）・文政一〇年（一八二七）の各年を初頁とする「御朱印入日記」と呼ばれる記録が伝来していること[6]より、少なくとも、延享元年には行なわれていたものと考えられる。また、この行事が行なわれる場所は、「席元」と呼ばれ、「文政四年六月二十四日虫払

表１　上京（上立売親九町組・上立売親八町組）の「御朱印」

	年　月　日	文　書　名	宛　所	備　考
1	元亀４・７・	織田信長朱印状	上京	免許五カ条
2	天正２・正・	織田信長朱印状	上京中	折紙・寄宿免許
3	（天正10）４・４	織田信長黒印状	上京中	折紙・東国在陣音信
4	（天正13）閏８・12	豊臣秀吉朱印状	上京中	折紙・越中在陣音信
5	（天正15）５・５	豊臣秀吉朱印状	上京惣中	折紙・九州在陣音信
6	（天正15）８・朔	豊臣秀吉朱印状	上京中	折紙・八朔礼儀
7	（天正18）５・５	豊臣秀吉朱印状	上京町中	折紙・関東在陣音信
8	（年未詳）卯・12	豊臣秀吉朱印状	上京中	折紙・音信
9	（年未詳）卯・３	豊臣秀吉朱印状	上京中	折紙・音信
10	（年未詳）６・28	豊臣秀吉朱印状	上京中	折紙・音信
11	天正19・９・22	豊臣秀吉朱印状	上京中	折紙・地子銭免除
12	（天正20）６・８	豊臣秀吉朱印状	上京惣中	折紙・名護屋在陣音信
13	（年未詳）７・５	豊臣秀長書状	上京老中	折紙・在陣音信
14	天正19・９・25	前田玄以書下	上京中	折紙・地子銭免除
15	（年未詳）２・10	浅野長吉書状	上京中	折紙・在陣音信
16	（天正20）８・９	浅野長吉書状	上京惣中	折紙・名護屋在陣音信
17	天正19・10・３	牧野右兵衛書状	上京下京之老中	札の金子
18	天正19・12・28	山中長俊・木下吉隆連署書状	民部卿法印	地子銭免除の朱印状筆功銭

註１．文書は、すべて原本を確認できる。
２．文書の順番と年代は、「上下京町々古書明細記」を参照。

之節より、今出川東砂川長徳寺」に固定したものの、それ以前は年々異なった上京所在の寺院に設定されていた(7)模様である。行事の当日、この席元において「御朱印」は、「両組一統入来之上」、「麻上下」を着用した両町組年寄中によって「立合開封」され、「上段へ」「飾り附」られたが、その後、昼食・行水を済ませ、「行事町之者」が「入日記帳ニ目録書」を認め、ついで「組町年寄中各々連判」をし「封印紙并瑪瑙」を包替した。そして、「申刻御朱印取片付、両組年寄中麻上下着候而立合」の上、再び封印をして一通りの行事が終了したのである。

ちなみに、当日は、「御朱印」以外の両町組の管理する「旧記録」なども席元において「毛氈之上ニ夫々飾り附」られたが、席元のところへは当日、「御朱印拝見ニ来人」が多数あったとみえ、それについての応対の仕方も決められている。また、この行事に関する費用については、おおまかには両町組で折半するなど、各町に対しての割賦が事細かに決められ、また席元における様々な雑務も「御朱印虫乾掛り行事町」として他の順番とは別個に、例えば親八町組では「上立売東町・室町頭南半町・室町頭上半町・上柳原町・福長町・北小路室町・掘出シ町・裏築地町」の順に廻りもちされていたのである。

以上が、両行事のおおよその内容であるが、その始期については、少なくとも延享元年より下がることはないと考えられるものの、それを明確にすることは難しい。ただしかし、次にみえるように、この「御朱印」と呼ばれる一八通の文書群が、文禄五年（一五九六）という、文書が発給されてまもない時期にすでに一括して整理されていた形跡が窺えることからすると、右の行事の原型というべきものが、かなり早い段階で存在していた可能性は高いものと思われる。

一、信長様　御朱印　弐ツ
一、大閤（ママ）様　御朱印　九ツ
是ハ信長公ノ御墨印
一、大閤（ママ）様　御墨印　壱ツ
一、秀長（豊臣）様　御折帋　壱ツ
一、民部卿法印（前田玄以）　地子銭御免ノ刻　御折帋　壱ツ
一、浅野弾正殿（長吉）　御折帋　弐ツ
一、山中橘内殿（長俊）・木下半助殿（吉隆）　御両人ノ請取壱ツ
一、牧野右兵衛殿　請取壱ツ
已上

文禄五暦丙申十月吉日

立売組
永𠮷（喜）（花押）(8)

ところで、上立売親九町組・上立売親八町組において、近世当時、「御朱印」と呼ばれた文書は、実は右の一八通の他にもうひとつ、次に掲げる一通の文書が存在していたことが知られている（ただし、残念ながら現在、この文書の原本の所在は確認できない）。

禁制

一、軍勢・甲乙人等濫妨狼藉之事、

一、放火之事、

一、田畠作毛苅取事、付、竹木剪取事、

右堅令停止畢、若於違犯之輩者、速可処厳科者也、仍下知如件、

慶長五年九月十六日(9)
「御朱印也」
（朱筆）

これは、「東照宮様御朱印」とも呼ばれた徳川家康禁制で、慶長五年（一六〇〇）、「立売組年寄針屋宗春」が、関ケ原の合戦勝利の「嘉礼」として近江の「草津駅」に罷越した際に、家康から「拝領」したと伝えられるものである。しかし、針屋が元禄期に絶家したために「町代之手ニ渡」り、「夫より以降、右御朱印」は「町代仲ケ間」が「守護」していたという。それが、「文政元年町代一件双論之節」、つまり上下京惣町と町代仲間との間で町代の古格と勤方をめぐって争われた、町代改義一件(10)の際に「古町中へ御下ケ被成下候」となったのである。

ここでいう立売組年寄とは、町組の年寄を意味するものであるから、この文書は少なくとも個別町に対してで

なく、町組ないしは惣町に対して発給された禁制と考えられる。また、「親町要用亀鑑録」にはこの「御朱印」についても「預り」「虫払」の行事が上京を構成する町組単位で順番を定めて行なわれていたことがみられるが、(11)後述するように、これらは文政二年（一八一九）以降に先の両行事を模倣してはじめられたものと推察される。

以上、本節では上京上立売親九町組・上立売親八町組における「御朱印」の保存と伝来の様子を検討してきたが、これらを踏まえて次に下京における事例について検討することにしよう。

二　下京（八組）の事例

まずは、次の文書をながめることからはじめよう。

乍恐奉願上口上書

一、慶長五年関ケ原御陣之御時、下京年寄共草津之駅御本陣へ罷出、恐悦奉申上、依之下京中江、乍恐従御神君様御製《(ママ)》禁之御朱印奉頂戴難有仕合奉存候、其已前天正年中ニも　秀吉公ゟ御朱印頂戴仕、其外御判物等夫々罷下置、下京ニ守護致居候趣ニ御座候処、右御朱印并御判物等、下京中ニ何之比ゟ歟守護不仕候趣ニ承伝へ一同恐入、年来歎ケ敷奉存罷在候、然ル処、町代共方ニ右御朱印其外御書類所持罷在候趣ニも粗承り、如何之訳合ニ而所持罷在候哉不奉存候得共、前段奉申上候下京中江被下置候御朱印其外御書類ニ御座候ハヽ、何卒以御慈悲ヲ下京中如旧例之奉守護候様被為仰付被成下候様、偏ニ奉願上候、右願之通御聞届被成候ハヽ、下京中規矩相立、広太之御恩と一同如何斗難有仕合可奉存候、以上、

文政元年

寅十一月九日

下京五組《古》

三条通新町西へ入丁

上艮組　年寄藤兵衛

三条通室町西へ入丁

同惣代　年寄弥三郎

表2　下京（八組）の「御朱印」

	年　月　日	文　書　名	宛　所	備　考
1	慶長5・9・16	徳川家康禁制	(宛所欠)	
2	天正19・9・22	豊臣秀吉朱印状	下京中	折紙・地子銭免除
3	天正19・9・25	前田玄以書下	下京中	折紙・地子銭免除
4	(年未詳)8・朔	豊臣秀吉朱印状	下京中	八朔礼儀
5	(天正18)5・5	豊臣秀吉朱印状	下京中	関東在陣音信
6	(年未詳)卯・12	豊臣秀吉朱印状	下京中	音信
7	(天正15)5・5	豊臣秀吉朱印状	下京惣中	九州在陣音信
8	(天正13)9・8	加藤清正等連署書状	下京惣中	書物・六角堂
9	(天正16)5・8	前田玄以書下	下京中	大仏建立
10	(天正16)5・13	前田玄以書下	下京中	大仏のおどり
11	(年未詳)9・18	前田玄以書下	下京中	町々掃除
12	(年未詳)2・2	前田玄以書下	与助	公儀御用
13	天正20・5・12	前田玄以定書	下京	家屋敷・借銭・商人

註1．文書の原本の所在は、残念ながら現在確認できない。
2．文書の順番は、「下古京御朱印并御判之物類留」（「善長寺町文書」）に依った。
3．「上下京町々古書明細記」を参照にしたが、年月日などいくつかの異同があるため、内容より検討して「下古京御朱印并御判之物類留」を優先した。

御――　（以下四組分、略）[12]

文章は若干長いものの、文意は明快であり、これによって、下京における「御朱印」もまた、上京と同じように徳川家康禁制と豊臣政権発給の文書群（内容は表2）であったことが確認できる。しかもこれらは、もともと下京中で「守護」、つまり保存・伝来されていたらしく、それが「何之比ゟ」か、町代の手に渡っていたため、「旧例」の如くに復帰させたいとの願いが右の文書によって京都奉行所に申立てられたのである。

文政元年（一八一八）という時期からもわかるように、これもまた、町代改義一件の中での動向であり、結局は「東町御奉行佐野肥後守（康貞）様御裁許ニ而、右御朱印巳下書物往古より上京親町組ニ所持来リ有之上ハ、下京迚も町代ニ所持可仕訳無之、御取上ケニ相成、上下京中へ文政元年十二月ニ御渡被成下」[13]れることになったのである。先の上京の事例が、「旧例」の実例とみられたことは注目すべきであるが、この裁許の後、下京では「規矩」としての「御朱印守護八組定法」を次のように定めたことが知られる。

定

一、御朱印壱組ニ三ケ月ツヽ奉守護、満月廿五日朝飯後、早々組内年寄三老迄袴着用次番江奉送り、帳面ニ三老迄之請取書進取候事、

（中略）

請取当番上座町ニ而会所を請免、組内三老迄早朝ゟ出勤相待可申事、

（中略）

鍵預り当番ハヽ先番之組相勤可申事、

（中略）

一、当番之組内ゟ五人組両人用人弐人召連、御速ニ罷出候事、

右之通、取究候上者、後年ニ至馳走ケ間舗義決而仕間舗候事、

上艮組
石黒藤兵衛
七沢利右衛門

文政二年卯二月

（以下、順に仲九町組・中拾町組・川西九町組・三町組・南艮組・辰巳組・川西十六町組、略）

右之通、預り順番相究事、(14)

町組単位と惣町単位との違いはあるものの、文政二年（一八一九）以降、下京においても上京をおおよそ模倣して「御朱印預り」の行事を定めたことはこれで明らかであり、また「御朱印虫払」の行事も同様に行なわれたことが別の史料によって確認できるのである。(15)

なお、右と連動する形で、次にみえるように、(16)「御朱印」のうちの「権現様御朱印」、つまり徳川家康禁制を上下京惣町が交替で順番を定めて保存・伝来することになったことも知られる。(17)

為取替一札之事

権現様御朱印之儀、来卯年より三ケ年之間上京拾壱組ニ而奉守護、右年限相満候得者、弐ケ年之間下京八組ニ而奉守護、其後ハ永々右年割之通奉守護候、依之右規定為無違失連印如件、

文政元年寅十二月

上古京
上立売親八町組
室町武者小路上ル町
年寄弥三郎印
其外十一組
年寄廿人印

下古京
上艮組
三条新町西へ入町
年寄藤兵衛殿
右当
其外七組
十五人

右のように至ったその事情については詳らかではないが、前節でこの文書をめぐる上京での行事の始期を文政二年以降としたのは、このような事実を踏まえてのことであったことを付しておきたい。

以上が下京における事例であるが、次節ではさらに聚楽組および禁裏六丁町組についての事例を検討すること

にしよう。

三　聚楽組・禁裏六丁町組の事例

まず、聚楽組において「御朱印」と呼ばれた古文書群は、表3のように徳川家康禁制と豊臣秀吉朱印状の二通であることが知られる。また、これらはともに上京の事例と同様に成巻されないウブな本紙と「御朱印」「太閤《ママ》秀吉公御朱印」と書かれた封紙でもって保存されてきたという特徴をもつ。さらには、ともに原本が確認でき、ことに上下京にも発給された同内容の徳川家康禁制の原本をみることができる点は貴重といえよう。[18]

それでは、この聚楽組における「御朱印」の保存・伝来の状況とは、どのようなものであったのだろうか。この点については、次の「文政元年寅十二月十日」の年次をもつ「聚楽古町五組ゟ奉願候御朱印一件済状」という文書から断片的に窺うことができる。

乍恐済証文之事

一、聚楽五組町々江奉頂戴候　秀吉公　権現様御朱印之儀、先前者聚楽五組之内大行事町与唱、順番ヲ以相廻シ奉守護候儀ニ御座候処、寛永十一戌年山口屋清兵衛儀請銀差遣、聚楽組内江町代ニ召抱、其後清兵衛江御朱印守護申付、夫より伝来、当時町代儀八郎方ニ奉守護罷在、委敷儀者天明八申年火災之砌、聚楽組内書留類過半焼失難相分御座候、然ル処、町代共古格忘却仕、身之分限を不弁様成行、此侭差置候而者不安心ニ奉存候ニ付、旧例之通聚楽組町ニ而奉守護旨、当正月奉願候（以下、略）[19]

右の意味するところが、寛永一一年（一六三四）以降に町代の手に移った「御朱印」を再び町組の手に取戻そうとする、これまた下京と同じく町代改義一件の中での動向であることは明らかであろう。寛永という年次の信憑性はともかくとしても、この文政元年時点で「御朱印」が聚楽組に移されたのは、現在、「聚楽教育会所蔵文書」

表3　聚楽組の「御朱印」

	年　月　日	文　書　名	宛　所	備　考
1	天正19・9・22	豊臣秀吉朱印状	聚楽町	折紙・地子銭免除
2	慶長5・9・16	徳川家康禁制	（宛所欠）	

表4　禁裏六丁町組の「御朱印」

	年　月　日	文　書　名	宛　所	備　考
1	天正12・8・6	前田玄以書下	六町中	折紙
2	天正13・3	豊臣秀吉禁制	六町	
3	天正19・9・22	豊臣秀吉朱印状	六丁町	折紙・地子銭免除

として伝来していることより事実である。ただし、残念ながら聚楽組においては、これ以前・以降に上下京のような「御朱印虫払」の行事が行なわれていたかについては史料上不明である。また、「御朱印預り」の方は、「大行事町与唱、順番ヲ以相廻シ奉守護候儀ニ御座候」とみえることより寛永期以前に存在していた可能性もなくはないが、文政期以降の実態も詳らかではないので、何ともいえないというのが現状である。(20)

次に、禁裏六丁町組においては、近世当時に明確に「御朱印」と呼ばれはしなかったものの、表4のように上下京・聚楽町と並んで発給された地子銭免除の豊臣秀吉朱印状を含めた計三通の文言が保存・伝来している。しかも、それらは、粽で有名な川端道喜家という個人の家に伝来するという特徴をもつが、その事情については史料上明確にすることはできない。おそらくは、高橋康夫氏の指摘される中世の「六町」の解体と近世の禁裏六丁町組の復活という事実に影響されて、結果として町組単位ではなく「六町」の年寄であった川端道喜家個人によって保存・伝来されたものと推測される。(21)(22)

したがって、禁裏六丁町組では、町組単位におけるこの三通の文書の保存・伝来の様子は、現段階では不明であるといわざるをえない。また、川端家における状況も、三通がともに成巻されているという事実以外には分明にはできないのが実状である。(23)

四　文書の保存・伝来と町組・惣町

以上、三節にわたって検討してきたところをひとまずまとめると次のようになろう。

① 近世京都において「御朱印」と呼ばれる文書（群）は、おおよそ徳川家康禁制一通と（織田）豊臣政権発給の文書群の二種類が存在した。ただし、上京・下京・聚楽組では、この二種類が存在し、禁裏六丁町組では、豊臣政権発給の文書群のみが存在した。

② 上京・下京・聚楽組においては、徳川家康禁制が近世初頭に町代の手に移り、文政期の町代改義一件に伴って惣町・町組に復帰した。

③ 下京では、文政期以降に「御朱印預り」「御朱印虫払」の行事をもって「御朱印」を保存・伝来するようになるが、上京では徳川家康禁制を除いた豊臣政権発給の文書群を近世前期から町組において保存・伝来してきた。しかも、これが旧例として、文政期以降の下京の模範となった。

④ 禁裏六丁町組では、「御朱印」に相当する文書を個人の家で保存・伝来してきた。

そこで、次に考えるべきは、「御朱印預り」「御朱印虫払」というような行事を伴って保存・伝来されてきた「御朱印」がそれを担う人々にとっていかなる意味をもっていたのかということである。例えば、下京・聚楽組の事例でみた「御朱印」の復活と行事の成立が町代改義一件という、いわゆる惣町運動(24)の一環であったことからすれば、「御朱印」がその自治意識と深い繋がりをもつ存在であったことは容易に想像される。しかし、それらは、先にみたように上京（上立売親九町組・上立売親八町組）の事例を「旧例」として模範したものであるから、ア・プリオリな状況を考えるには、やはり上京の実態を検討する必要があろう。そこでまずは、次の文書をみることからはじめよう。

上京立売与御朱印之覚

一、信長公 御朱印弐ツ 御墨印壱ツ 以上参通

（以下、一七通分の文書名、略）

以上

右数通之御朱印、従先規親町ニ有之候ヲ、今度禁中六丁町ニ可被召加之旨、従　御公儀被為　仰付候ニ付、迷惑ニ存、築山町・掘出町・北小路室町・中武者小路・福長町・小嶋町寄会、右之御朱印共取出シ、御公儀様江以写ヲ申上候処ニ、重而六丁町ニ御加へ之儀不被仰出候之故、親町之分拾参町立合、古来之入日記ニ相添、新規ニ相改者也、

寛文拾壱年

亥ノ霜月十六日

上柳原町　与左衛門（花押）

（以下、一六町分、略）

御奉行宮崎若狭守（重成）様也（ママ）[25]

寛文一一年（一六七一）、幕府は、築山町以下六町を「禁中様六丁町」に「召加」えようとした。その事態に驚いた親町は、「寄会」のうえ、「御朱印共取出シ御公儀様江以写ヲ申上」げることによってその処置を免除されるとともに、町組の結束を容認されたということが右からは読み取れよう。「御朱印」の内容自体が実際にどれほど関連しているかは詳らかでないものの、それを保存・伝来しているという行為自体が一種の証拠として効力を発揮した点は注目される。いうならば「御朱印」は、立売組（上立売親九町組・上立売親八町組の前身）という町組結合の証として認識されていたということになるからである。

この点において、留意すべきは、町組結合の証たる「御朱印」がこの立売組が成立したと考えられる戦国期より半世紀も経た後の、しかも当政権でもない織豊政権発給の文書群である点である。それはすなわち、同じ立売組とはいっても、近世の町組と成立期の町組とでは全く異質なものとして住人自身によって認識されていたことを意味するに他ならないからである。実際、表5にみえるように上立売親八町組所属の室町頭町の共有文書である「室町頭町文書」には、成立期を含めた戦国期の立売組宛・上京中宛の古文書が保存・伝来されているにもかかわらず、町組によってそれらが選定されて「御朱印」のように取り扱われたという形跡がないということ自体が何よりの証拠であろう。町組成立期の文書は、この時点においては町組結合の証として主張されることもなかったし、またその効力ももたなかったのである。

それならば、成立期のものでもなく、また当政権でもない織豊政権発給の「御朱印」が、なにゆえ右のような意味をもつに至ったのであろうか。この点については、右の事例からだけではその事由を詳らかにすることはできないし、また、残念ながら現在のところ、この問題に直接結びつく材料も見当らない。しかしながら、若干時期は下るものの、寛政二年（一七九〇）を初頁とする「御朱印入日記」(26)の中には、次のような興味深い記事がみられるのである。

一、上京上立売組親町九町
一、同親町八町
　両組合拾七町、往古ゟ
一、京中屋地子御免許御朱印頂戴仕罷有之候、右御朱印両組親町拾七町順番を以壱町壱月宛預り申候、然ル処、天明八戊申正月晦日京都大火事之事、（中略）御朱印預り当番八町組之内、上柳原町年寄笹屋九兵衛殿（中略）自分之家財不取敢、右御朱印守護被致、下鴨親類方江被立退候（以下、略）

表5　「室町頭町文書」（京都国立博物館寄託分）

	年月日	文書名	宛所	備考
1	天文15・11・18	室町幕府奉行人連署禁制	上京室町頭壱町	
2	弘治4・6・2	室町幕府奉行人連署禁制	上京室町頭壱町	
3	永禄4・	六角氏奉行人連署禁制	室町一町	
4	永禄11・10・7	室町幕府奉行人連署禁制	上京室町頭壱町	
5	元亀元・9・	浅井長政禁制	（宛所欠）	前欠
6	弘治2・8・8	禁裏修理要脚納状	室町頭南半町月行事国松彦次郎	当奉行結城山城
7	弘治3・10・24	内裏要脚請取状	上京室町頭南半町	
8	永禄11・9・	織田信長禁制	（宛所欠）	前欠
9	永禄12・3・16	織田信長朱印状	上京	精撰追加
10	（元亀2）10・15	明智光秀等連署書状案	立売組中	折紙
11	（天文15）12・19	細川国慶書状	上京中	折紙
12	（天文19）7・10	三好長慶条々案	上京洛中洛外惣御中	折紙
13	（天文18・19）7・21	三好長慶書状	当四町中	折紙
14	天文10・12・13	室町幕府奉行人連署奉書	上下京中	折紙、一部が切り取られている
15	（年未詳）7・13	鳥養貞長書状	当地百姓中	折紙
16	（年月日未詳）	香川政行・朽木広知連署書状案	室町加藤殿	折紙
17	（年未詳）卯・21	今村慶満・多羅尾綱知連署書状	上京中	折紙
18	（年未詳）9・9	大代久慶書状	室町頭南月行事御中	折紙
19	（年未詳）正・13	津田経長書状	室町頭御町中	折紙
20	（年未詳）2・7	松山重治書状	室町頭月行事御中	折紙
21	（永禄12）後5・24	田布施家久書状	上京月行事御中	折紙
22	（年未詳）正・8	松永長頼・三好長縁連署書状案	洛中洛外下(ママ)京中	折紙
23	（年月日未詳）	津田大炊頭書状	（宛所欠）	
24	（年未詳）卯・23	今村慶満書状	（宛所欠）	封紙に宛所として「香取三位殿・生嶋与介殿御宿所」とあり
25	（年月日未詳）	津田大炊頭等連署書状案	民部卿法印御報御坊中	折紙
26	明暦元・4・28	板倉重宗・牧野親成連署書状案	上下京町代かたへ	折紙
27	（年未詳）3・2	木下秀吉書状	室町頭町中	折紙・成巻

註1．「室町頭町文書」（京都国立博物館寄託）と「上下京町々古書明細記」所収の写とは、異同があったため、正本である前者で確認できるものだけを一覧化した。
2．文書の順番は、「室町頭町文書」の現状に依った。
3．文書内容の備考は、詳細になるため最小限とした。
4．27のみ成巻されており、その他の文書は裏打されている。

これによって上京上立売親九町組・上立売親八町組では、「御朱印」の中でもどうやら「京中屋地子御免許御朱印」、すなわち天正一九年（一五九一）九月二二日付の地子銭（屋地子）免除を規定した豊臣秀吉朱印状を最も重要なものとして取り扱っていた形跡が窺われるのであるが、実は、この記事に強く引かれるのは、この同じ天正一九年に同じように地子銭免除が行なわれた大和郡山に、(27)次のような注目すべき事実が近世を通じて存在していたことが知られるからである。

大納言（豊臣）秀長公（中略）大和国郡山ニテ移徙ノ節、郡山町中昔ヨリ有来ノ屋地子御免アリ、家居宜ク町ノ様躰、然ルヘキヲ十三町撰出シ、一町一ヶ月宛十三番ニ廻シ、其町内ノ会所ニ大納言殿屋地子御免ノ判形ヲ箱ニ入置、其家ノ表ニ二間余ノ竿ヲ立、木綿幅ニ長サ二尺計ノ木綿地紺ニ染、其木綿ニ箱本ト云二文字ヲ白ク染貫、小幡トシテ建置、人々ニ今月ハ此町月番ト知セ、町中公私ノ用事ヲ捌キ（以下、略）(28)

右でわかるように、大和郡山においては、古町である一三町（綿町・紺屋町・本町・今井町・奈良町・堺町・薗町・柳町・茶町・豆腐町・魚塩町・材木町・雑穀町）が、「大納言殿屋地子御免ノ判形」(29)、すなわち地子銭免除の文書を「御朱印箱」(30)と上書きされた箱に納め封印して一月宛廻りもちする「箱渡」(31)という行事を行なうとともに、月番で「町中公私ノ用事ヲ捌」く「箱本」と呼ばれる自治組織を有していたのである。「御朱印預り」に類似した「箱渡」の存在に興味を引かれると同時に、「御朱印」と呼ばれる地子銭免除の文書が「箱本」という形で機能する自治の根拠と認識されていたという事実をここから読み取ることができよう。

もちろんこの事例のみによって結論を出すわけにはいかないものの、おそらくは、京都においてもまた「御朱印」の中の地子銭免除の文書、すなわち「京中屋地子御免許御朱印」(32)の存在が、重要な意味をもつことだけは疑いないものと考えられる。

それでは、その文書によって規定された地子銭免除とは、近世京都にとっていかなる意味をもっていたのであろうか。例えば、それは、荻生徂徠もその著『政談』巻之四で「京・江戸・大坂・伏見等、地子銭ヲ不出事、古法ニ違フ事也、（中略）百姓ヨリ計リ年貢ヲ取テ、町人ヨリハ取ヌハ、如何ナル故（中略）此起リハ明智日向守ヨリ起ル、其悪例ヲ太閤用ヒ玉ヒテ、大坂ニテモトラレズ有シヨリ、江戸モ其通ニ成タリト見ヘタリ(33)」と記すが如く近世を通じて特定の都市が有する特権と認識されていたことは間違いない。また、遡ってみると、中世京都における地子銭は、村落の年貢に比して非常に高額なものであったといわれ(34)、いわゆる天文法華一揆によって京都が席巻された数年間は、地子銭は全面的に不払いとなったともされているのである。

この地子銭に関してひとつの画期とされるのが、元亀四年（一五七三）の上京焼討の直後、その復興のために織田政権が地子銭を免除したという事実であるが、実は上京の「御朱印」に含まれる朱印状はその時のものなのである。また、本能寺の変の直後、明智光秀も洛中の地子銭を免除したと伝えられ、そのため、京都では後世においても「光秀を徳とする風(35)」があったとされているが、これらはいずれも一時的なものであり、永代という点では、天正一九年に豊臣政権によってはじめて行なわれるに至ったのである。先の光秀の時でさえ「地子ヲ許ストノ嬉シサニ、万歳ト祝イテ賀シ申シケル(36)」有様であったと伝えられているから、その喜びは想像するに余りあるものであるが、それは同時に小野（均）晃嗣氏がすでに指摘されたように、中世京都が「近世都市化(37)」する上においても根本的な変化をもたらす一大画期でもあったのである。

もっとも、それが、権力による一方的な恩典であったのか、それとも不払い等の運動の成果であったのか(38)という問題については、今後さらに議論を深める必要があるが、いずれにせよ、地子銭免除という特権の具象である豊臣秀吉朱印状を含む「御朱印」を共同で保存・伝来するために行なわれた「御朱印預り」「御朱印虫払」という行事の底意には、それを通して祖先が獲得した特権(39)と町組（や惣町）という形で機能する自治の保全を相互に再確認し合うための一種の祭儀(40)という側面が存在していたことだけは間違いないであろう(41)。

ただし、京都においてこのような見方が妥当性をもつのは、厳密にいえば、「御朱印」をめぐる両行事が確認できる延享元年、つまり一八世紀以降のことで、それ以前に関しては、以上の作業からだけでは言及することが難しい。そこで、次章では、「御朱印」の発給時にまで遡って、いかにして文書群の中から「御朱印」が抽出されたのか、また、なにゆえ、その保存・伝来行為が一八世紀に至って祭儀を伴う行事として結晶化したのかについて、検討してゆこうと思う。

(1)　京都の町組の中でも古格を誇る上京立売組は寛永期に上立売親九町組と上立売親八町組に分かれたが、この両組が共同で保存・伝来した文書・記録のうち、近代になって京都博物館（現、京都国立博物館）に寄託されたものが「上京文書」と通称されるものである。この文書群の名称については、東京大学史料編纂所影写本では「京都上京文書」、河出書房刊『日本歴史大辞典』・吉川弘文館刊『国史大辞典』では「上京文書」、京都町触研究会編『京都町触集成別巻二　補遺・参考資料』（岩波書店、一九八九年）では「親九町組文書」と呼ばれるように必ずしも一定していないが、ここではとりあえず従来から使われてきた「上京文書」としておく。ちなみにここにみえる「親」とは、「親町」の意で、京都では各町組を代表する古格を誇る町を「親町」とか「古町」と称した。

(2)　近年において、「上京文書」を利用した最も注目すべき研究としては、杉森哲也「近世京都における町代の成立について」（『史学雑誌』第九八巻一〇号、一九八九年）がある。また、近世京都の都市組織についての基本的文献としては、秋山國三『近世京都町組発達史』（法政大学出版局、一九八〇年、『公同沿革史』上巻、一九四四年の改訂版）、その史的経過を近年の成果を踏まえて検討されたものとしては、杉森氏「町組と町」（高橋康夫・吉田伸之編『日本都市史入門II　町』東京大学出版会、一九九〇年）がある。

(3)　『日本都市生活史料集成一　三都篇I』（学習研究社、一九七七年）所収の木下政雄氏による「上下京町々古書明細記」「親町要用亀鑑録」の解説。

(4)　湯山賢一氏の武家文書に関する「文書が古文書とならずにいわゆる文書として機能し続けた場合は、決して成巻されることはなかった」（シンポジウム「古文書の伝来と保存」『古文書研究』二五号、一九八六年）という指摘と本章の五節で提起する問題とは、密接な関係があると思われる。

(5)「親町要用亀鑑録」(京都国立博物館寄託) 一〇、上立売親町両組御朱印並ニ虫乾之事。以下の詳細もこれによる。

(6)「親町要用亀鑑録」によれば、延享の分は紛失したとされ、事実、「上京文書」中にも見出すことができない。しかし、一方で「上京文書」には、安政二年(一八五五)を初頁として明治一九年(一八八六)に至る分も伝来している。

(7) 文化一四年(一八一七)が初頁の「御朱印入日記」(「上京文書」)によると、文政二年(一八一九)は「鞍馬口通於明光寺」で行なわれている。

(8) 文禄五年一〇月吉日付立売組永喜書上(「上京文書」)。

(9)「上下京町々古書明細記」(京都国立博物館寄託) 一一、上下古京中守護之分。

(10) 町代についての詳細は、杉森氏前掲「近世京都における町代の成立について」参照。また町代改義一件についての概略としては、辻ミチ子「町代改義一件」(京都市編『京都の歴史6　伝統の定着』学芸書林、一九七三年) 参照。

(11)「親町要用亀鑑録」五、大仲当組惣代加番役年中行事、の中には、上立売親八町組を一番として一一番の小川組に至る「東照宮様御朱印并記録預り順番之定」や「御朱印六月虫乾」の記事がみえる。

(12) 文政元年一一月九日付御朱印守護下京五組願書写(京都市歴史資料館写真版「長刀鉾町文書」)。

(13)「上下京町々古書明細記」一五、下古京八組中所蔵之部。

(14) 文政二年二月付御朱印守護八組定法写(「長刀鉾町文書」)。

(15)「古西町文書」(京都市歴史資料館写真版)。

(16) 文政元年一二月付上下京御朱印為取替一札写(「長刀鉾町文書」)。

(17)「北観音山町文書」(京都市歴史資料館写真版) には、「御朱印入日記」に相当する、文政四〜安政四年に至る「御制禁御朱印封印鑑」が現存する。

(18)「聚楽教育会所蔵文書」(京都市歴史資料館写真版)。

(19) 文政元年一二月一〇日付聚楽古町五組ら奉願候御朱印一件済状写(同右)。

(20) ただし、聚楽教育会には、「御朱印」と上書きされたそれぞれの箱が現存している(『聚楽教育会三十年誌』一九七三年)。

(21) 『立入宗継文書・川端道喜文書』(国民精神文化研究所、一九三七年)。

(22) 高橋康夫『京都中世都市史研究』(思文閣出版、一九八三年)。

(23) 「川端道喜文書」(京都市歴史資料館写真版)による。ただし、寛政九年付「川端家什物調帳」に六町関係の文書の記載がないので、川端家個人の宝物として保存・伝来された形跡はないものの、実態は詳らかではない。

(24) 杉森氏前掲「町組と町」。

(25) 寛文一一年霜月一六日付上京立売組御朱印覚(「上京文書」)。

(26) 「上京文書」。

(27) 『多聞院日記』(増補続史料大成)天正一九年一二月二八日条。

(28) 「庁中慢録」二五(奈良県立図書館所蔵マイクロフィルム)。

(29) 秀長の判形は、現在確認できないが、「春岳院文書」(東京大学史料編纂所影写本、大和郡山市役所編『大和郡山市史　史料編』、一九七一年)には、次の折紙が残されている。

其町中地子之事、自当年可被成御免之旨、被仰出候、可成其意候、猶帰候て様子可申聞候、謹言、

以上

一妟法印

(天正一九年)八月廿三日　良慶(花押)

小堀新介

正次(花押)

郡山町中

(30) 春岳院所蔵。

(31) 大和郡山市役所編『大和郡山市史』(一九七一年)。

(32) ちなみに、この文書は、上京・下京・聚楽組・禁裏六丁町組の各「御朱印」の唯一の共通項である。

(33) 『日本思想大系36　荻生徂徠』(岩波書店、一九七三年)。

(34) 脇田晴子『日本中世都市論』(東京大学出版会、一九八一年)。

(35) 秋山氏前掲書。

(36)　『豊内記』上（『続群書類従』第二〇輯下）。

(37)　小野晃嗣「京都の近世都市化」（『社会経済史学』第一〇巻七号、一九四〇年、後に同『近世城下町の研究　増補版』法政大学出版局、一九九三年）。

(38)　脇田修「商業・交通政策の展開」（京都市編『京都の歴史4　桃山の開花』学芸書林、一九六九年）。

(39)　禁制（制札）に関する近年の研究（峰岸純夫「網野善彦『無縁・公界・楽』によせて(一)」『人民の歴史学』六〇号、一九七九年、池上裕子「戦国期都市・流通論の再検討」『中世東国史の研究』東京大学出版会、一九八八年）によれば、権力から一方的に付与されたものという従来の制札観が再検討されるとともに、寺社や郷村・町の住人がときには身の危険を冒して権力側に働きかけ要求したものであること、またそれをもとに自らの主体的な行動で身命を賭して寺社や村・町を守ったこと、さらには制札が前例・先判として次の権力から特権を保障される際に機能することなどが指摘されている。この点、上京立売組・下京・聚楽組における徳川家康禁制もまた、右の事情と通底するものといえよう。

(40)　「親町要用亀鑑録」五、大仲当組惣代加番役年中行事、によれば、近世後期になると、町代改義一件以降に創設された惣町レベルの組織である大仲によって、「御朱印四月十七日御祭り」という、徳川家康禁制をめぐる新たな行事が加えられ興行されるようになる。

(41)　このような織豊期に発給された文書を特権の根拠として主張する事例としては、播州三木や近江八幡などが知られている（小島道裕「織豊期の都市法と都市遺構」『国立歴史民俗博物館研究報告』第八集、一九八五年）。

(補註)　天正一九年に行なわれた地子銭免除を規定する豊臣秀吉朱印状の宛所のひとつである聚楽町については、その実態がほとんど知られていなかったが、近年、杉森哲也「聚楽町の成立と展開―近世初期京都都市構造の再検討―」（『年報都市史研究』三号、一九九五年）によって解明が飛躍的に進んだ。

第四章　都市史料の管理をめぐって
――「上京文書」を中心に――

はじめに

幕末、嘉永七年（安政元年、一八五四）四月、内裏を炎上させた猛火は、洛中上京も巻き込んで大火となった。この時、上立売親九町組に属していた町々も火の粉にみまわれ、折悪しく、当時、月行事町であった中武者小路東半町も類焼に及び、同町組が長年保存・伝来してきた多くの文書・記録も灰燼となった。このような火事を含め災害に脆い都市京都において、いかに文書や記録の保存・伝来が困難であったかはこの一事でもよくわかるが、このことを大いに憂いた同町組の長老神田信久が書き残したのが有名な「親町要用亀鑑録」「上下京町々古書明細記」(1)という二冊の記録であり、また、この嘉永の大火も奇跡的にくぐり抜け同町組に残された中世以来の古文書・古記録が、いわゆる「上京文書」(2)と呼ばれるものである。

この「上京文書」は、維新後、明治一九年（一八八六）に内閣修史局によって閲覧された後、明治三一年（一八九八）になって京都博物館（現、京都国立博物館）へ寄託されることになるが、この時、寄託されたものとは、記録によれば、「御朱印」、「旧記巻物」九巻、「古書物」二包、「古帳簿」一冊、「入日記帳」五冊であったと記されている。このうち、「御朱印」とは織豊政権が発給した文書一八通のこと、「入日記帳」とはこの「御朱印」の管理に関わる記録であり、また「古帳簿」一冊とは、天正一三年（一五八五）から文禄四年（一五九五）に至る立売組（上立売親九町組・同八町組の前身）の支出および収入、すなわち町組運営を記した有名な「十四町与惣帳」のことである。

これらを含め「上京文書」の大部分は、「上下京町々古書明細記」[3]にも書き写され、それがまた活字化されてもいるので現在では容易にみることができるが、ただ注意すべきはそのほとんどが抄出かもしくは編集されており、利用する際には十分留意する必要があろう。なお、「古書物」二包などは現状では巻子に仕立てられており、寄託された後においてもなお形態の変容があったことが読み取れるが、いずれにせよ、これら焼失を免れた古文書や古記録、つまり史料が中世そして近世段階においてどのように保存・伝来、すなわち管理されてきたのか自体、実は重要な問題というべきものであった。にもかかわらず、京都の場合に限っても、概して村落史料にくらべて、都市史料の管理のあり方については、調査時もしくは現状の状況以上にあまり関心がもたれてこなかったように思われる。

しかしながら、個人宅や町会所などで管理・発見されてきたという事実が、そのまま管理の歴史をも示すものとは必ずしもいえない。また、文献史学が、本来的には史料の残存状況にまで意をかけなければならないことからすれば、史料が発給・作成された時点のみならず管理の歴史もまた重要な課題となるはずである。この点を鑑みて、本書では、前章において「上京文書」のうち、「御朱印」を中心にその実態の一斑の考察を試みたが[4]、これに関しては、渡辺浩一氏が[5]「史料管理儀礼」の研究として取り上げられるとともに、「上京文書」全体の中での「御朱印」の位置付けが不明確であること、また「御朱印」をめぐる「御朱印預り」「御朱印虫払」などの行事がなにゆえ一八世紀後半以降にしか確認できないのかなどいくつかの問題点を指摘されている。そこで本章では、前章で触れ得なかったこれらの問題点を中心に、「上京文書」全体を素材として京都における都市史料の管理の問題について検討を加えてゆこうと思う。

なお、近年、周知のように史料論全体の中でも立ち遅れていた中・近世の都市史料の研究が史料集や論文集の刊行も含め漸く進みつつある。(6) しかし、それでもなお史料の分類や史料名など今後さらに議論が深められてゆかねばならない部分なども少なくない。この点においてもまた本章がそのささやかな置き石のひとつにでもなればと思う次第である。

一　「御朱印」の抽出と親町

ところで、前章でも若干触れたが「御朱印」が「上京文書」の中から抽出されたのは、実はそう新しいことではない。次に掲げるように「御朱印」発給直後の文禄五年（一五九六）の時点においてすでに「立売組　永乭(喜)」の名で文書が一括されていたことを示す史料が残されているからである。

一、信長様　御朱印　弐ツ

一、大閤(ママ)様　御朱印　九ツ

　是ハ信長公ノ御墨印

一、大閤(ママ)様　御墨印　壱ツ

一、秀長(豊臣)様　御折帋　壱ツ

　　地子銭御免ノ刻

一、民部卿法印(前田玄以)　御折帋　壱ツ

一、浅野弾正殿(長吉)　御折帋　弐ツ

一、山中橘内殿(長俊)・木下半介殿(吉隆)　御両人ノ請取壱ツ

一、牧野右兵衛殿　　　　請取壱ッ

已上

文禄五暦丙申十月吉日　　　　立売組

永㐂《（喜）》（花押）

それならば、なにゆえ、この文禄期という時点においてかかる行為がなされたのであろうか。この点に関しては残念ながら確定的なことはいえないものの、時間的な近似性からしておそらくは次の文書の内容と連動したものと考えるのが最も自然と思われる。

今度従上京中右衛門尉様《（増田長盛）》法印様《（前田玄以）》江御音信之入用之儀ニ付而、五組より之わつふ《（割賦）》立売組にも請取、其わつふした《（下）》町へも先々のことくまわし候処ニ、今度初而せんき《（先規）》よりなき事をした町より申懸候ニ付而、いか様之儀も親町一味同心ニ可仕候事少も相違有間敷候、仍如件、

文禄四年九月廿九日

上柳原町年寄行事　新次郎（花押）

与左衛門尉（花押）

（中略）

福長南半町年寄行事　宗徳（花押）

右にみえる音信とは、「十四町与惣帳」によれば、豊臣政権に対する年頭音信の「ししら」（しじら織）であることがわかるが、立売組の親町ではその分担一〇端のうち四端を「した《（下）》町」＝枝町一間に八分五厘、銭一〇文宛で割賦しようとした。ところが、「今度初而せんき《（先規）》よりなき事をした町より申懸候」、すなわち予想外にも枝町より

の抵抗を受け、ために親町が「一味同心」の結束を固めるに当って作成されたのが右の文書なのである。この親町の結束という事態が、実際に枝町に対してどれ程効果を示したのかについては詳らかにはできないが、確認できる範囲では、「伊勢殿構惣中」「石橋南西半町」が親町に付く意向を示しており、親町が枝町の動向に対応する形でこの時一味同心していたことに対する緊迫度を伝えるものとなっている。

このような立売組の親町が一味同心するということで思い起こされるのが、すぐる天正一五年（一五八七）の年紀をもつ、有名な「相定拾四町与御汁之事」という文書である。この文書は従来、立売組における月行事町制度を語る際にしばしば引用されてきたものであるが、実は案外注目されていない点として、その冒頭の第一条に「一、上儀之御用あるニおいてハ、各々無疎略御馳走可申事」という条文が記されていることがあげられる。この「上儀之御用」の内容を直接的に説明する史料は残されていないが、おそらくは当時の公権力たる豊臣政権に対する「役」負担というものがそれに相当するものであろう。したがって、問題となっている年頭や八朔などの音信もまた「上儀之御用」の一環である可能性は高く、事実、この時の音信のことを「十四町与惣帳」では「公方役」とも記されているのである。

この点からすれば、文禄四年に親町が枝町の抵抗に対応する形で一味同心という行為を取ったその背景もまた、いわゆる親町と枝町という町間格差などにかかわるものではない、むしろ「上儀之御用」を全うできるか否かという、町組運営の根幹に関わる強い危機感にあったものと理解すべきであろう。実際、すでに杉森哲也氏も指摘[7]されているように、「十四町与惣帳」にみえる支出のほとんどが豊臣政権に対する音信などに消費されており、当該期の町組運営のかなりの部分が同政権に対する対応にあったことは疑いない事実なのである。かかる町組の性格をどのように評価するかについては即断は禁物であるが、いずれにせよこのような町組運営のあり方と上京に宛てられた織豊政権発給の文書、すなわち「御朱印」を取りまとめるという行為との間に通底するものを読み取ることは妥当と思われる。つまり、「御朱印」とは、親町の一味同心のいわば証として抽出されたものなのではないだろうか、と。むろん、この時、抽出された「御朱印」が実際にどのように使われたか（例えば、枝町に対する威圧や訴訟の証拠書類など）については詳らかにはできないが、ただ、前章でも触れたように、少し時期は下がるものの寛文一一年（一六七一）に立売組の一部が禁裏六丁町に組み込まれそうになった際にも「御朱印」を管理しているという事実のみによってその免除を勝ち得たことなどは、この延長線上でないと考えられないものと思われる。

なお付け加えれば、文禄期前後にすでに「御朱印」が他の文書・記録とは別個に扱われていた徴証は他にもあげることができる。

　　書物数之事
一、諸書之書物四ッ但封判有之、付、惣高之状壱ツそへて有之、
一、銭米之帳　弐冊
一、料足之分　拾弐貫六百文但、町代封有之、
一、家数之帳　三冊有之、内を壱冊ハ北小路室町ニ有之、
一、太閤様ヨリ橋の御修理之金子之事、
　　三枚ハひし判、壱枚ハまるはん、
　　合四枚也、
一、拾三町之御書物壱ツ　但、帳也、
　右請取申如件、
慶長弐

九月朔日

上柳原町
月行事　彦九郎
　　　　宗二郎
　　　　宗理

福長町参

右は、立売組の月行事町がもち回りしていた物品を書き上げた文書であるが、これでもわかるようにその中には「御朱印」に相当する文書群は含まれてはいないのである。ちなみに、「太閤様ヨリ橋の御修理之金子」とは、杉森氏(8)が明らかにされた、いわゆる「四千貫文貸付制度」に関わる金子のことであり、また「拾三町之御書物」とは、現存の「十四町与惣帳」か、もしくはこの帳簿の次に書き継がれたであろう帳簿（ただし、現存せず）のことと思われる。

いずれにせよ、以上の検討からも「御朱印」が「上京文書」という史料総体から抽出され、また親町の一味同心の証として取り扱われてきた歴史が近世初頭にまで遡ることだけは間違いないものといえよう。

二　「御朱印」・町代・儀礼

ところで、前節でみたことを見方を換えて史料の管理行為そのものに焦点を当ててみても興味深いことが読み取れる。例えば、先にも触れたように「御朱印」を除く他の帳簿などは月行事町の手でもち廻りされていたことが知られるが、実際、「十四町与惣帳」には、「帳箱」とか「箱の有せん」などという記事もみえ、実態としても、帳簿などを箱に入れ、合わせて町組運営に伴う金・銀・銭なども入れる帳箱もしくは銭箱と呼ばれた箱をもち廻りしていたことが読み取れるからである。

それでは、同時期、「御朱印」の方はどのように管理されていたのであろうか。この点については、先に掲げた文書の奥に「立売組　永𠮷《(喜)》」という署判がみえることからもわかるように、文禄段階ではこの永喜なる人物がその管理に関わっていたことが予想される。この永喜という人物については、その署判のあり方からみても立売組の年寄であることは間違いないと思うが、一方、先に掲げた文禄四年の文書にも室町頭南半町の年寄行事としてその名がみえ、さらには「室町頭下半町　役人衆」のひとりとして「無役」の「御朝夕」の身分ももつ、いわゆる有力町人であることが知られるのである。

この点、有力町人と「御朱印」との関わりでいえば、前章でも触れた関ケ原合戦直後、近江草津にまで出向いて禁制としての徳川家康朱印状を貰い受けた立売組年寄の針屋宗春のことが思い起こされる。この針屋宗春もまた『京都覚書』(9)によれば「上立売町」に居住する「京都筋目有町人」として知られているが、ここで興味を引かれるのは、この針屋がその後も朱印状を管理し続けたこと、そして、元禄期に同家が絶家になった後には、その朱印状が町代の手に渡ってしまったことなどが記録されている点であろう。これに類似した例としては、六町(六丁町)に対して豊臣政権が発給した文書を六町の年寄であった川端道喜の家が現在に至るまで管理していることなどがあげられるが、これらの点より、立売組の「御朱印」もまた当初は永喜の家かもしくは同レベルの年寄たちによってもち廻りされていた可能性は高いものと思われる。

いずれにせよ、以上のことからもわかるように、近世初頭においては「上京文書」の中にも実にふたつの系統の管理方法があったことが知られるのであるが、ただ、「御朱印」に限っていえば、時間の経過に伴いさらにもうひとつの流れが発生したことにも留意せねばならない。すなわち、それは、針屋の管理していた「御朱印」が同家の絶家後に町代の手に渡り、また下京の「御朱印」がその経過は不明なものの近世中期以降には残らず町代仲間の手で管理されていたように、中間支配機構たる町代が管理するという流れである。この町代が「御朱印」

などを管理していたという事実自体は今までにも知られていたが、その経緯や経過については検討されたことがなく、したがって不明な点も多いといわざるを得ない。可能性としては、杉森氏[10]が上京の事例で明らかにされたように、慶長期以降に惣町年寄や町組年寄が町代（上町代）として幕府によって設定されてゆくのと並行して、文書の管理もまた引き継がれていったということが考えられるが、また、聚楽組の「御朱印」のように、町代山口屋（山内）清兵衛に預けるというようなこともあったようである。

この点においても、文化・文政期に起こった町代改義一件において「御朱印」の管理の状況が問題となったことは非常に興味深い。この「御朱印」の管理が問題となった直接的な要因については、町代がその給分ないしは役料の根拠として次のようなことを述べたからだと上下京惣町側では書き残している。

元来京中之家地子銭役料ニ被下置、秀吉公より　御朱印頂戴、右家地子御免後、右代りとして建家之分役家と御定、役家ゟ役料銀取之候[11]

すなわち、町代仲間が「御朱印」、とりわけ下京宛の豊臣政権発給の文書並びに徳川家康朱印状を管理しているのは、元来の役料である洛中の地子銭が免除になった後、その代替として役家より役料を取ることになったその証拠書類のためである、と。かかる言説が事実であるか否かについては、俄に詳らかにすることはできないが、ただ、これに対する反証として上下京惣町がもち出したのが、他ならない前章で詳述した上立売親九町組・八町組における事例であった点は重要であろう。結局のところ、町奉行所も惣町側の反証の方を認める形で「御朱印」の返却を町代仲間に対して申し渡すことになるのであるが、ここでポイントとなるのはやはり上立売親九町組・八町組における「御朱印」管理の継続性についてである。より具体的にいえば、先の寛文一一年の訴訟以降、「御朱印預り」「御朱印虫払」の初見とされる延享元年（一七四四）の間においてもなお「御朱印」が町代の手に渡らず町組側で管理され続けていたか否かという点である。

この点に関しては、一八世紀初頭、正徳三年（一七一三）に他所の火災により類焼した小嶋町・福長町・北小路室町・築山下半町・同上半町の五町が町奉行所から「御用地」へ召し上げられそうになった際にも、「此五町之儀は従先前御朱印頂戴仕罷有候」という文言と先の寛文一一年の事例をもち出して容赦されたという事実が「上京文書」に残される文書から知られることからすれば、上立売親九町組・八町組においては、おそらくは「御朱印」は町代の手には渡らず町組側で一貫して管理されていた蓋然性が高いものと思われる。

とすれば、「御朱印預り」「御朱印虫払」という行事は、いかなる契機によって成立をみたのであろうか。この点については、塚本明氏(12)が明らかにされたような、宝暦期以降の「新規願」（仲間関係者による諸会所設立願）に対する町側の抵抗など、いわゆる近世中・後期における都市構造の転換という議論と密接な関係をもつものと思われる。とりわけ、当該期における社会の流動化の中で住民集団が儀礼や格式、さらには由緒などを通して自己主張する傾向があったという指摘は重要である。実際、「御朱印預り」「御朱印虫払」が親町のみによって執り行なわれ、しかも極めて儀礼化された行事であったこと、また上下京惣町で管理することとなった徳川家康朱印状に至っては「四月十七日御祭り」が行なわれていたことなどは前章でも触れた如くであるからである。

そして、最も象徴的なのは、町代仲間から「御朱印」が引き渡された際に、「御朱印其外御判物等組町々江相送候途中、唐櫃ニ入、輿人ニ白丁を着せ、先払等相立、多人数付添罷越、組町々内ニ者小宮等江相納、鏡餅・神酒等相備江多人数寄集拝見」、すなわち盛大なる行列を組んで練り歩き、「御朱印」をあたかも神体の如く取り扱ったという事実であろう。この行列の一部については画像としても残されており、その盛大な様を彷彿させるものであるが、いずれにせよ、かかる状況と「御朱印預り」「御朱印虫払」という行事の成立が地下水脈でつながっていることだけは間違いないであろう。

とはいえ、このような時代的な思潮の影響を受けつつもなお一貫して「御朱印」を管理し続けていた立売組

（上立売親九町組・同八町組）の存在も過小評価するわけにはいかない。なんとなれば、これが、旧例として存在していなければ、町代改義一件において上下京惣町による「御朱印」の取り返しということもあり得なかったに違いないからである。そして、以上のような事態の背後に、前章で触れた地子銭免除に対する特権意識をはじめとしていかなる心性が作用していたのかについてはさらに検討を重ねる必要があろう。

むすびに

以上、前章に引き続き本章でもまた「御朱印」を中心に「上京文書」の管理史の一斑について検討を加えてきたが、翻ってみれば「御朱印」とは、織田・豊臣、そして徳川という公権力が発給した文書に他ならない。そして、これらが、とりわけ珍重され保存・伝来されてきた所以は、いうまでもなく訴訟などの際に証拠書類たりやすい性格をもつと同時に、[13]「御朱印」という呼称が示すように、近世史料全体に占める朱印状というものの寡少価値（すなわち、近世においては一般的に村方や町方に朱印状が発給されることも、また朱印改などもなかったという事実）にも起因すると考えられる。有力町人が「御朱印」を管理したということもまた以上の点と無縁でないであろう。

そういう点からすれば、本来的に都市史料と呼ぶべきものとは、「十四町与惣帳」や「大福帳」[14]などの帳簿、また町掟・町式目、さらには売券・譲状などを含めたいわゆる証文類など、いわば町組や町が自らの手で作成・発給した文書・記録の方かもしれない。そして、京都における社会集団としてまた共同体としての惣町・町組・町の成立という問題についても、このような公権力が発給したもの以外の史料の成立や残存という観点からの追究も可能といえよう。つまり、惣町・町組・町において文字史料とはいついかなる契機をもって作成・発給され、またそれらを保存・伝来してゆく必要性がでてきたのか、と。[15]

むろん、この問題に対する回答も容易ではない。しかし、例えば、「上京文書」に即していえば、公権力、就中、織豊政権との対応という事実がひとつの鍵になると思われる。実際、これ以前の年紀をもつ文書や記録、例えば「室町頭町文書」(16)に残されるものとくらべた時、それらがすべて公権力によって発給された文書でしか残されていない一方で、当該期以降のものは「十四町与惣帳」をはじめとして公権力が発給したものと対応する形で文書や記録が作成・発給されるという事実が知られるからである。

おそらくこの点は、「冷泉町文書」など他の共有文書においても同様と思われるが、もちろん、惣町・町組・町などが作成・発給した史料が残されていないという事実とその時点においていまだ社会集団・共同体としてのそれらが不成立であったということを単純にイコールとするわけにはいかない。史料の消滅という物理的な問題や、もしくはいわゆる音声の世界など文字が使用されずに事が済まされていた期間がながく続いていた可能性もまた否定できないからである。しかし、いずれにせよ、史料論的にみれば、織豊政権期にひとつの段階差をみることは可能であろう。そして、かかる事実は、仁木宏氏(17)が明らかにされた戦国期より織豊政権期における公権力と町共同体との関係の推移という議論とも交錯するに相違なく、この点において、中近世移行期における京都の連続・不連続面について議論も深められるものと思われる。

とはいえ、同時に、このような議論もまた、現存する史料による作業の範疇の中でしかないという点にも留意せねばならない。なんとなれば、史料の廃棄ないしは取捨選択の実態については全く手付かずというのが現状だからである。例えば、前章でも触れたように本来ならば「上京文書」に入るべき成立期の上京や立売組究の文書がむしろ「室町頭町文書」の方に含まれ伝来している事実などは、町組の分立や証拠書類としての機能の劣化などいくつかの理由は想定できるものの、史料そのものによってそれを詰めてゆくという道は閉ざされているように思われるのである。史料の廃棄・取捨選択の問題は、都市史料においてもまた、保存・伝来の問題以上にさらに深い闇にあるといわざるを得ないのが実状なのである。[18]

（1）　京都国立博物館寄託。
（2）　京都国立博物館寄託。なお、前章の註でも触れたようにこの史料の名称は様々に存在するが、ここでは一応、通称に従って「上京文書」としておく。本章で引用する史料は、特に註を付さない限り同文書である。なお、同文書を使用した近年の研究としては、石躍胤央「近世初頭の上京立売組と「今出川町」―枝町化の時期をめぐって―」（京都町触研究会編『京都町触の研究』岩波書店、一九九六年）がある。
（3）　「親町要用亀鑑録」「上下京町々古書明細記」は、『日本都市生活史料集成一　三都篇Ⅰ』（学習研究社、一九七七年）において翻刻されている。
（4）　本書第三部第三章。
（5）　渡辺浩一「近世都市における史料管理儀礼と由緒―播州三木町を事例として―」（久留島浩・吉田伸之編『近世の社会集団―由緒と言説―』山川出版社、一九九五年）。
（6）　中世の都市文書・史料に関しては、仁木宏氏が「中世都市文書論序説―都市の空間と共同体―」と題して口頭研究発表をされている（『古文書研究』四一・四二合併号、一九九五年）。また、代表的な史料集としては、京都市編『史料　京都の歴史』全一六巻（平凡社、一九七九～一九九四年）、京都町触研究会編『京都町触集成』全一三巻（岩波書店、一九八三～一九八九年）、京都冷泉町文書研究会編『京都冷泉町文書』全六巻・別巻（思文閣出版、一九九一～二〇〇〇年）、論集としては、前掲『京都町触の研究』などがある。なお、京都町触研究会によって『三条衣棚町文書目録』（一九九六年）も作成された。
（7）　杉森哲也「近世京都における町代の成立について」（『史学雑誌』第九八編一〇号、一九八九年）。
（8）　杉森哲也「近世京都町組発展に関する一考察―上京・西陣組を例として―」（『日本史研究』二五四号、一九八三年）。
（9）　『日本都市生活史料集成一　三都篇Ⅰ』。
（10）　註(7)。
（11）　「文化拾五寅五月朔日御答書済証文ニ符合不仕候付文政元寅十二月御案御下ケ相改差上候控」（京都国立博物館寄

託「立売親八町組文書」)。

(12) 塚本明「近世中期京都の都市構造の転換」(『史林』第七〇巻五号、一九八七年)、同「近世後期の都市の住民構造と都市政策」(『日本史研究』三三一号、一九九〇年)、同「都市構造の転換」(『岩波講座日本通史14　近世4』、一九九五年)。

(13) 都市法の問題としては、すでに小島道裕氏が「織豊期の都市法と都市遺構」(『国立歴史民俗博物館研究報告』第八集、一九八五年)で論じられている。

(14) 近年、「冷泉町文書」所収「大福帳」を中心に町入用などの研究を精力的に菅原憲二氏が研究されていることは特筆すべきであろう(「近世初期町入用に関する一考察—京都冷泉町を中心に—」『人文研究』〈千葉大学文学部〉二四号、一九九五年、「近世初期の町と町入用—天正~寛永期・京都冷泉町を中心に—」前掲『京都町触の研究』)。

(15) 惣村文書に関しては、薗部寿樹「中世惣村文書の形成—荘園公領制との関連から—」(『史潮』新二三号、一九八八年)参照。また、近年、榎原雅治「日記とよばれた文書—荘園文書と惣有文書の接点—」(『史学雑誌』第一〇五編八号、一九九六年)が発表された。

(16) 京都国立博物館寄託。

(17) 仁木宏「戦国・織田政権期京都における権力と町共同体—法の遵行と自律性をめぐって—」(『日本史研究』三一二号、一九八八年)、同「豊臣政権の京都支配と「洛中政道」」(『ヒストリア』一二三号、一九八九年)、同「中近世移行期の権力と都市民衆—京都における都市社会の構造変容—」(『日本史研究』三三一号、一九九〇年)。

(18) 網野善彦「中世の文書史料について」(『列島の文化史』七号、一九九〇年)。

(補註1) 本章発表後、渡辺浩一氏によって「近世都市における宝蔵と文書「管理」—播州三木町を事例として—」(『史料館研究紀要』二八号、一九九七年)が発表され、文書管理史に関する議論がさらに深められている。

(補註2) 本章の「むすびに」で若干述べた民衆側によって作成された都市史料に関しては、拙稿「『京都十六本山会合用書類』所収「洛中勧進記録」について—中世京都における「都市文書」との関連において—」(『古文書研究』四九号、一九九九年)で若干の検討を加えた。また、仁木宏氏が「都市文書と都市社会」(『今日の古文書学第3巻　中世』雄山閣出版、二〇〇〇年)を公表され、中世における「都市文書」の議論が活発化しつつある。

付論　豊臣政権下の奈良に起こった一事件

――「ならかし」「金商人事件」「奈良借」――

はじめに

落語家の祖といわれる京都誓願寺隠居、安楽庵策伝によって近世初頭に編まれた書『醒睡笑』巻之一[1]に次のような落書（落首）が収められている。

秀吉公の御時、ならかしといふ事あり。かしたる者、もとを失墜せし上に、猶放埒のはたらき罪科軽からずとて、再び黄金を出させ給へば、

奈良かしやこの天下殿二重取とにもかくにもねだれ人かな

豊臣秀吉の時代、「ならかし」（「奈良かし」）ということがあったが、その時に「黄金」を借（貸）した者は、その元金を失った上に、なおその振舞いが罪深いという理由で秀吉に再度黄金を召し上げられてしまった。このように黄金を「二重取」した「天下殿」秀吉は、「ねだれ人」（『日葡辞書』[2]「ねだれもの」によれば「いろいろな計略、策を用いて人に損害を与えようと他人を欺く人、狡猾な人など」）である、という意味である。

いうまでもなく話題の中心は「ならかし」という言葉であり、この「ならかし」と「天下殿」「ねだれ人」が

つながって意味をなすところに落書としての妙味があるものと思われる。この点に関して『大辞典』第一九巻[3]では、「ナラカシ　ならかし」の項を設けこの話を事例にあげつつ「金を貸したものがかへってとがめられ、また金を出させられること」と説明を加えている。しかし、これでは言葉自体に注目している点は評価できてもあまりにも不十分な説明といわざるを得ない。

一方、岩波文庫[4]『醒睡笑』の校注者、鈴木棠三氏の付された補注[5]によれば、この「ならかし」とは、「天正二十年と翌年に奈良・京・堺の金貸しを検挙した事件」であるとされている。氏がいかようにしてこのことを究明されたのかは詳らかではないが、結論的にいえば、「ならかし」とはまさしくこの天正末期前後に奈良を中心にして起こった一連の出来事、いわゆる「金商人事件」[6]に関連する言葉であると思われる。ちなみに、金商人とは、「かねあきゅうど」「かねあきんど」と読み、また金屋とも呼ばれ、金の売買や金銭の両替を行なう一方で金融業者として貸借も行なった商人[7]のことであるが、これが地の文に出てくる「かしたる者」に相当するものである。

ところで、この「金商人事件」については、すでに早くから小葉田淳氏[8]、永島福太郎氏[9]によって言及するところがあり、特に永島氏は比較的詳細に事件を紹介され考察を加えられている。ただ、残念ながらその中心的な論考が資料紹介という形で紙幅に制限があったためであろうか、看過されてしまった部分も少なくない。この点は後の市史など[10]の叙述においても変わっておらず、加えて、この落書や他の重要と思われる関連史料などにも触れられてはいないのである。この点、事件そのものを全般的に見直してみる必要があると思われる。

また、鈴木氏は、先の補注に「奈良の字面は当字で、ナラカスは平均する意で、徳政と同義語であろう」という注目すべき説明を加えられている。この説明は落書の妙味とも関わるもので、特に重要な指摘であるといえるが、一方で、近年、この事件そのものに触れた研究ではないものの、この説明をもとに「ならかし」という言葉が中世民衆の徳政意識を示すものであるという見解[11]が示され注目を浴びている[12]。したがって、この点からしても、その言葉のもとになる事件自体を解明する必要があるようである。

以上の問題関心から、本章では、「ならかし」という言葉並びに落書のもととなった「金商人事件」について、いくつかの関連史料を交えながらできうる限り詳細かつ具体的に明らかにしてゆきたいと思う。そして、それを通して「ならかし」という言葉や落書に込められた意味（それは結果として、この時期の京都が、奈良からどのようにみられていたのか、つまり他者性につながる）についても迫りたいと思う。

なお、近年、様々に研究が進められている、いわゆる都市史の中でも奈良に関する研究成果は必ずしも多いとはいえないのが現状のようである。(13) しかし、それは斯界の研究者の数と比例するというわけではないであろう。したがって、この意味においても、本章がひとつのたたき台となって大方のご批判を仰ぐことができればと思う。

一　事件の経過

ところで、事件の様相を詳細に伝える一次的な史料が、興福寺多聞院英俊の日記『多聞院日記』(14)である。したがって、以下、特に断わらない限り引用する年月日や記事は、『多聞院日記』のものであるが、ただ、英俊自身は事件の当事者ではない。また、その記事も伝聞が多いので、その点留意する必要はあるが、ここではとりあえず最も至近距離にいた証言者の言としてその記事を取り扱ってゆこうと思う。

さて、その『多聞院日記』をみる限り、事件の経過はおおよそ三つの場面に分けることができる。以下、この順序に従いつつ事件の経過を追ってみることにしよう。

(1)

事件の第一場面は、天正一九年（一五九一）五月から七月にかけて金商人とのトラブルに伴って引き起こされたいくつかの物騒な出来事からはじまる。すなわち、五月二二日に京都において「コモリノ者」（子守郷〔町〕の住人）が金商人を殺し、次いで六月二五日には「金商ノ者ツノフリ衆一人」（角振郷〔町〕の住人）が「香ノ池」（猿沢池）に身投げ、さらに七月四日には、「寺林ノ良心ト云物」（寺林郷〔町〕の住人）が「金ニツマリ腹切」し、二三日には、「金商ニ被責立」、「今井与介」なる人物が女房と子を刺し殺し、自身は腹を切り家に火をかけるというようにである。

最後の出来事が起こる数日前の一八日には、すでに「奈良中金商付及迷惑故、一揆起ト雑説」が飛んでおり、二〇日には「金商付ナラ中迷惑之由、関白（豊臣秀吉）殿へ被聞及、且三年之間譴責被止」ということも英俊のもとに伝わっている。はたして、翌八月二三日には、「今明日ニ御朱印下」すということが伝わり、二五日には、「他（和）利付ノ金銀米銭奈良中ノ分徳政」の朱印状が到来し、「タチカラ」（春日社末社手力雄社）に「札」が打たれている。

この手力雄社は、今なお橋本町に現存し、当町は奈良でも繁華な三条通に面し、近世には公儀高札場（現在、復元されている）が置かれたところであるが、次に引用する文書（案）の原本が、おそらくこの時の朱印状に相当するものと思われる。

今度大和国奈良町中へ和利付ニ借シ置金銀米銭之事、悉被為奇破（棄）訖、其段堅可申付候也、

天正十九年八月廿四日　御朱印

右は、大和郡山城主豊臣秀長（天正一九年正月二二日死去）・秀保の家臣であった多賀家に伝わる「多賀文書」[15]に残されたものであるが、これによって、今回の金の借付（貸付）が「和利付」、すなわち奈良中に一律に行なわれたものであったことが判明する。この朱印状が出されたおよそ二カ月後の一〇月晦日には「奈良中金商人ノ張本人共中坊召籠、宿ハ令検符、番ヲ付」ているが、このような豊臣政権による処断については、すでに七月三日に「ナラ中金商衆少々籠へ被入」おり、検断的には右の朱印状と直接に関連するものかは判断に迷うところであ

る。もっとも、翌一一月九日には「金商人衆籠者ノ内マメヤ善介、木ヤ二人」が籠から出てき、また、同日条には「ノコリ七人種々苦労不調」とはみえるものの、金商人の身柄は比較的早く解放されたことが窺われる。また、この記事によって、金商人の一味の数が少なくとも九人であったことも判明するのである。以上が事件の第一場面である。

(2)

事件の第二場面は、翌天正二〇年（一五九二）四月二九日に再び「一揆之催歟奈良中ノ物共」が春日山中の「高山」（こうぜん）で「参会」することからはじまる。かかる事態に至った契機は、どうやら「源五ヨリ金借催促」、すなわち「南京奉行」(16)井上源五郎高清よりの「金借催促」に抵抗するものであったことが明らかとなる。六月一六日には、第一場面と同様に「ナラ中金商付地下人方々又搦捕」られているが、およそ二カ月経った八月三〇日には、逆に「ナラ中ノ者家並ニ郡山へ可下」と命ぜられ、なにゆえかそのまま郡山に「皆以被指留」れている。また女房衆も「中坊」、すなわち井上屋敷に預けられ、町々には番が付けられるという物々しい事態となる。そして、ついには九月朔日、郡山において「ナラ中ノ衆悉庫へ入置」かれるに至るのである。ところが、この時に「庫」、すなわち籠に入れられなかった奈良中の者たちもいたようで、六日に「奈良中諸事迷惑之段」に関して大坂の秀吉方へ「直訴」に及んでいたことが知れるのである。

実は、この時の「直訴」に使われたと思われる文書の写が、後の奈良奉行所与力の玉井家に伝わる「庁中漫録」(17)という江戸中期に編集された記録に収められている。その直訴状と呼ぶべき文書は、九月二日付「奈良惣中」の差出で秀吉側近である木下吉隆・山中長俊宛に出された全一三カ条に及ぶ長大なものであり、そのうち、第四・五・六条が金商人に関するものである。少し煩瑳ではあるが、次に引用してみよう。（　）は、条数を示す）

謹而言上

奈良従惣中申上候条々、此者共ハ金商之者にてハ無御座候、平之町人又者蔵方之者にて御座候、

（中略）

（第四条）一、大光院（豊臣秀長）様之御金五百枚あまり、わり付ニ奈良へ被成御借候、則毎月利平を銀子ニて源五（高清）殿過分ニ被成御取幷井上源五（高清）殿私之金弐百枚あまり是も大光院様之御金と名つけ奈良中へ御借付候て、是も過分之利平御取被成候、然れハ、其内之金すこし蔵方の者もかり申候、其御金ニ蔵方之面々の判之金を相そへ、金商之者共にこと〳〵く借付申候、是を源五殿被成御存知候て、則先々の金持たる者の借状にて上申候へとの御意にて、則利平共ニ現銀子にて相済申候事、

（第五条）一、蔵方之者去年金商之申事之刻、種々肝煎金五百枚程とりあつめ置申候処ニ、不慮之奇破（棄）被下候、然とも此金中納言（豊臣秀保）様御金ニ可被召置之由、源五殿被仰候間、則其金を蔵方之者より上申候、然者、中納言様の御金程ハ御座候由被仰候処ニ、後藤ニ御ふかせ被成候てげんたち候を、右之奇破に失墜仕、迷惑之上、殊ニ一度相済候申候処ニ、蔵方之者ニ立かへり御取可被成之由、源五殿被仰候て迷惑申候事、

（第六条）一、右之御金ふきへりたらさる金をハ奇破被下候、金商之者共過分ニ金をとりこみ、殊ニハ金をあしくふきなし候、金商之者共ニ被仰付候て可被下候、又ハ両年此方過分之御金之利平を井上源五殿過分ニ御とりこみ候て中納言様へハあかり不申候間、此利平の金も右之ふきへりのたかに被成候て可被下候事、(18)

右によって、「直訴」を行なった主体である「奈良惣中」（『多聞院日記』でみえる「ナラ中」に相当するものであろう(19)）が、「金商之者にてハ無御座」、「平之町人又者蔵方之者」であったことが読み取れる。この「平之町人」がいかなるものであったのかはこれだけでは詳らかにはできないが、「蔵方」が土倉業者を意味するものであることは間違いないであろう。それはさておき、内容についてであるが、実のところ意味の取りにくい部分も少なく

ない。しかし、とりあえず可能な限り説明を加えてみると次のようになろう。

まず、第四条の前半部によって、事件のもとである金の借付が本来的には「大光院様《(豊臣秀長)》御金」と称される金「五百枚あまり」を「わり付」に奈良中に借付、「毎月利平を銀子」で収公するというものであったこと、ところが「南京奉行」井上がこの利子を過分に収奪していたことが述べられている。ちなみに、井上は「私之金弐百枚あまり」もまた秀長の金と称し借付けて「過分之利平」を取り続けており、これが「直訴」の直接の契機となった、『多聞院日記』にみえる「源五ヨリ金借催促」の記事に対応するものと考えられる。また、井上は、同条の後半部でみえるように「金すこし」を「蔵方之面々の判金を相そへ」て「金商之者共にこと〳〵く借付」、その上で「先々の金持たる者の借状にて上申」、つまり蔵方の借状の額面で収公し、その利子を「現銀子」で蔵方に渡す一方で蔵方の「判之金」を金商人のもとに入れていたという。

次いで、第五条によれば、「去年」、すなわち天正一九年に「金商之申事」によって蔵方がとり集めていた「金五百枚程」を「不慮之奇破《(棄)》」(すなわち先の朱印状)を口実に、また「中納言《(豊臣秀保)》様御金ニ可被召置」ということということで収公したところ、「後藤ニ御ふかせ」、つまり彫金の後藤に吹かせてしまったとも述べられている。この時の鋳造が奈良で行なわれたのか、京都で行なわれたのかは詳らかではないが、第六条でも、井上と金商人が「金をあしくふきなし」ていたことが読み取れる。

この第五・六条は、特に意味が取りにくいが、第四条の後半部との関わりで考えてみると、奈良中に流通していた金をかき集め、それを貨幣としての判金に吹きなおす、その過程で井上と金商人が結託し不正を行なったということが述べられているようである。要するに、この直訴状によって、前年より様々な悲劇を起こしてきた元凶が、「大光院様御金」と名付けられた金の借付をめぐる「南京奉行」井上による利子の過分収奪であったこと、しかもあろうことかその井上と金商人が種々に結託していたという驚くべき事実が明らかとなるのである。

それにしても、よくよく考えてみると、この第四・五・六条の情報には、『多聞院日記』で知られる情報とくらべてかなり異質なもの、むしろ一般に流布していない詳細な内容が含まれていることに気が付く。また、条文を注意深く読んでみると蔵方の方もまたこれ以前より金を取り扱っていたものと思われ、事実、後にも出てくる金商人の一味である腹巻屋（ないしはその一類）が、蔵方でもあり[20]、また有名な宿屋でも東大寺公人でもあったことも知られるのである[21]。さらには、近世中期に編纂されたものであるが、『和州諸将軍伝』巻一[22]という記録には「南都ノ町人等両替ノ事ニ依リ私党ヲ企テ、両部ニ分レ争逆ヲナセリ」とみえ、今回の事件のことを仲間割れと伝えていることなどからすると、この第四・五・六条の内容は、いわば内部告発的な情報であった可能性が高いであろう。

ちなみに、この直訴状は秀吉方に提出されたにもかかわらず、英俊も「十三ケ条ノ凶事」として九月七日条に書き残しており、その存在についてはある程度流布したものと推察される。ただし、『多聞院日記』ではその内容を全く読み取ることができないことから、内容そのものに関しては公にされていなかったものと考えられる。

ところで、金商人はこの直後、京都・堺・大坂へ逃亡したのであろうか、九月八日には「奈良中ノ者、京・堺・大坂ニテ金商衆悉召取リ可来ト御下知」があり、「直訴ノ様ハ悉地下人ノ勝ト聞へ」ている。また、一五日には「ナラ中ノ月行事」が召寄され「両替幷蔵本衆召具」して上洛することが命ぜられている。ちなみに、ここで両替と蔵方が登場していることからも、先の内部告発の問題が推測される。この後、井上や豊臣秀保重臣の横浜良慶（一晏法印）・桑山重晴・杉若無心が上洛を命ぜられる一方で、先に郡山で籠に入れられた奈良中の者たちがことごとく二二日に解放されている。

こうして事件は、一見すると、この段階で落着したかにみえた。ところが、予想に反して事件は意外な展開をみせる第三場面に入ることとなる。とりわけこの第三場面については、従来より触れられることが少ないので少しく詳細に追ってみることにしよう。

(3)

郡山の籠に入れられていた奈良中の者たちが解放された九月二三日から数日後の二五日、なにゆえか「ナラ中ノ衆悉以京へ召上」られる。また、二七日には金商人が大坂へ下り、翌一〇月朔日には、先に奈良中の月行事に連行されて上洛していた「両替ノ衆」がことごとく返される一方で、またまた奈良中の者たちが上洛を命ぜられる。しかも、どうやらこの日、大坂を出て名護屋に向かった秀吉（ちなみに、関白職は前年一二月一七日に豊臣秀次に譲られている）が「関白殿（豊臣秀次）ニ可有糺決之由被仰置」れたことが英俊のもとにも伝わってきている。はたして、六日には両替衆もことごとく上洛し、そして驚くべきことに九日には「於京ナラ衆悉籠へ被入」れるに至るのである。少々は逃げたらしいが、奈良中の女房・子供は皆隠れてしまったという。また、両替衆も一五日にはことごとく籠に入れられ、二三日には金商人も籠に入れられてしまったのである。

この時の関白秀次の「糺決」がいかなるものであったかについては残念ながら詳らかではない。ただ、翌一一月四日には「京ヨリ籠者ノ衆少々帰」って来ているが、これはどうやら一二月一〇日条にみえる「請乞ノ金ナラ中キック申付、被納之」という記事と関連があると思われる。籠に入れられた人々を「請乞」、すなわち保釈するための金が奈良中に課せられたと解釈できるからである。ちなみに、これによって出てきた人々とは、両替衆や蔵方を含めた奈良中の者たちである。金商人の方は、翌文禄二年（一五九三）九月朔日条にみえるように、「親類ト悉判ヲサセテ」からことごとく籠より出てきたことが確認できるからである。もちろん、この時にも「請乞ノ金」が必要であったことは推測に難くないものと思われる。

しかしながら、これでもなお事態は終息したわけではなかったようで、一二月一七日条には「奈良中ハ于今金商ノ沙汰不止」とみえる。しかし、年が明けて文禄三年三月七日条には「腹巻屋甚三郎金商以下一円相終、既ニ家ヲ開借家之式」、すなわち金商人の多くが没落し、その家も借家となったと伝えられており、ようやくこの段階で事件は終息した模様である。もっとも、井上の方は、どうやら何らの処分も課せられなかった模様で、天正二〇年一〇月朔日条には「源五ハ無殊儀相調」とみえる。また「南京奉行」の職も解かれたわけでもなく、例えば、関白秀次の右筆駒井重勝の日記『駒井日記』(23)文禄三年二月二一日条に「関白様(豊臣秀次)奈良ニ而之御座所井上源五所」とみえる如く以後も奈良に在住しており、さらに「庁中漫録」(24)によれば慶長五年（一六〇〇）の死去に至るまでその職を勤めたと伝えられている。

以上、事件の顛末を『多聞院日記』を中心にみてきたが、それらをまとめてみると次のようになろう。まず第一場面として金借付の利子収奪に絡む事件を契機に豊臣政権によって朱印状が出される。ついで第二場面としてその過分の利子収奪の背後に「南京奉行」井上と金商人の関係と結託が明らかになり、ために奈良中が「直訴」に及ぶ。そしてそれが聞き入れられたかのようであったにもかかわらず、結局のところは第三場面として井上は不処分、金商人は没落、そしてなにゆえか奈良中の者たちの入籠、またそれを保釈するための「請乞ノ金」が奈良中へ賦課されるという具合いになってしまったのである。このようにしてみると、この事件にはあまりにも不可解な点が多いといわざるを得ないであろう。例えば、なにゆえ、当事者の一方である「南京奉行」の井上は処分されなかったのか、また、なにゆえ、奈良中の者たちも籠に入れられ、さらには「請乞ノ金」まで賦課されなければならなかったのか、等々である。

そこで、次節ではこれらの点を念頭におきつつ、『多聞院日記』から少し離れて、別の史料から事件に迫ることにしよう。

二「ならかし」「奈良借」

(1)

さて、本章では、前節まで先学にならってこの一連の事件を「金商人事件」と呼称してきた。ところが、どうやら実は事件当時からすでに『醒睡笑』にみえる「ならかし」という言葉が存在していたことが明らかとなるのである。まずは次の史料をみてみよう。

集大衆遣于玄以《(前田)》甲第也、即於大納言殿《(豊臣秀長)》屋形、一庵法印《(横浜良慶)》倩之、奈良借金銀之帳寫之也、蓋廿人餘雖在之、無筆僧者帰也、

右は、京都相国寺鹿苑院主の日記『鹿苑日録』[25]天正二〇年九月二四日条にみえる記事であるが、これによって、故豊臣秀長の重臣横浜良慶が所司代前田玄以を通じて相国寺僧二〇人余に「奈良借金銀之帳」なる帳簿を筆写させていたことが読み取れる。この「奈良借」という文言は、おそらく「ならかし」と読んだものと推察されるが、このこと以上に注目すべきは、「奈良借金銀之帳」という帳簿の存在であり、またこれに関わる横浜良慶や前田玄以という関係者の存在であろう。なぜならば、これらの事実によって、奈良での金の借付、すなわち「奈良借」が前節でみたような「南京奉行」井上と金商人の結託による不正という次元にとどまるものではなく、むしろ豊臣政権の施策にまでたどり着く可能性が浮上してくるからである。

そして、事実、この「奈良借」が政権の施策にも連結していたことを窺わせる文書も残されている。それは、京都妙法院に伝わる年欠（天正二〇年かもしくは文禄期前半）一〇月一〇日付の全二四条に及ぶ関白豊臣秀次宛の秀吉朱印状[26]の中の一節、第一六条である。

一、今度奈良借ニ付て出シ候金銀、これらをも右之船之用に入事候ハヽ、可相渡事、

文中の「右之船」とは、この文書の第一条にみえる「安宅船」のことで、朝鮮侵略に関係する船と思われるが、これによって、「奈良借」で集めた金銀がこの造船に用いられたことは間違いないであろう。もちろん「奈良借」の目的がこれだけであるとはいえまいが、「奈良借」によって集められた金が豊臣政権の施策の一環に利用されていたという事実だけは疑いないものと思われる。右の二つの史料の性格から考えて、「奈良借」という文言は、当初、政権内だけの用語であった可能性があるが、時間の経過に伴い流布していった可能性もまた否定できない。いずれにせよ、前節でみた天正一九年にはじまる奈良中への金の借付のことを政権自身が「奈良借」と呼称していた事実は、注目すべきであり、同時に、「奈良借」＝「ならかし」とは正確にいえば鈴木氏のいうように事件そのものを指すものではなかったことが明らかとなろう。

ちなみに、秀長自身もまた、すでに天正一七年（一五八九）段階で金の借付を奈良へ行なっていた事実が『多聞院日記』から読み取れる。

奈良中へハ大納言殿（豊臣秀長）ヨリ金子一枚ヲ代米四石ツ、ニシテ、一万石計町々へ借用押テ如此、金ハ来年春可取由也、[27]

右では、金の代わりに米を借付けて、その利子もしくは元本までも金で収公しようとするものとみえるが、右の相場で計算すると米一万石は金二五〇〇枚に相当するから、かなりの額の借付であったことは間違いない。また、「町々へ借用」とみえることから、「奈良借」もまた町（郷）単位で行なわれたものと類推される。このようにして、集めたものであろうか、秀長が死去した後の郡山城には「金子ハ五万六千枚余」「銀子ハ二間四方ノ部屋ニ棟究テ積テアリ」[28]であったといい、このうちの金が「奈良借」に利用されたのかもしれない。

おそらくは、この天正一七年時の秀長による金の借付が「奈良借」の先蹤であったと思われるが、このように「奈良借」が金商人や井上の不正という次元の問題ではなく、むしろ秀長を含めた豊臣政権の施策の一環に組み込まれたものであったことは銘記しておく必要があろう。

この点からすれば、「南京奉行」の井上が処分されなかったことも当然のように思われる。なぜならば、井上がその過程で不正を行なったとはいえ、基本的なラインとしては豊臣政権側の指示に従っていたものと考えられるからである。そして、もし仮に井上を処分するようなことをすれば、それは直訴状の内容を認めることであり、それはまた政権の関わりを公にしかねないことであった。このように考えると、豊臣政権が金商人をはじめ蔵方・両替・奈良中の者たちまでを京都において身柄を拘束し入籠させたのは、この件に関して尋問を行ない、さらには他言しない旨をきつく申し含めるための措置であったとも考えられる。彼らを釈放するのに「請乞ノ金」が課せられまた親類に判を押させたこともこのことを念頭に入れれば理解しやすく、また『多聞院日記』にこの間の事情が記せられていないこともおそらくは無関係ではなかろう。まさに、政権はその強権によって事件の隠蔽にかかった感があり、またあくまでも事件を金商人の仕業にしておく必要があったと理解される。

もちろん先にみた内部告発が問題とされたり、また「直訴」という行為そのものが不適当なものとされたということも考えられなくもない。しかし、『多聞院日記』天正一七年一〇月八日条によれば、京都の事例であるが、所司代前田玄以が「屋地子ヲ金銀ニテ納之処ニ、テンヒ《（天秤）》ヲ重クシテ取」ったため「京中ヨリ令訴訟」、ために「逼塞」したという話が伝わっており、「直訴」自体は必ずしも当時、不適当なものとはいえなかったものと推察される。いずれにせよ、現在のところは、関白秀次の下した「糺決」と奈良中に課せられた事実とを結び付ける材料は残されていない。また、『多聞院日記』にも何も記されていないところからみると、「糺決」に関する情報については全く公にはされなかったものと考えた方が自然であり、つまるところ事件は全く不明朗な形で闇に葬られてしまったものと考えられるのである。

(2)

ところで、先にみた直訴状をもう一度全般的に注意深くみてみると、『多聞院日記』では読み取れなかった興味深い事実が浮かび上がってくる。まずは、その第一条と後書部分をみてみよう。

（第一条）
一、如此申上候意趣者、京大坂之なみ（ママ）に諸事被仰付候て可被下候、大光院様御座候時者、諸事御慈悲被成候処、此比者、中納言（豊臣秀保）様御幼少故、又者御陣之御留守故に、井上源五（高清）殿みたりかハしく恣にて、奈良中迷惑申候事、

（中略）

右条々趣被達上聞、奈良町中之事京大坂なミに諸事被仰付被下候者可忝候、今之分ニてハ南都之町人堪忍難成存候、御法度にて候へ者、他所へ罷越様も成不申候間、哀以御意何方に成とも被召置候て可被下之様ニ仕度候、此旨御取成奉願存候、以上、

（天正二〇年）
九月二日　　奈良惣中

木下半介（吉隆）殿
山中橘内（長俊）殿(29)

直訴状としては最も肝心な部分と思われるこの第一条と後書をみる限り、どうやら「直訴」が必ずしも金商人の逮捕や井上の罷免などを直接的に訴願していなかったことが読み取れる。また、これ以外の条文の内容を要約してみると、俵物の抑留（第二条）、舛物売買に関する不正（第三条）、座役徴収に関する不正（第七条）、私的な人足賦課（第八条）、米下行に関する不正（第九条）、郡山城石垣の石負担に関する不正（第一〇条）、地子銭（屋地子）の四割増徴収（第一一条）、雑米賦課に関する不正（第一二条）、鐘つきの給分賦課（第一三条）となり、金商人に関するものは、実に先にみた第四・五・六条だけであったことが明らかとなるのである。ちなみに、第一一

条の地子銭に関しては井上の不正には当たらない。というのも、地子銭はすでに天正一三年（一五八五）段階で四割高で徴収されていたことが確認できるからである。[30] ただし、「庁中漫録」によれば、奈良中の地子銭は井上の知行に含まれていたというから全く無関係というわけではなかったであろう。[31]

いずれにせよ、直訴状は、井上の不正を訴えるものであることには間違いないものの、内容的にはむしろ奈良への過負担賦課の改善、すなわち、繰り返し述べられる「京大坂なみに諸事被仰付」を訴願している意味合いの方が強かったものと思われる。むしろ井上の不正や金商人の問題は、「直訴」という行動に至らしめた一種の起爆剤の意味をもつものであったといえるかもしれない。そして、これを阻害する最大の存在として井上を弾劾しているというのが「直訴」の実態であったと思われるのである。実はこの点については、『多聞院日記』からも読み取ることができる。すなわち、先に天正二〇年八月三〇日に「ナラ中ノ者家並ニ郡山」へ下りそのまま郡山に「皆以被指留」た際、奈良中は「吉事ト沙汰之間、地子ヲユルス歟、公事ヲユルスカト各々祝着」、すなわち地子銭や諸公事の免許（免除）がなされるかと思って喜んで郡山へ下っていたのであり、これ以前に大坂への「直訴」と同内容の訴願を郡山の方へも行なっていたことが知られるからである。

遡れば、天正一九年一二月二八日、「屋地子・人夫以下諸公事・商買（売）ノ座」が京都・大坂・郡山で免除された際、「奈良中屋地子・人夫以下モ免許セヨカシトノ念願」があったにもかかわらず奈良にはそれらが適用されなかった。以来、奈良は京都・大坂にくらべて格差をもたされていたのであり、つまるところ直訴状にみえる「京大坂なみ」とはこの地子銭免除並びに座役・人夫を含めた諸公事免除、すなわち格差是正を意味するものであったのである。

もとより、この格差自体は城下町郡山の振興に基づく豊臣政権による施策の結果であったが、[32] その施策の理非を越えて念願を成就させるべく取った行動がとりもなおさず「直訴」であった。先にみたように奈良中では、その行動を行なうに当たって、春日山中の「高山」で「参会」したが、この高山は「香山」とも書き、佐保川・能登川の水源地で古来より水神を守る山として中世には雨乞行事なども行なわれる聖なる場（現在は小さな祠としてかつての式内社鳴雷神社が鎮座している）であった。[33] また、「一揆之催歟」と噂されたことでもわかるように、奈良中の者たちはこの場で一味神水、一味同心というような中世以来の一揆の習を踏んでいたと思われるが、この点からいえば、奈良中の直訴した「京大坂なみ」という訴願は、奈良にとって一種の徳政の要求に他ならなかったものと考えられる。なんとなれば、奈良と京都・大坂との格差を是正するというその発想自体、当時の徳政意識として知られる『塵塚物語』[34] 巻四の「天下のかしかりを平らかにひとしくせさせ給ふ御法」[35] という、「平均」＝「ならし」に照応するものと考えられるからである。[36]

もちろん、直訴状には徳政の文言はみられないし、徳政令自体は朱印状として前年の天正一九年に出されていたのであるが、振り返ってみればその時も先にみたように「一揆起ト雑説、諸方震動」したのであり、したがってこの一連の動向の深層に徳政意識を見出すことはさほど難しいことではないであろう。折しも秀長の死から秀保への後継、また関白職が秀吉から秀次へ譲られるという、いわゆる代替りという時期にも当たっていたのである。いずれにせよ、以上のようなことを考え合わせてみると、「奈良借」という文言が『醍睡笑』にみえる「ならかし」という言葉にまでその意味を拡大させていったその背景には、鈴木氏の補注の直接的な根拠と考えられる天正一九年の徳政令という事実のみならず、それを含みこむ形での徳政意識がその底流として存していたものと考えられるのである。

しかしながら、結果的には、この「京大坂なみ」の訴願も聞き入れられなかったものと判断される。なぜならば、『多聞院日記』文禄二年一二月一七日条には、先にみた「奈良中ハ于今金商ノ沙汰不止」という記事に続いて「地子未進・人夫銭并寺内舞台之人足責立、上下迷惑無限」とみえるからである。つまるところ、奈良中の

「直訴」は、すべて豊臣政権によって全く不適当なものとして「糺決」され退けられたものと考えられるのである。

(3)

金の借付に関しては金商人の没落で一応鎮静化がみられたものの、「直訴」に敗れ、また継続して様々な過負担に苦しめられ続けることを余儀なくされた奈良中が取り得る道にはどのようなものが残されていたのであろうか。例えば、奈良を捨て他所へ移り住むことも考えられるかもしれない。しかし、直訴状の後書にみえるように「御法度にて候へ者、他所へ罷越様も成不申候」とあることより、それは許されなかったに違いない。[37] したがって、残された道はそう多くはなく、おそらくそのひとつが、世間に知られた「金商人事件」を全面に押し出しつつその背後に隠された政権の不明朗さを告発、風刺することではなかったのであろうか。

「かしたる者」、すなわち金商人の「放埒のはたらき」を語ってはいるが、むしろその「放埒のはたらき」をしたのは他ならない豊臣政権の方であったこと、すなわち事件の責任のすべてを彼らに押し付けた政権の行状を、例えば宗祇の『宗祇抄』(『万葉抄』)に収められる歌「奈良坂やこの手柏の二おもてとにもかくにもねぢけ人かな」[38] などをもじりつつ「ならかし」における「天下殿」の「ねだれ人」として落書とすることなのであった。

この落書が当時どこまで流布したのかについては史料の上では詳らかにはできないが、少なくとも「小僧の時より、耳にふれておもしろくをかしかりつる事を、反故の端にとめ置」[39] いていた策伝の耳にも届き、また書き留められたことから考えると、かなりの度合で世間に流布したものと考えられる。ちなみに、『醒睡笑』と同じく近世初頭に編纂された『当代記』巻二[40] では、この落書そのものは載せられていないものの、「金商人事件」のことは取り上げられている。それによると、天正一九年の徳政令に関して「為礼儀金子弐千枚可進上」、「又金を借損失したる事不便之間、可書上之由依仰、十枚費したる者は廿枚と書付、廿枚損したる者は卅枚四十枚と書上処、又此三箇一秀吉公可奉借之由宣被召上、奈良上下迷惑相窮也」[41]とみえ、礼金の収奪やいわば損失補塡を擬した秀吉によるさらなる金の召上という記事がみえるが、この記事に関しては他の史料で類似した記事がみられないのでただちに信用してもよいのか迷うところである。しかし、金商人の没落という事実などをみると十分考えられ、落書の「二重取」とはむしろこのことを意味するのかもしれない。

このようにしてみると、『醒睡笑』に何気なく収録された「ならかし」という言葉や落首には、当時の奈良中の豊臣政権に対する怨念というべきものが込められていたと解釈できるといえよう。

むすびにかえて

奈良において、地子銭が免除となったのは、天正二〇年から四〇年余り後の寛永一〇年（一六三三）のことである。[42]そして、策伝が『醒睡笑』を京都所司代板倉重宗に献呈したのが寛永五年（一六二八）のことである。つまり、『醒睡笑』が編まれた時においてもまだ、かつて奈良中が念願したことは実現していなかったのである（むろん、それゆえにこの落書が現実味を帯びた形で取り上げられたのではあるが）。しかし、現在、比較的容易にみられる活字本のひとつである『日本随筆大成』[43]に収められる万治元年（一六五八）に刊行された抄本では、この落書が削除されその姿を消している。おそらくは、版を重ね、また時を重ねるうちに一般的に理解し難い話となったものからはずされていったものと思われるが、すでに万治という時期においてすら「ならかし」の言葉の意味もまた落書も理解できなくなっていたのであろう。奈良中の怨念の込められた言葉も落書も時とともに忘却のかなたに置き去られてしまったのである。

以上、本章では、当初、一つの事件を解明するつもりであったのが、結果として様々な問題を新たに発見してしまったような観がある。しかも、本章で解決できた問題は幾ばくもない。今後、ひとつずつ解決してゆく必要があるが、ここではとりあえず、残された問題の中で特に本書の関心と関連の深いものについてひとつだけ触れてむすびにかえたいと思う。

そのひとつとは、他ならない当該期における都市奈良のその特異なる存在位置についてである。先にも述べたように奈良に対する様々な格差は城下町郡山の振興という政策に基づくものであるが、一方で本章のように視点を奈良のように格差をつけられた方に据えてみると従来の都市史研究ではあまり注目されてこなかった問題が浮き彫りとなる。その問題とは、つまり権力、就中、豊臣政権の拠点となった都市とそうでない都市との行政格差の実態であり、またそれを通してみられる相互の他者性である。

例えば、「奈良借」のような強制的な金銭や米などの借付が行なわれたのは、当該期、何も奈良に限られたわけではない。京都でも、洛中の橋修理費用に充てるため、豊臣政権はいわゆる「四千貫文貸付制度」(44)を天正二〇年からはじめているし、また、遡れば、織田政権が元亀二年（一五七一）より禁裏賄として米の借付(45)を京都の町々に行なったことは著名な事実であろう。(46)しかし、我々は改めて奈良と「奈良借」の置かれた厳しい現実を思い起こさねばならない。それはすなわち、「奈良借」によって集められた金銭は、京都のように当該都市に関する諸費用に決して投下されることはなかったという大きな違いである。先にみたように、「奈良借」で集められた金銀の一部は朝鮮侵略に使用する「安宅船」建造に充てられることはあっても、奈良に投下された形跡はみられないし、またその利用先も公にされていないと考えられるからである。

このような特異なる存在としての奈良は、豊臣政権の都市支配・都市政策の中でいかなる位置を占めていたのか。(47)もとより郡山との対比という議論を中心に問題の解決ははじめられるべきではあろうが、この問題はひとり奈良に限定されるものでもないであろう。例えば、城下町大坂に対する堺や城下町伏見に対する京都などのように豊臣政権下の畿内諸都市を考える時にも避けることのできない問題であるといえはしないだろうか。しかも、それを従来のように政策論だけで語るのではなく、各都市住民の視線を通して相互の都市性として浮び上がらせる必要があろう。今後の課題としなければならない所以である。

(1) 刊本として比較的容易にみられるものとしては、岩波文庫本、武藤禎夫・岡雅彦編『噺本大系』第二巻（東京堂出版、一九七六年）、鈴木棠三訳『東洋文庫31　醒睡笑　戦国の笑話』（平凡社、一九六四年）などがあるが、ここでの引用は、岩波文庫本を基調に字句を他のものを参考に若干修正した。ちなみに、策伝については、関山和夫『安楽庵策伝』（青蛙房、一九六一年）、鈴木棠三『安楽庵策伝ノート』（東京堂出版、一九七三年）参照。
(2) 土井忠生・森田武・長南実編訳『邦訳日葡辞書』（岩波書店、一九八〇年）。
(3) 平凡社、一九三六年。
(4) 岩波書店、一九八六年。
(5) 岩波文庫本『醒睡笑』（安楽庵策伝著・鈴木棠三校注、一九八六年。本書は、一九六四年に刊行された角川文庫本の新増訂版である）。
(6) この名称を最初に使われたのは、永島福太郎『奈良』（吉川弘文館、一九六三年）である。
(7) 『日本国語大辞典』第八巻（小学館、一九七五年）。
(8) 小葉田淳『改訂増補日本貨幣流通史』（刀江書院、一九四三年）。
(9) 永島福太郎「豊臣秀吉の都市政策一斑」（『史学雑誌』第五九編四号、一九五〇年）。
(10) 永島氏前掲書、永島氏『奈良県の歴史』（山川出版社、一九七一年）、奈良市史編纂審議会編『奈良市史　通史三』（吉川弘文館、一九八八年）ほか。
(11) 薗部寿樹「中世村落における宮座頭役と身分―官途、有徳、そして徳政―」（『日本史研究』三二五号、一九八九年）。
(12) 桜井英治「日本中世の経済思想―非近代社会における商業と流通―」（『思想』八三四号、一九九三年、後に同『日本中世の経済構造』岩波書店、一九九六年）。
(13) 藤田裕嗣「奈良」（高橋康夫・吉田伸之編『日本都市史入門Ⅰ　空間』東京大学出版会、一九八九年）。ちなみに、

近年の研究成果としては、稲葉伸道「中世都市奈良の成立と検断」（五味文彦編『中世を考える　都市の中世』吉川弘文館、一九九二年）が代表としてあげられよう。
(14)　増補続史料大成。
(15)　東京大学史料編纂所影写本。
(16)　ここでの「南京奉行」の称は、「庁中漫録」二五による。以下、関係箇所を部分的に引用しておく。
一、豊臣秀吉御時、大和国郡山城主者、大納言秀長卿也、此時、南京奉行井上源五郎高清ナリ、奉行所ハ椿井町ニシテ、寺社幷町方ノ政事ヲ専ラツカサドリタリ、
井上源五子孫ハ、丹波ノ国ニ在、此家ノ記録ニ井上源五南京奉行職ノ間ハ、天正十三年ヨリ相勤ム、大納言秀長薨去ノ後、秀吉益命アツテ、文禄四年ヨリ慶長五年迄相勤ム、同年死ス、
源五郎知行千石、外ニ奈良中地子代拝領元米三千四百九十六石也、
ちなみに、近世初頭の奈良奉行の存在形態を明らかにされた杣田善雄氏（「幕藩成立期の奈良奉行」『日本史研究』二一二号、一九八〇年）もこの井上については言及されていない。
(17)　奈良県立図書館マイクロフイルム。
(18)　「庁中漫録」二五。この史料を最初に紹介されたのは、註(9)である。
(19)　もちろん厳密にいえば、ここにみえる「奈良惣中」は、一揆的な性格の濃い集団であり、実際に「ナラ中」とこまで重なるものか、また当該期の住民組織といかなる関わりが存するか、など重要な問題を含むものである。別途に検討する必要があろう。
(20)　『多聞院日記』天正七年三月二一日条。
(21)　和田義昭「中世南都における郷民祭礼の基盤」（『藝能史研究』三六号、一九七二年）。
(22)　奈良県史料刊行会編『奈良県史料第2巻　和州諸将軍伝』（豊住書店、一九七八年）。
(23)　藤田恒春編校訂『増補　駒井日記』（文献出版社、一九九二年）。
(24)　註(16)。
(25)　続群書類従完成会刊本。
(26)　（年未詳）一〇月一〇日付豊臣秀吉朱印状（妙法院史料研究会編『妙法院史料第六巻　古記録・古文書』吉川弘

文館、一九八一年、一四号)。
(27)『多聞院日記』天正一七年一〇月五日条。
(28)同右、天正一九年正月二七日条。
(29)註(18)。
(30)『奈良市史　通史三』。
(31)註(16)。
(32)楽座を中心に議論を展開された論考としては、播磨良紀「楽座と城下町」(『ヒストリア』一一三号、一九八六年)があげられる。
(33)当地は、現在でも春日山の奥深いところに当り、自動車を使っても有料道路を経由せねばならないところである。また、付近には鶯の滝や著名な春日山石窟仏などがある。
(34)『改訂史籍集覧』第一〇冊。
(35)「徳政之事」。
(36)勝俣鎮夫『一揆』(岩波新書、一九八二年)に紹介されるように、中世の一揆が掲げた徳政とは、必ずしも貸借の破棄だけに限定されるものではなく、むしろ生活に密着した様々な要求が含み込まれていたのである。
(37)このことは、先述した腹巻屋の事例をはじめとして奈良の住人が、現実に大乗院・一乗院・興福寺・春日社、あるいは東大寺などに属する身分をもつ者が多かったこととも無関係ではないであろう。ちなみに、郡山の古町一三町の一つに「奈良町」というのがあるが、これは筒井氏時代に転居した人々が母体となったものと考えられる。
(38)註(5)。ちなみに、東洋文庫本では、「奈良坂やこの手柏のふたおもてとにもかくにもねだれ人かな」という歌が引かれている。
(39)『醒睡笑』序文。
(40)『史料雑纂』三。
(41)『当代記』文禄二年条。
(42)『奈良市史　通史三』。
(43)『日本随筆大成〈第三期〉4』(吉川弘文館、一九七六年)。また、『醒睡笑』の諸本については、関山氏前掲書、菅井時枝「『醒睡笑』の諸本について」（『中央大学国文』一一号、一九六七年）、岩波文庫本の解説などを参照。

（44）杉森哲也「近世京都町組発展に関する一考察―上京・西陣組を例として―」（『日本史研究』二五四号、一九八三年）。

（45）高尾一彦「信長の入京」（京都市編『京都の歴史4　桃山の開花』学芸書林、一九六九年）。

（46）これらの借付はイメージとしては古代の出挙に近似している。また、多様な形態をもつ中世の有徳銭（役）は、米や銭の強制借用という性格も有していたといわれている（保立道久「中世民衆経済の展開」、歴史学研究会・日本史研究会編『講座日本歴史3　中世1』東京大学出版会、一九八四年）。さらに、近年の研究ではこの出挙も有徳銭もともに徳政との関連が云々されている。（註11・12論文）したがって、仮にこのような論理だけを繋ぎ合わせることが許されるならば、「奈良借」を含めた借付もまた徳政につながるものであり、また奈良中の直訴として現れた徳政意識とのつながりも想定できるかも知れない。ことに「四千貫文貸付制度」の目的である洛中の橋修理などは公共の利するところ大であるから一種の徳政の例証といえようか。検討を要する問題であるといえよう。ところで、近年、この徳政の議論に直接触れられたものではないが、京都の事例に関しては、公共負担構造という視点から東島誠氏（「前近代京都における公共負担構造の転換」『歴史学研究』六四九号、一九九三年）が見解を示されている。

（47）織豊政権による都市支配の問題点については、仁木宏氏（「戦国・織豊政権の都市把握はどうなされたか」、峰岸純夫編『争点日本の歴史第四巻　中世編』新人物往来社、一九九一年）が簡潔にまとめられている。

（補註1）本章発表前に、中世奈良に関する文献整理とその史的展開についての素描を拙稿「戦国期奈良における郷民の諸相とその史的展開」（『史朋』二六号、一九九一年）としてまとめている。また、豊臣政権における金の問題についても、拙稿「豊臣の「黄金」指向をめぐる二、三の問題―貨幣史の視点からみる―」（『出土銭貨』三号、一九九五年）で若干の検討を加えている。

（補註2）本章発表後、安田次郎氏によって、中世前期から戦国期に至る中世奈良の通史ともいうべき『中世の奈良―都市民と寺院の支配―』（吉川弘文館、一九九八年）が公表され、中世奈良に関する新たな都市史的研究が本格化しつつある。

終――展望として――

序でも述べたように、本書の性格は、いまだ予備的考察の集積にとどまっているため、全体を通して結論めいたことはさらなる蓄積を踏まえた上で行なうべきとは考えられるが、書物としての体裁上、ここではとりあえず本編であまり触れなかった内容を中心に展望の一端を述べることで終にかえたいと思う。

本書が対象とする「人」、つまり民衆と社会をめぐって戦国期以前と以降における最も大きな差異をあげるとすれば、それは諸領主・諸権力と民衆との間の個別的かつ垂直的な関係の弛緩と相対化であったと考えられる。ここでいう弛緩とは、いうまでもなく応仁・文明の乱という戦乱による激しい人的流動によって惹起したものであり、また相対化とは、その戦乱によって荒廃した京都に新たに居住するようになった、いわば寄辺ない人々や乱以前においては垂直関係の下方におかれていた人々にとって共通の課題であったと考えられるものである。もっとも、この垂直的な関係の実態そのものについても必ずしもすべてが明らかにされているわけではないが、例えば、座における本所と座衆（本座・新座）の関係や、また明徳四年（一三九三）に室町幕府によって土倉・酒屋役の対象として勘落された酒屋・土倉が「諸寺諸社神人并諸権門扶持奉公人躰」[1]であったことなどがそれらに相当しよう。

概していえば、中世京都における職縁的結合は、この垂直的な関係に包摂されるものと考えられるが、酒屋・土倉でいえば、公方御倉や納銭方一衆の母体となった山門延暦寺支配下の「山門気風の土蔵」がその具体相といえよう。ところが、応仁・文明の乱後、これらの有力者にして公方御倉である正実坊などとの対立的様相の中で俗称を名乗る沢村・野洲井などの「地下之倉方」が上下京などといった地縁を前面に出してむしろ水平的に集団を形成してゆくことになり、そこに従来の垂直的な関係の弛緩と相対化の一端を読み取ることができるものと思われるのである。

「応仁一乱ニ土倉・酒屋三百个所断絶」という文言は、天文一四年(一五四五)の「上下京酒屋土倉」の申状(2)にみえるものであるが、このことは彼らがいかなる関係に主に立脚しているかを端的に示すものといえよう。もっとも、同じ申状の中に「酒屋上分銭」を山門に出していることがみえるように、彼らとて垂直的な関係と無縁であるというわけでは決してない。むしろ、近年、発見された史料などからは、「抑洛中洛外酒屋土倉事、本新共ニ為当社神人、懃馬上役事(3)」、つまり洛中洛外の酒屋・土倉の多くが日吉社小五月会馬上役を負担する日吉神人であったという言説もみえ、しかも沢村が日吉神人として「一衆定泉房下」にあったことなども知られるのである。(4)

ただし同時に注目されるのは、この沢村が日吉神人としての馬上役を逃れるために、すでに八幡神人として馬上役を免除されている「中興之聟ニ成」ったことも知られる点で、後に「上下京地下人」と総称されるようになる「地下之倉方」が、すでに知られている雑色・触口・公人・四府駕輿丁などや武家の被官以外にも様々な垂直的な関係やさらには血縁なども併用しつつ地縁集団を形成するに至ったことが窺われるのである。

ところで、中興が八幡神人であったという事実は、右の史料ではじめて知られたことであるが、この中興の名とともに伝わる強信なる法華信仰もまた、従来の垂直的な関係を相対化させる働きを担ったものと考えられる。

すでに鎌倉末・南北朝期に京都で法華宗の弘通がはじまっているにもかかわらず、法華信仰がいわば爆発的に拡大したのが応仁・文明の乱以降であること自体、何よりもこのことを物語っているが、人的結合においてこの信仰・宗教が地縁と共通する点は、多分に水平的な側面が強いということであろう。ここでいうところの信仰・宗教とは、いわゆる「新仏教」に系譜をひくものであるが、それは右の日吉神人の事例でもわかるように従来の垂直的な関係が顕密仏教の仏神事とも密接不可分であったことからすれば、対置するものとして自然の選択であったともいえる。

しかも、法華信仰に内在する不受不施制法は、その信仰形態において一族一門、さらには一村一集落の皆法華化を要求するという強烈な排他性をもっており、それが山門大衆による弾圧的行為や一向一揆との関係性を契機として、いわゆる法華一揆へと結実することとなったのである。したがって、繰り返し注意しておかなければならないのは、この法華一揆の存在は都市民衆の自衛の問題やまた町の自治の問題とも基本的に接点を有しないということであろう。事実、法華一揆が起立した直接的な要因とは、一向一揆との関係性においてなのであり、またその人的結合が異なる点において町とも異質なものであったのである。

もっとも、その中核に上下京の酒屋・土倉の存在があったこと、また政治的状勢に左右されて「京中に法花宗執権柄ヲ事在、公方・管領之御成敗をもとに、洛中洛外之政道は、一向法花宗のまゝ也」(5)という状況が天文初年に現出したという点からすれば、この時期が、職縁、信仰・宗教、地縁による各集団が併存すると共に最も接近した瞬間であったとはいえる。しかしながら、実際には、天文五年（一五三六）の天文法華の乱によって、それらが一体化する機会も失われ、またこの後二度と法華一揆やそれに類似した自律的な社会集団が現出することもなかったのである。もちろん教団そのものは諸本山寺院が追放（隠形）先の堺から京都へ還住した後、再び活発に活動を開始することにはなるが、天文法華の乱という事実が人的結合としての信仰・宗教に与えた影響は極めて深刻であり、そのことはこの後の武家権力に対する教団の対応を通しても読み取ることができるのである。

この法華一揆の壊滅と相前後して明確化してくるのが、実は広範なる地縁的結合の定着化である。例えば、「洛中洛外」と「田舎」の境界ともいうべき「七口」は、すでに室町前期において史料上に表出するが、それらが集落として実体化してくるのもまたこの時期なのである。そして、この地縁の定着化を代表するものが、地縁集団としての惣町と町の存在であることはいうまでもないであろう。祇園祭と町の関係が史料の上で確認できるようになるのもまたこの時期に他ならないが、ただし、なにゆえにこの時期、地縁が定着化してゆくのかその事由を実証的に解明するのは容易なことではない。

例えば、職縁との関連でいえば、座における自律性が退潮し、武家権力の法廷と共に惣町がそれを補完するようになっていたこと、また座に所属することができず、むしろ座から「新儀商人」として排除の対象となる商工業者にとっても地縁が職縁を代替するものとして有効であったということも考えられる。また、戦国末期に至って激しさを増した戦闘や暴力に対する防衛には、空間的な近接性を基調とする地縁が最も有効であったことも間違いないであろうが、いずれにせよ、この時期の民衆にとって既往の垂直的な関係を相対化しつつ、しかも自律性をもった集団を形成するにあたり地縁が最も現実的な選択であったことだけは間違いないものと思われる。

もちろん地縁一般でいえば、何もそれはこの時期に限って現出するわけではない。ただ、それによる集団が、座や酒屋・土倉と並んで明確に公文書の宛所として権力に認知され、しかもそれと交渉・交流をもちはじめるようになるのは、この時期以降に限定されるのである。この点において留意すべきは、ここでいうところの地縁もまた職縁や信仰・宗教と同様、決して一様ではないということである。例えば、白雲の絹屋町宛の禁制が「上様御被官中白雲絹屋一町」(6)宛とされていることでも端的にわかるように、この段階で権力と交渉・交流をもち得たのは、惣町かもしくは惣町レベルで結集する「上下京地下人」の居住する有力な町であったのであり、必ずしもすべての町が認知され、また交渉・交流をもち得る能力を備えていたわけではなかったのである。

ただし、そのような状況も、一六世紀後半以降に拡大するとされる人口や街区の増加によって大きな動揺に直面したものと思われる。実は、それに対応して成立したのが元亀期に明確となる惣町—町組—町という重層構造であったと考えられるが、したがって成立期におけるその構造はすべての町の自律性を保証するというよりむしろ「上下京地下人」の位置の実質化（例えば、惣町や町組の年寄としてや文書管理の面において）に傾いたものであったと推察されるのである。

この構造に根本的な変化が訪れるようになるのは、統一権力たる豊臣政権の登場以降のことである。何より自律性を退潮させつつもかろうじて存続していた座という職縁が楽座、座の棄破によって最終的に権力によって否定されたことは、相対化の対象であった主な垂直的な関係の消滅とも直結しているという点において、非常に衝撃的な出来事であったものと思われる。なぜならば、この後、座とは異なる形の職縁集団、例えば仲間などが表面化するのにはかなりの年月を待たなければならず、おのずと民衆の人的結合は、地縁、とりわけ町に凝縮されてゆく傾向にならざるを得なかったものと考えられるからである。

それは見方をかえれば、選択の余地がなくなったことに他ならず、したがってその過程において町はさらにその結合を純化させてゆくこととなったのである。おそらくそれが初期の町掟にみられる職種規制や家屋敷所持における平準性として結果したものと思われるが、この動きと並行するかのように豊臣政権は、洛中検地を実行し町をその支配単位として明確に認定すると同時に上京・下京・六丁町・聚楽町の地子銭免除を行ない「町人」身分を析出するに至るのである。(7) ここに至って惣町—町組—町の重層構造を構成する各町は、その内実はともかく、法制的には均一のものとして再認知されることとなったのである。

このような町における地縁の純化とその町を基礎単位とする統一権力の京都支配の論理によって、近世京都の都市域は、権力によって認知された町のいわば集積体（「洛中洛外町続」）と同義となったが、逆に町と認知されない集落や街区は村として括られることにもなったのである。実際、かつての「七口」の集落もまた村とされ、合わせて「御土居」の外に存在していたがために都市域からも排除されたという事実などは、従来の空間認識とはまた次元の異なる空間認識の受容を迫るものといえよう。そういう意味では、近世京都は、すぐれて行政的な境域・枠組みを備えた都市として立ち現れたのであり、例えば、「ならかし」という言葉に込められた京都に対する他者性が、地子銭免除など特権を含めた行政格差に対する批判の形で現れたことなどもこのことと通底するものといえよう。

また、慶長期における惣町や町組年寄の町代（上町代）への転成は、徳川政権による直接的な町把握の深化を示すと同時に、かつての「上下京地下人」に系譜をひく者たちの一部が、次第に町を基礎単位とする近世京都から遊離し疎外されはじめていたことを示すものといえる。この点、角倉吉田一族のうち、「与一家」「平治家」が幕府代官となったことや本阿弥光悦が「近江丹波などより京都への道に、用心あしき、辻切追はぎをもする所」である「鷹が峰の麓」(8)に転地し、しかもこの地に法華信仰に基づく現世の寂光土を実現せんとしたこと(9)、さらにはかつてはあれほど耳目をそばだたせていた風流踊が、慶長九年（一六〇四）の豊国臨時祭を最後に諸記録の上からほとんど姿を消すようになることなども同じ軌道上とみることができよう。そういう意味において、いわゆる「町衆」が関与したとされる文化的事象（例えば、「寛永文化」(10)）が、町を基礎とした都市生活に根ざしたものというよりもむしろ公家・武家社会などと接点をもちつつしかも狭隘性を備えていたことは当然であったのである。

もっとも、このような疎外を受けはじめていたのは、ひとり「町衆」に限定されたわけではなかったものと思われる。いうまでもなく町掟によって居住を忌避され、しかも行政的にも町域外に移動させられた様々な芸能者や宗教者、また武士・奉公人、さらには賤視の対象となった人々もまた同様であったからである。戦国期の風流踊においてはある一定の役割を果たしていたと考えられる芸能者や宗教者が、慶長九年の豊国臨時祭の風流踊の際には大仏での「非人之施行」の対象に廻っていたことなどはその端的な一例であろう。[11]そして、そのような人々の中から生まれ出た「かふき躍」が、『当代記』[12]慶長八年（一六〇三）条に従えば、「京都江上」り「京中の上下賞翫する事不斜」ざる喝采を浴びたことは、この時期の京都の思潮を示すものとして留意せねばならない。従来、このような「かふき躍」の母体ともいうべき「かぶき者」「徒者」を輩出するに至った時代背景とは、近世社会の確立に対する一種の拒否反応とされてきたが、[13]町を基礎単位とする近世京都の立ち上がりもまたその一翼を担っていたという点において同根であり、したがって、それらからの疎外が予想以上に広範に共有されていたことを読み取ることができよう。

もちろん縷々述べてきたように戦国期以降に明確化し、近世に至って社会の基礎単位にまで成長した町やその地縁的結合のもたらした成果は、人的結合という点においても中世と近世を画するものとしてどれだけ評価してもしすぎることはない。しかし、皮肉なことに近世初頭の京都においては、これらから疎外された集団や空間において様々な文化的位相が担われていたこともまた事実なのである。いわゆる「町衆」文化しかり、また河原の芝居小屋や公界（苦界）たる遊里しかりである。

とはいえ、かかる状況を中世の多様なる人的結合への憧憬や、もしくは反権力の思潮としてだけ捉えることも皮相にすぎよう。むしろ、このような疎外に対する心性をいわば媒介として、この後、民衆とその社会が、『日次紀事』（延宝四年〈一六七六〉刊）[14]などにみられるような都市民俗や民衆文化としてのいわゆる「町人文化」など、特定の集団や結合の枠を越えた形で都市社会・都市文化を成熟させるに至るということの方に目を向ける必要があると思われる。そして、そこに中世から近世にかけての京都の都市性の移行を読み取ることができるのではないかと考えられるのである。

（1）明徳四年一一月二一日付洛中辺土散在土倉并酒屋役条々（佐藤進一・池内義資編『中世法制史料集第二巻　室町幕府法』岩波書店、一九五七年）。
（2）天文一四年八月日付上下京酒屋土倉申状（『別本賦引付』一、桑山浩然校訂『室町幕府引付史料集成』上巻、近藤出版社、一九八〇年）。
（3）永正六年閏八月付左方諸色掌中申状案（京都市歴史資料館編『叢書京都の史料4　八瀬童子会文書』二〇〇〇年）。
（4）（文明二年以降）日吉神人在所注文断簡（同右）。
（5）『座中天文記』（藝能史研究会編『日本庶民文化史料集成第二巻　田楽・猿楽』三一書房、一九七四年）。
（6）天文一五年一一月一〇日付室町幕府奉行人連署禁制案（京都国立博物館寄託「上下京町々古書明細記」）。
（7）吉田伸之「公儀と町人身分」（『歴史学研究別冊一九八〇年度歴史学研究会大会報告　世界史における地域と民衆（続）』一九八〇年、後に同『近世都市社会の身分構造』東京大学出版会、一九九八年）。
（8）『本阿弥行状記』上巻（正木篤三『本阿弥行状記と光悦』中央公論美術出版、一九八一年）。
（9）藤井學「近世初頭における京都町衆の法華信仰」（『史林』第四一巻六号、一九五八年）、源城政好「光悦の鷹ケ峰村―芸術村にみる上層町衆の文化―」（村井康彦編『京の歴史と文化5　江戸時代前期　洛　朝廷と幕府』講談社、一九九四年）。
（10）熊倉功夫『寛永文化の研究』（吉川弘文館、一九八八年）。
（11）拙稿「一六世紀京都の風流踊にみえる二人の人物像について―初期洛中洛外図を中心に―」（『藝能史研究』一四一号、一九九八年）。
（12）『史籍雑纂』第二。
（13）守屋毅『「かぶき」の時代―近世初期風俗画の世界―』（角川書店、一九七六年）。
（14）『新修京都叢書』第二巻（光彩社、一九六七年）。

成稿・原題一覧

序　新稿

第一部

第一章　戦国期京都の酒屋・土倉の一存在形態―中世角倉研究の拾遺―　『日本歴史』五二〇号、一九九一年

第二章　戦国期京都の土倉・酒屋と商・手工業座の一関係―角倉吉田宗忠と洛中帯座を中心に―　『日本歴史』五三八号、一九九三年

第三章　長坂口紺灰問屋佐野について―戦国期京都における問屋の一存在形態―　『歴史手帖』第二〇巻七号、一九九二年

第四章　中世京都における商・手工業座の座法について　『新しい歴史学のために』二〇五号、一九九二年

第五章　中世京都「七口」考―室町・戦国期における京都境域と流通―　『ヒストリア』一六八号、二〇〇〇年

第二部

第一章　柳酒屋について―室町期京都の酒屋とその法華信仰―　『仏教史研究』二九号、一九九二年
『晴富宿禰記』にみえる柳酒屋　『戦国史研究』三四号、一九九七年

第二章　室町・戦国期における京都法華教団の政治的位置　『歴史学研究』七三一号、一九九九年

第三章　戦国最末期京都における法華宗檀徒の存在形態―天正四年付「諸寺勧進帳」の分析を中心に―　『仏教史学研究』第三五巻一号、一九九二年

第四章　戦国期京都における法華教団の変容―『京都十六本山会合用書類』の成立をめぐって―
『仏教史学研究』第四〇巻一号、一九九七年
第五章　京都東山大仏千僧会について―中近世移行期における権力と宗教―
『日本史研究』四二五号、一九九八年

第三部

第一章　戦国期京都にみえる「地下人」について―室町幕府関係史料の分析を中心に―
『國学院雑誌』第九四巻四号、一九九三年
第二章　十六世紀における京都「町衆」の風流「踊」―都市における権力と民衆の交流をめぐって―
『藝能史研究』一三〇号、一九九五年
第三章　近世京都における町共有文書の保存と伝来について―「御朱印」をめぐって―
『地方史研究』第四二巻三号、一九九二年
第四章　近世京都における都市史料の管理をめぐって―「上京文書」を中心に―
『歴史評論』五六一号、一九九七年
付論　豊臣政権下の都市奈良に起こった一事件―「ならかし」「金商人事件」「奈良借」―
『史潮』新三六号、一九九五年
終　新稿

※各章とも補筆・補訂を加えている

あとがき

本書は、一九九九年三月に京都大学より京都大学博士（人間・環境学）を授与された学位論文「中世近世移行期における都市社会史の諸相―一六世紀京都を中心に―」に補訂・増補を施して一書と成したものである。基本的には既発表の論考を中心に構成されているが、古いもので一九九一年、新しいもので二〇〇〇年の刊行であるから、九〇年代のおよそ一〇年間にわたる学徒としての著者の歩みを示すものとなっている。もっとも、様々な事情により既発表の論考をすべて収めたわけではない。本書と関連するものとしては、次のようなものもあるので、ご参照頂ければ幸いに思う。

戦国期奈良における郷民の諸相とその史的展開　『史朋』二六号、一九九一年

豊臣の「黄金」指向をめぐる二、三の問題―貨幣史の視点からみる―　『出土銭貨』三号、一九九五年

道と関　『今津町史　古代・中世』滋賀県今津町、一九九七年

一六世紀京都の風流踊にみえる二人の人物像について―初期洛中洛外図を中心に―　『藝能史研究』一四一号、一九九八年

『京都十六本山会合用書類』所収「洛中勧進記録」について―中世京都における「都市文書」との関連において―　『古文書研究』四九号、一九九九年

豊国社の成立過程について―秀吉神格化をめぐって―　『ヒストリア』一六四号、一九九九年
中世末期堺における法華宗寺院―天正七・八年の「堺勧進」を中心に―
　『年報中世史研究』二四号、一九九九年
近世移行期の権力と教団・寺院―豊臣政権と京都法華宗を中心に―
　『日本史研究』四五二号、二〇〇〇年

本書のうち、第一部第一章・第二章は、京都府立大学に提出した卒業論文「中世角倉攷―中世末京都の土倉・酒屋の存在形態と近世社会への展望―」を改稿したものであるが、この第一部の主要部分は、それからの派生的な考察によって形成されている。また、第二部は、京都大学に提出した修士論文「中世末京都における仏教・寺院・教団と民衆―戦国期法華教団をめぐるその社会的結合―」を改稿する中で生まれたもの、さらに第三部は、発表の前後はあるものの、第一・二部を作成する過程において検討を加えたことが形となったものである。

各章を構成する論考は、すべて紙幅の限られる学術雑誌に掲載されたものであるため、ほとんど要点を記すだけで本意を伝えることができなかったことも少なくない。そこで、本書では、許される範囲で補訂を加え説明につとめたつもりである。

また、オーソドックスな書名とくらべて各章の布陣が一般的な都市史とやや趣を異にする（例えば、各部がいわゆる分野史の範疇となる）のは、歴史学に対する著者のアプローチの仕方を示すとともに、序でも多少触れたように都市性というものが著者の念頭に常にひっかかっていることと無縁ではない。

ここでいう都市性の研究とは、例えば、「人間にとっての「都市的なもの」の総体を把握しようとす

ること」であり、また「「都市とは何か」を、人間に則して考えてみる」（板垣雄三・後藤明編『イスラームの都市性』日本学術振興会、一九九三年）ことといえるが、著者としてはさらにその先に新たな都市文化や中世文化を語りたいという思いも実は秘めている。もっとも、いつになったらそこに辿り着けるのか、道ははるかに遠く険しい。

それにしても、このあとがきに至るまで自らの文章と対峙することがいかに厳しいものであるかを痛感するとともに、文章を綴ることの責任と苦渋を改めて思い知らされた。もとより、それは著者の未熟さに起因するものではあるが、そのような学びの途中である未熟者が一書を編む所以は、ひとえに自らの地歩を確認することにある。したがって、大家のように研究成果を集成することによって学界に寄与するというものとは決して同列ではない。とはいえ、一書として刊行される以上、一文字の誤植、一読点の打ち誤りに至るまですべての責めは著者に帰するところであり、いかなる批判も喜んで受けることを銘記しておきたいと思う。

学部卒業後に一般社会人となった著者にとって学ぶことは、必ずしも容易いことではない。物理的な時間の制約は仕方ないとしても、基本的な活字史料や文献を手に取ることのできる場所を捜すことからはじめなければならないからである。この点、京都には、京都府立総合資料館や京都市歴史資料館など公的な施設が整っており、広く市民に公開されていることは幸運といえよう。また、史料の閲覧に関しても、上記の施設のほか、京都大学文学部古文書室や京都国立博物館、さらには東京大学史料編纂所などで貴重な史料に触れさせて頂けたことは、幸せと考えねばならないであろう。

およそ専門的な「知」や「学」の世界には、学閥や人脈がいまだ大きな力をもっていると人伝に聞くことがあるが、その点、歴史学やそれに携わる人々はかなり寛容な部類に入るのではないだろうか。

入会の際に厳しい制限を設けた学会や研究会が、比較的少ないように思われるからである。もし、そうでなければ、著者のような者が様々な研究会や調査に同席を許される機会などはなかったに相違ない。全国的な学会はもとより、小規模な研究会や史料調査の現場に至るまで関わりをもたせて頂きながら学べることのいかに多いことか、これも幸せと考えねばならないであろう。

幸せといえば、恩師という点においては、著者はめぐまれすぎているといってよいであろう。京都府立大学時の藤井學先生、また京都大学大学院時の下坂守先生には、公私にわたって今なおご恩を受け続けるばかりである。感謝の念を新たにするとともに、将来、両先生に対して少しでも恩返しできるようにという思いが、著者の学ぶ気持ちを常に引き締めている。

本書刊行に当たって、思文閣出版を紹介して頂いたのは下坂先生であるが、全く無名の人間の著書刊行をお引き受け頂いた林秀樹編集長には、申し上げる言葉もない。また、本づくりのお世話を頂けることとなった中村美紀氏にも御礼申し上げたい。

最後に、お世話になりつつも、あまりにその数が多いため一々お名前を記すことのできなかった方々にも感謝の言葉をささげたいと思う。

二〇〇〇年一一月

河内将芳

索　引

【人　名】

あ

い

う・え

お

か

き

く・け

こ

さ

し・す・そ

た・ち・つ

と

な

に

は・ひ・ふ

ほ

ま

み

む・も

【事　項】

う

え

お

か

き

く

け

こ

す・せ

そ

た

ち

つ・て

と

な

ま

み

む・め

も

や

よ

ら

り・れ

ろ

わ

著者略歴

河内将芳（かわうち・まさよし）

1963年　大阪府生

1987年　京都府立大学文学部卒業

1999年　京都大学大学院人間・環境学研究科博士課程修了，京都大学博士(人間・環境学)

甲南中・高校教諭

主要論著：『清水寺史第二巻　通史（下)』(共著，法蔵館，1997年)，「豊国社の成立過程について」(『ヒストリア』164号，1999年)，「近世移行期の権力と教団・寺院」(『日本史研究』452号，2000年) ほか.

思文閣史学叢書

中世京都《ちゅうせいきょうと》の民衆《みんしゅう》と社会《しゃかい》

二〇〇〇(平成十二)年十二月一日　発行

著者　河内将芳

発行者　田中周二

発行所　株式会社 思文閣出版
京都市左京区田中関田町二―七
電話（〇七五）七五一―一七八一(代)

印刷　同朋舎　製本　大日本製本紙工

ISBN4-7842-1057-1 C3021

河内将芳（かわうち　まさよし）…奈良大学教授

中世京都《ちゅうせいきょうと》の民衆《みんしゅう》と社会《しゃかい》（オンデマンド版）

Digital Publishing

2016年2月29日　発行

著　者　　河内　将芳
発行者　　田中　大
発行所　　株式会社 思文閣出版
〒605-0089　京都市東山区元町355
TEL　075-533-6860　FAX　075-531-0009
URL　http://www.shibunkaku.co.jp/

装　幀　　上野かおる（鷺草デザイン事務所）
印刷・製本　株式会社 デジタルパブリッシングサービス
URL　http://www.d-pub.co.jp/

AJ516

ISBN978-4-7842-7003-3　C3021　Printed in Japan